新发展理念下脱贫攻坚
长效机制研究

朱道才　等著

中国财经出版传媒集团

经济科学出版社
Economic Science Press

图书在版编目（CIP）数据

新发展理念下脱贫攻坚长效机制研究/朱道才等著.
－－北京：经济科学出版社，2022.10
ISBN 978－7－5218－3852－7

Ⅰ.①新…　Ⅱ.①朱…　Ⅲ.①扶贫－研究－中国
Ⅳ.①F126

中国版本图书馆 CIP 数据核字（2022）第 124551 号

责任编辑：黄双蓉
责任校对：靳玉环
责任印制：邱　天

新发展理念下脱贫攻坚长效机制研究
朱道才　等著
经济科学出版社出版、发行　新华书店经销
社址：北京市海淀区阜成路甲 28 号　邮编：100142
总编部电话：010－88191217　发行部电话：010－88191522
网址：www. esp. com. cn
电子邮箱：esp@ esp. com. cn
天猫网店：经济科学出版社旗舰店
网址：http://jjkxcbs. tmall. com
固安华明印业有限公司印装
710×1000　16 开　23.75 印张　360000 字
2022 年 10 月第 1 版　2022 年 10 月第 1 次印刷
ISBN 978－7－5218－3852－7　定价：90.00 元
（图书出现印装问题，本社负责调换。电话：010－88191510）
（版权所有　侵权必究　打击盗版　举报热线：010－88191661
QQ：2242791300　营销中心电话：010－88191537
电子邮箱：dbts@ esp. com. cn）

前　言

　　贫困是全人类面临的共同挑战，是世界各国致力解决的难题。党的十八大以来，党中央把脱贫攻坚摆在治国理政的突出位置，把脱贫攻坚作为建成小康社会的底线任务，组织开展了举世瞩目的脱贫攻坚伟大斗争。经过近八年艰苦卓绝的脱贫攻坚战，在全党全国各族人民共同努力下，到 2020 年 11 月，虽受新冠肺炎疫情影响，我国仍然如期完成脱贫攻坚目标任务，提前 10 年完成联合国《2030 年可持续发展议程》的减贫目标，实现现行标准下农村贫困人口全部脱贫，彻底解决绝对贫困和区域性整体贫困问题。脱贫攻坚目标任务完成后，"三农"工作重心转向了全面推进乡村振兴。目前，我国很多农村贫困家庭脱贫之后的基本生活仍不够稳定，不少脱贫户以及部分非贫困户家庭的基本生活水平不高，极易返贫致贫。部分农村由于地理条件、交通不便等问题，导致农村经济发展速度仍然较慢，难以满足乡村振兴战略的发展需要。所以，建立健全新发展理念下脱贫攻坚长效机制，全面总结验证脱贫攻坚成功经验，确保过渡期内巩固拓展脱贫攻坚成果与乡村振兴有效衔接，促进稳定脱贫和防止规模性返贫，以及过渡期结束以后统筹推进乡村振兴和相对贫困治理，具有重要的实践意义和参考价值。

　　新发展理念下脱贫攻坚长效机制，是指在新发展理念指引下，脱贫攻坚时期形成和实施的，旨在促进脱贫攻坚时期全面脱贫、有效衔接时期稳定脱贫不返贫，以及全面推进时期统筹推进乡村振兴和相对贫困治理，分类处置分步实施的精准扶贫、精准脱贫制度体系、任务体系和模式体系的总和。新发展理念下脱贫攻坚长效机制从工作内容上，由预警监测机制、反应行动机制、监督评价机制和反馈纠正机制四个部分组成。

本书基于脱贫攻坚时期、有效衔接时期大别山区金寨县、乌蒙山区织金县、皖北地区县（区）（主要有阜阳市颍州区、颍上县和蒙城县）实地调研数据，利用 A－F 方法、黄金分割法、超效率 DEA、结构方程等实证方法，验证长效机制与贫困户识别、扶贫项目实施的事实结果的一致性，说明新发展理念下脱贫攻坚长效机制是科学和有效的。在现代信息技术的基础上，尤其有大数据、云计算和区块链技术支持，新发展理念下脱贫攻坚长效机制可以在现有扶贫监测系统基础上加以升级改造，从而实现城乡一体的全员式监测和全过程监督的相对贫困治理，从而有力地促进共同富裕。

基于本书研究内容撰写而成的咨政报告，分别获得安徽省人民政府张曙光副省长肯定性批示和安徽省政协的采纳，安徽省阜阳市、颍上县、阜阳市颍州区，贵州省七星关区、织金县等全部或者部分采纳了本研究的工作思路和政策建议。本书也是集体智慧的结晶，撰写过程中得到了多个单位和多位领导、专家的关心和指导。朱道才教授负责全书体系的设计和全部内容的编纂，并实际撰写了第一章、第三章、第九章和第四章、第五章、第六章、第七章、第八章部分内容；安徽师范大学任以胜博士撰写了第二章和第七章的部分内容；南京农业大学金晓卉博士承担了数据处理分析任务，并撰写了第二章、第四章、第五章、第六章、第七章、第八章部分内容。陈方生、刘锦、徐馨荷分别参加了第四章、第五章、第六章资料收集和初稿部分内容撰写。王浩、王康斌、梁俊太和王梦同学参与了书稿的校对工作。安徽省扶贫开发局（现安徽省乡村振兴局）、阜阳市扶贫开发局（现阜阳市乡村振兴局）、金寨县人民政府、金寨县古碑镇宋河村扶贫工作队、阜阳市颍州区人民政府、颍上县人民政府、蒙城县人民政府和贵州省织金县人民政府、毕节市七星关区人民政府给予了实地调研的大力支持。中共安徽师范大学党委常委、副校长陆林教授对本书的撰写进行了全程指导，安徽省人民政府办公厅秘书六室王成龙副主任、安徽省人民政府政策研究室社会处二级巡视员汪木森处长、中共安徽省委党校（安徽行政学院）科研处处长潘理权教授对全书进行了审阅指导。在此，谨对各单位和各部门领导、专家的关心和指导，以及各位撰写者的辛勤劳动表示诚挚的感谢！特别感谢参考文献和可能没有列入参考文献的作者，感谢你们的智慧和辛勤劳动！感谢经济科学出版社黄双蓉老师为本书出版付出的辛勤劳动！

牛道才

2022 年 4 月 16 日

目　录

第一章

导　论

第一节　研究背景与研究意义

贫困是人类社会发展过程中必然要面对和需要着力解决的世界性难题，也是经济学、社会学等多学科研究的热点。2012 年党的十八大以来，党中央把脱贫攻坚摆在治国理政的突出位置，把脱贫攻坚作为建成小康社会的底线任务，组织开展了声势浩大的脱贫攻坚伟大斗争。2015 年，联合国千年发展目标[①]第一阶段圆满收官（Mitchell Toomey，2015），我国提前完成 8 个千年发展目标中的 7 个目标，为全球千年发展目标的实现作出巨大贡献[②]。2015 年 11 月 23 日，中共中央总书记、国家主席、中央军委主席习近平主持召开中央政治局会议，审议通过《关于打赢脱贫攻坚战的决定》，向全党全社会发出了脱贫攻坚的动员令。五年来，经过全党全国各族人民共同努力，到 2020 年底，虽受新冠肺炎疫情影响，我国仍然如期完成新时代脱贫攻坚目标任务，提前 10 年完成联合国《2030 年可持续发展

---

① 《联合国千年宣言》承诺将不遗余力地帮助我们十亿多男女老少同胞摆脱目前凄苦可怜和毫无尊严的极端贫穷状况，并制定了 8 项千年发展目标。

② 我国在落实千年发展目标中取得的主要成就包括：从 1990 年到 2011 年，帮助 4.39 亿人摆脱贫困；五岁以下儿童死亡率降低了 2/3；孕产妇死亡率降低了 3/4；将无法持续获得安全饮用水及基本卫生设施的人口比例降低了一半。同时，我国积极参与南南合作，并协助 120 多个发展中国家实施千年发展目标。

议程》的减贫目标，实现现行标准下农村贫困人口全部脱贫，彻底解决绝对贫困和区域性整体贫困问题。2021年2月25日，习近平总书记在全国脱贫攻坚总结表彰大会上，代表中国政府、中国人民向全世界庄严宣告：我国脱贫攻坚战取得了全面胜利！脱贫攻坚目标任务完成后，"三农"工作重心转向全面推进乡村振兴。目前，我国很多农村贫困家庭脱贫之后的基本生活仍不够稳定，不少脱贫户以及部分非贫困户家庭的基本生活水平不高，极易返贫致贫。部分农村由于地理条件、交通道路不便等问题，导致农村经济发展速度仍然较慢，难以满足乡村振兴战略的发展需要。所以，建立健全新发展理念下脱贫攻坚长效机制，全面总结验证脱贫攻坚成功经验，确保过渡期（本书称"有效衔接时期"）内巩固拓展脱贫攻坚成果与乡村振兴有效衔接，促进稳定脱贫和防止规模性返贫，以及有效衔接时期结束以后统筹推进乡村振兴和相对贫困治理，具有重要的实践意义和参考价值。

一、研究背景

脱贫攻坚是指根据社会发展规律和经济社会发展实际需要，在特定时期阶段，集中人力物力消除绝对贫困和区域性整体性贫困问题。脱贫攻坚不仅是重大的经济社会问题，而且是重大的政治站位问题，直接关系到人民群众福祉、区域经济社会发展和国家整体长治久安。以习近平同志为核心的党中央，把消灭贫困放到治国理政的高度，领导和带领广大干部群众，坚持以人民为中心，不忘初心，牢记使命，坚持"实事求是、因地制宜、分类指导、精准扶贫"的精准扶贫、精准脱贫方略，推进脱贫攻坚工作理论创新、制度创新和模式创新，脱贫攻坚取得了丰硕成果，开启了新时代"农业强、农村美、农民富"的乡村振兴新格局。脱贫攻坚全面完成以后，巩固拓展脱贫攻坚成果，稳步推进乡村全面振兴，有效缓解相对贫困的任务则更加艰巨。

（一）脱贫攻坚取得全面胜利

党的十八大以来，以习近平同志为核心的党中央把现行标准下农村贫困人口全面脱贫作为政治底线目标，统筹谋划"五位一体"总体布局和

"四个全面"战略布局，确立了至 2020 年底实现现行标准下的农村贫困人口全部脱贫、贫困村整体出列、贫困县（区）完全摘帽的目标，消除绝对贫困和区域性整体贫困。尤其是脱贫攻坚总动员五年来，在党中央国务院决策部署下，全体党员干部群众深入学习贯彻习近平总书记关于脱贫攻坚和"三农"工作重要论述，不忘初心、牢记使命，齐心协力抓脱贫，取得了脱贫攻坚决定性胜利，我国农村贫困人口从 2012 年底的 9 899 万人减少至 2019 年底的 551 万人，贫困发生率由 10.2% 下降至 0.6%，连续七年每年减贫 1 000 万人以上（如图 1 - 1 所示）。截至 2020 年底，我国现行标准下 9 899 万农村贫困人口全部脱贫，12.8 万个贫困村全部出列，832 个贫困县全部摘帽，详见表 1 - 1 和表 1 - 2。伟大的脱贫攻坚战役，充分彰显了中国道路、中国智慧和中国奇迹，为全世界减贫和人的全面发展树立了榜样。

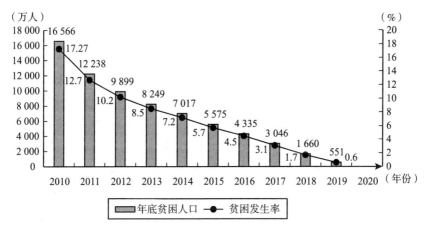

图 1 - 1　2010～2020 年贫困人口与贫困发生率

资料来源：根据国家统计局、国务院扶贫办公布数据整理得到。

表 1 - 1　　　　　　　　2010～2020 年脱贫标准　　　　　　　　单位：元

项目	2010年	2011年	2012年	2013年	2014年	2015年	2016年	2017年	2018年	2019年	2020年
贫困标准	2 300	2 536	2 673	2 736	2 800	2 968	3 146	3 335	3 535	3 747	4 000

资料来源：国务院扶贫办网站。

表1-2　　　　　　　　　2020年摘帽贫困县　　　　　　单位：个

项目	贵州	云南	甘肃	广西	四川	宁夏	新疆
数量	9	9	8	8	8	1	10

资料来源：根据国务院扶贫办网站相关资料整理。

（二）党和国家高度重视

党中央、国务院历来高度关注困难群众的生活，为消除绝对贫困和区域性整体贫困作出了科学决策和总体部署，全党全国各族人民为此付出了艰辛的努力。特别是党的十八大以来，脱贫攻坚工作实现了跨越式发展，我党从实现"两个百年"目标的高度，力求2020年底现行标准下农村贫困人口全面脱贫。中共中央总书记、国家主席、中央军委主席习近平始终高度重视脱贫攻坚工作，一直身体力行、率先垂范、亲自指挥、亲自部署、亲自督战，走遍全国14个集中连片特困地区，考察调研了20多个贫困村，在大量调查研究基础上提出科学论断，为确保取得脱贫攻坚全面胜利提供坚实的思想和实践指引。2012年12月29日至30日，习近平总书记在专门考察河北省阜平县的扶贫开发工作时指出："全面建成小康社会，最艰巨最繁重的任务在农村、特别是在贫困地区。没有农村的小康，特别是没有贫困地区的小康，就没有全面建成小康社会。"[①]，将全面脱贫作为全面建成小康社会刚性目标、底线目标，突出农村贫困地区贫困人口全部脱贫在全面建成小康社会过程中的重大历史性意义。2013年11月3~5日，习近平总书记在湖南湘西土家族苗族自治州花垣县排碧乡十八洞村考察时，首次提出精准扶贫、精准脱贫方略，要求全体干部群众以更大决心、更精准思路、更有力措施，采取超常举措，实施脱贫攻坚工程，确保2020年底我国现行标准下农村贫困人口实现脱贫、贫困县全部摘帽、解决绝对贫困和区域性整体贫困[②]。在党的十八届五中全会讲话中，习近平总

[①]《在河北省阜平县考察扶贫开发工作时的讲话》（2012年12月29~30日），《做焦裕禄式的县委书记》，中央文献出版社2015年版，第16页。

[②]《以新的发展理念引领发展，夺取全面建成小康社会决胜阶段的伟大胜利》（2015年10月29日），《十八大以来重要文献选编》，中央文献出版社2016年版，第832页。

书记指出："党的十八届五中全会从实现全面建成小康社会奋斗目标出发，明确到 2020 年我国现行标准下农村贫困人口实现脱贫，贫困县全部摘帽，解决区域性整体贫困。这次五中全会把扶贫攻坚改成了脱贫攻坚，就是说到 2020 年这一时间节点，我们一定要兑现脱贫的承诺。"从 2015 ～ 2020 年，为打赢脱贫攻坚战，习近平总书记在深入农村贫困地区调研基础上，多次主持召开重要会议，如：陕甘宁革命老区脱贫致富座谈会（2015 年 2 月 13 日）、部分省区市扶贫攻坚与"十三五"时期经济社会发展座谈会（2015 年 6 月 18 日）、东西部扶贫协作座谈会（2016 年 7 月 20 日）、深度贫困地区脱贫攻坚座谈会（2017 年 6 月 23 日）、打好精准脱贫攻坚战座谈会（2018 年 2 月 12 日）、解决"两不愁三保障"突出问题座谈会（2019 年 4 月 16 日）和决战决胜脱贫攻坚座谈会（2020 年 3 月 6 日）等，亲自部署督查脱贫攻坚工作。从 2018 年 7 月对毕节试验区工作作出重要指示开始，习近平总书记陆续就推进脱贫攻坚与乡村振兴有效衔接作出明确指示和具体部署，为取得脱贫攻坚决战决胜和全面胜利，确保脱贫群众稳定脱贫、不返贫指明了方向。

（三）巩固拓展脱贫攻坚成果任务艰巨

2020 年我国脱贫攻坚取得了决定性胜利，虽然实现现行标准下农村贫困人口全部脱贫任务难度巨大，但巩固拓展脱贫攻坚成果的任务更加艰巨。2020 年最后完成脱贫攻坚任务的有 52 个贫困县、2 707 个贫困村和 551 万建档立卡贫困户。52 个最后脱贫摘帽的贫困县集中在广西、四川、贵州、云南、甘肃、宁夏、新疆 7 个省（自治区），其中大部分处于连片特困地区，"三区三州"深度贫困地区更多。如乌蒙山区的 38 个贫困县中，有 13 个贫困县 2020 年摘帽，其中有 7 个位于凉山彝族自治州。新疆维吾尔自治区 2020 年脱贫的 10 个贫困县中，南疆三地州范围内的和田地区有 5 个、喀什地区有 4 个。深度贫困地区最后脱贫的贫困人口属于非常之贫困，是 2020 年后防止返贫工作重点中的重点。由于我国贫困地区、贫困人口深受多年贫困之苦，相对非贫困地区和非贫困人口，产业基础比较薄弱，经济实力、收入水平都比较低，贫困脆弱性比较突出。目前全国已脱贫人口中有近 200 万人存在返贫风险，一些贫困地区的"三户一体"

（指 2020 年脱贫户、脱贫监测户、边缘易致贫户，以及老、少、病、残、孤等困难群体）比例接近 10%[①]，需要完善防止返贫致贫和促进乡村振兴的长效机制。

（四）相对贫困治理和乡村振兴开启了新的征程

在脱贫攻坚即将夺取全面胜利之际，党的十九大提出实施乡村振兴战略，推进乡村产业、人才、文化、生态和组织振兴。实施乡村振兴战略是以习近平同志为核心的党中央领导集体，从党和国家事业全局出发，着眼于实现"两个一百年"奋斗目标，顺应亿万农民对美好生活的向往作出的重大决策。2020 年中央"一号文件"明确要求："加强解决相对贫困问题顶层设计，纳入实施乡村振兴战略统筹安排。抓紧研究制定脱贫攻坚与实施乡村振兴战略有机衔接的意见"。2020 年 3 月 6 日，习近平总书记出席决战决胜脱贫攻坚座谈会并明确指出，要接续推进全面脱贫与乡村振兴有效衔接，推动减贫战略和工作体系平稳转型，统筹纳入乡村振兴战略，建立长短结合、标本兼治的体制机制。国家乡村振兴重点帮扶县（区、旗）名单如表 1-3 所示。

表 1-3　　　　　　　国家乡村振兴重点帮扶县（区、旗）

省份	数量（个）	重点帮扶县（区、旗）
内蒙古	10	巴林左旗、库伦旗、鄂伦春自治旗、化德县、商都县、四子王旗、科尔沁右翼前旗、科尔沁右翼中旗、扎赉特旗、正镶白旗
广西	20	马山县、融水苗族自治县、三江侗族自治县、德保县、那坡县、凌云县、乐业县、田林县、隆林各族自治县、靖西市、昭平县、凤山县、东兰县、罗城仫佬族自治县、环江毛南族自治县、巴马瑶族自治县、都安瑶族自治县、大化瑶族自治县、忻城县、天等县
重庆	4	城口县、巫溪县、酉阳土家族苗族自治县、彭水苗族土家族自治县
四川	25	金川县、黑水县、壤塘县、阿坝县、若尔盖县、红原县、道孚县、炉霍县、甘孜县、新龙县、德格县、白玉县、石渠县、色达县、理塘县、盐源县、普格县、布拖县、金阳县、昭觉县、喜德县、越西县、甘洛县、美姑县、雷波县

---

① 根据作者承担的脱贫攻坚第三方评估检测工作获得的相关数据计算。

续表

省份	数量（个）	重点帮扶县（区、旗）
贵州	20	水城区、正安县、务川仡佬族苗族自治县、关岭布依族苗族自治县、紫云苗族布依族自治县、织金县、纳雍县、威宁彝族回族苗族自治县、赫章、沿河土家族自治县、松桃苗族自治县、晴隆县、望谟县、册亨县、锦屏县、剑河县、榕江县、从江县、罗甸县、三都水族自治县
云南	27	东川区、会泽县、宣威市、昭阳区、鲁甸县、巧家县、盐津县、大关县、永善县、镇雄县、彝良县、宁蒗彝族自治县、澜沧拉祜族自治县、武定县、元阳县、红河县、金平苗族瑶族傣族自治县、绿春县、马关县、广南县、泸水市、福贡县、贡山独龙族怒族自治县、兰坪白族普米族自治县、香格里拉市、德钦县、维西傈僳族自治县
陕西	11	略阳县、镇巴县、汉滨区、紫阳县、岚皋县、白河县、丹凤县、商南县、山阳县、镇安县、柞水县
甘肃	23	靖远县、会宁县、麦积区、秦安县、张家川回族自治县、古浪县、庄浪县、静宁县、环县、镇原县、通渭县、渭源县、岷县、武都区、文县、宕昌县、西和县、礼县、永靖县、东乡族自治县、积石山保安族东乡族撒拉族自治县、临潭县、舟曲县
青海	15	同仁市、尖扎县、泽库县、共和县、玛沁县、班玛县、甘德县、达日县、玛多县、玉树市、杂多县、称多县、治多县、襄谦县、曲麻莱县
宁夏	5	红寺堡区、同心县、原州区、西吉县、海原县

资料来源：根据国家乡村振兴局网站整理。

　　与绝对贫困和区域性整体贫困相比，相对贫困更具有普遍性，乡村振兴的目标更高、时期更长，任务更加艰巨，需要在过渡期内重点解决巩固拓展脱贫攻坚成果与乡村振兴的有效衔接。对一些经济社会总体发展水平仍然较低、巩固拓展脱贫攻坚成果面临诸多困难的地区，实现重点帮扶，让脱贫基础更加稳固、成效更可持续，确保全面推进乡村振兴的顺利开展。过渡期结束后，贯彻落实《中华人民共和国乡村振兴促进法》（2021年4月29日第十三届全国人民代表大会常务委员会第二十八次会议通过）和党中央、国务院决策部署，按照《乡村振兴战略规划（2018—2022年）》要求，统一纳入乡村振兴框架内，统筹推进相对贫困治理和乡村振兴。

二、研究意义

关于贫困的内涵、影响、形成机制、治理模式以及治理效果等，国内外学者都进行了广泛而深入的研究，并提出了与各国国情相适应的贫困治理政策建议，研究成果丰富，为本研究提供了有益的理论和方法借鉴。相对来说，国外学者侧重于国际视角，重点研究国际性减贫、难民安置和人类社会可持续发展，以及非洲、拉美扶贫减贫。由于国外尤其是欧美学者所处国家的经济发展水平、社会制度、体制机制和研究者价值理念与我国国情有很大差异，所以国外学者有关国际社会发展中国家的实证研究并不适用于我国，甚至存在与我国国情差异相矛盾和对立之处。我国学者的研究视角宏观与微观并举，侧重于贫困治理项目和政策措施研究。近些年来，对绝对贫困和区域性贫困治理研究比较全面、深入，但缺少贫困治理长效机制的系统全面研究。在新发展理念和贫困治理长效机制的内在关联以及如何贯彻落实新发展理念，推进贫困治理长效机制的建立和实施以及推广等方面，我国社会各界虽已认识到研究的重要性，但相关研究成果较少。中外学者在理论和实践方面研究不足是进行本研究的理论和现实基础，也是本研究着力解决的问题。

（一）学术价值

本研究的学术创新和学术价值主要体现在以下几个方面：一是系统设计了脱贫攻坚长效机制。新发展理念下脱贫攻坚长效机制是在新发展理念指引下，脱贫攻坚时期形成和实施的，旨在促进脱贫攻坚时期全面脱贫、有效衔接时期稳定脱贫不返贫和全面推进时期相对贫困治理目标的，分类处置分步实施的精准返贫、精准脱贫制度体系、任务体系、模式体系的总和。在新发展理念指导下，系统提出了包括预警监测、响应行动、监督评价和反馈纠正在内的长效机制，全面分析各个机制的组成、运行以及效果。二是全面阐述了立足新发展阶段、贯彻新发展理念和构建新发展格局，以及国家治理体系和治理能力现代化，与贫困治理的多元内在逻辑。三是科学划分了五类群体。把所有农村居民，从生存能力、发展能力两个维度划分为生存能力低下、生存能力受限、发展能力受限（生存能力正常）、发展能力正常、发展能力优越五类群体，为分类处置和分步实施提供可行依据。四是创新贫困治理模式。通过对农村居民的预警监测，不仅能实时发现贫困家庭，还能预测家庭贫困风险，及时为濒临贫困家庭提供帮扶，提高了贫困治理的能动性，变被动贫困治理为主动贫困防控，提高了贫困治理效率。五是坚持城乡融合视角、内外结合路径，在强调通过志智双扶模式增强贫困人口脱贫主动性和能动性，以防止贫困代际转移的同时，提出坚持城乡融合道路预防贫困空间转移、时空沉淀的城乡一体化治理和人的全面发展等行动措施。此外，本书可以作为研究者进行深入研究的有益参考，其中搜集整理的数据也可以作为贫困治理数据库资料保存。

（二）应用价值

截至 2020 年 11 月 23 日，随着贵州省最后 9 个县退出贫困序列，我国脱贫攻坚取得全面胜利，提前 10 年实现联合国《2030 年可持续发展议程》的减贫目标。自 1990 年以来，我国减少的贫困人口对全球减贫的贡献率超过 70%。但 2020 年以后，巩固拓展脱贫攻坚成果、防止规模性返贫和相对贫困治理、人的全面发展任务更加繁重，扶贫减贫工作任重道远。本书突出应用价值，政策建议和研究内容具有较强的实际价值。依据新发展理念，研究总结包括脱贫攻坚和巩固拓展脱贫攻坚成果与乡村振兴有效衔接，以及统筹推进乡村振兴和相对贫困治理目标在内的脱贫攻坚长效机制，变被动扶贫为主动防贫，并结合国内外比较研究和案例研究，提出的宏观层面顶层设计和微观层面具体工作等政策建议，为各地贫困治理和稳步推进乡村振兴提供有益借鉴。

第二节 研究内容与研究方法

本研究拟遵循从具体到抽象再到具体、一般到典型、理论（方法）创新到实践应用的逻辑思路，基本思路如图 1-2 所示。

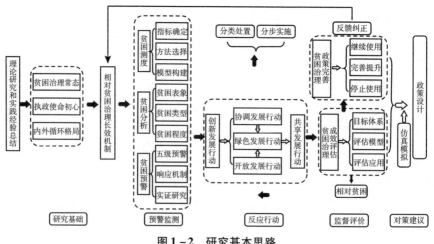

图1-2 研究基本思路

在理论研究和实践经验总结的基础上,首先,由我国贫困治理的常态化趋势和现阶段国内外政治格局,以及我党的政绩观和使命感研究出发,揭示建立脱贫攻坚长效机制的必然性;其次,在相关理论研究基础上,结合新时代我国贫困治理实际,提出包括贫困预警监测机制、反应行动机制、监督评价机制和反馈纠正机制在内的脱贫攻坚长效机制;最后,在案例比较研究基础上,提出相应的政策建议,为相关研究和实践提供参考。

一、研究内容

在国内外脱贫攻坚理论研究和实践总结基础上,阐述新发展理念与脱贫攻坚的内在逻辑,结合我国相对脱贫攻坚的现实需要,进行新发展理念下脱贫攻坚长效机制的系统设计。归纳总结脱贫攻坚的成效和经验,围绕近期目标,即我国巩固拓展脱贫攻坚成果与乡村振兴有效衔接,以及中远期目标,即乡村全面振兴和人的全面发展,详细分析阐述新发展理念下脱贫攻坚的预警监测机制、响应行动机制、监督评价机制和反馈修正机制的理论架构;在连续两年多实地调研基础上,主要依托实地调研数据,进行长效机制的实证研究,并开展长效机制的仿真研究;在总结全部研究基础上,提出新发展理念下脱贫攻坚长效机制的保障措施。主要内容除导论外还包括以下八个部分:

（一）新发展理念下脱贫攻坚长效机制理论研究与实践总结

本部分利用归纳总结和可视化软件等文献研究方法，对国内外脱贫攻坚文献进行归纳总结，涉及主题包括贫困的内涵与特征、分类识别、治理体系，以及城乡融合等，并选取河北省正定县、湖南省湘西土家族苗族自治州花垣县十八洞村、安徽省金寨县大湾村、贵州省织金县等脱贫攻坚的典型案例进行分析，揭示脱贫攻坚成效，总结脱贫攻坚的成功经验。

（二）新发展理念下脱贫攻坚长效机制系统设计

新发展理念是党的十八大以来，中国共产党治国理政新思想在发展理念上的集中体现和概括，主要包括创新、协调、绿色、开放、共享五大理念。"发展理念是发展行动的先导，是管全局、管根本、管方向、管长远的东西，是发展思路、发展方向、发展着力点的集中体现"。创新理念体现在长效机制的全方位和全过程；协调理念体现在各个机制的相互配合和有机统一；绿色理念体现在贯彻落实习近平总书记生态文明思想的生态优先、绿色发展观和绿色发展行动；开放理念体现在长效机制的"两个市场两种资源"和内外两个大局观，以及容错纠错功能；共享理念体现在长效机制的出发点和归属，即为人民谋福利，以人民满意为评价标准，是我党执政使命和初心体现。新发展理念不仅是脱贫攻坚的指导思想，也是巩固脱贫攻坚成果与乡村振兴有效衔接，以及乡村全面振兴应该贯彻落实的理念，两者之间存在理念指导和行为模式的内在逻辑关系。党的十八届五中全会提出了新发展理念，是我国新一轮发展的战略思想，也是构建和实施脱贫攻坚长效机制的指导方针。本部分在新发展理念和习近平总书记精准扶贫、精准脱贫思想指引下，从制度体系层面系统设计包括预警监测机制、响应行动机制、监督评价机制和反馈纠正机制在内的相对脱贫攻坚长效机制，并详细阐述脱贫攻坚长效机制的内涵、特征和目标任务，以及与新发展理念之间的内在关联。

（三）新发展理念下脱贫攻坚预警监测机制

国内外现有研究集中在事中（扶贫）、事后（减贫）方面，忽略了事前（贫困风险监测）研究，从而导致贫困频发、脱贫返贫等脱而不绝现象。贫困预警机制体现创新、协调、开放、绿色和共享发展理念，是长效机制的主动防控。本部分阐述新发展理念与脱贫攻坚长效机制的预警监测机制内在逻辑，重点在于建立贫困风险监测体系，包括贫困风险测度、识别、预警等三项工作。本部分以生存能力和发展能力为目标，构建贫困风险指标体系、选择贫困风险测度方法、建立贫困风险测度模型，通过贫困风险表象分析、识别风险类别和风险程度，确立贫困五级预警和响应机制，实施贫困的主动防控。在织金县、蒙城县、阜阳市颍州区等实地调研基础上，利用 A－F 方法，测度各地村、家庭 A－F 值，分析贫困风险，并依据黄金分类方法进行归类整理。通过比较研究，分析贫困风险的影响因素，识别巩固拓展脱贫攻坚成果与乡村振兴有效衔接以及加快推进乡村振兴的重点帮扶人群和帮扶地区。

（四）新发展理念下脱贫攻坚反应行动机制

本部分阐述新发展理念与脱贫攻坚长效机制的反应行动机制内在逻辑，依据贫困风险监测结果，将农村人口划分为五大类，即发展能力优越、发展能力正常、发展能力受损（生存能力正常）、生存能力受限和生存能力低下。根据五类人群贫困风险程度和贫困影响因素，启动相关应急预案。在应急处置以后，实施有机统一、各有侧重的日常帮扶行动，这些新发展理念指导下的帮扶行动计划，旨在推进脱贫攻坚精准化、常态化和长效化。创新发展是脱贫攻坚的根本动力，按照习近平总书记精准扶贫思想实际要求，实施精准扶贫理念、扶贫模式、科学技术和体制机制创新。协调发展行动是脱贫攻坚的有力保障，包括进行城乡协调、区域协调、治理和发展协调、治理和脱贫协调、扶贫政策协调、一二三产融合等。绿色发展行动是脱贫攻坚的必由之路，即关注农村环境综合治理、绿色产业体系构建和建立健全生态补偿机制等问题。开放发展行动是脱贫攻坚的必然要求，即实施脱贫攻坚"互联网＋"行动、区域合作、国际合作，以及建立脱贫攻坚大格局。共享发展行动是脱贫攻坚的目标指向，促进农民增收、返乡下乡创业、关怀农村"三留"人员、公共服务均等化，以及基础设施建设等。围绕脱贫攻坚、巩固脱贫攻坚成果、相对贫困治理不同阶段贫困治理的中心任务，设计分类处置、分步实施的帮扶措施。依据调研资料，进行不同阶段、不同地区、不同人群的帮扶行动分析，揭示因户施策、因人施策帮扶行动的精准性和有效性。

（五）新发展理念下脱贫攻坚监督评价机制

本部分阐述新发展理念与脱贫攻坚长效机制的监督评价机制内在逻辑，构建了包括监督评价主体、标准、方法和措施在内的监督评价机制，采用数据包络分析法对织金县、蒙城县等地区脱贫攻坚的成效进行评估，结果表明金融投入对脱贫攻坚效率的贡献程度最高，健康投入对脱贫攻坚成效影响也在逐渐增大。脱贫攻坚评估既要评估相对贫困治理成效，也要评估脱贫攻坚中群众对脱贫攻坚工作的满意度。在影响群众满意度潜变量因素中精准管理的影响最显著，外生的观测变量中贫困户实时管理、制定公正科学的贫困户识别标准、对贫困户建档立卡的及时性的路径系数均大于0.7，表明这三项因素对群众满意度的影响较大。以乌蒙山区织金县为例，重点介绍脱贫攻坚工作符合性评估中的贫困县退出评估。实地评估检查认为织金县脱贫攻坚的成效显著，尤其在产业扶贫、东西协作扶贫等方面值得贫困地区学习借鉴，但在产业培训、小额信贷管理方面存在不足，需要加以研究解决，以便进一步提升脱贫攻坚质量。

（六）新发展理念下脱贫攻坚反馈纠正机制

脱贫攻坚的反馈纠正机制是脱贫攻坚长效机制的重要组成，是保障贫困治理工作顺利进行、完成贫困治理任务的重要手段和最终保证。本部分主要从贫困治理容错纠错、贫困治理信息获取、贫困治理信息传递、贫困治理信息反馈、贫困治理信息纠正等方面，详细阐述脱贫攻坚反馈纠正机制的内容组成、组织结构与实施程序等关键环节和核心工作，旨在判断脱贫攻坚的真实性和长效性，建立生活返贫动态调整机制，防止贫困疏漏和贫困转移，为完善以县（区）为主要对象监督评价机制提供科学依据。分别以皖北地区颍上县第三方监测评估、乌蒙山区织金县贫困县退出评估反馈纠正为例，概要分析反馈纠正的组织、实施和效果，为开展类似监测、检查的反馈纠正提供参考。

（七）新发展理念下脱贫攻坚长效机制的仿真模拟

本部分主要依据安徽省金寨县实地调研数据，从贫困预警监测、响应行动、监督评价、反馈纠正四个方面进行系统全面仿真模拟。模拟结果显示：部分家庭存在致贫风险，个别家庭致贫、返贫风险较大。安徽省的帮扶措施得到贯彻实施，受益群体较广，实施效率较高，群众的满意度较高，但同时存在实施不精准，政策不延续以及政策实施偏差等问题。在巩固拓展脱贫攻坚成果和乡村振兴有效衔接的过渡期内，金寨县通过对劳动力异常和收入不稳定农村家庭进行监测，并采取有效措施，促进其稳定脱贫、不返贫。课题组通过公开方式向有关个人和部门反馈了脱贫攻坚时期监督评价的所有信息，得到有关部门和个人积极回应。反映的相关问题和不足，已经加以纠正，纠正效果良好。

（八）研究结论和政策建议

本部分从内容上可分为研究结论和政策建议两个部分。研究结论部分主要是在前文理论和实证研究基础上进行的归纳总结。首先，对新发展理念和脱贫攻坚长效机制内在逻辑进行深入分析，并对新发展理念下脱贫攻坚长效机制进行系统设计。其次，对研究对象在脱贫攻坚时期、有效衔接时期预警监测机制、响应行动机制、监督评价机制和反馈纠正机制的具体做法、案例和成效进行分析，研究认为从总体上看，研究对象分类处置、分步实施的长效机制是有效的，但存在帮扶对象、帮扶措施有待进一步精准，帮扶效果有待进一步提升的问题。再次，对本研究中主要利用的实证研究方法进行比较分析后认为：通过 A－F 法进行贫困风险值计算，再利用黄金分类法进行五类群体划分，在确定五类人群上与实际情况基本吻合，可以在实践中加以应用。政策建议部分主要是在脱贫攻坚全国层面、典型案例分析和比较研究基础上，结合当前巩固拓展脱贫攻坚成果、乡村振兴的实际需要，从宏观制度层面提出制定实施《反贫困法》、构建扶贫大格局、健全社会保障制度、扶贫体制机制创新等的政策措施；从微观层面提出打造驻村帮扶工作队伍、搭建系统高效的大数据平台、突出产业帮扶基础性作用、培育壮大集体经济、加强农村基层社会治理和严格实施全过程全方位监督评价等实施办法，旨在提高相对贫困治理精准性、稳定性和长效性，顺利实现中华民族伟大复兴的远大目标和人类社会可持续发展的最终目标。

二、研究方法

研究方法属于哲学范畴，是发现问题、分析问题和解决问题的工具和手段的总称。严格地说，本书采用的研究方法属于研究工具的范畴，按照属性来划分，可以分为归纳总结的规范方法和实证研究的实证方法；按照学科来划分，可以划分为经济学、社会学、统计学和地理学方法等。

（一）跨学科综合分析法和系统分析法

本书研究内容涉及社会学、政治学、农村经济学、发展经济学等学科，需要进行多学科方法融合和多种分析工具的综合运用。扶贫减贫是社会学、政治学的重点研究范畴，实地调查需要采用社会学调查方法。产业扶贫、金融扶贫等涉及农村经济学和产业经济学领域，需要采用相应经济学理论和方法来加以研究。以农村为代表的落后地区农民就业、创业增收以及地区经济发展，需要从发展经济学寻找发展的理论支撑。具体分析过程中，更应重视并运用系统分析方法，注重研究内容的整体性、一致性和关联性，包含理论研究和实证研究、机制研究和应用研究、政策研究和实践研究。研究内容设计上，将新发展理念下脱贫攻坚长效机制系统设计和实践应用作为一个有机整体进行系统研究。

（二）定量、定性研究相结合方法

国内外脱贫理论研究和实践总结需要在国内外相关文献收集整理基础上进行系统的归纳总结。新发展理念下脱贫攻坚长效机制是经济和社会现象的综合，涉及的指标繁杂、参数众多，其中有些指标可直接量化，而有些指标难以直接量化，需要运用专家咨询和理论分析等方法。各地贫困的演化过程、形成机理以及扶贫成效评估，要在利用 A－F、黄金分类法等划定贫困风险等级分类，DEA 方法测度贫困治理模式效率的基础上，归纳和演绎相结合才能得出；而贫困的变动趋势、时空分布研究则需要建立空间计量模型，并借助地理信息系统来形象地描绘。

（三）一般性研究和典型案例研究相结合方法

整个研究的逻辑结构按照"总—分—总"来展开，是一般研究和典型研究的综合。对于脱贫攻坚成效的评价，以及脱贫攻坚与乡村振兴有效衔接全国层面的分析，采用的是一般研究，主要揭示贫困普遍性规律和扶贫减贫普遍举措。织金、金寨、蒙城、颍州等地贫困测度、扶贫行动、监督评价以及反馈纠正等研究是在一般研究基础上开展的典型研究。典型研究则在一般性研究的基础上，借助已有的研究成果，揭示典型区域贫困的特殊性规律和扶贫减贫的关键举措，为全面把握贫困实际以及实施脱贫攻坚长效机制提供依据。本书先进行全国层面脱贫攻坚成效的一般性研究分析，然后进行乌蒙山区织金县、大别山特困连片区金寨县、安徽省重点贫困地区蒙城县和阜阳市颍州区脱贫攻坚时期、有效衔接时期贫困治理典型性研究分析，一般分析和典型分析相结合，为制定实施新发展理念下脱贫攻坚长效机制提供有益借鉴。

第三节 研究工作与研究成果

为做好研究工作，课题组制定了细致研究计划，从立项年度开始严格按照计划来开展相应工作，取得了较为丰富且有价值的研究成果。

一、研究工作

本项目计划研究周期为三年，原定于 2019 年 12 月 31 日完成初步研究报告，2020 年 6 月份前完成修改完善。但受新冠肺炎疫情影响，未能如期完成修改。2020 年 11 月底，脱贫攻坚任务全面完成，农村工作的重点向巩固拓展脱贫攻坚成果与乡村振兴有效转移，农村贫困治理工作有了新的目标和任务。习近平总书记多次强调提高脱贫攻坚质量，党中央、国务院就如何推进巩固拓展脱贫攻坚成果与乡村振兴衔接，也作了新的战略部署。在此背景下，原有研究中的内容和数据已经不能完全涵盖我国农村工作。为弥补不足，2020 年 7 月开始，本研究在已有研究基础上进行了第二次重大修改，并于 2021 年 3 月完成研究任务。经过修改以后，本书研究内容由原来脱贫攻坚如何实现全面脱贫的长效机制研究，拓展到脱贫攻坚时期全面脱贫、有效衔接时期巩固拓展脱贫攻坚成果与乡村振兴有效衔接、全面推进时期统筹推进乡村振兴与相对贫困治理三个方面。本次修改，是根据评审专家和复审专家意见作的第三次重大修改，修改内容涉及每一章，重点增加新发展理念与脱贫攻坚长效机制内在逻辑以及实证研究，提高了本研究的可操作性和应用价值。

本研究按照制定的目标和任务，完成了各项工作，取得了系列质量较高的研究成果。

（一）撰写资政报告

项目研究者撰写的资政报告 7 篇获批示采纳，其中：获省政协采纳批示 1 篇，副省长审阅批示 3 篇，获省级人民政府采纳 3 篇。

（二）完成脱贫攻坚相关文献整理

本研究收集整理了国内外脱贫攻坚长效机制、乡村振兴方面的文献近5 000 篇，相关著作近 50 部。根据其中关联性较强、质量较高文献（或著作），撰写了研究报告的文献综述和 2 篇文献综述文章，均在学术期刊公开发表。

（三）完成贫困地区脱贫攻坚调研

本研究主要以大别山区、乌蒙山区特困连片区为对象，多次深入农村进行脱贫攻坚调研，建立了大别山区金寨县古碑镇宋河村试验站，连续三年进行跟踪调研。课题组负责人还组建 60 余人团队赴乌蒙山区织金县、七星关区进行国家贫困县退出评估的实地调研，并多次参与安徽省内颍上县、望江县和阜阳市颍州区等脱贫攻坚第三方监测，以及蒙城县贫困县退出第三方评估工作，收集整理了大量实地调研数据。主要的调研如表 1 - 4所示：

表 1 - 4　　　　　　　　　　主要实地调研

时间	地点	工作成果
2017 年 11 月	安徽省望江县	脱贫攻坚第三方监测，问卷 2 000 余份
2018 年 8 月	安徽省金寨县	脱贫攻坚实地调研，问卷 3 000 余份
2018 年 10 月	安徽省蒙城县	贫困县摘帽第三方评估，问卷近 1 500 份

续表

时间	地点	工作成果
2019 年 8 月	安徽省金寨县	脱贫攻坚满意度调查，问卷近 500 份
2019 年 10 月	湖北、河南、安徽大别山区	掌握湖北、河南、安徽脱贫攻坚政策，填写干部群众调查问卷 200 余份
2019 年 11 月	安徽省颍上县	脱贫攻坚第三方检测，问卷 7 955 份
2020 年 1 月	贵州省织金县、毕节市七星关区	贫困县摘帽实地调查，问卷近 4 000 份

注：考虑到研究需要，本报告只选择了实地调研中的部分数据。

（四）撰写学术论文和调研报告

发表学术论文 27 篇，其中 CSSCI 期刊 7 篇。撰写调研报告 3 篇，其中 1 篇编纂出版。

（五）培养研究生

指导 5 名硕士研究生完成脱贫攻坚和乡村振兴主题硕士论文，其中 2 篇获校优秀硕士论文。

二、研究成果

本研究作为应用型研究，在研究过程中，注重理论研究和应用研究相结合，尤其突出可操作性和参考价值，提高项目研究对实践应用的指导作用。

（一）资政报告及其应用

本研究的资政报告有两大类：一类是提交给政府领导同志参阅的政策建议。研究期间，撰写 7 篇政策建议，其中 4 篇获得省级领导（部门）肯定性批示，其中两篇获地方政府和职能部门采纳。另一类是提交给省政府的脱贫攻坚监测（评估）报告。本项目研究期间，项目研究团队共主持两项贫困县（区）摘帽第三方评估和一项脱贫攻坚成效第三方监测，参与一项贫困县（区）摘帽第三方评估和两项脱贫攻坚成效第三方监测。主持撰写的《贵州省织金县贫困县退出评估报告》《贵州省七星关区贫困县退出评估报告》《安徽省颍上县脱贫攻坚成效第三方监测报告》皆分别获得贵州省人民政府和安徽省人民政府采纳,作为贵州省织金县、七星关区 2019 年贫困县摘帽和安徽省颍上县 2019 年脱贫攻坚成效考核的重要依据(见表 1 - 5)。

表 1 - 5　　　　　　　　　　采纳的主要资政报告

序号	资政报告	作者	时间	社会影响
1	分步分类推进我省脱贫攻坚与乡村振兴有效衔接的政策建议	独著	2020 年 12 月 25 日	安徽省人民政府副省长批示,获校 2020 年科研成果一等奖
2	领略淮河风情建设美丽庄台	一作	2019 年 12 月 12 日	安徽省人民政府副省长批示,阜阳市、颍上县采纳,获校 2019 年科研成果一等奖
3	建立健全稳定脱贫长效机制的政策建议	一作	2019 年 12 月 12 日	安徽省人民政府副省长批示
4	建立健全长效机制巩固提升脱贫攻坚成效	独著	2019 年 12 月 31 日	安徽省政协全部采纳
5	安徽省颍上县脱贫攻坚成效第三方监测报告(2019)*	一作	2019 年 12 月	安徽省人民政府全部采纳
6	贵州省织金县贫困县退出评估报告(2020)*	一作	2020 年 3 月	贵州省人民政府全部采纳
7	贵州省毕节市七星关区贫困县退出评估报告(2020)*	一作	2020 年 3 月	贵州省人民政府全部采纳

注:资政报告除了采纳证明外,打"＊"者均引自安徽省、贵州省人民政府网站。政府网站公布评估结果与课题组意见一致即视同为采纳。为避免透露相关信息,项目负责人贡献以"独著""一作"表示。

(二)学术论文及其影响

截至 2021 年 9 月,本研究共发表学术论文 27 篇,其中 CSSCI 期刊文章 7 篇(如表 1 - 6 表示)。

表 1－6 发表主要学术论文

序号	论文名称	刊物	时间	社会影响
1	农业经济研究热点全球检视与中国展望	财贸研究	2021 年 6 月 15 日	CSSCI
2	大别山连片特困地区农户多维贫困测度及治理研究——以安徽省 W 县为例	南京航空航天大学学报（社会科学版）	2021 年 1 月 15 日	
3	集中连片贫困区的普惠金融减贫空间效应——基于大别山区经验的分析	沈阳大学学报（社会科学版）	2020 年 1 月 15 日	
4	农村集体产权制度改革理论基础与困境摆脱——基于国内文献的分析	山西农业大学学报（社会科学版）	2020 年 6 月 30 日	引用 3 次
5	特困连片区多维贫困测度与机理分析——基于大别山革命老区金寨县的调研数据	南京理工大学学报（社会科学版）	2020 年 3 月 31 日	引用 4 次
6	集中连片贫困区普惠金融发展的减贫效应——基于吕梁山区 20 个贫困县的经验分析	农村经济	2020 年 1 月 25 日	CSSCI，引用 4 次
7	集中连片特困区普惠金融减贫机理的实证分析	长春师范大学学报	2020 年 1 月 20 日	
8	集中连片贫困地区金融扶贫效果评价研究——以大别山区为例	山东科技大学学报（社会科学版）	2020 年 1 月 6 日	
9	产业扶贫研究进展及对脱贫攻坚的启示	内蒙古农业大学学报（社会科学版）	2019 年 12 月 15 日	引用 10 次
10	农村"三变"改革助推精准扶贫的机制和模式创新——基于安徽阜阳农村的调查	云南农业大学学报（社会科学版）	2019 年 12 月 3 日	引用 5 次
11	乡村旅游扶贫绩效评价及提升路径——以大别山革命老区金寨县为例	山西农业大学学报（社会科学版）	2019 年 4 月 24 日	引用 10 次
12	"互联网＋"背景下我国精准扶贫的路径研究	哈尔滨师范大学社会科学学报	2018 年 5 月 15 日	引用 9 次
13	农民工市民化公共投入究竟有多大？——基于城市行政等级和辖区差异的测算	财经科学	2018 年 3 月 31 日	CSSCI，引用 6 次

数据修改截止时间：2021 年 9 月 10 日。

（三）学位论文及其影响

截至 2021 年 9 月，本项目共指导 5 名硕士研究生完成脱贫攻坚主题硕士论文，其中 2 篇获校优秀硕士（见表 1-7）。

表 1-7　　　　　　　　　　指导硕士学位论文

序号	论文名称	作者	时间	社会影响
1	金融扶贫绩效评估及模式选择 ——以阜阳市为例	曹巍	2017 年	优秀硕士论文 引用 17 次
2	安徽省贫困地区贫困风险的预警与防范研究 ——以阜阳市与安庆市为例	徐黎珍	2018 年	引用 2 次
3	适度规模、效率差异与政策建议	金晓卉	2020 年	优秀硕士论文
4	企业带动脱贫攻坚机理、模式与优化 ——以安徽福中和生态农业开发有限公司为例	刘锦	2020 年	
5	特困连片区多维贫困测度与机理分析 ——基于大别山革命老区金寨县的调研数据	陈方生	2020 年	

数据修改截止时间：2021 年 9 月 10 日。

第四节　突出特色与主要建树

本成果的研究价值和创新之处主要体现在研究成果的独特之处和主要建树等方面。

一、突出特色

本成果的突出特色主要表现在研究视角、研究方法、研究观点和成果应用价值四个方面。

（一）研究视角新颖

本研究视角新颖主要体现在两个方面：一是系统工程视角。以新发展理念为指导思想，从制度体系的宏观层面应用科学严谨思维和一般事物发展规律，从预警监测—反应行动—监督评价—反馈纠正入手，形成逻辑闭环，并全面纳入脱贫攻坚长效机制体系；从中观层面的区域贫困解决、地方项目落实、扶贫相关部门权责认领等角度出发，为长效机制体系各子系统的形成与完善提供理论基础和实践指南；以农户个体及自然村落的微观层面为落脚点，统筹考虑农村居民的生存能力和发展能力，重点对贫困户、脱贫户、返贫户和边缘户等特殊群体的返贫、致贫提供判定依据和解决方案，研究视角独特。二是城乡融合视角。现代化必然是现代化城市和现代化乡村共同体，新型城镇化与贫困治理、乡村振兴相辅相成。在快速新型城镇化的过程中，要重视筑牢发展基础，彻底解决农村贫困问题，更要重新发现并利用好乡村的多元价值，使贫困治理、乡村发展与新型城镇化能够相互协调，形成三驾齐驱，努力实现城乡居民基本权益平等化、城乡公共服务均等化、城乡居民收入均衡化、城乡要素配置合理化、城乡产业发展融合化，使现代化成果更多地惠及广大农民群众。必须坚持工业反哺农业、城市支持农村，加快形成以工促农、以城带乡、工农互惠、城乡一体的新型工农关系和城乡关系。

（二）研究方法独特

本书所采用研究方法的独特性主要表现在三个方面：一是系统分析方法。本研究将贫困村和非贫困村、贫困户和非贫困户统一分析，按照生存能力、发展能力两个维度设计12项贫困指标，结合权重测度其贫困发生概率，将农村居民家庭划分为生存能力低下、生存能力受限、发展能力受限（生存能力正常）、发展能力正常和发展能力优越五大类人群；对处于不同贫困程度的农户进行多维贫困剥夺率以及相对贫困贡献度分析，并利用案例地区跨时间维度的相对贫困动态演变进行仿真模拟，初步判断后脱贫攻坚时期五大类人群贫困情况。创新性地将以前的贫困人群依据相对贫困现状进行可行能力划分，直观突出；且利用贫困剥夺率和相对贫困因素贡献度进一步解释了生存贫困人群和发展贫困人群的可行能力缺失的异同点，为贫困的深度研究提供了可行路径，该部分内容主要在第四章所做的预警监测和第八章所做的仿真模拟中体现。二是规范方法和实证方法结合。从总体上看，本研究采用规范方法对国内外脱贫攻坚相关文献和实践案例进行归纳总结，主要体现在第二章。然后采用实证方法对脱贫攻坚长效机制的四个部分进行实证研究和仿真研究，主要体现在第四章至第八章。就脱贫攻坚长效机制的四个部分来说，先归纳总结新发展理念与脱贫攻坚长效机制每一组成部分的内在逻辑，然后再进行相应的实证分析。三是多学科方法的融合。本研究中涉及的扶贫脱贫问题是农村经济学研究的热点，而数据和资料都是研究团队采用社会学的社会调查法进行实地采集整理的。在预警监测中，利用的是社会学 A－F 方法和统计学黄金分类法的结合。反应行动、监督评价中，运用数据包络法对项目实施成效进行客观效率评价，运用结构方程法对精准扶贫、精准脱贫进行满意度评价。政策建议部分则是采用政治学方法进行政策措施系统设计。

（三）研究观点鲜明

本研究提出了多个鲜明的观点：一是明确提出把人的生存和发展能力作为研究出发点和归属，并进行五类人群的准确划分。二是明确进行脱贫攻坚长效机制阶段划分，并确立阶段性目标取向。脱贫攻坚时期（2012～2020 年），消除区域整体性贫困和绝对贫困；有效衔接时期（2021～2025 年）巩固拓展脱贫攻坚成果与乡村振兴有效衔接，稳定脱贫、不返贫；全面推进时期（2026 年以后），统筹推进乡村振兴与现代贫困治理，有效解决相对贫困和促进人的全面发展。三是明确提出建立以县域为重点的贫困治理工作实施和监督评价机制，对"三区三州"地区和"三户一体"人群应加大中央财政投入，并适当延长有效衔接期，防止"三区三州"地区和"三户一体"人群规模性返贫。四是按照代际收入和合并收入计算家庭收入水平来进行动态监测调整。根据课题组多年的调查研究，中部地区贫困户中，分户老人（与子女分立户籍）所占的比重接近 30%，西部地区贫困户中，分户老人贫困户所占的比重在 20% 左右。此外，职户分离贫困户（户口在农村，务工在外地）也占较大比例。分户老人、职户分离现象的存在有违公平，导致扶贫资金分散使用、效率降低，分户老人现象同时有违中华尊老孝悌的优良传统。在乡村振兴中，贫困动态监测调整帮扶应以代际收入和合并收入计算家庭收入水平，防止分户老人和职户分离现象再次发生，提高帮扶资金、帮扶项目的靶向性、效率性。五是分类推进分步实施巩固拓展脱贫攻坚成果的"四个一批"。应立足本地脱贫攻坚和乡村振兴的实际，根据本地自然条件、资源禀赋和经济社会发展基础以及群体特征，最长有效衔接期按照稳定过渡期、调整适应期和常态运行期分类分期确定有效衔接的目标并实施差别化、特色性"四个一批"政策措施，即脱贫攻坚政策调整的"四个一批"（延续一批、整合一批、完善一批和退出一批）。

（四）突出成果应用

依据新发展理念，立足我国脱贫攻坚和乡村振兴的实际，研究提出脱贫攻坚长效机制和政策措施，并开展系统性仿真研究，使得研究成果更具应用价值。研究团队连续两年赴安徽省金寨县实地调研，并利用参与安徽省望江县、颍上县和阜阳市颍州区脱贫攻坚成效第三方监督检查，以及主持安徽省蒙城县、贵州省织金县和七星关区贫困县退出实地调研的工作机会，坚持理论与实践紧密结合，一方面撰写资政报告，指导地方高质量完成全面脱贫和推进乡村振兴工作，另一方面深入探讨脱贫攻坚长效机制的理论设计和实践应用，既提高了研究成果的应用性，又服务社会实践，社会反响较好。

二、主要建树

国内学者关于脱贫攻坚的研究侧重于理论探讨或者案例总结归纳，当前包括典型案例比较研究在内的实证研究正在兴起，脱贫攻坚的效果评价、项目评估和实践总结等仍是主流，但涉及脱贫攻坚长效机制的新发展理念和长效机制以及长效机制各子系统的内在逻辑、长效机制整体性分析和系统化设计、脱贫攻坚和乡村振兴有效衔接、乡村振兴时期相对贫困治理问题尚未有完整的规范表达。后脱贫攻坚时代贫困的识别与划分，相对贫困问题如何有针对性地解决，重大突发事件下扶贫项目的接续和转型如何突破，贫困代际传递的阻断和治理如何实现等问题没有明确的答案和系统性规划。本研究运用农村经济学、发展经济学、政治学、社会学等理论和实践成果，对脱贫攻坚长效机制体制进行系统设计，总结归纳脱贫攻坚成效，为巩固拓展脱贫攻坚成果与乡村振兴有效衔接，以及乡村振兴和实现人的全面发展提供新的思路。本研究主要建树体现在三个方面：一是系统设计了脱贫攻坚长效机制。在新发展理念指导下，系统提出了包括预警监测、响应行动、监督评价和反馈纠正在内的长效机制，全面分析各个机制的组成以及运行。脱贫攻坚长效机制不仅是取得脱贫攻坚全面胜利的体制机制设计，而且是巩固拓展脱贫攻坚成果与乡村振兴有效衔接、治理后脱贫攻坚时代相对贫困的长效机制。二是科学划分了五类群体。利用大数据技术，把所有农村群体，从生存能力、发展能力两个维度划分为生存能力低下、生存能力受限、发展能力受限（生存能力正常）、发展能力正常、发展能力优越五类群体，为精准识别、精准施策提供可行依据。指标设计是脱贫攻坚时期"两不愁三保障"最低脱贫标准和乡村振兴时期"人的全面发展"最高要求的有机结合，是联合国减贫在中国的生动实践。三是分类处置分步实施的精准方案。结合我国脱贫攻坚阶段性任务和实际要求，分别提出脱贫攻坚时期、巩固拓展脱贫攻坚成效与乡村振兴有效衔接、乡村振兴现代贫困治理时期，以及不同地区（村）、不同人群的扶贫减贫的分类处置措施和分步实施方案，是对精准扶贫的贯彻落实。通过对全体家庭的预警监测，不仅能实时发现贫困家庭，还能预测家庭贫困风险，及时为濒临贫困家庭提供帮扶，提高贫困治理的能动性和贫困治理工作效率。

此外，本研究的成果可以作为研究者进行深入研究的有益参考，也可以直接作为被调研单位相对贫困治理的依据，有力地促进地方相对贫困治理工作，对安徽省乃至全国扶贫减贫作有较强的借鉴意义，搜集整理的数据也可以作为贫困治理数据库资料保存。

第五节 不足之处与研究展望

一、不足之处

首先，由于脱贫攻坚数据具有高度敏感性，获取调研数据的难度很大，本研究中主要对大别山特困连片区金寨县、乌蒙山区织金县进行调研，而对大别山区、乌蒙山区其他县（区），以及其他特困连片区等深度贫困地区的脱贫攻坚长效机制未能进行深入系统研究，因而在研究内容的深度和广度上还可以进一步拓展。其次，由于全国脱贫攻坚地区经济社会要素、致贫因素和政策的差异性，本研究只是立足实地调研数据进行的分析，尽管考虑了调研数据的典型性和代表性，但仍可能难以覆盖全国所有农村，甚至与部分特殊地区农村实际情况有较大差异。最后，由于脱贫攻坚工作胜利结束，消除区域整体性贫困和绝对贫困任务全面完成，农村工作中心发生了转移，再加上 2020 年后受新冠肺炎疫情影响，研究工作进度放缓，关于脱贫攻坚阶段研究成果的时效性和应用价值受到了较大影响。在对本研究进行修改的过程中，增加了巩固拓展脱贫攻坚成果与乡村振兴有效衔接研究，但研究系统性有待进一步提升。另外，如何统筹推进乡村振兴和相对贫困治理，在本书中未做深入研究。

二、研究展望

随着脱贫攻坚的全面胜利，"三农"工作进入乡村振兴全新时期，脱贫攻坚长效机制的研究内容、目标将发生重大转变。新时代新技术突飞猛进，贫困人口监测、扶贫项目管理等需要采用大数据、互联网技术等综合应用。

（一）长效机制的目标取向调整

2019 年以来，习近平总书记多次强调，要推进脱贫攻坚与乡村振兴的有效衔接。党的十九届五中全会也明确提出，要实现巩固拓展脱贫攻坚成果与乡村振兴有效衔接。今后一段时期内，需要在这方面开展系统全面研究。脱贫攻坚时期，长效机制的目标是促进贫困人口快速脱贫，稳定脱贫不返贫，消除绝对贫困和区域性整体贫困。2020 年后，长效机制的目标指向发生根本转变。2021~2025 年，脱贫攻坚与乡村振兴有效衔接期内，长效机制的目标指向是脱贫人口稳定脱贫不返贫，边缘群体不致贫，以及乡村振兴的有效衔接。2026 年以后，长效机制的目标指向为相对贫困的治理，统一纳入乡村振兴，与乡村振兴同步推进。

（二）相对贫困治理研究

绝对贫困也可以称为生存贫困，主要表现为物质生活资料的缺乏。生存贫困可以从两个方面来理解：一是从生产方面看，劳动力缺乏再生产的物资条件，难以维持自身的简单再生产，生产者只能进行萎缩再生产；二是从消费方面看，人们无法得到满足衣、食、住等人类生活基本需要的最低条件，即达不到"两不愁，三保障"基本生存条件。相比绝对贫困的生存能力缺乏，相对贫困也可以理解为发展能力的缺乏，是指与社会平均水平相比其收入水平少到一定程度时维持的那种社会生活状况时，各个社会阶层之间和各阶层内部的收入差异。国际上通常是把人口的一定比例确定为生活在相对贫困之中。比如，有些国家把低于平均收入40%的人口归于相对贫困。世界银行则是把收入低于（或少于）平均收入的1/3的社会成员视为相对贫困。绝对贫困的物质缺乏是可以准确衡量的，是暂时的；但相对贫困是主观的，是相对的，具有长期性，准确衡量比较困难。2020年，我国进行的脱贫攻坚战役解决的是绝对贫困和区域性整体贫困，主要是消除了以生存贫困为特征的大范围深度贫困。严格意义上说，2020年以后，由于物质缺乏而导致的贫困仍旧存在，但发生的面小且数量少，所以可以纳入相对贫困进行统一管理。相对贫困的识别方法、帮扶模式和缓解路径是相对贫困治理的重要研究内容。

（三）城乡融合贫困治理研究

贫困治理走城乡融合道路是由贫困本身空间转移和城乡内在关系所决定的，我国长期的减贫和城乡发展实践确立了也证明了城乡融合发展是持续减贫和乡村振兴必由之路。

改革开放以来，我国扶贫开发工作主要在农村地区展开，重点帮扶对象是农村贫困家庭和贫困村。但是，随着城镇化步伐的加快，农村人口逐渐向城市迁移，城镇化在不断吸纳农村人口的同时，也将贫困问题空间性地转移至城市，突出表现为收入困境。同时，由于城乡之间贫困标准的不统一、不协调，对流动人口的贫困治理处于"真空地带"，存在城市贫困治理的"内部二元结构"问题。全面建成小康社会后，我国将进入城市贫困和农村贫困并重的阶段，工业化、城镇化、市场化的发展又为城乡统筹扶贫创造了有利条件。因此，从城乡统筹的角度审视贫富差距以及相对贫困问题将越来越重要，反贫困也应建立完整的城乡反贫困体系、将农民工贫困治理纳入我国反贫困体系，解决农村贫困"空间转移"和城市贫困"空间沉淀"问题。

（四）国际扶贫减贫协作研究

新中国建立以来，在中国共产党的领导下全国各族干部群众经过艰苦卓绝的奋斗，已经使8亿多人摆脱贫困，成为率先完成联合国千年发展目标中减贫目标的发展中国家，为世界减贫事业作出了重大贡献，创造出人类减贫史上前所未有的奇迹。据世界银行发布的数据，全球范围内每100人脱贫，就有70多人来自中国，中国的减贫贡献率超过70%，位居全球第一。

2015年10月16日，国家主席习近平出席2015年减贫与发展高层论坛并发表题为《携手消除贫困　促进共同发展》的主旨演讲，明确提出"消除贫困，自古以来就是人类梦寐以求的理想，是各国人民追求幸福生活的基本权利""我们要凝聚共识、同舟共济、攻坚克难，致力于合作共赢，推动建设人类命运共同体，为各国人民带来更多福祉"。多年来，我国一直帮助广大发展中国家特别是最不发达国家，如亚洲、非洲、拉丁美洲和加勒比海地区、大洋洲地区的部分国家消除贫困，推动构建人类命运共同体。国际扶贫减贫协作研究，应探索中国融入全球减贫事业的模式和路径，探讨联合国多边、双边框架下减贫合作，突出良好减贫环境营造、如期实现2030年可持续发展议程首要目标、"一带一路"沿线国家和地区的紧密合作研究。

（五）现代信息技术广泛应用

以互联网、大数据和云计算为代表的现代信息技术在脱贫攻坚、巩固拓展脱贫攻坚成果、相对贫困治理和乡村振兴中的作用越来越重要，其应用研究重点在于应用技术、模式、手段和影响。现代信息技术不仅提高了农村贫困人口识别的精准性，而且为精准帮扶项目的实施和监督管理提供了技术支撑，成为减贫科学管理的有效手段。例如，脱贫攻坚时期贫困监测系统可对扶贫项目、扶贫资金、扶贫过程进行有效跟踪管理，对扶贫结果进行实时查询，为扶贫工作更加有效开展提供实时数据。利用互联网技术开展的电子商务，是贫困地区优质特色产品销售和增加贫困人口收入的有效手段。此外，现代信息技术不仅是扶贫手段，更是脱贫内容，加强贫困地区信息基础设施建设是脱贫攻坚的一项重要任务。

相对贫困的识别需要将农村全部人口纳入监测系统，监测面广、监测指标多，对数据的准确性和快速处理能力要求非常高。帮扶对象的精准识别，帮扶模式、帮扶项目的精准性和效率性检测评估，需要利用区块链技术，结合国家、省级贫困监测系统，对产业、健康、教育、劳动、就业、社会保障等数据进行整合利用。乡村振兴涉及的内容非常广泛，产业振兴、人才振兴、文化振兴、生态振兴、组织振兴的数据信息包罗万象，属性不一，同样需要现代信息技术综合利用。

第六节　本 章 小 结

减贫是人类社会发展进程中永恒的主题之一。截至 2020 年 11 月，我国脱贫攻坚取得全面胜利，实现现行标准下农村贫困人口全部脱贫、贫困村出列和贫困县摘帽，为全人类减贫事业作出了巨大贡献，同时也彰显了中国智慧、中国道路和中国方案。随着脱贫攻坚工作的圆满收官和第一个百年目标的实现，我国整体进入全面社会主义现代化国家建设新征程。但由于贫困的脆弱性，"三户一体"人群较多，扶贫产业分散化、低端化比较严重，扶贫资金利用效率较低，就业、教育、健康等社会保障力度有待进一步加大，巩固拓展脱贫攻坚成果和防止规模化返贫任务艰巨。因此，应以党的十八大以来新发展理念指导贫困治理，建立健全脱贫攻坚长效机制。坚持推进创新发展，提高核心竞争力；坚持推进协调发展，促进城乡区域协调；坚持推进绿色发展，保障生态环境安全；坚持推进开放发展，形成国内国际双循环格局；坚持推进共享发展，强调社会公平正义。

本章在阐述本研究历史背景和重大意义的基础上，重点阐述了研究内容和研究方法，归纳总结了研究工作和研究成果，指出研究的创新之处和研究价值，提出研究的不足之处和未来研究重点。

第二章

新发展理念下脱贫攻坚长效机制
理论研究与实践总结

本研究利用 Citespace、Histcite 等软件，依托中国知网、Web of Science 等较为全面的中外文献数据库，对于新发展理念、脱贫攻坚、脱贫攻坚与乡村振兴有效衔接、相对贫困治理等相关主题进行研究热点的归纳和总结。通过大量的文献检索和阅读，发现新发展理念、贫困治理的理论内涵在不断拓展延伸，其涉及领域不断扩大，实践模式呈现多样化。为进一步开展后续研究工作，应特别重视新发展理念与脱贫攻坚长效机制之间内在逻辑的研究，重视脱贫攻坚成功模式和成功经验的系统全面总结，重视中国脱贫攻坚为世界减贫事业所作出的贡献和参与世界减贫工作的伟大成就分析。

第一节　新发展理念下脱贫攻坚长效机制理论研究

一、新发展理念研究

2015 年 10 月，习近平总书记在党的十八届五中全会上提出并全面阐述了新发展理念，即创新、协调、绿色、开放、共享发展理念。新发展理念是中国特色社会主义理论体系的重要组成部分，是指导我国经济、政治、文化、社会、生态等"五位一体"长远发展的重要发展理念。自习近平总书记新发展理念提出以来，国内外学术界对于新发展理念开展了大量的研究，取得了显著的研究成果。

（一）新发展理念的深刻内涵

对新发展理念的解读主要是指对创新、协调、绿色、开放、共享发展理念的本身进行深刻解读。在内容层面上，学者们主要对新发展理念的构成进行系统分析，认为在外部各种因素的作用下，新发展理念对"实现什么样的发展、怎样发展"问题做了新的解释（顾海良，2016），是发展理念的伟大创新（邱海平，2019），是中国共产党执政经验的总结（秦宣，2018），具有马克思主义政治经济学的深刻内涵（陆夏，2018），为我国实现更高质量、更可持续的发展提供了根本遵循（双传学，2016）。

新发展理念是一个有机的、统一的系统（唐任伍，2016），创新、协调、绿色、开放、共享五大发展之间相互依存、相辅相成（管永前，2015），共同作用形成一个有机整体。新发展理念尊重客观自然规律与人类的主观能动性（牛先锋，2016），体现了中国共产党人对三大规律（人类社会发展规律、社会主义建设规律和党执政规律）的深刻认识（崔治忠，2016）。新发展理念的最终目的是为了人民（肖巍，2016），体现了党性和人民性的统一（叶燕华，2016）。

新发展理念以中国经济社会发展的重大实践和理论问题为导向（顾海良，2016），是对既有发展观的进一步继承和完善，是对新时代问题变化的历史回应（刘伟，2018）。新发展理念是在新的历史阶段上，对马克思主义发展观的不断变革和创新（王仕国，2016；李文兵，2018），是对马克思列宁主义、毛泽东思想、邓小平理论、"三个代表"重要思想、科学发展观等思想的不断发展和完善（简新华，2017），也是习近平新时代中国特色社会主义思想的重要组成部分（刘伟，2017），是解决社会主义社会主要矛盾的根本路径（顾海良，2017）。新发展理念是习近平新时代中国特色社会主义思想的核心和灵魂，既相互融合又各有侧重（郭冠清，2018；韩保江，2018），每个维度都有针对性和指向性（项久雨，2018），与供给侧结构性改革紧密契合（张峰，2017）。

（二）新发展理念的重大意义

我国经济已由高速增长阶段转向高质量发展阶段，以新发展理念解决我国经济发展中的重大现实问题，是推动区域经济可持续发展的必由之路（任保平，2020）。高质量发展是以新发展理念为指导的经济发展状态，是体现五大发展理念的一种发展（任保平，2018；高培勇，2019），提供了一把化解社会主要矛盾的钥匙（董根洪，2019），描绘了经济高质量发展的特征（孙豪，2020）。新发展理念来源于我国现阶段的主要矛盾和问题（欧光南，2017），在指导经济发展、解决主要矛盾等方面具有重要作用（顾海良，2017；刘伟，2017；龚毓烨，2018）。社会主义经济发展是一个完整系统，新发展理念从整体性上研究经济社会发展问题，在新的历史条件、新的时代背景下系统回答了什么是发展、为什么发展、怎样发展、发展什么、依靠谁发展、发展成果由谁享有等理论问题。总之，新发展理念不仅是对经济发展内涵的进一步升华和完善，而且是推动经济发展实践的理论总结。

二、脱贫攻坚长效机制研究

新中国成立以来，我国扶贫实现了从贫困救济型到精准扶贫型，再到开展全面脱贫攻坚战的转变，扶贫事业取得历史性跨越和成就，对全世界减贫工作具有弥足珍贵的价值和意义。

（一）习近平总书记脱贫攻坚重要论述

党的十八大以来，习近平总书记多次对精准扶贫、精准脱贫作出重要指示。他强调："扶贫开发贵在精准，重在精准，成败之举在于精准""关键是要找准路子、构建好的体制机制，在精准施策上出实招、在精准推进上下实功、在精准落地上见实效"。党的十八届五中全会把精准扶贫作为打赢脱贫攻坚战的基本方略。2015 年 11 月，习近平总书记在中央扶贫开发工作会议上发表重要讲话，系统阐述了精准扶贫精准脱贫基本方略。习近平总书记提出的精准扶贫基本方略是扶贫理念的重大创新，充分体现了目标导向与问题导向相统一、战略性与可操作性相结合的方法论。要做到"六个精准"，实施"五个一批"，解决"四个问题"，要求"四个创新"，即创新传统扶贫开发路径、创新传统的扶贫资源使用方式、创新传统扶贫开发管理模式、创新扶贫考核评估方式（黄承伟，2020）。

新时期脱贫攻坚的目标是到 2020 年实现我国现行标准下农村贫困人口全部脱贫，贫困县全部摘帽。要不折不扣地完成这一任务，就要在脱贫成效上下足精细精确的"绣花"功夫，全力推动脱贫攻坚工作向纵深开展，实现贫困户稳定脱贫，让脱贫攻坚成效经得起历史、实践和人民群众的检验。总之，要不断总结脱贫攻坚的实践创造和伟大精神，持续推动农村经济社会发展和人民群众生活改善（章文光，2019）。

（二）中国精准扶贫方略与模式

精准扶贫方略是解决新时代社会主要矛盾的必然路径，党和国家必须将精准扶贫方略贯彻落实好，攻坚战的工作常态化转化好，脱贫攻坚的成果巩固提升好，最终消除贫困，实现共同富裕。

1. 精准扶贫方略

习近平总书记明确指出："必须坚持精准扶贫、精准脱贫，坚持扶持对象精准、项目安排精准、资金使用精准、措施到户精准、因村派人（第一书记）精准、脱贫成效精准等'六个精准'"，为精准扶贫指明了方向，对精准扶贫作了具体部署。精准扶贫理论是中国特色社会主义理论体系中反贫困理论的最新发展（胡联等，2017）。集体经济作为我国农村经济制度的主要形式，在脱贫攻坚和发展农业经济方面发挥着重要作用（王娜、胡联，2018；闫旭，2019），精准扶贫战略的实施始终以农民和农村集体组织为主体（吕逆风，2019），以精准扶贫政策为导向，树立扶贫人才培养的先进理念和思路，构建扶贫人才培养的约束机制、激励保障机制、监督反馈机制，推动精准扶贫目标的实现（赵艳霞，2017），不断落实"三支一扶"政策，提供组织激励和保障，使更多的人才在贫困地区扎根。当前攻坚战的工作转为常态化，需要总结中国精准扶贫的策略和模式，巩固脱贫攻坚成效。

2. 精准扶贫模式

精准扶贫的重点在于要解决好"怎么扶"的问题。习近平总书记强调，要按照贫困地区和贫困人口的具体情况，实施"五个一批"工程，即发展生产脱贫一批、易地搬迁脱贫一批、生态补偿脱贫一批、发展教育脱贫一批和社会保障兜底一批。"五个一批"工程是精准扶贫模式的高度概括，全国各地在贯彻落实的同时，进行了不断创新，形成多种类型具体实践模式。

（1）产业扶贫。产业扶贫是贫困地区实现内生性增长的关键，通过发展产业提高贫困人口的工资性、经营性、租赁性和财产性收入水平，助力贫困人口稳定脱贫不返贫，完成消灭贫困和实现共同富裕的目标（朱道才、刘锦，2019）。但产业扶贫过程中仍面临意识、利益、信息传导和政府失灵等困境，需要扶持龙头企业，通过财政杠杆牵引跳出利益困境，增强龙头企业的带动能力；瞄准贫困户真正需求，创建需求表达机制破解信息传导困境，精准定位扶贫产业；加强政府治理能力建设，扭转政府失灵，提升产业精准扶贫中的政府执行与监管力度；完善参与主体间的利益联结机制，推动贫困地区产业高效发展，让贫困户得以"真脱贫、脱真贫"和可持续脱贫（匡远配、易梦丹，2020）。地方政府通过"行政外包制"的方式动员企业主动承包产业扶贫项目，程式化监督控制等与企业形成外包关系，突破行政外包制的机制性缺陷，形成良性可持续政企合作模式（李小艺，2020）。

（2）教育扶贫。习近平总书记提出把教育扶贫摆在先行官的位置、教育是扶贫开发根本大计等重要论断。深入学习习近平总书记教育扶贫论述的生成基础和丰富内涵，无疑对打赢打好教育脱贫攻坚战、持续推进后脱贫时代相对贫困的有效治理具有重要意义（李正元，2020）。教育扶贫是中国特色扶贫开发事业的重要组成部分，是帮助贫困人口阻断贫困代际传递、稳定脱贫的根本手段，是打赢脱贫攻坚战的核心举措，为全球贫困治理贡献了新力量、绽放了新魅力、提供了新模式、拓宽了新思想、趟出了新路径（袁利平、丁雅施，2020）。

改革开放以来，我国政府出台了一系列教育扶贫政策，形成了相对完善的教育扶贫政策体系，呈现教育扶贫内容由基础教育向职业教育、技术培训扩展，教育扶贫范围由义务教育向学前教育、继续教育延伸；教育扶贫对象由区域性整体扶持转向区域扶持与对特殊人群的重点资助相结合；参与主体从单一政府型向政府与社会力量合作型转变的特点（向雪琪、林曾，2018）。目前教育扶贫对象识别、项目设计及经费使用等存在一定偏差（张翔、刘晶晶，2019），需发展公平而有质量的基础教育，解决能力型贫困问题，提升贫困群体教育获得感和可持续生计能力。直面民生改善诉求，确立实用取向的教育质量观；转变教育扶贫方式，将学校内涵发展作为投入重点；拓宽教育扶贫范围，促进各级各类教育协同发展（吴晓蓉、许见华，2020）。中国未来教育扶贫将呈现从脱贫阶段的教育扶贫向小康阶段的教育扶贫转变，从经济功能向本体功能转变，从完善体系向推进治理转变，从传统教育扶贫向现代教育扶贫转变（魏有兴，2019）。

（3）易地扶贫搬迁。易地扶贫搬迁在脱贫攻坚中难度最大、政策性最强、标准最高，涉及搬迁群众就业、安居及后续发展等方面，如果处理不好，会造成诸多社会矛盾（王春蕊，2018）。建立易地扶贫搬迁与就业减贫的良性互动关系，实现易地扶贫搬迁"挪穷窝"和"换穷业"的双重政策目标，促进搬迁安居与脱贫乐业（张涛、张琦，2020）。我国易地扶贫搬迁即将全面进入工作目标为"稳得住""可致富""能发展"的后搬迁时代（王蒙，2019）。搬迁因素、家庭特征和资源禀赋等对搬迁户福利状况存在显著影响，安置方式、搬迁类型没有对低福利搬迁户产生影响（高博发，2020）；经济状况、基础设施、公共服务等与易地扶贫搬迁政策实施效果显著正相关（熊升银、王学义，2019）。农地流转通过为搬迁户带来土地租金收入、促进家庭生产要素优化和劳动力合力配置正向促进搬迁户脱贫，村干部政策执行在农地流转和非农就业之间起调节作用（王志章、杨志红，2020）。易地搬迁提高了农户总生计资本，但减贫效应持续性不足，存在边际效应递减趋势（朱永甜、余劲，2020）。由于自身群体的特性，形成由特定政策推动的、毫无准备状态下的"被动市民化"，需从分类施策、政策配套和公共服务等层面加以推进（邹英、向德平，2017）。

（4）光伏扶贫。光伏扶贫工程是促进贫困户收入增加、贫困村集体破零、实现精准扶贫的重要途径（刘渊，2017），是新时代打好精准扶贫攻坚战、落实乡村振兴战略的重要保障，是高质量脱贫与乡村经济发展之间的有效纽带。光伏扶贫项目是精准扶贫十大工程中的重点工作，具有精准施策，优化建设指标和收益的分配机制；注重投资管制，构建企业参与的工程建设体系；着力规划动能，扶持乡村经济发展的新产业；实施考核问责，健全光伏扶贫效果的保障制度等优势（吴素华，2018）。光伏扶贫的快速扩散，产生了过度依赖政策补贴、电网消纳困难、收益分配和管理流程等问题（邹乐乐，2019），以及资金筹集困难、进入门槛较低、后期运维困难以及监管问责不到位的问题（袁金辉，2017）。现阶段，光伏扶贫过度依赖政府投资，不具备长久性和可持续性（许晓敏、张立辉，2018），应综合考虑贫困地区电力需求和光照条件，审慎推广光伏扶贫，鼓励更多主体参与光伏扶贫项目，积极探索光伏农业新业态，建立并完善收益分配机制，注重人才培养和产品研发（郭建宇、白婷，2018）。

（5）消费扶贫。消费扶贫通过消费需求拉动贫困户劳动供给，实现扶志、扶智和扶贫的多重效果，具有可持续性（胡磊、刘亚军，2020）。消费扶贫本质上是消费者和贫困地区生产者之间的商品和服务的买卖行为。从生产者角度，应提升贫困地区农产品供给水平和质量，打通供应链条，拓展销售途径；从消费者角度，应营造消费扶贫的社会氛围，助力贫困地区脱贫攻坚战的胜利（陈前恒，2019）。让消费扶贫精准到"点"，是落实精准扶贫、精准脱贫基本方略的直接体现。实现消费扶贫的精准化，要加大消费扶贫工作部门的协同力度，以特色农产品为介质，推进产业扶贫、消费扶贫、就业扶贫，以及稳定脱贫攻坚成果、促进贫困地区相关产业可持续发展（罗静，2020）。消费扶贫的核心在于需求与供给的充分对接（葛建华，2019），做好消费扶贫工作需要拓展需求端，提升贫困地区产品和服务的社会购买力；优化供给端，提升贫困地区产品和服务的市场竞争力；打通连接线，提升贫困地区产品和服务的区域辐射力；强化保障线，提升贫困地区产品和服务的政策引导力（杨文杰、韦玮，2020）。县域交界处是消费扶贫的益贫性盲区，在保持交通、营销、责任帮扶和现代农业市场体系建设的同时，应加强信息网络建设力度，提高网络建设对消费扶贫的带动作用（王刚，2020）。商业银行作为国民经济发展的重要一环，应在消费扶贫领域探索创新具有自身特色并能够发挥行业优势的实现路径（陈婧杰，2019）。

（三）脱贫攻坚成效评估与结果应用

准确评估精准扶贫成效是一个重大现实问题，准确的评估结果有利于对扶贫机制形成正反馈，为扶贫工作提供指导（柳志、王善平，2020）。评估方法的制定需要根据实验与非实验、定量与定性的方式实现，常用变异系数法、模糊综合评价法、主成分分析法等进行评价（高翔，2016）。伴随着大数据和区块链技术的发展，借助区块链可以实现过程精准管理、项目精准评估和审计（杨明、郑晨光，2020）。第三方评估是精准扶贫绩效评估的有效方式，但由于委托代理关系，存在着扶贫上下级及第三方评估单位之间复杂的三元博弈关系，可能会影响评估效率和精度（邹世允、黄乔丹，2018）。由于贫困特征不同、评价方法不同，需要在深入了解民族地区精准扶贫政策实施情况的基础上，构建具有地区特色的评价体系（姬咏华、王洪杰，2018），而连片山区需要分析精准扶贫政策实施过程中所遇到的具体问题，构建山区扶贫绩效评价体系（张玉强、李祥，2017）。基于计划行为理论发现，连片特困区扶贫绩效良好，呈现波动中逐渐上升趋势（钱力，2018）和"南高北低"的格局（钱力、葛安佳，2017），但贫困人口脱贫行为程度较低，缺乏自主性（钱力，2020）。

（四）巩固脱贫攻坚长效机制研究

中国大规模减贫是由经济高速增长、大规模区域性扶贫开发、社会保障政策政策和平等的土地分配制度等因素共同作用的结果，但在减贫效应不断下降的背景下，需要构建脱贫攻坚长效机制（汪三贵，2016）。在建立健全稳定脱贫长效机制的目标下，如何提升贫困地区和人口的风险应对能力成为首要挑战（李海金，2019）。

作为精准脱贫攻坚的主要政策和乡村振兴的总抓手，产业扶贫在增加农民收入、增强乡村竞争力上都有着重要作用（胡强，2018），各地已经形成农村主体利益均衡机制、产业发展多元带动机制、发展要素系统整合机制、贫困群众持续增收机制等具有区域特征的脱贫攻坚长效机制。建立健全利益联结和合作机制，整合科技资源（潘百涛，2020），增强产业竞争力（虞洪、林冬生，2017），巩固脱贫攻坚成果，促进乡村治理体系创新，为推进乡村振兴打下坚实的基础（左停，2019）。

教育扶贫作为阻断贫困待机传递的重要途径，是实现脱贫攻坚长效机制的重要手段（王文静等，2018），通过改善贫困地区的办学质量，保障良好的教育供给，发挥和调动社会力量提高贫困人口的入学积极性（姚松、曹远航，2020）。现阶段教育扶贫以"托底"为主（金久仁，2020），政策注意力分配明显失衡，目标群体识别存在集中化、静态化隐患，政策工具配置的契合度低、协同乏力、衔接断裂，扶贫手段的配置结构也不尽合理（马立超，2020）。应从经济逻辑转向教育逻辑，实现教育贫困群体识别的辐射扩散和动态精准；创新教育精准扶贫的协同治理模式，探索新技术对教育扶贫的应用（袁利平、张薇，2020）。制定常规化、制度化的教育扶贫政策体系，实施综合性教育扶贫措施，建构教育扶贫共同体，强化教育扶贫与乡村振兴战略的统筹衔接（侯小雨、李兴洲，2020）。

文化扶贫具有引领作用、持久作用和协同作用，是物质扶贫的有力支撑。习近平总书记提出"治贫先治愚，扶贫先扶智"的重要论断与要求（中共中央文献研究室编，2018）。围绕"治愚、扶智、扶贫"，激发农村社会发展的内在活力，是打赢脱贫攻坚和实现乡村全面振兴的重要策略。文化扶贫是通过加强农村地区精神文明建设，促进贫困农民提升自身素质，增强其脱贫致富能力的扶贫开发方式（辛秋水，2010）。坚持以政府为主导，增加贫困地区公共文化产品与服务供给，达到扶贫与扶智的目的（饶蕊、耿达，2017）。文化扶贫模式可以分为直接文化扶贫、间接文化扶贫和合作文化扶贫三种模式（严贝妮、万尹菲，2018），应树立精神理念、精准满足民众需求，建立有效开发策略促进贫困地区文化产业发展，寻求更有效、精准的文化扶贫路径（齐峰、由田，2020）。

三、巩固拓展脱贫攻坚成果与乡村振兴有效衔接

摆脱绝对贫困之后推进乡村振兴，是走向共同富裕的必由之路。基于文献分析与阅读，将现有文献归纳为三大部分，按照脱贫攻坚与乡村振兴衔接的理论价值和现实意义、内在关系及对策建议进行梳理。

（一）历史背景和现实意义

党的十八大以来，我国减贫成效显著，连续六年每年减贫人口超过一千万人，436 个贫困县脱贫摘帽，在体制机制、政策落实、成效认定等方面积累了一定的经验，为实现乡村振兴提供了良好的借鉴（汪三贵、冯紫

曦，2019）。中国正处于脱贫攻坚与乡村振兴统筹衔接的历史交汇期，虽然脱贫攻坚为乡村振兴做好了基础性准备，但脱贫攻坚引发的乡村新矛盾与高返贫风险等挑战依然存在，必须处理好分配矛盾以促进平等共享、构建脱贫后续可持续的发展机制，才能推动脱贫攻坚向乡村振兴的平稳过渡（徐晓军、张楠楠，2019）。此外，乡村振兴的政策目标对象更大，难以聚焦，两者之间的区域平衡和治理体系转换仍有难题。如何衔接贫困地区脱贫前后经济发展政策和兼顾不同群体对社会政策的诉求也是当前面临的重要问题（左停，2020）。

由于脱贫攻坚与乡村振兴在作用对象、施策方式等方面存在差异，在政策实施过程中必然存在因战略针对性与整体性、特惠性与普惠性、福利性与经济性等矛盾而引发的现实挑战，导致两大战略对接存在挑战（徐晓军、张楠楠，2019），做好脱贫攻坚与乡村振兴衔接工作，具有突出重要的现实意义（郭远智、周扬等，2019；吕方，2020）。脱贫攻坚和乡村振兴是国家层面的战略决策，其战略思想有着共同的理论渊源和内在的必然联系，研究二者的有效衔接既是回应当前农业农村农民发展问题的现实所需，也是全面建成小康社会和实现社会主义现代化的迫切要求（贾晋、尹业兴，2020）。从脱贫攻坚与乡村振兴各自的特点出发，二者既具有突出的互补性、一致性，也具有鲜明的差异性（陈明星，2020），二者的有机衔接是要解决短期扶贫与长期发展的问题（胡钰、付饶，2019）。统筹谋划两大战略衔接问题，既有利于巩固脱贫攻坚成果，又有利于促进农业农村优先发展，推动乡村全面振兴（高强，2019），是战略目标有序推进的保障（贾晋、尹业兴，2020）。

（二）脱贫攻坚与乡村振兴的内在关系

乡村振兴与脱贫攻坚在战略路径上的接续性、战略方向上的关联性和战略价值上的协同性，共同构成了二者有效衔接的实践基础（马喜梅，2020）。打赢脱贫攻坚战是推动发展的短期目标之一，乡村振兴战略是国家中长期发展战略（张亚玲，2019），两者具有统一性、差异性、联动性（刘焕、秦鹏，2020），互为支撑、相互促进（高静，2020）。乡村振兴的前提是消除贫困，打赢脱贫攻坚战也是乡村振兴的重要内容，二者内在高度统一（边慧敏、张玮，2019）。从理论层面看，二者在价值目标、内容举措、功能作用等方面具有耦合性（王春城、戴翊超，2019），表现出来的连续性和继起性特征是一种相互协调和相互促进的关系。从实践层面看，精准扶贫主导下的脱贫攻坚重在补齐乡村发展短板，是乡村振兴的关键和基本前提；乡村振兴旨在提升乡村可持续发展能力，是精准扶贫的深化和重要保障（邓磊、罗欣，2020），完成脱贫攻坚任务能够为乡村振兴提供有益借鉴，实施乡村振兴战略能够为脱贫攻坚释放发展动力（岳国芳，2020）。农村减贫的过程是乡村逐步实现振兴的过程（郭远智、周扬等，2019），乡村振兴战略的重大安排，为深度贫困地区的脱贫工作，提供了历史机遇和前进方向；深度贫困地区的脱贫效果，为逐渐实现乡村振兴战略提供了坚实基础和平台保障（张南，2020）。以乡村产业为接口、以农民为主体、以创业为手段，让农民在参与乡村产业发展过程中，实现稳定脱贫，推动乡村振兴，这是稳定脱贫与乡村振兴的内在逻辑（庄晋财、黄曼，2020）。

（三）脱贫攻坚与乡村振兴衔接路径

脱贫攻坚与乡村振兴的衔接关系，体现为战略目标的推进关系、体制机制的统一关系和政策体系的融合关系，同时脱贫攻坚与乡村振兴的承接关系，也决定了二者实现有机衔接的必要性（汪三贵、冯紫曦，2020）。因此，为了更好地使得两项战略进行无缝衔接，就必须形成思想认识衔接、做好政策保障衔接、突出规划引领衔接、狠抓工作落实衔接（刘焕、秦鹏，2020），协同推进精准扶贫与乡村振兴战略，持续推动深度贫困地区产业发展，以产业扶贫促进产业振兴，切实发挥乡村振兴试点村的引领作用（程明、钱力等，2020）。要深刻理解和把握衔接内涵，实现二者在重点目标、体制机制、政策措施、成效认定等多方面、全方位的有机衔接。其中，产业振兴、人才振兴、文化振兴、生态振兴、组织振兴是实现乡村振兴的五个具体路径，脱贫攻坚与乡村振兴有机衔接的重点内容主要体现在产业发展、生态环境、体制机制与基层治理、公共服务与生活质量等方面（王春城、戴翊超，2019；汪三贵、冯紫曦，2019）。

城乡的二元结构破解是我国农村现代化建设中的巨大障碍，打破城乡二元结构，促进城乡的融合发展是脱贫攻坚工作进入决胜期后的难点，是实现乡村振兴目标的核心（廖文梅、童婷等，2019）。从政府与市场两个层面展开，做好政府主导与市场决定的统筹衔接（高强，2019）。根据不同地区社会经济发展的现实情况，抓好梯度跟进和优化升级，协助小农户融入市场经济和城镇化的发展进程中，实现乡村振兴（左停、刘文婧等，2019）；将乡村振兴的战略思想和原则深度融入产业扶贫实践（牛胜强，2019）；改变乡村居民思想认识，树立发展信心，增强发展能力，真正实现乡村振兴的政府主导、群众主体的要求（朱启铭，2019）。从扶贫政策出发，探索"两大战略"衔接的结合点与衔接点；立足于乡村振兴有关政策，考察"两大战略"有效衔接的共同之处（高强，2020）。坚持系统思维，土地使用制度创新是脱贫攻坚与乡村振兴协同推进的重要抓手，村集体组织是脱贫攻坚与乡村振兴协同推进的关键（陈美球、胡春晓，2019）。注重将"精准式"济困帮扶与"普惠式"共享发展有机结合，通过全面强化均衡协调发展实现利益均衡，促进脱贫攻坚和乡村振兴政策体系的衔接优化（左停，2020）。发挥不同区域能动性的多元化、差异化制度，把整体层面与区域层面的现实、趋势、政策结合起来，建构不同区域、不同发展形态和不同发展模式的城乡融合发展基础性制度体系和差异性政策体系（陈文胜，2020）。

四、相对贫困治理研究

（一）国外相对贫困治理的理论研究

1. 绝对贫困、相对贫困与现代贫困

（1）收入贫困下的绝对贫困。贫困问题是人类社会永恒的主题之一，是世界各国始终关注的热点。本杰明·西博姆·朗特里（B. S. Rowntree，1901）在《贫困：城镇生活研究》中首次提出贫困概念："家庭总收入不足以支付仅仅维持家庭成员生理正常功能所需的最低生活必需品开支"，并以此为依据划分贫困家庭的收入标准。朗特里量化贫困线的开创性思想和方法奠定了世界各国开展贫困衡量和贫困救济工作的基础。直至今日，人们仍然接受绝对贫困概念下的贫穷指"生活必需品的缺乏"（S. G.

Smith），或者"指收入较少而无力供养自身及家庭的一种低落的生活程度"（R. C. Dexter）。美国耶鲁大学教授劳埃德·雷诺兹（L. G. Reynolds，1984）将维持低水平生活的贫困状态与不充足的家庭收入挂钩，认为绝对贫困是生存能力受到限制的收入贫困。以家庭收入为尺度的绝对贫困是个人层面的低水平生活，要解决绝对贫困，应当尽可能地增加穷人的个人财富。

（2）增添社会属性的相对贫困。随着对贫困研究的深度开展，人们逐渐意识到贫困不应当被定义为不变的收入水平或者经济状况，应该是经过比较而产生的。贫困应当是"经济收入低于当时、当地生活必需品购买力的一种失调状况"（Queen & Mann），费尔柴尔德（H. P. Fairchild，1962）更倾向于将其描述为"相对较少（收入）的一种状态"。贫困不仅仅限于收入上的严重缺失，还可以理解为因无适当收入或不善使用（开支），无法维持基本生活以及改善健康条件和精神面貌去做有用工作的一种社会状况（G. L. Gilin，1926）。舒尔茨（T. W. Schultz，1991）认为"贫困是作为某一特定社会中特定家庭的特征的一个复杂的社会经济状态"，且当下的贫穷绝大部分可以归咎于经济失衡的大量累积（T. W. Schultz，1990）。奥本海默（C. Oppenheim，1993）认为穷人不仅仅是物质上匮乏，更是社会层面和情感层面受到阻滞。因此，增添了社会属性的相对贫困是个体在社会平均水平下的低质量生活，具有部分个人、部分社会属性。

（3）福利经济学视角下的现代贫困。绝对贫困和相对贫困一直存在争论，福利经济学的福利贫困观又进一步扩大了争论范围。20世纪20年代初，英国福利经济学家庇古（A. C. Pigou，1920）将广义福利比喻为经济福利和一般福利的满足，"经济福利"是物质财富的占有，"一般福利"是欲望、知识和情感等非物质因素，贫困是与经济福利相联系的。20世纪70年代末，基于广义福利视角的"现代贫困"成为贫困研究的热点。瑞典社会研究学者斯坦·林恩（Stan Lynn，1985）将最低限度生活水平的绝对贫困视为贫困衡量的第一阶段，将结合了物质功能和社会功能的相对贫困视为衡量贫困的第二阶段，将涵盖了工作条件、闲暇、社会联系、政治权利、组织参与和各国福利分配政策等"非物质"因素的"广义福利贫困"作为第三阶段，从个体贫困上升到社会贫困层面。1998年阿玛蒂亚·森

（A. K. Sen，1999）认为社会公平是以人的自由发展为目的、以人的需求满足为手段、以人的可行能力为社会保障来实现全人类的平等，而贫困是人类功能性福利的缺失。世界银行将广义贫困明确为"福利的被剥夺状态"，包括了物质、教育、健康等方面的匮乏，面临风险时的脆弱性，丧失了表达自身需求和参与的机会，即物质福利、文化福利和政治福利的剥夺，从而拟定了扩大经济机会、促进参与赋权、加强安全保障的反贫困战略框架。从广义福利经济学视角来看，贫困不再是个人或家庭的现象，而是社会层面的群体福利被剥夺现象。

贫困问题作为全人类面临并亟待解决的共同问题，一直是社会各界关注的焦点，减少和消除贫困是世界各国在经济发展进程中的一项长期任务。只有从本质上分析多维贫困的成因与机理，才能构建行之有效的风险预警机制，有利于实施针对性的干预政策，从根源上消除贫困。

2. 相对贫困的多元化发展

（1）中国扶贫战略与农村发展。一是扶贫战略的科学性。国际学者普遍认为，拥有良好教育背景的中国驻村工作队能够更好地为较贫穷的农户家庭带来显著收益（Park A. & Wang SG，2010）。而退耕还林计划有益于提高农民劳动力的机会成本，放宽农户进入非农劳动力市场的限制，能够有效实现缓解农村贫困和遏制环境恶化的双赢目标（Groom B.，2010）。回顾《国家八七扶贫攻坚计划（1994—2000 年）》期间国内扶贫计划对县级农村收入增长的影响，计划内的贫困村切实实现了 38% 的收入增长（Meng LS，2013）。为进一步减轻贫困压力，中央政府一直将土地制度创新作为重要手段之一，在促进农民就业、农户增收和农地资本化等方面发挥了正向作用（Zhou Y，2019）。土地政策的创新改善了贫困家庭的生活条件，与易地扶贫搬迁政策结合可以打破体制障碍，更好地促进扶贫（Zhou Y，2018）。二是扶贫战略需进一步提升。中国的光伏扶贫计划自 2014 年起始面向全国，实现惠及 200 万户农村家庭的扶贫目标。在具体实施过程中，由于选址不当、生产规模不合理以及过多的劳动力投入造成了性能效率普遍偏低（Wu YN，2018），同时补贴延迟发放、基础设施不足、设备质量不高也难以及时解决（Li Y，2018）；在项目建设、电力销售和收入分配中也存在改进空间。应在相关政策工具的使用、扶贫对象的精准识别系统、项目的阶段运营维护以及绩效考核中加大完善力度（Zhang HM，2018）。扶贫安置也是中国提出的重要扶贫举措，目前扶贫安置的两种主要方式各有优劣，即长距离安置在解决安置后费用和非农就业方面存在劣势，而短距离安置不能促进居民收入大幅增长，政府和农户之间应当进行双向沟通，以便及时提供财政支持（Xue LY，2013；Lo Kevin，2016；Lo Kevin & Wang M.，2018）；民族地区的生态移民安置增加了家庭收入和水资源利用，却造成生活成本骤增和区域水资源短缺（Fan MM，2015），尤其是19世纪70年代后期，区域社会生态系统由临界点向着新的稳定状态过度，经济增长和生态退化之间的长期关系显得尤为重要（Zhang K，2015）。而地方政府在财政受限的背景下更倾向于将扶贫资源投向条件更好的村庄，不平等的资源配置方式在"压强者"策略下将加剧贫困县之间现有的不公平（Rogers S.，2014）。三是扶贫战略的个性化方案。从心理学角度来看，由于贫困导致的压力和消极情感状态所造成的特殊心理后果，致使穷人做相应的投资决策时更倾向于短期收益，而医疗教育等方面投资的缺失、偏好习惯性行为等因素将加剧贫困的循环和持久（Haushofer J. & Fehr E.，2014），要想从根本上打破贫困的恶性循环，需要从多层次、多方面引导穷人走向合理的发展道路。在扶贫实践中，不同年龄阶层和致贫因素的贫困家庭对生产生活等方面的需求呈现多样化特征，当前扶贫工作的挑战在于精准识别多维贫困，达到稳定脱贫、主动脱贫和不返贫的最终结果（Li YH，2016），但自然资源的缺乏、地理条件的恶化和生态环境的脆弱性导致贫困人口保持长期贫困（Liu YS，2017）。同时，房屋规模、劳动者规模、劳动者受教育程度、医疗成本和受灾害损失等因素也会影响农村贫困家庭的脆弱性（Cao MT，2016），因此，地方基层在扶贫实践中需要对贫困人口集聚区实施差异化扶贫战略。

（2）环境收益、家庭生计与农村减贫。长久以来，欠发达地区的贫困家庭依托环境资产，通过直接贸易或发展当地产业等方式维持生产生活。在南非半干旱地区，传统天然产品的本土化交易可以使极端贫困家庭获得收益，却无法让大多数家庭摆脱经济困境（Shackleton S.，2008）。非木质林产品（NTFP）贸易作为生计安全网和生态屏障，造成了村落内部经济社会差距，而一家之主的性别却对于家庭抗风险能力几乎没有影响，贫困家庭在产品的使用和销售方面拥有更少的选择策略（Paumgarten F. & Shackleton C. M.，2009；2011）。撒哈拉以南非洲的非木质林产品为农村家庭贡献了相当一部分收入，地理位置、财富状况、受教育程度、性别和季节等因素影响了居民对其依赖程度（Timko J. A.，2010）。尽管木炭生产或许在物质匮乏、健康和教育不佳、贫困脆弱和话语权缺乏等方面起到了缓解贫困的作用，但这种减贫战略可能是以破坏生态系统、农业生产和人类健康为代价（Zulu L. C. & Richardson R. B.，2013）。相较之下，非木质林产品贸易通常为无奈之举（Djoudi H.，2015）。

为解决人们依赖环境资产发展难题，需要全面评估贫困地区对森林收入的依赖性。参与性森林管理模式在肯尼亚、坦桑尼亚和尼泊尔等国家的实践完成了减贫的既定目标，即允许将森林产品作为生计和商业产品使用（Schreckenberg K. & Luttrell C.，2009）。在埃塞俄比亚南部，参与性森林管理模式进一步使得森林收入成为居民最重要的收入来源（Yemiru T.，2010），且为低收入群体提供了多样化生计的机会（Tesfaye Y. et al.，2011）。最依赖森林收入的是长期贫困家庭，临时贫困家庭则消耗更多的森林产品（Nielsen M. R.，2012；Voelker M. & Waibel H.，2010）。森林收入要发挥更多的生计安全网和减贫作用，需要解决僵化的自然经济、开采困难、收益较低和地方保护等现实问题（Wunder S.，2014），而与森林相关的保护和发展计划的投资者、制定者和施行者也要重新考虑对森林收入的依赖能否成为适当的政策目标（Newton P.，2016）。

（3）生态系统服务与减贫的互动关联。世界银行关于减贫和保护生物多样性的项目中大多未能实现双赢，应完善相关生产功能的科学进步、多系统服务之间的平衡以及适当的监管评价（Tallis H.，2008）。对比不同生态系统服务付费（以下简称PES）项目与扶贫之间的联动机制，可以发现其在服务类别、生产途径和扶贫成效之间不尽相同（Fisher J. A.，2013），其难以解决收入和资产、粮食安全和营养等贫困问题，应当认识到其在减贫中的局限性（Suich H.，2015）。同时，PES项目在生态维护的成本和收益上也并没有体现出公平分配，发展中国家的群体差异、动态机制、生活环境和个性化需求形成了不同的收益，可以考虑在空间和社会群体中进行分解以实现有效减贫（Daw T.，2011）；社会、制度和知识等作为中介也影响了各利益主体的利益机制，应该制定广泛的生态系统服务准入机制（Hicks C. C. & Cinner J. E.，2014）；幸福感、供应服务和现金收益会因个人能力体现出差异，外部参与者会通过占用土地和农产品进行消费，最贫困的穷人可能会因获得服务的机会被剥夺而受到限制（Fisher J. A.，2014）。

大多数 PES 项目的成果体现为生态系统过程和社会行动的联动效应，其嵌入的资源特定需求、文化、社会地位、议价能力、排斥性和包容性等社会环境决定了不公平的分配方式（Lakerveld R. P.，2015）。PES 可以使贫困者受益，但项目实施的规模和效率可能因相关法规最终导致穷人利益受损（Wunder S.，2008）。发展中国家通常将 PES 纳入运作范围之内，通过一系列激励措施完善环境保护机制（Jack B. K.，2008）。生态保护计划会限制自然资源开发和农业发展，将减贫视为重要目标的发展中国家往往并不认可这一政策，尽管影响环境保护和社会发展的因素表现出空间异质性（Ferraro P. J.，2011），且限制保护区保护有效性的相同因素可能也影响了社会福利的改善，着重发展其中一个目标时，相关决策者仍然会进行取舍（Ferraro P. J. & Hanauer M. M.，2011）。全球生物多样性保护在贫穷地区具有较高的发展潜力，相关经验表明前 25% 重点领域的保护可以带来 56% ~ 57% 的效益，且所得总价值约为机会成本的 3 倍，而有效的财政机制增强了生物多样性保护和减贫"双赢"的协同效应（Turner W. R. et al.，2012）。费拉罗和哈诺尔（Ferraro P. J. & Hanauer M. M.，2014）通过量化保护区政策影响社会和环境效应的机制，发现基础设施没有通过效应机制实现保护区的减贫目标，而土地使用面积的变化则对贫困变化没有影响。

（4）旅游业与减贫。旅游为穷人带来了净收益，但早期的相关理论和战略方法仍有欠缺（Harrison D.，2008）。东非旅游业为贫困家庭提供收入，但影响了其他出口产业发展（Blake A.，2008）。许多小岛屿发展中国家将旅游作为主要经济来源，造成了社会失衡和贫富差距，需要政府督促社会各部门的广泛参与，增强旅游扶贫的可持续性和公平性（Scheyvens R. & Momsen J. H.，2008）。由于当地垄断、缺乏业务能力，尼加拉瓜的社区旅游表现低迷，需要投资者和决策者更加注重社会的再分配（Zapata M. J.，2011）。南非的国际旅游在短期内几乎不能给穷人带来额外收益，需要加大劳动力市场和人力资源开发的政策支持才能实现减贫（Saayman M.，2012）。斐济的小规模"替代性"旅游业和大型旅游业能够通过创造就业、收入和促进社会发展改善当地贫困，但大型的外资度假村可能限制了旅游扶贫的潜力（Scheyvens R. & Russell M.，2012）。资本和语言是影响越南沙巴旅游扶贫的主要原因，旅游业使非贫困者和旅行社获益，造成了社会成员之间的利益冲突（Truong V. D.，2014）。

总而言之，旅游扶贫对贫困的绝对定义是基于净收入的，即便为农村贫困家庭创造的收益微不足道，但多数政府仍将其作为重要的减贫工具（Gascon J.，2015）。将旅游扶贫作为减贫战略的重要机制，需要厘清旅游业与扶贫的确切联系，解决问题的关键在于紧密联系时所需的各种内外条件（Winters P.，2013）。

3. 相对贫困的多维成因与机理

（1）资源环境型贫困。资源环境型贫困主要是指地区自然条件和资源禀赋恶劣，农村人口没有可依赖的资源来发展特色产业，同时由于环境承载力低下无法开展正常的生产生活、工业化、城镇化，体现为中国的集中连片特困地区、国家级贫困县等主要集中在革命老区、少数民族地区、边疆地区的中西部等，贫困人口多、贫困程度深。亚里士多德的地理环境决定论认为，一个国家（或地区）的政治体制、经济制度和历史人文等，基本上都与其所处的地理环境密切相关。中国的贫困大多集中在交通条件不便的偏远山区和资源性、工程性缺水地区，地形地貌复杂，自然生态环境恶劣，不适宜发展农业生产。纵观人类发展历史，绝大部分贫困地区都受当地的地理环境因素的制约而发展艰难，农民缺少稳定的收入来源，很难靠自身的力量脱贫。即使能短时间脱贫，在下一次自然灾害来临之时，又迅速返贫，尤其以农业生产为主的地区难以实现经济的快速发展，农民按照陈旧的生活方式"靠山吃山、靠水吃水"，难免过度开垦林地和草地，导致当地的生态系统遭到严重的破坏，进一步影响当地农民的生活质量和水平。我国很多荒漠地区，可利用耕地面积小、土地碎片化，严重制约当地生产的发展，影响当地贫困人口如期脱贫。即便耕地面积广，由于工业化和城镇化的无序推进，大量耕地被开发为建设和工业用地，被占用土地后农民也容易陷入贫困。因为农民得到的一次性土地补偿费相对较少，再加上缺乏就业技能，就业能力下降，家庭子女教育、老人赡养得不到保障，家庭的可持续发展受到严重影响。在快速工业化和城镇化的地区，耕地大量被占用现象比较严重，许多失地农民便成了"种地无地，就业无岗，社保无份"的"三无"农民，家庭无固定收入来源，农民积贫积弱的状况难以短时间消除。

（2）灾祸风险型贫困。灾祸风险型贫困主要分为灾害型贫困和风险型贫困。灾害型贫困主要指因自然和人为因素导致灾难发生从而形成大范围贫困；而风险型贫困指由于投资的风险性和不稳定的市场环境导致生产经营困难，从而引发贫困。

灾害型贫困比较常见，但影响面广、程度深，短期内难以抑制。一是自然灾害型贫困，由于自然条件，如气候、降水、地质等因素变化，引发洪涝、干旱、地震、海啸、山体滑坡、地表沉降、冰雪、寒潮等而发生的，严重危害人民生命财产安全。不同地区的灾害种类不同，贫困类型和程度也不同。一般来说，南方地形崎岖，多山地多湖泊多降水，洪涝自然灾害频发，伴随恶劣天气的泥石流、滑坡等地质灾害也时常发生。西北内陆地区，土壤沙化严重降水少，多干旱、寒潮和霜冻。大部分贫困地区缺少自然灾害监测和预警反应的基础设施和基础条件，对自然灾害发生很难准确预测和及时反应，同时贫困地区财富积累少，抵抗灾祸损失的能力较弱，一旦遭遇自然灾害的侵袭就会出现大面积贫困。农业生产受到的影响最大，但由于农业保险的保险费低、保险种类少和赔付不及时、赔付较少，农户很容易陷入贫困。二是因病贫困。在我国由于疾病导致家庭贫困的案例很多，"看病难、看病贵"大范围长期存在。城乡分离基本医疗保障制度，农村居民保费低、医药目录数量少，因病致贫高达40%。国家发展改革委员会2006年制定实施《医药行业"十一五"发展指导意见》中曾明确披露，由于保障制度不健全、医疗体制不完善、诊疗管理不统一，使得许多老百姓难以支付高额的医疗费用，巨额医疗费用支出使得每年约有 1 000 万人口因病致贫。即便是正常的家庭，由于家庭成员生病，一方面需要花费一定费用治病，另一方面耽误劳动不能获得收入，加速家庭贫困。三是因缺乏劳动力贫困。农户家庭人口结构不合理，家庭缺乏劳动力也是使家庭陷入贫困的主要因素。我国农村存在大量的鳏寡孤独老弱病残户，是贫困人口的主要组成部分，也是我国扶贫工作关注的重点。具体表现为：①部分人由于各种原因，或终身不婚、中途丧偶，成为独户。随着时间推移，其劳动力逐渐丧失，生活得不到保障。②一些家庭由于天灾人祸独立成户，家庭缺乏主要劳动力，造成老无所依、幼无所养的局面。③一些家庭成员身体残疾，不仅降低了家庭劳动力比率，减少了家庭收入，还增加了家庭开支。劳动力的缺乏会加深贫困家庭的穷苦程度，使其短时间内无法平稳脱贫，也会增加边缘户的贫困风险。

风险型贫困指国内外经济形势波动和农户家庭婚丧嫁娶等事件突然发生对家庭收入及储蓄的大力冲击而引发的贫困。国内外经济形势波动会造成部分人员失业，从而降低家庭收入，使家庭陷入贫困。世界经济形势陷入衰退势必造成一些企业破产、公司倒闭，工人由此失业从而失去了最主要的生活来源，逐渐陷入贫困。我国农村地区存在一些不良习俗和消费观念，如对于婚丧嫁娶，大操大办，浪费巨大，使得本来就不富裕的家庭再次背负沉重的债务，一些农村地区甚至存在节日大事期间聚众赌博的恶习。一些新型经营主体和小农户本来从事种植养殖业，生活比较富裕，但在国际经济危机和大环境恶化的背景下，往往也是举步维艰，惨淡经营，一旦生产经营失败，也会使得在此务工人员失去工作机会导致更大范围的贫困。

（3）能力习惯型贫困。能力习惯型贫困主要包括能力型贫困和习惯型贫困。

能力型贫困主要是指农户家庭由于自身能力不足导致贫困发生。一是劳动技能不足导致贫困。现代农村种植养殖需要有一定的种植养殖知识，传统的农业生产知识已经不能满足现代农业发展的需要。缺乏种植养殖技能的农户不能从事收入水平高的产业，只能从事简单的农业生产，收入水平较低。外出务工的农村人口若不具备一定的劳动技能和相关经营管理知识，很可能找不到工资收入高的岗位，只能从事简单繁重的体力劳动。二是学习能力不足导致贫困。农村地区，特别是贫困农村地区由于生活压力较大，适龄儿童失学、辍学现象比较严重，即便当地政府和帮扶干部严加督促和全力帮扶，贫困农村青年大多数都会在完成义务教育以后便加入外出务工行列。由于文化知识水平低，学习能力弱，就业渠道狭窄，因此无法获得较高的劳动收入。一些农村家庭认识到教育的重要性，希望通过求学改变贫困代际转移的命运，但因无力承担高等教育费用，致贫的现象也会短暂存在。通过努力接受高等教育的部分农村大学生，由于个人能力、社会资源不足或其他方面的因素而找不到工作，增加了家庭的生活压力。

习惯型贫困是指农村家庭遵循传统落后的生产生活习惯而导致贫困，如相互攀比、铺张浪费、买卖婚姻等，造成家庭债务过重。农村贫困地区的买卖婚姻和红白喜事大操大办等属于典型的习惯型贫困。所谓的买卖婚姻是指第三者（包括父母）违反婚姻自主原则，以索取财物为目的，包办强迫他人的婚姻。在一些农村贫困地区，由于男孩比例高、适龄未婚男性人数多于女性，买卖婚姻盛行，同时彩礼名目繁多、价格高昂（事实上的买卖婚姻），导致家庭陷入贫困；红白喜事大操大办使农村贫困家庭背上沉重的债务负担。此外，一些农户不了解现代农业科技，沿用传统种植养殖老路，经营收入水平低，一直处于勉强温饱状态，稍有变化就会导致贫困。习惯型贫困主要是贫困户的思想观念落后造成的，带有很强顽固性和传播性，应通过长期的思想教育和言传身教，才能彻底改变。

（二）国内相对贫困治理的理论研究

1. 相对贫困内涵、识别与帮扶

（1）相对贫困内涵。相对贫困是以收入为准线，刻画映射低收入群体因收入差距引致其在经济福利和社会发展机会获取方面处于相对不足或"被剥夺"的境遇和状态（赵然芬，2020）。随着居民收入、教育、医疗、住房等水平的提升，可能遭受到的机会缺失、能力或权利的相对排斥和相对剥夺成为相对贫困理论的基本内涵。公平合理的收入分配是全民共享发展和共同富裕的重要组成部分，与绝对贫困主要关注低收入群体的基本需求相比，相对贫困更关注财富、收入和权利分配的不平等，可以较好地表征社会财富或收入在不同阶层与群体间的分配情况（李强，1996），以及贫困人群收入在总收入中的分配比例问题（陈宗胜，2013）。相对贫困是由于收入水平差距带来的教育、社会地位和生活质量等多维困境（邢成举、李小云，2019），既包括经济维度的"贫"，也反映社会发展维度的"困"（王小林、冯贺霞，2020）。因此，相对贫困的内涵决定了扶贫的目标并不局限于单纯的增收，应同时关注收入分配（沈扬扬、李实，2020）。

（2）相对贫困识别。相对贫困标准的界定是调整扶贫政策体系、建立缓解相对贫困长效机制的基础。相对贫困的衡量标准大多以收入为核心。国内对相对贫困标准界定的研究大多参照国际经验并结合中国的实际情况展开。大多数学者建议以居民收入中位数为基数（叶兴庆、殷浩栋，2019；孙久文、夏添，2019；沈扬扬、李实，2020；潘文轩、阎新奇，2020）；也有少数学者提出将收入的均值作为基数（张青，2012；程永宏，2013），但人均收入容易掩盖贫富差距；还有一些学者建议以总资产、人均消费等指标作为相对贫困的设定基础（杨洋、马骁，2012；刘宗飞，2013；池振合、杨宜勇，2013）。相对贫困线被联合国开发计划署、联合国儿童基金会作为测度贫困的重要方式，是欧盟国家度量社会包容性指数和"陷入贫困风险或遭受社会排斥"的重要指标（王小林、冯贺霞，2020）。在相对贫困线设置比例上，大多数学者主张设置为基数的40%～60%，但在具体比例上仍有不同。2020年后按2 300元（2010年不变价）的贫困线衡量中国农村的绝对收入贫困将会在统计上消失（李小云、许汉泽，2018）。

（3）相对贫困帮扶机制。相对贫困治理是脱贫攻坚工作圆满完成以后扶贫工作的重点，集中连片的区域性贫困将转变为散点分布，以农村贫困为主转变为城乡贫困并存，老少病残等特殊群体成为主要相对贫困群体。扶贫形势转换决定扶贫战略与决策的转变，通过进一步完善多元帮扶共赢机制，挖掘社会力量在解决相对贫困中辅助功能，是推动我国国家治理体系和治理能力现代化及形成"大社会、小政府"相对贫困治理结构的必然趋势（牟成文，2020），建立扶贫扶智长效机制是实现巩固拓展脱贫攻坚成果同乡村振兴有效衔接的关键环节（李海金，2000）。在实践方面，随着扶贫工作向相对贫困阶段的转变，应该实现"理论—政策—实践"互动转换，将扶贫重点转换到不断缩小收入差距，提升相对贫困地区经济实力和人民生活水平上来（左婷，2019）。

2. 相对贫困的解决路径

全面小康社会实现以后，贫困呈现成因从单维到多维、类型从绝对到相对、目标从生存到发展的特征。因此，不仅要关注贫困理论，还要注重贫困治理实践的可操作性。在相对贫困成因表现更加复杂的情况下，提高相对贫困治理政策的可及性和可操作性尤为关键。相对贫困的治理应遵循"底线公平—机会公平—结果公平"的逻辑思路，从社会保障、产业协作、教育服务、财政支持和税制改进等方面，构建兜底保障、增长发展、能力提升、动力培育和长效支持等协同治理机制，实现共同富裕的发展目标（罗明忠，2021）。解决相对贫困，可以通过强化政策保障机制、建立持续增收致富机制、构建多维支撑机制、培育内生动力机制、完善社会保障兜底机制、构建防范致贫返贫风险机制等方面构建解决相对贫困的长效机制（易刚，2021），应按照"监测识别—制度管理—贯彻落实—反馈完善"的基本思路，从动态监测机制、制度保障机制、政策执行机制、评价反馈机制四个主要方面构建相对贫困治理的长效机制（曾福，2021）。青连斌（2020）认为必须坚持动态与多维识别相对贫困，坚持城乡统筹、依法治贫、常态化治贫。凌经球（2019）认为强化贫困治理新理念，完善贫困治理政策、创新贫困治理模式、健全贫困治理机制是其可行路径。

徐藜丹等（2021）认为适度加强地区的对外开放程度、引进外资能力以及旅游产业扶持力度，通过融合多种扶贫方式形成更高水平的综合扶贫模式。王昶、王三秀（2021）认为政府扶贫知识、规制、方法和过程的变革创新是实现政府扶贫能力转型的可行路径。李鹏等（2021）认为需要逐步扩展和丰富城乡统筹的相对贫困识别标准，增强公共政策治理体系的包容性和协同性。姜安印、陈卫强（2021）从产业培育、能力建设、巢状市场及生态保护四个维度着眼找寻相对贫困的治理之策。张奇（2021）从治理主体机制、识别机制、协同机制、衔接机制四个方面，构建了一套不同于绝对贫困的全新的治理机制。罗明忠、邱海兰（2021）认为应遵循"底线公平—机会公平—结果公平"的逻辑思路，从社会保障、产业协作、教育服务、财政支持和税制改进等路径来构建协同治理机制。潘锦云、程勇（2021）认为城乡经济一体化发展与建立相对贫困治理长效机制之间的关系密不可分，要加快补齐城乡经济一体化发展的短板，优化城乡经济一体化发展路径。

也有一些学者针对具体产业在缓解相对贫困中的作用进行了探讨，如以锚定阶段性目标的"三重减贫"、着眼多维性需求的赋能发展和对标差异性空间的统筹协调为路径，农村电商将有力推动相对贫困问题的缓解（张世贵，2021）。刘林平（2021）认为家政服务业给相对贫困群体就业提供了独特的机会和可能。王韧等学者（2021）认为应进一步聚焦于改善农村脱贫生计环境、拓展金融服务广度和深度、推动行政式主导扶贫向市场化脱贫转变、发展农村合作金融。温锐松（2020）认为发挥互联网作用可以提高农民运用信息脱贫致富的能力，促进贫困地区特色产业发展，激发贫困地区自我发展的内生动力。袁利平、李君筱（2021）认为教育扶贫是中国扶贫开发总体战略的重要组成部分，要以理念思维、制度体系、实施方案和治理格局为抓手，打造教育扶贫多元化治理格局。

（三）国家治理体系和治理模式研究

1. 国家治理体系的内涵

习近平总书记在《切实把思想统一到党的十八届三中全会精神上来》讲话中，首次阐述了"国家治理能力现代化"深刻内涵，认为"国家治理能力则是运用国家制度管理社会各方面事务的能力，包括改革发展稳定、内政外交国防、治党治国治军等各个方面。"在此基础上，学者们从治理主体、治理结构、治理方法、治理手段和治理能力等角度对治理体系进行解释性阐述和扩充性补充。

从治理主体来看，国家治理是一个从被动到主动的过程，强调政府在治理活动中显示出的活动质量（李景鹏，2014），应重视政府与公民良好的合作和公民的积极参与，寻求政府与公众、社会等各个管理主体的平等关系（丁志刚，2014；欧阳康，2015）。从治理结构来看，国家治理结构是指一个国家的整体与其组成部分之间、中央和地方之间的相互关系以及这些多元主体推动活动与过程的作用机理（高小平，2014；徐邦友，2014；靳涛，2018）。从不同的角度对国家治理结构展开研究，主要有纵横治理结构（杨海峰、王菲菲，2009；樊佩佩，2016；武俊伟，2019；陈科霖，2019；何艳玲，2013；任路，2019）、耦合治理结构（邓亚楠，2012；李俊生，2018；裴自余，2011）、精英治理结构（刘建军、梁海森，2014；丁长艳，2015；杜鹏，2016）。治理主体与治理结构作为国家治理能力的内在要素，其性质决定了国家治理能力现代化具备开放性、协同性、合法性、互动性等基本特征（齐卫平，2018）。

治理方式和治理手段的多样化是现代国家治理多元化的现实体现。国家治理现代化不仅仅是治理方式的转变，更是治理理念的转变。因此，首先是构建现代价值体系和塑造现代治理理念，强调民主法治、自由平等和公平正义是当前中国发展过程中迫切需要确立共识的制度价值（唐皇凤，2014；秦国民，2018）；其次，制度现代化是国家治理现代化的核心内容，实现国家治理现代化的根本途径就是构建公平正义的制度体系以及运作机制（包心鉴，2014；吴毅，2014）；最后，实现国家治理现代化的根本手段是实现政府职能的转变（吕同舟，2017），由政府直接干预转变为间接协调（毛寿龙，2006），同时应把促进社会公平正义作为价值取向（唐兴军、齐卫平，2014）。

在治理能力方面，国家治理能力现代化的标准主要有公共权力运行的制度化和规范化、民主化、法治、效率、协调等方面（俞可平，2014；徐勇，2014）。国家治理能力现代化认为制度供给能力、政策执行能力和社会动员能力，既是衡量国家治理能力现代化的重要标尺，也是影响国家治理能力现代化的关键因素（邱雨、陶建武，2016；郑智航，2019）。国家治理体系和治理能力的制度化、规范化和程序化需要相应层次的法律法规发挥确认、引导和约束作用（赖早兴，2014；林闽钢，2017）。法治思维是国家治理现代化的基本思维方式，法治精神是国家治理现代化的精神支柱，法治方式是国家治理现代化的基本推进方式（彭中礼，2014）。在国家治理转型的过程中，最重要的是以法治建设为重点，法治为先、法治为重、法治为大，逐步形成依法治国的新局面（迟福林，2014），正确处理改革与法治的关系，才能给予国家治理现代化根本保障（姜明安，2014）。

2. 国家治理模式研究

国家治理模式是由政府、市场与公民社会相互耦合所形成的一种整体性的制度结构模式，是由不同的制度安排、组织形态和治理机制构建的制度系统，共同维护国家整体的秩序治理。国家治理模式的形成和演化是社会的经济基础、政治体制和文化观念等诸多因素共同作用的产物（张慧君、景维民，2009）。学者们从不同层面剖析我国国家治理模式变迁与发展历程。我国国家治理模式变迁过程必须经历阶级统治模式阶段、过渡阶段和阶层共治模式阶段（唐亚林、郭林，2006）。

治理结构是指国家整体与部分、中央与地方相互关联并相互作用的机理（高小平，2014；徐邦友，2014；靳涛，2018）。纵横治理模式划分为纵向结构模式和横向结构模式（何艳玲，2013；任路，2019），纵向结构模式是国家治理机构的关键所在（胡萧力，2016；黄建钢，2017），"制度化"纵向关系有利于国家基础性权利的增强（杨海峰、王菲菲，2009；樊佩佩，2017；武俊伟，2019；陈科霖2019）。耦合治理结构模式是两种不同的治理体系进行强耦合而成。强耦合指建立在"双轮驱动"基础上的国家或社会，通过政府与公民关系、中央与地方关系强有效的耦合，实现国家稳定发展（邓亚楠，2012；李俊生，2018）。国家与社会双重治理体系之间强耦合的新型治理结构，有利于大国崛起和民族复兴（裴自余，2011）。中国的经济结构正处于转型升级时期，国家治理是由少数人进行的，精英结构是国家治理结构中一个重要的变量（刘建军、梁海森，2014）。以意识形态整合、共识型整合与分裂为基础的三种类型的精英结构直接导致不同的国家治理方式、国家治理质量和国家治理水平（丁长艳，2015；杜鹏，2016）。

在市场化改革浪潮中社会利益多元化和社会利益分化逐渐形成，由于社会利益调节机制的失灵引起社会不公平，人们相对剥夺感增加（许健、汪磊，2008；何艳玲，2013；刘升，2019）。国家治理结构利益再分配能力较弱，进一步加深了社会剥夺感。要发展服务型政府，必须实现国家治理结构现代化，形成国家治理机构与市场的双向互动（张闯闯等，2014；陈科霖，2017）。国家治理结构现代化有利于解决纵向层级关系中中央和地方权利分配不清晰问题，提高纵向权利的持续性和稳定性；破解行政体制的结构性障碍，实现治理需求的多元性（翟慎民，2008；丁长艳，2015；申丽娟，2016；潘照新，2018）。

从我国国家治理的实际情况来看，国家治理模式演化变迁分为三个阶段。第一阶段（1949～1978 年）：全能型国家治理模式，以"强国家—弱社会—弱市场"为主要特征（景维民、许源丰，2009）。第二阶段（1978～2002 年）：发展型国家治理模式，改革开放以后，我国进入"嵌入吸纳式"的治理模式（张艳娥，2016；张慧君、孙景宇，2009；邵鹏，2014）。第三阶段（2002 年至今）：和谐型国家治理，中国制度转型会导致政府、市场、公民成为转型国家重构国家治理模式的目标（景维民、张慧君，2009；张慧君，2019）。

第二节　新发展理念下脱贫攻坚长效机制实践总结

一、河北正定县脱贫攻坚：全面发展促长效

1984 年 2 月 8 日，时任正定县委书记的习近平在正定县委工作会议上发表讲话指出，结合正定县紧邻省会的区位特点，正定县适宜走"半城郊型"经济发展路子。习近平对"半城郊型"经济给出明确界定："所谓'半城郊型'经济，顾名思义，就是它既具有'城郊型'经济依托于城市、商品生产比较发达、城乡联系比较密切、工农结合比较紧密的某些特点，又具有一般农村经济的某些特点，是两类经济结合的中间型经济。"改革开放 40 多年，正定县始终把发展作为第一要务，扎实推动县域经济实现高质量发展。2020 年全县实现地区生产总值（GDP）293.3 亿元，财政收入51.9 亿元，主要经济指标增速均位居全市前列。

（一）促进一二三产业融合发展

塔元庄全村 3 000 多亩地当中有 2/3 是河滩地。自习近平同志确定走

"半城郊型"经济发展的路子以来，塔元庄开始改变粮食生产单一模式，坚持以转变农业发展方式为主线，着力培育壮大农业产业化龙头企业，持续推进农业产业化发展，大幅度提高农业附加值。目前塔元庄已建成蔬菜加工公司、豆芽厂、豆腐厂，创新设计、包装和销售大米、面粉、花生油等当地农产品，积极打造"塔元庄"品牌。建设无花果种植基地，优化产业链各环节的利益关系，逐步整合形成集种植、观光、深加工于一体的全产业链发展模式，不断提高居民收入。采取整村推进、大户流转等方式加快土地流转进程，村民踊跃加入合作社，完成了从农民到"股民"的转变。2020年，塔元庄村集体年收入达 1 000 多万元，村民人均年收入已经超过 2 万元。

到 2020 年，正定县生产总值中三次产业比例由 1978 年的 56.3∶29.3∶14.4 调整为 14.34∶24.32∶61.33，现代服务业日益成为县域经济发展的第一支撑力。全面开展资产清产核资，174 个村街完成经营性资产股份制改革、农村集体产权制度改革；加快深化农业农村改革，进一步推动农村土地流转，农村土地流转率高达 49.1%。

（二）加快产业结构优化升级

产业是实现高质量发展的根本支撑。正定县加快建设现代化经济体系，全面构建"4+4"现代产业发展格局，狠抓项目建设和招商引资，着力做强做优机械制造、板材家具、食品饲料等传统产业，着力培育壮大先进装备制造、生物医药健康和新一代信息技术等新兴产业。坚持实施项目带动，加快推进生物制药领域、国家级重点实验室、高速列车用刹车产品生产基地、飞机着陆系统生产基地等重点项目建设，以优质增量引领产业转型升级，有效地推动了区域经济的大发展。按照产业优化升级方案，鼓励企业积极参与国际市场竞争，大力推进自主品牌创建，支持企业建立企业技术中心，加速纺织产业提档升级，引领纺织从产业数字化到数字产业化。积极对接京津冀协同发展战略，聚焦聚力重大工程建设，共建"正定中关村协同发展中心"，打造京津冀产业协同高地。根据产业链发展需求，突出创新设计、研发能力、成果转化等建设，推动产业创新服务综合体建设，打造更具活力的产业创新生态系统。

（三）着力推动旅游产业升级发展

正定县是国家历史文化名城，有 9 处国家级文物保护单位。正定县实施"旅游兴县"发展战略，引导旅游全域发展，全力推进正定古城保护与修缮工作，加强文物价值的挖掘和利用，激发文旅融合发展新活力，拉动旅游业大发展。编制系统的古城保护规划体系，科学保护与合理利用历史文化资源，实施了 25 个重点项目，古城风貌恢复提升工程全部竣工。以文化为内核，以旅游为支撑，加快把文化旅游业培育成主导产业、支柱产业，扎实推进旅游特色化，积极打造全县经济发展新的增长极。深入挖掘节庆文化内涵，注重打造精品、培育品牌，增加了文化元素、卡通元素、时尚元素等，重点推出 20 多项节庆旅游文化活动项目，打造具有影响力的文旅节庆品牌。目前已经形成了佛教临济祖庭、元曲创生中心、红楼文化经典、三国子龙故里、京外名刹之首、世界冠军摇篮六大旅游品牌，提升了正定县旅游的整体形象，扩大了正定县旅游知名度。

二、湖南十八洞村脱贫攻坚：发展产业挖穷根

十八洞村位于湖南省湘西州花垣县双龙镇西南部，生活配套不足、交通运输不便，传统生计方式主要是农业。截至 2013 年底，十八洞村贫困率高达 57.7%，是国家级深度贫困村。2013 年 11 月 3 日，习近平总书记亲临十八洞村考察时作出了"实事求是、因地制宜、分类指导、精准扶贫"的重要指示，首次提出了精准扶贫的战略思想。作为精准扶贫的首倡之地，十八洞村肩负着探索"可复制、可推广"精准扶贫模式的重大历史使命。

（一）突出"精准"，扎实有力推进

十八洞村严格按照习近平总书记的指示，重点突出"精准"，扎实推进脱贫攻坚工作。一是精准识别贫困对象。十八洞村按照"实事求是"要求，制定《十八洞村精准识别贫困户工作办法》，采取"思想道德星级化管理"模式，精准识别真正的贫困村、贫困户，提出"七步法"和"九不评"的贫困人口识别标准，完善落实"一户一策"举措，"防止穷人落榜富人戴帽"，解决了当地老百姓"等靠要"思想。二是精准发展支柱产业。

产业扶贫是精准扶贫的关键。十八洞村因地制宜发展旅游服务业、特色养殖业、特色种植业、苗绣手工艺、劳务经济等特色产业，进一步延长产业链，充分调动贫困群众的主动性和积极性，不断提升贫困群众自我发展的能力。三是精准改善安居环境。按照"把农村建设得更像农村"的建设理念，十八洞村制定了《十八洞村 2014—2016 年建设扶贫工作规划》，开展以"改厨、改厕、改浴、改猪（牛）圈"等为内容的"五改"建设；参照改扩建标准要求，对村小学和村卫生室进行改扩建；加强旅游路线、旅游综合服务中心等公众场所的建设，逐渐形成了宜居、宜业、宜游的发展新格局。四是精准组织扶贫力量。十八洞村创新实施"驻村工作队员＋第一支书＋部门干部＋涉农专家"多元力量组织模式，解决乡村发展"人力"短缺问题；扎实开展"田间课堂""远教课堂""学一技联一户解一难"等技术培训工作，打造一批技艺精湛的技能人才队伍；成立专业合作社等组织，多措并举、多渠道整合资金投入。

（二）思想先行，扶贫先扶志

扶贫就要先扶志，思想脱贫是彻底摆脱贫困的前提条件。十八洞村坚持扶贫与扶志相结合，不断增强贫困群众脱贫致富的信心和决心，吸引更多的外出村民返乡创业。一是积极探索"思想道德星级化建设管理"的模式，转变村民"等靠要"的传统思想。十八洞村制定实施"思想道德星级化建设管理"模式，高标准推动"星级示范户"创建评选活动，夯实群众思想基础，提升广大人民群众的思想道德素养。二是坚持开展"一对一结对帮扶"贫困生，不断提高农民素质和教育水平。十八洞村高度重视教育扶贫，提倡乡村教育采取形式多样、内容丰富的宣传模式，兴办乡村学校，开展党员"一对一"结对帮扶贫困生活动，提高贫困生的受教育水平。三是大力发展扶贫产业，激发村民脱贫致富的内生动力。十八洞村立足贫困地区资源禀赋和市场需求，因地制宜大力发展扶贫产业，激发贫困群众发展的内生动力和活力，实现"输血式"扶贫向"造血式"扶贫的转变。

（三）产业扶贫，培育"造血能力"

产业扶贫是扶贫开发的重要抓手，是脱贫致富的必由之路。一是创新提出"飞地经济"扶贫模式。十八洞村提出"跳出十八洞发展十八洞产业"的产业发展思路，打破行政区域限制多方合作，因地制宜发展猕猴桃产业，发展集体经济"飞地模式"。成立农民专业合作社，探索"贫困户＋合作社＋村集体"的股份合作经营模式，有效解决农户分散生产、规模小等问题，村集体经济稳健发展。二是梯度推进发展全域旅游。十八洞村抢抓全域旅游的发展机遇，以文化和旅游深度融合，开发"峡谷溶洞游""神秘苗寨"等项目，延伸"本土文化＋农产特色"多项产业，凝聚全域旅游发展新合力。

（四）党建先行，增强内生动力

坚持党的全面领导，是国家和民族兴旺发达的根本所在，是全国各族人民幸福安康的根本所在，是实现经济社会持续健康发展的根本政治保证。党的基层组织是党全部工作和战斗力的基础，十八洞村充分发挥基层党组织优势，全力激活基层党建内生动力，把党的政治优势、组织优势转化成脱贫攻坚优势，打赢打好脱贫攻坚战。一是强化产业发展，抓好党建扶贫。十八洞村坚持"以党建为引领，助推产业发展"思路，发挥党组织战斗堡垒作用，实施"党支部＋公司＋党员＋村民""党支部＋合作社＋贫困户"模式，培育壮大特色产业优势，多渠道带动贫困群众脱贫致富。二是强化责任落实，坚持以上率下。十八洞村进一步强化责任抓落实，对党员进行分类管理，全面"六制"工作法，全面构建横向到边、纵向到底的责任体系，着力提升基层党组织建设水平。三是强化帮扶力量，形成扶贫合力。十八洞村以基层党组织为核心，积极组建"十八洞村青年民兵突击队"、党员服务中心，建立科学合理、机制健全、上下联动的便民服务体系，全方位助力村民解忧脱困。

（五）依托合作社，助推精准扶贫

十八洞村采取"公司＋合作社＋农户"经营模式，形成"风险共担、利益共享"的共同体，带动周边村民脱贫致富。一是创办多产业合作社。十八洞村按照"扶贫抓产业、产业抓合作社"的思路，采取"公司＋农户＋基地"模式，创办猕猴桃、辣木树、养猪、养羊、养牛等专业合作社，走出一条具有当地特色的产业发展道路。二是打造合作社基地。十八洞村按照"跳出十八洞、发展十八洞"的思路，培育组建农民专业合作社，联合花垣县苗汉子野生蔬菜开发专业合作社一起打造合作社基地，发展猕猴桃产业，带动村集体经济发展和农民增收。三是探索土地经营权抵押贷款。十八洞村探索建立土地经营权抵押贷款制度，加大小额贷款力度，解决贫困户农业生产面临的资金瓶颈制约难题，加快培育农业农村发展新动能。

三、安徽大湾村脱贫攻坚：以行动兑现承诺

大湾村地处安徽省金寨县花石乡西南部，位于国家级自然保护区马鬃岭脚下，山清水秀，景色迷人。作为革命老区，交通不便，居民生活水平处于贫困线以下，是金寨县 71 个重点贫困村之一。2016 年 4 月 24 日，习近平总书记来到金寨县花石乡大湾村考察调研，同当地干部群众共商脱贫攻坚大计。大湾村干部群众把习近平总书记的关心关怀转化为开拓进取、顽强奋斗的强大正能量，抓发展、促跨越的强大动力，继承和发扬革命老区艰苦奋斗的优良作风、自强不息的崇高精神，切实把新发展理念落到实处，推动经济社会发展取得新成就。2018 年，大湾村人均可支配收入达到14 032 元，全村实现整村出列。2019 年，村集体经济收入82.75 万元，位居全县第一，人均可支配收入 14 836 元。2020 年，村集体经济收入 143 万元，人均可支配收入 14 456 元，实现全部脱贫。2021 年 2 月 25 日，大湾村被授予"全国脱贫攻坚楷模"荣誉称号。

（一）党建引领，建"强"基层组织

大湾村坚持党建引领带动，加强基层组织建设，切实发挥基层党组织"领头雁"作用，充分发挥党员干部先锋模范作用。2015 年，上级党委选派金寨县中医院余静到大湾村驻村扶贫，担任大湾村党支部第一书记。随着基层党组织建设制度和工作制度的日益完善，先后有 4 名政治觉悟高、综合素质强、致富本领强、敢于吃苦、甘于奉献的党员干部充实进村党总支和村委会班子。目前大湾村党总支设党支部 3 个，共有党员 113 人。换届配齐村干部 6 人，平均年龄 43 岁。与此同时，不断创新扶贫帮困方法，积极探索实施"生产联手、帮扶产业发展，就业联动、帮带劳力务工，经

常联系、帮解生活难题，思想联络、帮提精神状态"四联四帮工程，组织115名帮（扶）联（系）主体联系帮扶119户贫困户，全面推进精准扶贫工作，直接或间接带动贫困户脱贫增收。

（二）因户施策，选"准"脱贫药方

大湾村始终坚持把脱贫攻坚作为发展的第一民生工程来抓，村委成员多次深入贫困户家庭，摸清致贫原因。聚焦精准识别，制定个性化帮扶方案，因户施策制定脱贫帮扶计划，建立"政府扶龙头、龙头建基地、基地连农户"的产业扶贫体系，以产业扶贫推动可持续脱贫。积极宣传党的路线、方针、政策，为贫困户落实易地搬迁、产业就业、教育资助、医疗保障、光伏入股、政府兜底等帮扶政策措施，帮助贫困户解决实际生活困难。积极开发乡村公路养护、乡村绿化员、农村保洁等公益性岗位92个，吸纳收入较低的家庭积极就业，具备条件的贫困户全部实现"一户一岗"，贫困户经济收入年均增收6 000元。

（三）产业为本，筑"稳"长效支撑

产业兴旺是解决农村一切问题的前提，发展产业是实现脱贫的根本之策。大湾村坚持把产业与当地实际相结合，大力发展农业特色优势产业，努力探索特色产业脱贫的路子。第一产业上，不断探索和大胆创新，引导支持贫困户大力发展中药材种植，积极推进农业产业结构调整；采取"专业合作社＋养殖大户＋贫困户"模式，发展土鸡、黑毛猪、山羊、黄牛养殖等特色种养业。2020年全村共种植5万平方米天麻、茯苓等中药材，养殖6 835头（只）黄牛、黑毛猪、山羊。第二产业上，依托生态特色资源，采取"公司＋农户＋基地"的运作模式，大力发展茶叶产业，拓宽销售渠道，打造大湾茶叶产业链，带动400多户茶农户均增收3 000元以上。按照"茶树良种化、茶园生态化、栽培标准化"的要求，新建1 000多亩标准化茶叶基地，采用台刈、重修剪、深修剪等方式改造提升1 000多亩老茶园。第三产业上，充分挖掘大别山区红色资源和绿色生态资源，按照"做大动作、立大项目、求大发展"的思路，做好红色旅游发展规划工作，大力发展旅游业。已经带动31户群众发展农家乐，依托旅游目的地的生动故事，成为远近闻名的"网红村"，每年接待游客达20万人次。与此同时，引入品牌企业，利用村民闲置房屋开发"大湾民宿"，带动村民就业，村年集体经济收入 7 万多元。

（四）治污治乱，治"美"村庄环境

大湾村加大探索创新力度，坚持以人民为中心，加大易地扶贫搬迁集中安置点建设，共规划建设 4 个安置点，安置贫困户 62 户 201 人，实现了安居乐业。扎实开展农村人居环境整治工作，全面开展农村厕所、垃圾、污水"三大革命"，集中开展"五清一改"村庄清洁行动，着力解决农村环境"脏乱差"等问题。全村拆除乱搭乱建 173 处，农村改厕 759 户。针对农村强弱电"乱象"，对移动、电信、联通、供电等杆线进行整改，严格防范"前整后乱"风险，加强对电力、通信设施的定期维护。加强保护生态环境宣传，创新农村生态环境治理路径，提升村庄精细化治理水平，全面提升村民居住条件。

（五）补齐短板，做"优"公共服务

重农固本是安民之基、治国之要。大湾村坚持以人为本、服务为先，不断提高政府保障能力，提升农村基本公共服务水平，满足当地居民对农村基本公共服务设施的基本需求。按照"保基本、全覆盖"的原则，引导社会资本投资公共服务事业，不断加快水网、农村道路、网络设施等建设，着力提升群众获得感和满意度。2020 年大湾村全村新建农村饮水安全巩固提升工程 9 处，提升全村用水安全，全村居民都用上了自来水。推进自然村通水泥路工程，累计建成组组通水泥路 26.4 公里，改善广大居民出行条件，全面提高农村公路通畅率。到花石乡的公交车已经开通，既解决了群众出行难，又解决了农产品出山难。积极推进 8 个村民组的电网改造工程，实现 4G 网络全覆盖，在全省率先开启"5G 时代"。统筹教育、医疗等生活服务设施建设，配套建成大湾村幼儿园、朱湾卫生室、桥边卫生站等基础设施，解决了幼儿教育和看病就医的难题。

（六）群众主体，激"活"内生动力

大湾村坚持依靠人民群众，以群众的需求为出发点，引导贫困群众转变观念，调动贫困群众的积极性、主动性、创造性，引导群众消除"等靠要"思想，激发"撸起袖子加油干"的内生动力，变"要我脱贫"为

"我要脱贫"。开设"振风超市"，以劳积分、以分换物，积极引导贫困群众养成辛勤劳动的好习惯，坚持苦干实干，提高生活质量，依靠实际行动脱贫致富。2020年大湾村振风超市已兑现积分58 829分，相应物品的价值58 829元。进一步保护历史文化建筑，利用腾退的汪家祖宅，依照"修旧如旧"的原则，加大老宅修缮改造力度，保持老宅原有的历史风韵。积极推进新时代文明实践活动，深化农村精神文明建设，培育文明乡风、良好家风、淳朴民风。

四、贵州织金县脱贫攻坚：强化东西协作

织金县位于贵州中部偏西、毕节试验区南部，是"黔中经济区"重要组成部分和"毕水新能源资源富集区"规划区域，素有"宝桢故里、洞天织金"之称。织金县辖33个乡镇（街道）578个村（社区），总面积2 868平方公里，居住着汉、苗、彝、白、布依等26个民族123万人口，1985年被列为国家级贫困县，1994年被列为国家"八七"扶贫攻坚计划贫困县，1998年实现全县农村贫困人口基本解决温饱，2001年被列为新阶段国家扶贫开发重点县。

近年来，织金县认真贯彻落实习近平总书记关于脱贫攻坚重要论述精神和中央、省、市决策部署，团结全县各族人民，协调东西协作扶贫，不断深化产业扶贫、就业扶贫、科技扶贫、教育扶贫、健康扶贫和易地搬迁扶贫，制定实施脱贫攻坚后续巩固措施，促进了贫困人口稳定脱贫、不返贫，经济社会持续稳定发展。

（一）注重利用社会力量帮扶

发挥"统一战线聚力脱贫攻坚暨多党合作参与毕节试验区建设"的政治优势，借助全国工商联及民主党派对口帮扶平台，通过向上引力、向下给力、向外借力、向内发力，形成"四向"对口帮扶新机制。

1. 向上引力做优协调帮扶新机制，实现产业集群化发展

发挥试验区先行先试、大胆创新的改革精神，积极探索对促进帮扶工作推进顺畅的有利机制，真正把全国工商联及民主党派对口支持政策用好用活。一是健全联络联系机制，确保无缝对接聚合力。抓住省建立统一战

线参与脱贫攻坚联席会议机遇，及时成立"统一战线聚力脱贫攻坚暨多党合作参与毕节试验区织金县建设领导小组"，不断加强向上对接联系。2019 年以来，先后组织赴全国工商联及北京、浙江、江苏、湖南、湖北、云南、山东、辽宁、江西等地统战部、工商联（商会）、民主党派对接工作 10 次，得到了中央和各地统战部门大力支持。二是建立定期汇报机制，确保帮扶力量大倾斜。建立"一月一汇报"常态化机制，2019 年争取到全国工商联领导 2 次带队来织金调研精准扶贫，高位推动对口帮扶工作。全国工商联针对织金县在扶贫产业发展、安全饮水、安全住房等方面资金缺口问题，组织捐赠"五个一"（即"一棵皂角树、一套危改、一口水窖、一头牛、一头猪"）项目帮扶资金 4 906.5035 万元，为脱贫攻坚注入强大活力。三是建立储备资源承接机制，确保项目精准出成效。准确分析全国工商联、广东统一战线和各民主党派帮扶资金、技术、人才、管理、市场、信息等资源特点，坚持以外引优强企业壮大帮扶力量为突破口，围绕世界 500 强和国内 500 强，深入北京、山东、广州、上海等地开展扶贫招商活动，利用外来企业的市场、技术、资金优势，建成了规模效应好、辐射带动大、抗风险能力强的产业项目，切实增强龙头企业的辐射带动效应和产业聚集效应。比如，通过全国工商联牵线搭桥，引进宝龙集团投资 1 972 万元实施帮扶项目，项目涉及 22 个乡镇（街道）27 个建档立卡贫困村，覆盖建档立卡贫困户 1 015 户 3 512 人。

2. 向下给力激发帮扶活力新机制，实现群众广泛化参与

发挥工作主动性和积极性，及时疏通帮扶项目落地渠道，让各类社会资源在参与精准扶贫中发挥出最大化社会效益。一是建立激励关怀机制，调动企业参与激情。采取"互看、互听、互评和记功"等方式，建立记功榜，实行月统计、月调度、月考评、月公示，并按"签约、推进、脱贫"三个环节进行过程管理，按照"脱贫一户记功一分"标准，由各战区指挥部组织对企业帮扶战果进行评比打分，将成绩按年度汇总到县工商联，作为表彰先进及推荐经济人士参选"两代表一委员"重要依据，有效增强了企业家对帮扶工作的政治责任感和使命感。2020 年初 170 家帮扶企业上了记功榜，32 名担任"荣誉村主任"优秀企业人士受到表彰，在织金县工商

联换届过程中有 4 名在"百企帮百村"行动中战果突出的企业家被选为县工商联常委。二是实行"网格化"监管，及时化解帮扶结症。以乡镇（街道）为单位，以村为基本单元，将参与结对帮扶的统一战线外联帮扶、本土企业参与、返乡创业人士助推、农村专业合作社发力"四股力量"划入全县脱贫攻坚五大战区管理，将统战组织纳入战区指挥部统一指挥，实行"网络化"管理，建立作战指挥台账，有效推动帮扶主体工作规范化、程序化、高效化。发挥服务型政府作用，按照"双周一座谈、一月一调度"的要求，分片区轮流承办"双周座谈会"，定期对"百企帮百村"情况进行调度，定期与企业、贫困村共同研究帮扶措施，解决实际困难，促进帮扶措施精准落地，帮扶项目快速推进。三是扭住"四股力量"，形成精准扶贫合力。充分发挥统一战线外联帮扶、本土企业参与、返乡创业人士助推、农村专业合作社发力"四股力量"作用，按照"合作自愿、入股分红、退股还本、合股联营"的原则，引导贫困户与"四股力量"中的帮扶企业或专业合作社形成利益联结体，采取"公司＋合作社＋基地＋贫困户""商会＋企业＋基地＋贫困户""支部＋能人＋合作社＋贫困户""合作社＋贫困户"等多种模式，实行收益分红、滚动发展。2020 年后共有帮扶企业 306 家，实施帮扶项目 566 个，投入帮扶资金 7.36 亿元帮扶村 327个，其中贫困村 228 个，覆盖贫困户 10 345 户 47 587 人。

3. 向外借力深挖帮扶资源新机制，实现帮扶规模化效应

充分发挥县内民主党派资源优势，打好"统一战线聚力脱贫攻坚暨多党合作参与毕节试验区建设"特色牌，形成大扶贫工作格局。一是牵好民主党派红线，联姻民主资源力量。创造条件成立民盟、九三学社、农工党等民主党派织金支部，发挥支部桥梁纽带作用，不断加强与各级各地民主党派组织对接联系，争取更广泛支持。农工党中央培训织金县全科特岗医生 37 人，广州市花都区民进基层委员会为三塘镇地傈小学捐赠 6 万余元的校服、书包，民盟贵州省委捐助熊家场镇何家寨小学"宇云励志书屋"1个，民进党会员企业家捐资 46 万元援建"美丽乡村"项目 1 个，民建贵州省委为县医院和县妇幼保健站各捐赠 1 台救护车。九三学社免费救助贫困家庭先天性心脏病儿童 58 人。二是借助定点帮扶优势，实现资源有效嫁

接。在全国工商联的帮助协调下，加强与广东统一战线沟通交流，在资金、技术、管理、市场、信息等资源方面实现两地有效嫁接。与上海市工商联、天津市工商联、深圳市盐田区、广州市花都区等发达地区省市单位建立友好合作关系，实现资源共享。2019年省工商联携手广州市工商联联引广东海大、广州海印实业、广东尚东集团、华商教育、金发科技5家企业捐资500万元实施扶贫车间以及路灯、危改、小水窖建设等项目。三是发挥商会网络优势，开辟招商引资航线。建立了由19个行业商（协）会、3个异地商会、32个乡镇（街道）基层商会组成的商会网络体系，为企业帮村聚集了一批优势企业资源。目前在已结对帮扶的278家企业、专业合作社中，有101家属于向外联引企业，实施项目222个，投入帮扶资金5 891.7万元，受帮扶建档立卡贫困人口9 099人。

4. 向内发力实现资源放大新机制，实现资源集聚化发展

围绕项目资金的精准投入、精准使用，用好"同心光彩"助农融资担保项目、统一战线捐赠项目、民族政策扶持项目"三笔资金"，发挥项目资金杠杆作用。一是放大担保资本金。通过与农商银行合作成立"同心光彩"助农融资担保公司，利用全国工商联捐赠的2 500万元和县财政匹配的500万元资金共同组成原始资本金，并通过与银行合作使可担保额度达1.9亿元以上，使更多小微企业享受到政策红利。截至2020年已为29户小微企业、专业合作社提供担保贷款5 965万元。承贷企业向建档立卡贫困户提供就业岗位107人，产业辐射带动建档立卡贫困户668户2 587人。二是打造同心示范项目。利用中央统战部、全国工商联、广东统一战线捐赠的3 200余万元帮扶资金，打造同心新村、熊家场腊肉产业园、桂果竹荪基地等一批同心示范项目，惠及9个乡镇（街道）群众。引进广州耀泓公司发展订单农业，采取"龙头企业＋合作社＋农户"组织方式，种植南瓜11万亩，带动贫困户10 420户43 102人，并投资4 800万元，建设集烘干、加工、包装为一体的全产业链项目，投产后产值可达5亿元。三是用好民族政策项目。积极协调民族地区优惠政策扶持资金落实到位，以民族和谐示范创建为抓手，帮助122家民营企业成功申报省级民族贸易企业，争取到民贸企业贷款贴息1.2亿元。2019年争取到516万元少数民族发展

资金用于 14 个乡镇实施道路硬化、路灯安装、小水窖建设等。把民族文化产业蜡染刺绣和精准扶贫相结合，共筹措"织金绣娘"项目培训资金 159 万元，对全县 333 个贫困村妇女进行全覆盖培训，加强与广东龙头企业唯品会合作，积极探索"电商 + 非遗 + 扶贫"的非遗扶贫新路子，有效促进了贫困群众增收致富。

（二）突出产业发展的重要作用

产业发展是"造血式扶贫"的重要举措，是稳定脱贫的重要途径。习近平总书记指出："发展产业是实现脱贫的根本之策""乡村振兴，关键是产业要振兴"。脱贫攻坚，重在产业，成在产业。近年来，织金县在深入推进农村产业革命实践中，选定皂角产业发展作为农业产业结构调整与绿色发展的切入点，精准聚焦产业发展"八要素"，突出特色优势，强化县级统筹，着力解决好产业选择、规模种植、市场接轨、带富群众"四道难题"，大力发展皂角产业，为巩固脱贫成效、保障群众持续增收和推进乡村振兴奠定了坚实的产业基础。

1. 深入调研摸底，破解产业选择的难题

充分考虑产业发展环境、市场需求、群众意愿等因素，科学选择皂角产业并迅速扩大种植规模。一是摸清生态环境"家底"，避免产业选择"水土不服"。织金县属于典型的"七山两水一分田"喀斯特地貌，土地贫瘠，地表破碎，要如期实现脱贫摘帽，必须努力探索"向山要发展、靠山求突破、用山带脱贫"的农业产业化发展路子，因地制宜选择好发展产业，切实做到经济效益、社会效益、生态效益同步提升。因此，邀请了农业专家和龙头企业进行实地考察，经多方论证表明，织金县的纬度、海拔、土壤及亚热带季风气候等自然条件为皂角的生长提供了理想环境，皂角就是织金县的本土化产业。据统计，全县古、大皂角树中 50～100 年的有 150 余株，100～299 年的有 30 余株，300～499 年的有 10 余株，因此发展皂角产业有着得天独厚的自然优势。二是摸清市场需求"家底"，避免结构调整"效益不好"。依托农业龙头企业开展市场调研，通过调研测算，发现全国皂角米（即皂荚果）的需求为每年 50 余万吨，而国内现有两个皂角米主产地河南嵩县、云南梁河县的产量均不超过 5 万吨，仅为全国需

求量的 10%，皂角市场供不应求，供需矛盾突出。顺应市场发展规律"以销定产"，将皂角产业作为长线产业来发展，可以避免产能过剩、供过于求的问题。三是摸清民情意愿"家底"，避免群众参与"底气不足"。立足织金县猫场镇作为西南地区最大的皂角精加工基地和全国最大的皂角精集散地这一优势，结合全县经营皂角精的企业达 100 余家，年加工皂角精（雪莲子）1 300 余吨，产品远销中国香港、中国澳门、日本、新加坡及东南亚等地，年产值近 4 亿元的实际，各乡镇（街道）通过召开群众会、院坝会等方式，扎实开展群众意愿调研，因势利导引导群众发展皂角种植，群众对发展皂角产业信心十足，有效避免群众对产业发展不愿调、不敢调的问题。

2. 强化县级统筹，破解产业组织的难题

坚持县级统筹，整合资金、技术等要素，集中力量投入、步调统一推进，促使皂角成为织金县"一县一业"的主导产业从蓝图变为现实、从规划版图落到田间地块。一是统筹发展规划。充分考虑市场需求、生态效益、资金保障等因素，科学编制《织金县 2017—2020 年皂角产业发展可行性报告》《织金县 2017—2020 年皂角产业发展实施方案》，以猫场镇为中心，全力推进全县 30 个乡镇（街道）皂角产业发展，规划实施皂角产业"五个一"项目，即"建设一个皂角苗圃场，做大一个 50 万亩以上的皂角基地，建好一个皂角研发所，打造一座皂角文化城，创办一个皂角文化旅游节"。初步测算，项目建成后将形成年总产值 200 亿元以上的优势特色产业，带动 7.5 万人以上实现脱贫致富，提升森林覆盖率 11 个百分点，实现生态效益和经济效益双丰收。2020 年全县已建成皂角示范基地 31 个、1 000 亩皂角采穗圃基地 1 个、600 亩皂角苗木基地 2 个。二是统筹要素投入。出台《织金县皂角产业链招商引资优惠政策》，引进浙江三多公司、贵州中证资产管理有限公司等 9 家龙头企业，积极引导龙头企业与县内国有平台公司开展合作，通过"公私联姻"，充分发挥国有平台公司和引进龙头企业的各自优势，统筹资金、技术、管理等要素投入，最大限度减少农户单打独斗发展产业的风险，为皂角产业发展注入强劲动力。目前争取到全国工商联帮扶资金 1 110.28 万元和省、市皂角种植补贴资金 4 050

万元用于发展皂角产业，引进的浙江三多公司与织金县农投公司新组建七多公司，贵州中证资产管理有限公司与织金县皂福万家实业有限公司新组建沁心源公司，七多公司公司已完成皂角种植16.07万亩、沁心源公司完成皂角种植1万亩，组织农户种植皂角15万亩。三是统筹纳入考核。建立皂角产业行政首长负责制，把皂角产业发展纳入农民增收的目标考核体系、列入县对乡镇（街道）目标考核内容，由县督查组定期或不定期对皂角产业发展工作进行跟踪督查检查，确保各项工作措施落到实处。对考核结果末位的乡镇（街道）主要领导、分管领导实行诫勉谈话、黄牌警告、召回管理或组织处理。出台了县级技术人员服务农业产业结构调整考核办法，调动全县技术人员服务农业产业发展的积极性和主动性。在县林业局增设皂角产业发展办公室，增加编制6名，不断提高皂角产业发展技术力量。县农牧局、林业局下派技术指导人员，采取讲习、现场指导等方式，做好种植、管理、病虫害防治等技术培训，确保技术指导到位。

3. 紧盯市场需求，破解市场对接的难题

加大皂角产品研发、品牌创建、产销对接力度，切实延长皂角产业链。一是加大科研力度、提高产品附加值。聘请中科院植物研究所专家，并积极同以皂角为原料的相关产品研发生产企业对接，组建专家团队，加快研发以皂角为原料的食品、保健品、药物、肥皂、洗发水、代餐粉、面膜等产品，为实现皂角全产业链发展提供完善的基础支撑。2020年已谋划在猫场镇建设占地300余亩的皂角加工基地，在三甲街道规划建设占地180亩的皂角产业园区。二是加快品牌认证，提升产品知名度。成立了织金县皂角产业商会，加快推进无公害农产品、绿色食品、有机农产品和农产品地理标志"三品一标"认证，用好原产地标记制度和原产地保护制度，建立完整的全程质量追溯信息采集系统，对皂角生产（苗木繁育）产地环境、检疫性病虫害、农药残留、重金属、加工企业等进行有效监控，形成产地有准出制度、销地有准入制度、产品有标识和身份证明的全程质量追溯体系，切实把好皂角基地准出和市场准入关，保证产品质量，提升品牌知名度和美誉度。2019年9月，"织金皂角精"入选国家地理标志产品。三是畅通产销对接，提高市场占有率。充分利用东西部扶贫协作平台，瞄准粤港澳大湾区、长三角等重点目标市场，积极争取对口帮扶城市支持，加强农产品营销推介和农业流通企业招商，加强营销平台载体建设，建立皂角产品直销店，引导皂角产品生产企业、农民专业合作社等开展"农超对接""农企对接"。用好织金"全国电子商务进农村示范县"名片，实现生产与销售"点对点"无缝对接，线上线下共推"织货出山"。目前在广州、杭州等地建立了织金农特产品销售网点 155 个，"织金皂角米"上架销售。

4. 创新合作方式，破解示范带动的难题

大力推广"龙头企业＋合作社＋农户"组织方式，积极推进农村"三变"改革，在皂角种植、管理和皂角产品加工等方面创新合作方式，有效带动农户增收，壮大村集体经济。一是创新套种模式，种植农户有增收。前三年幼苗期，由龙头企业组织农户开展技术培训，由农户自行种植配套林下草本中药材、辣椒、南瓜等经济作物，将以短养长的林下产业经营权、收益权交给农户，实现以强带弱、以短养长、长短结合，在保障农民长远利益的同时兼顾当前利益。2020 年已完成皂角林下套种中药材 1.1 万亩，其中银杏 0.52 万亩，正在实施林下套种银杏 3 万亩。完成套种蔬菜 12.3 万亩，其中南瓜 5.21 万亩。据统计，仅 2019 年套种的 5.21 万亩南瓜产量就达 2 亿斤，为农户增收 8 300 万元。二是创新组织形式，村集体有进账。充分发挥村集体合作社"一头连龙头、一头连农户"作用，把千家万户的分散种植、分散加工和分散经营组织起来，形成龙头企业、村集体合作、农户相互支持、相互促进的发展格局，提高皂角产业组织化程度和市场竞争力，夯实村集体的带动致富能力。目前已有马场镇马家屯村、鸡场坝村、文丰村、布底村等 9 个村集体与贵州中证资产管理有限公司签订协议，参与皂角种植和皂角套种银杏管理，获取产品总收益的 10% 管理分红作为村集体收入，预计可增加村集体经济 60 万元。三是创新加工方式，加工农户有收益。织金县猫场镇皂角精加工已有 30 多年历史，已形成了一套完整而默契的加工链，加工方式灵活多样，一方面由经营主体向农户销售皂角籽并协议回购加工成品，另一方面由加工厂负责统一发泡、煮透皂角籽，免费分发给当地农户，由千家万户分头完成加工环节中剥皮工序，加工厂则按皂角精颗粒大小向农户支付报酬，每斤剥皮加工费 7~50 元，每年付给老百姓的加工费就达 8 000 万余元。目前织金县猫场镇每年外购皂角籽 3 200 余吨，加工成品 1 300 余吨，年产值近 4 亿元，利润 5 000 万元，带动当地农户 25 000 人受益。

第三节　研究评述与未来展望

一、对已有成果的分析评价

党的十八大以来，以习近平同志为核心的党中央高度重视脱贫攻坚工作，经过全党全国各族人民共同努力，我国脱贫攻坚取得了巨大成就，有力地促进了 2020 年底现行标准下农村贫困人口全部脱贫和全面小康社会建设。我国脱贫攻坚的全面胜利提前完成联合国《千年发展目标》，也加快了《2030 年可持续发展议程》目标实现，是对全人类减贫的巨大贡献，也为相对贫困治理奠定了坚实的物质基础和制度准备，表明了新时代中国特色社会主义理论和习近平精准扶贫、精准脱贫重要论述的伟大现实意义和实践价值，是全人类的宝贵思想财富。

国内学者重点论述习近平精准扶贫、精准脱贫重要论述伟大意义，研究分析了脱贫攻坚的长效机制，脱贫攻坚与乡村振兴有效衔接的实现路径，相对贫困的识别、机制和过程，以及相对贫困治理模式和效果评估、重点地区重点人群相对贫困治理措施和成效，归纳总结了中国减贫战略的科学性和正确性。习近平总书记精准扶贫、精准脱贫和"三农问题"重要论述继续成为稳固脱贫攻坚成效、阻断贫困代际传递、相对贫困治理和推动乡村振兴起步的指导思想和方向指南，中国扶贫实践的归纳总结成为相对贫困治理长效稳固的客观基础，深度贫困地区和特殊贫困人群的帮扶措施成为本研究提升重点地区相对贫困治理工作和"三区三州"重点人群分类处置的重要现实依据，也成为长效机制系统设计的重要内容。

严格地说，国外尤其是西方发达国家没有明显的相对贫困治理问题，其贫困治理主要是市场资源配置的结果和要求。但国外关于减贫等文献研究，为本书突出"三农"问题研究、重视保护农民权利、提高土地利用效率、加大农业科技创新以及城乡融合道路选择提供了很好的思路。国外文献中涉及大量中国相对贫困治理、乡村振兴的研究，侧重于生态视角，研究内容比较具体，研究方法基本采用实证研究，还注意到不同区域的比较研究。本书注重新发展理念的秉承发扬，研究内容中关于相对贫困治理长效机制的理论、内容、案例等更加具体，侧重于可操作性和可行性强的实践价值，研究方法注重规范和实证并重。

二、可进一步突破的空间

国内学者关于新发展理念下脱贫攻坚长效机制的研究侧重于理论探讨或者案例总结归纳，涉及长效机制体制的整体系统性设计、子系统间的逻辑和关联、各子系统的落实和举措没有完整的规范表达。尽管当前包括典型案例比较研究在内的实证研究正在兴起，目前国内学者的研究内容仍是以脱贫攻坚的效果评价、实践总结或项目评估等为主流，后脱贫攻坚时代的相对贫困问题如何解决，重大突发事件下扶贫项目的接续和转型如何突破，贫困代际传递的阻断和治理如何实现，诸如此类问题或许有大致研究方向，但仍未有明确的答案和系统性规划。新发展理念下脱贫攻坚长效机制的规划设计，不仅能辅助实现人的全面发展，也能够为下一步乡村振兴的有效衔接与平稳转型提供新的视角和思路。

习近平总书记指出，要接续推进全面脱贫与乡村振兴有效衔接，推动减贫战略和工作体系平稳转型，统筹纳入乡村振兴战略，建立长短结合、标本兼治的体制机制。党的十九届五中全会提出，实现巩固拓展脱贫攻坚成果、防止规模性返贫，实现与乡村振兴的有效衔接。推进脱贫攻坚与乡村振兴的有效衔接，是脱贫攻坚与乡村振兴交汇和过渡时期的一项重大战略任务，也是脱贫攻坚长效机制的目标取向。为实现巩固拓展脱贫攻坚成果、防止规模性返贫与乡村振兴的有效衔接，必须立足新时代经济和社会发展需求，科学分析国内、国际发展新格局，贯彻落实新发展理念，准确把握脱贫攻坚长效机制的丰富内涵，系统设计脱贫攻坚长效机制，对不同类别的贫困人群和贫困地区设置差别化目标和工作重点，采取个性化政策措施，推动形成贫困治理制度化、常态化的制度体系。过渡期结束以后，农村工作将进入全面推进乡村振兴时期，需要科学界定相对贫困标准、准确划分相对贫困群体和精确设计相对贫困帮扶模式，把相对贫困治理纳入乡村振兴的日常工作中统筹推进。

第四节　本 章 小 结

本章在国内外减贫、相对贫困治理、脱贫攻坚长效机制等相关文献整理分析基础上，采用 Citespace、Histcite 可视化分析软件，依据中国知网、Web of Science 的核心合集进行国内外相关文献进行重点分析，分别阐述国内脱贫攻坚、国外减贫的相关研究，并对国内外相关研究进行客观评述，指出未来相对贫困治理长效机制的研究方向。通过学术史梳理发现，国际减贫的研究重点在贫困的定义、衡量、起因、传递和典型案例等重要方面，其研究对象以南非、亚洲等欠发达地区的农村居民，以及美国、欧洲等城市的社会底层群体为主，旨在实现"消灭贫困、共享繁荣"以及人类的可持续发展。中国相对贫困的研究重点在扶贫理念、扶贫机制和扶贫模式等方面，其研究对象以山区、沙漠区、民族区等深度贫困和连片特困区为主，旨在实现扶贫开发、脱贫攻坚、稳定脱贫、相对贫困治理目标。

第三章

新发展理念下脱贫攻坚
长效机制系统设计

精准扶贫、精准脱贫方略，是以习近平总书记为核心的新一代党的领导集体对新中国成立以来我国扶贫思想的延续和发展，也是习近平总书记治国理政思想的重要内容，更是党中央领导集体执政理念的具体表现，标志着我国由救济式扶贫、开发式扶贫等"输血式扶贫"，转向"精准识别、精准帮扶、精准管理""造血式扶贫"的重大转变。当前，我国正处于脱贫攻坚全面胜利、巩固拓展脱贫攻坚成果与乡村振兴有效衔接和全面开启以全面小康社会为起点的全面建设社会主义现代化国家新征程的重要阶段，经济增长与文化建设要协调发展、政治稳定与社会安全需两手齐抓，缩小社会贫富差距、解决收入两极分化、引导城乡均衡发展，实现共同富裕和全面小康，需要在新发展理念引领下构建脱贫攻坚长效机制，巩固拓展脱贫攻坚成果，稳步推进乡村振兴，圆满完成"十四五"时期国民经济和社会发展规划任务和2035年基本实现社会主义现代化远景目标。

第一节　新发展理念的深刻内涵

2015年10月26~29日，中国共产党第十八届中央委员会第五次全体会议在北京召开。全会在全面总结我国改革开放和社会主义现代化建设的成功经验、深入分析"十三五"时期我国发展的环境、条件、任务、要求等发生的新变化基础上，提出以"创新、协调、绿色、开放、共享"的发展理念引领发展方式转变，以发展方式转变推动发展质量和效益提升。2020 年 10 月 26～29 日，中国共产党第十九届中央委员会第五次全体会议在全面总结"十三五"时期我国脱贫攻坚、全面小康社会建设尤其是抗击新冠疫情所取得的决定性成就和深入分析我国发展环境面临的深刻复杂变化的基础上，对"十四五"国民经济和社会发展规划作出重大战略部署，提出要准确立足于新发展阶段的实际需求，贯彻落实新发展理念，加快构建新发展格局，开启全面建设社会主义现代化强国的新征程。

一、新发展理念是马克思主义发展观最新成果

发展是马克思主义的核心主题之一。自从 19 世纪 40 年代马克思主义诞生之日起，人类社会的发展一直是马克思主义者追求的目标。发展观是马克思主义理论的重要组成部分，是马克思恩格斯的辩证唯物主义和历史唯物主义，以及列宁的革命发展和建设发展观的重要观点。在长期的中国革命和建设过程中，以毛泽东、邓小平、江泽民、胡锦涛为代表的中国共产党人坚持把马克思主义普遍原理与中国具体实践相结合，发展了马克思主义，赋予马克思主义发展观新的内涵。党的十八大以来，以习近平同志为核心的党中央高举马克思列宁主义、毛泽东思想和中国特色社会主义理论体系的伟大旗帜，在科学分析国际复杂环境和国内外经济形势基础上，对经济社会发展提出了许多重大理论创新，其中最重要、最主要的是新发展理念。新发展理念阐明了新的历史时期我们党关于发展的政治主张、价值导向、发展道路等重大政治问题，精确回答了新阶段我国经济和社会发展的目的、动力、方式、路径等理论和实践问题，形成了体系完备、内涵丰富、逻辑严密的理论架构和实践指南，是与马克思主义发展观一脉相承的最新成果（如表 3-1 所示）。

表 3-1 马克思主义发展观历史进程

代表人物	主要发展思想
马克思、恩格斯	社会是处在不断变化和发展中的有机整体和复杂系统；社会发展是一种自然历史过程；要正确处理社会系统与自然系统的关系，促进人与自然的和谐发展；人的发展是社会发展的核心和最高目标

代表人物	主要发展思想
列宁	以辩证唯物主义和历史唯物主义为理论支撑，从帝国主义理论逻辑起点出发，依据俄国资本主义发展的实际，对俄国不同历史时期社会发展问题作出一系列判断和回答，分别形成了革命的发展观和建设的发展观
毛泽东	根据本国国情走自己的路；正确处理人民内部矛盾和问题；把国内外一切积极因素调动起来，为社会主义事业服务
邓小平	社会主义社会的根本任务是发展生产力；正确处理改革发展稳定的关系；分"三步走"实现社会主义现代化；发展才是硬道理
江泽民	必须把发展作为执政兴国的第一要务；人类社会的发展是先进生产力不断取代落后生产力的历史过程；走新型工业化道路；生存权发展权是发展中国家最基本最重要的人权
胡锦涛	坚持以人为本，树立全面、协调、可持续的发展观，促进经济社会和人的全面发展
习近平	创新、协调、绿色、开放、共享

资料来源：根据系列经典著作和领导人讲话整理。

二、新发展理念是党治国理政的指导原则

党的十八大以来，以习近平同志为核心的党中央在治国理政的实践中提出了创新、协调、绿色、开放、共享新发展理念。新发展理念是习近平新时代中国特色社会主义思想的重要组成部分，充分体现了以习近平同志为核心的新一届党中央领导集体对中国共产党执政规律、社会主义建设规律和人类社会发展规律的深刻认识。深入研究新发展理念，有助于我们深入了解中国经济社会的发展轨迹，系统总结中国发展的历史经验，有助于推动中国经济社会可持续发展。

2021 年 7 月 1 日习近平总书记在庆祝中国共产党成立 100 周年大会上的讲话中指出："新的征程上，我们必须坚持党的基本理论、基本路线、基本方略，统筹推进'五位一体'总体布局、协调推进'四个全面'战略布局，全面深化改革开放，立足新发展阶段，完整、准确、全面贯彻新发展理念，构建新发展格局，推动高质量发展，推进科技自立自强，保证人民当家作主，坚持依法治国，坚持社会主义核心价值体系，坚持在发展中保障和改善民生，坚持人与自然和谐共生，协同推进人民富裕、国家强

盛、中国美丽"。2021 年 1 月 11 日习近平总书记在省部级主要领导干部学习贯彻党的十九届五中全会精神专题研讨班开班式上发表重要讲话强调，进入新发展阶段，贯彻新发展理念、构建新发展格局，是由我国经济社会发展的理论逻辑、历史逻辑、现实逻辑决定的。其中，新发展理念明确了我国现代化建设的指导原则，这一理念阐明了中国共产党关于发展的政治立场、价值导向、发展模式、发展道路等重大政治问题。进入新发展阶段，我们必须坚持创新、协调、绿色、开放、共享的发展理念，必须更加注重共同富裕问题。

三、习近平总书记新发展理念的科学阐释

2019 年 5 月 16 日，《求是》杂志 2019 年第 10 期发表了习近平总书记的重要文章《深入理解新发展理念》。这是习近平总书记 2016 年 1 月 18 日在省部级主要领导干部学习贯彻党的十八届五中全会精神专题研讨班上讲话的一部分。文章中，习近平总书记对新发展理念的重大意义、丰富内涵和深邃道理进行了全面透彻阐述，为全党在发展问题上提供了科学指引。

2021 年 1 月 11 日，习近平总书记在省部级主要领导干部学习贯彻党的十九届五中全会精神专题研讨班上发表重要讲话，从理论和实际、历史和现实、国内和国际相结合的高度，分析了进入新发展阶段的理论依据、历史依据、现实依据，阐述了深入贯彻新发展理念的新要求。他指出，全党必须完整、准确、全面贯彻新发展理念，从根本宗旨、从问题导向、从忧患意识把握新发展理念。

习近平总书记关于新发展理念的科学阐释如表 3 - 2 所示。

表 3 - 2　　　　习近平总书记关于新发展理念的科学阐释

2016 年 1 月	重大意义	发展理念是发展行动的先导，是管全局、管根本、管方向、管长远的东西。发展理念搞对了，目标任务就好定了，政策举措也就跟着好定了
	丰富内涵	着力实施创新发展驱动、着力增强发展的整体性协调性、着力推进人与自然和谐共生、着力形成对外开放新体制、着力践行以人民为中心的发展思想

续表

2021 年 1 月	根本宗旨	只有坚持以人民为中心的发展思想，坚持发展为了人民、发展依靠人民、发展成果由人民共享，才会有正确的发展观、现代化观
	问题导向	切实解决好发展不平衡不充分的问题，真正实现高质量发展
	忧患意识	必须增强忧患意识、坚持底线思维，随时准备应对更加复杂困难的局面

资料来源：分别根据习近平总书记在省部级主要领导干部学习贯彻党的十八届五中全会、十九届五中全会精神专题研讨班上发表重要讲话整理。

第二节　新发展理念与脱贫攻坚长效机制的深层逻辑

2015 年 10 月，习近平总书记在党的十八届五中全会上强调，创新发展注重的是解决发展动力问题，协调发展注重的是解决发展不平衡问题，绿色发展注重的是解决人与自然和谐问题，开放发展注重的是解决发展内外联动问题，共享发展注重的是解决社会公平正义问题。坚持创新发展、协调发展、绿色发展、开放发展、共享发展，是关系我国发展全局的一场深刻变革。

一、新发展理念的内在关联

新发展理念就是创新、协调、绿色、开放、共享的发展理念。分析新发展理念主要内容和思想，可以发现新发展理念是内涵丰富、任务明确和逻辑严密的有机整体，形成了完善的理论体系和实践指南（如图 3－1 所示）。

（一）新发展理念相互协调有机联结

党的十八大报告中提出"建设中国特色社会主义，总依据是社会主义初级阶段，总布局是五位一体，总任务是实现社会主义现代化和中华民族伟大复兴"。报告中指出的"五位一体"总体布局是对"全面推进经济建设、政治建设、文化建设、社会建设、生态文明建设"的概括表述。其中经济建设是根本，政治建设是保证，文化建设是灵魂，社会建设是条件，生态文明建设是基础。新发展理念服务于社会主义现代化和中华民族伟大

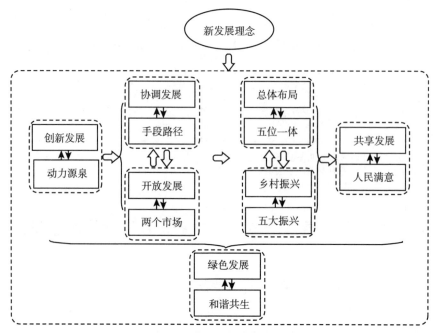

图 3-1　新发展理念内在关系

复兴，是"五位一体"总体布局的思想引领，与"五位一体"总体布局的经济、政治、文化、社会和生态文明建设五个方面相对应。只有在新发展理念引领下，才能形成经济富裕、政治民主、文化繁荣、社会公平、生态良好的发展格局，把我国建设成为富强民主文明和谐美丽的社会主义现代化国家。新发展理念不是简单的并列、平行关系，而是一个有机联系的整体。创新发展是引领发展的第一动力，是国家发展全局的核心，通过不断推进理论创新、实践创新、制度创新、科技创新、文化创新等各方面创新，实现新动能的培育、新要素的配置、新产业的扶持、新模式的创造和新市场的开拓。协调发展、开放发展是发展的重要手段，是全面建设社会主义现代化国家的路径和模式。通过协调发展，一方面可以解决国内发展不充分、不平衡的矛盾，另一方面可以提升资源禀赋、制度政策和体制机制的合力，提高发展的效率。绿色发展是发展遵循的原则和保障，通过绿色发展，构建人与自然和谐关系，推进人与自然、人类社会共生共荣。通过开放发展，构建国内国际双循环相互促进的新发展格局，内外兼修，保持中国经济长期平稳发展。共享发展是发展的目标和归宿，充分展现我党的执政为民理念和我国根本制度的基础。树立共享发展理念，就是要人民能充分享受发展的福利，提高人民生活水平，促进社会公平正义和人的全面发展。新发展理念同样是乡村振兴的行动指南。完整准确全面贯彻新发展理念，将大大促进产业振兴、文化振兴、人才振兴、生态振兴和组织振兴。

（二）新发展理念各有侧重相互独立

从新发展理念的组成部分来看，新发展理念在有机整体中相对独立，各成体系，各有侧重。创新发展是发展动力，涵盖制度、技术、模式、道路等创新的各个方面，是以科技创新为引领、以体制机制创新为保障的创新体系。在日趋复杂的国际环境下，我们应持续推进创新，促进经济社会发展动力转换，培育发展新动能。协调是持续稳定发展的手段和路径，包括城乡协调、区域协调、物质文明与精神文明并重、五位一体和协调推进乡村振兴的五大振兴。协调发展着力解决我国发展过程中长期存在的不充分、不平衡的矛盾，营造良好的国内发展环境。绿色发展是发展所应遵循的基本原则，为保障发展健康持续的根本基础，其核心思想是在习近平生态文明思想指引下，走生态优先、绿色发展的道路，促进人与自然和谐共生。绿色发展着重于生态环境的保护和人居环境的综合整治，推进绿色产品的生产，形成绿色生产方式和生活方式以及发展方式，推动美丽中国建设。开放发展同样是追求更大范围繁荣和更大程度发展的手段和路径，就是开创对外开放新局面，利用好国内国际两个市场、两种资源，推动经济高质量发展。开放发展不是国内国外的割裂，而是国内国外市场的有机统一。开放发展一方面立足国内大市场，畅通国内大循环，不断释放内需潜力。另一方面坚定不移全面扩大开放，协同推进战略互信、经贸合作、人文交流。通过全面扩大开放实现国内国际市场的深度融合，推动中国市场国际化，进一步提升中国产业、产品的国际竞争力，实现内外市场联通、要素资源共享，实现中国与世界各国经贸合作的多赢。共享发展是发展的目标指向，也是中国共产党人执政的初心使命和中国特色社会主义的本质要求。共享发展是以人民为中心，按照人人参与、人人享有的要求，突出社会公平正义，使得人民能充分享受发展的成果，提高人民群众的获得感和幸福感。

二、新发展理念与脱贫攻坚长效机制的内在逻辑

新发展理念为脱贫攻坚提供理论和实践指引。我们要深入领会和贯彻新发展理念，以新发展理念引领脱贫攻坚理论创新和实践探索，推进脱贫攻坚长效机制形成，促进脱贫攻坚成果的巩固和拓展，稳步推进乡村振兴战略实施。

（一）新发展理念是脱贫攻坚长效机制的行动指南

党的十八大以来，在党的统一领导下，全国上下以新发展理念为引领，坚持把脱贫攻坚作为全部工作的核心，集中全社会力量和资源，消除绝对贫困和区域性整体贫困，极大地丰富和发展了减贫理论。脱贫攻坚长效机制体现的理论发展是多层面和多方位的，其中：坚持党的绝对领导、多维贫困观、社会主义公平观、城乡融合观和系统发展观等是新发展理论的重要内容。

1. 坚持党对贫困治理的绝对领导

经济社会中一切发展都是理念指导下的发展，一切发展都是组织领导下的发展。中国革命长期实践证明，只有中国共产党才能救中国、只有社会主义才能发展中国。中国共产党自诞生之日起，一直致力于为中国人民谋幸福、为中华民族谋复兴，始终把广大人民群众的利益放在首位。贫困是作为全球最大的发展中国家的中国经济社会发展的重大难题，新中国成立以后，我国一直是世界减贫事业的倡导者和推动者，我们党更是带领全国人民坚持不懈与贫困作斗争，持续实施扶贫救济和扶贫开发战略，取得了扶贫减贫的巨大成就。党的十八大以来，以习近平同志为核心的党中央坚持精准扶贫、精准脱贫方略，不断创新中国特色扶贫开发模式。习近平总书记强调"贫困县党委和政府对脱贫攻坚负主体责任，党政一把手是第一责任人，攻坚期内干部队伍要保持稳定，把主要精力用在脱贫攻坚上""做好扶贫开发工作，基层是基础。要把扶贫开发同基层组织建设有机结合起来"。

脱贫攻坚战取得彻底胜利和全面建成小康社会后，还要进一步巩固拓展脱贫攻坚成果，接续推动脱贫地区发展和乡村全面振兴，以及相对贫困治理。2020 年 12 月 16 日，党中央、国务院审时度势，科学决策，及时出台了《中共中央国务院关于实现巩固拓展脱贫攻坚成果同乡村振兴有效衔接的意见》（中发〔2020〕30 号），明确要求"以习近平新时代中国特色社会主义思想为指导，深入贯彻党的十九大和十九届二中、三中、四中、五中全会精神，坚定不移贯彻新发展理念，坚持稳中求进工作总基调，坚持以人民为中心的发展思想，坚持共同富裕方向，将巩固拓展脱贫攻坚成果放在突出位置，建立农村低收入人口和欠发达地区帮扶机制，健全乡村振兴领导体制和工作体系，加快推进脱贫地区乡村产业、人才、文化、生态、组织等全面振兴，为全面建设社会主义现代化国家开好局、起好步奠定坚实基础"。关于相对贫困的治理，习近平总书记指出："2020 年全面建成小康社会之后，我们将消除绝对贫困，但相对贫困仍将长期存在。到那时，现在针对绝对贫困的脱贫攻坚举措要逐步调整为针对相对贫困的日常性帮扶措施，并纳入乡村振兴战略架构下统筹安排"。[①] 本研究的一个重要观点是脱贫攻坚长效机制的阶段性目标，即脱贫攻坚、巩固拓展脱贫攻坚成果同乡村振兴的有效衔接、统筹推进乡村振兴和相对贫困治理，都必须坚持党的统一领导。

2. 坚持贫困多维治理和人的全面发展

贫困有不同的表现，致贫因素也各不相同。国内外学者均认为贫困是多方面因素造成的，并不能用收入或生活标准来衡量。阿玛蒂亚·森（Amartya Sen）更是提出 A－F 方法来进行多维贫困的测量。但在现实中，尤其面对众多群体时，各种各样的贫困监测理论和方法或因工作量巨大，无法完成准确及时判断；或因理论方法晦涩，不便于实际应用，减贫工作者无法准确掌握和正确实施。

人的发展不仅是经济发展的必然要求，也是人类历史进程的社会规律。我党历来重视人的发展，强调人的发展与社会发展、与社会现代化的

---

① 习近平总书记 2018 年 9 月 21 日在十九届中央政治局第八次集体学习时的讲话。

辩证统一。2011 年 12 月，中共中央、国务院印发《中国农村扶贫开发纲要（2011—2020 年）》，要求到 2020 年实现贫困人口"两不愁三保障"。"两不愁"即不愁吃、不愁穿，"三保障"即义务教育、基本医疗、住房安全有保障。2019 年 4 月 16 日，习近平总书记在重庆主持召开解决"两不愁三保障"突出问题座谈会，强调要解决"两不愁三保障"薄弱环节和突出问题，要解决贫困人口饮水安全问题。"一达标两不愁三保障"和饮水安全成为我国独具特色的贫困衡量和脱贫标准，能有效地解决贫困人口生存和发展的多方面问题，便于掌握和应用，丰富和拓展多维贫困理论和联合国人的全面发展理论。中国特色社会主义进入新时代，以习近平同志为核心的党中央顺应现代化的发展规律，坚持以人民为中心，统筹推进乡村振兴和相对贫困治理，更加重视促进人的全面发展和社会全面进步，推动实现物的不断丰富和人的全面发展相统一，丰富和发展了新时代马克思主义人的全面发展理论。本研究按照生存能力为基础、发展能力为目标的思维，设置生存能力、发展能力衡量等 12 个指标进行预警监测和反应行动，并突出新时代人的全面发展目标指向。

3. 坚持社会主义公平正义立场

正确处理效率与公平的关系是经济学中一个重要问题。按照市场法则的要求，资源的配置是按照效率优先、兼顾公平来进行的。经济发展规律表明，效率和公平通常是矛盾的。过于追求效率，对公平是种伤害，最终会影响效率的提升；如果强调公平忽略效率提高，会直接和间接导致效率丧失。正确处理好效率和公平两者的关系对于经济发展和社会进步非常重要。

习近平总书记强调，"改革既要往增添发展新动力方向前进，也要往维护社会公平正义方向前进"。社会主义公平观也强调效率，但提高效率的根本目的是全体人民生活水平提高和改善，走共同富裕道路。改革开放初期，由于经济发展水平比较落后，为了使人民群众能获得更大的经济福利，我国坚持发展是第一要务的原则，按照效率优先来促进经济增长。经过 30 多年的快速发展，我国经济发展取得了长足的进步，但也出现区域、城乡差异过大等问题，伤害了公平，影响了经济社会持续稳定发展。其中，农村贫困人口过多是当前经济社会发展必须解决的难题，而脱贫攻坚是解决绝对贫困和区域性整体贫困，是社会主义公平观的集中体现，是效率和公平的有机统一。本研究中提出，正确处理效率与公平之间的关系，根据不同历史阶段不同发展需要，及时准确地调整实施脱贫攻坚战略，由普惠式救济转向脱贫攻坚，确保精准扶贫路上不掉一村、不漏一户、不落一人，再由集中力量的脱贫攻坚转向所有农村和所有农村居民的相对贫困治理和乡村振兴，都是社会主义公平观的集中体现。

4. 坚持城乡融合发展道路

综观世界城乡关系演进过程，不难发现城乡关系经历了城乡分割、城乡协调和城乡融合阶段，最终走向城乡一体化。城乡关系的每个阶段，都呈现不同的特征，对城市和乡村功能定位有不同的要求，政府也需要采取不同的政策措施来理顺发展过程中的城乡矛盾。一般来说，发达国家按照市场法则来处理城乡关系，依靠城市化来完成城乡要素的配置。发达国家城乡关系的演化结果是以城市发展和乡村衰落来结束的，城市化实质上是对乡村的剥夺。一些发展中国家也试图走城镇化道路，但由于其农村贫困问题没有彻底解决，城镇化则导致了农村贫困的空间转移，城市贫困大量存在，即所谓"半城镇化"非常明显。

与发达国家和部分发展中国家城市化不同的是，我国在积极推进城镇化的同时，推动农村发展，走新型城乡融合发展道路。党的十八大以来，以习近平同志为核心的党中央领导集体，在总结国内外城镇化历史经验教训基础上，结合我国经济社会发展实际，立足存在大量农村贫困的现实，通过统筹城乡发展，建立城乡融合发展体制机制，全力开展脱贫攻坚，大力推进乡村振兴，构建新型城乡关系，让广大农民平等参与现代化进程和共同分享现代化成果。一方面，推进以人为本的新型城镇化。加快推进户籍制度和农村土地制度改革，逐步推进农业转移人口市民化，促使农村转移人口公平参与城市建设，并分享城市文明的成果。另一方面，推进乡村振兴战略。在全面完成脱贫攻坚任务的基础上，实现巩固脱贫攻坚成果同乡村振兴战略有效衔接，推进乡村振兴战略实施。通过城乡融合发展，以工补农、以城带乡，以乡促城，促进城乡共同繁荣。本研究中新发展理念下脱贫攻坚长效机制的设计，既解决了发展中的短板问题，又解决了发展中的动力问题，即"拉长板、补短板，长短结合"，防止城乡分割引起的"贫困空间转移""贫困空间沉淀"。

5. 坚持系统发展逻辑思维

系统论认为经济社会都是有机统一并相互独立的复杂系统。新发展理念是一个相互协调又相互独立各成体系的有机整体。脱贫攻坚的目标取向、各项工作、扶贫模式和政策措施是相辅相成的，构成了一个完整系统。脱贫攻坚的目标取向是解决农村贫困人口的生活困难，保障农村贫困人口的基本生存权利，同时促进农村贫困人口的高级发展权利提升，是生存权利和发展权利的统一。"两不愁三保障"的贫困线标准既是人的生存标准，也是满足人的发展的基本需要，是系统发展观的集中体现。精准扶贫的"六个精准""五个一批"实际是扶贫模式和政策措施的高度概括，科学地回答了"扶持谁""谁来扶""怎么扶""如何退"四个重要问题，体现政策措施和模式路径的内在统一，是脱贫攻坚过程中主要环节和重点工作的系统总结。党的十八大以来，以习近平同志为核心的党中央把脱贫攻坚工作纳入"五位一体"总体布局和"四个全面"战略布局，作为实现第一个百年奋斗目标的重点任务。全面完成脱贫攻坚战任务，为全面建成小康社会和第二个百年目标的实现打下坚实基础。

2020～2025年有效衔接期内，接续推进巩固拓展脱贫攻坚成果与乡村振兴有效衔接，保障脱贫人口不返贫和困难群体不致贫，提升脱贫地区扶贫产业水平，做好易地扶贫搬迁群众后续扶持、就业培训，扎实推进农村环境综合治理和基层社会治理，坚持和完善驻村第一书记和工作队、东西部协作、对口支援、社会帮扶等制度，保持主要帮扶政策总体稳定。过渡期结束以后，统筹推进乡村振兴的"五大振兴"和相对贫困治理也是新发展理念的系统指引。

（二）脱贫攻坚长效机制推动新发展理念的落地落实

脱贫攻坚长效机制是为完成脱贫攻坚时期贫困县摘帽、贫困村出列和贫困人口脱贫任务，过渡期巩固拓展脱贫攻坚成果与乡村振兴有效衔接，以及过渡期后统筹推进乡村振兴的"五大振兴"和相对贫困治理而设计的，推动新发展理念在贫困治理各个阶段实践中贯彻落实。

1. 以创新为第一动力

可以肯定地说，贫困治理中的创新无处不在。其中组织创新作为支撑，理念创新是引领。一是帮扶理念创新。帮扶理念的创新体现在"输血"式帮扶向"造血"式帮扶转变。新中国成立以后，党始终关心困难群众的生活，千方百计提高困难群众的生活水平。改革开放之前，我国对困难群众大多采取的是在集体与群众生产自救的基础上国家提供必要救济的办法，如五保户集中供养、受灾紧急求助等。20 世纪 80 年代开始，我国开始扶贫工作的制度化设计，相继出台了多项扶贫开发措施，有力地促进扶贫开发工作。党的十八大以来，我国创新实施了精准扶贫、精准脱贫方略，坚持脱贫攻坚"贵在精准，重在精准，成败之举在于精准"。对于老弱病残、鳏寡孤独特别贫困群众，做好最低生活保障、基本医疗保险、基本养老保险、特困人员救助供养、临时救助等综合社会保障，实现应保尽保。对于有发展能力和发展要求的困难群众，采取扶贫、扶智、扶志相结合，激发贫困群众内生动力，阻断贫困代际转移，实现自我脱贫和自我发展。产业扶贫和就业扶贫是造血式扶贫最为重要的两个模式。产业扶贫通过合作、合资等多种形式发展特色种养，实现一户一策，变"输血"式扶贫为"造血"式扶贫，变"被动式"开发扶贫为"参与式"精准扶贫，增加贫困人口的经营性收入和财产性收入，提高贫困人口的自主脱贫能力，促进贫困人口增收，增强贫困地区内生发展动力，实现稳定脱贫，是脱贫攻坚战的基础和关键。贫困人口的就业促进和就业保障，可以增加工资性收入和劳务收入，从而促进稳定脱贫，就是所谓的"一人就业，全家脱贫"。通过建设扶贫工厂或扶贫车间以及大户带动等形式，推进困难群众就近就地就业；通过劳务介绍和技能培训，推进困难群众外出务工。二是贫困治理组织的创新。脱贫攻坚是时代赋予我党的使命和历史责任，是我党对中国人民和全世界的庄严承诺，责任重大，意义深远。党的十八大以来，我国不断创新工作思路和工作方法，坚持党的领导，充分发挥各级党组织在脱贫攻坚中的战斗堡垒作用。具体体现在：坚持五级书记抓脱贫攻坚，坚持中央统筹、省负总责、市（地）县抓落实的管理体制，片为重点、工作到村、扶贫到户的工作机制，党政一把手负总责的工作责任制，把脱贫攻坚工作真正落到实处。2020 年 3 月 6 日，在决战决胜脱贫攻坚座谈会上的重要讲话中，习近平总书记对脱贫攻坚进行再动员、再部署，强调"脱贫攻坚越到最后越要加强和改善党的领导"。据相关数据显示，脱贫攻坚期间，全国共派出 25.5 万个驻村工作队、累计选派 290 多万名县级以上党政机关和国有企事业单位干部到贫困村和软弱涣散村担任第一书记或驻村干部，为取得脱贫攻坚最后胜利提供重要的制度和人才保障。有效衔接期坚持和完善驻村第一书记和工作队制度，乡村振兴时期更是要发挥基层党员干部和普通党员示范带头作用。

2. 以协调为内生特点

协调发展是发展的手段和路径，协调发展理念引领脱贫攻坚手段和模式变革。我国脱贫攻坚任务艰巨、难度很大，需要大量投入，需要形成政府主导、全社会参与配合的投入体制，全方位动员整合社会资源和力量，坚持专项扶贫、行业扶贫、社会扶贫等多方力量、多种举措协调配合，形成跨地区、跨部门、跨单位、全社会共同参与的扶贫体系。党的十八大以来，中央财政不断加大对贫困地区的一般性转移支付，引导农业、教育、医疗、交通、生态等转移支付向贫困地区、贫困人口倾斜，弥补脱贫攻坚资金和项目短板。据资料显示，仅财政专项扶贫资金一项，2013 ~ 2019 年中央财政累计补助地方专项扶贫资金 5 100 多亿元，其中，2019 年安排 1 261 亿元，2016 年以来连续 4 年每年净增 200 亿元。2016 ~ 2019 年，全国 832 个贫困县实际整合资金规模累计超过 1.2 万亿元，涉农资金整合使用主要投向为农业基础设施（54%）、农业生产发展（35%）和其他（11%）。行业部门结合部门优势，开展党建、教育、金融、产业、水利、建设等诸多形式扶贫工作，促进脱贫攻坚任务早日完成，创新区域协调扶贫模式，积极推动加大东西扶贫协作力度。数据表明，2019 年东部地区财政援助资金拨付到位 229 亿元，比 2018 年增长 29%。此外，产业扶贫、教育扶贫、健康扶贫、就业扶贫、移民安置、生态扶贫、电商扶贫、消费扶贫等扶贫方式相互配合、相互协调，发挥政策聚集优势，扩大脱贫效果。

3. 以绿色为普遍形态

世界反贫困行动最终要落实到生态文明建设与可持续发展，走绿色发展道路是习近平总书记"两山理论"的实践抉择。2013 年 5 月 24 日，习近平在中共中央政治局第六次集体学习时强调："党的十八大把生态文明建设纳入中国特色社会主义事业五位一体总体布局，明确提出大力推进生态文明建设，努力建设美丽中国，实现中华民族永续发展。这标志着我们对中国特色社会主义规律认识的进一步深化，表明了我们加强生态文明建设的坚定意志和坚强决心。"人类命运共同体的含义并非停留在人的层面，还应当放到整个自然当中去，将人类的可持续发展看作大自然生命永续发展的重要一环，2017 年 1 月 18 日在"共商共筑人类命运共同体"高级别会议上，习近平总书记作出庄严承诺："要倡导绿色、低碳、循环、可持续的生产生活方式，平衡推进 2030 年可持续发展议程，不断开拓生产发展、生活富裕、生态良好的文明发展道路。"2018 年 5 月 18～19 日全国生态环境保护大会上，习近平总书记将生态环境作为重大社会问题，强调"生态环境是关系党的使命宗旨的重大政治问题，也是关系民生的重大社会问题。广大人民群众热切期盼加快提高生态环境质量。我们要积极回应人民群众所想、所盼、所急，大力推进生态文明建设，提供更多优质生态产品，不断满足人民群众日益增长的优美生态环境需要。"把乡村绿色发展摆到更加突出的位置上来，2018 年 3 月 8 日，习近平总书记参加十三届全国人大一次会议山东代表团审议时强调："要推动乡村生态振兴，坚持绿色发展，加强农村突出环境问题综合治理，扎实实施农村人居环境整治三年行动计划，推进农村'厕所革命'，完善农村生活设施，打造农民安居乐业的美丽家园，让良好生态成为乡村振兴支撑点。"

4. 以开放为必由之路

贫困治理中贯彻好开放发展理念就是要打破国家、地区、行业主体和体制制度壁垒、实现市场统一、内外联动和多赢发展。一是借鉴国际成功减贫经验。联合国发展组织和发达国家的反贫困有许多成功经验值得学习借鉴，如脱贫攻坚时期贫困人口的识别、帮扶等。后脱贫攻坚时期，我国在相对贫困治理中怎样识别相对贫困人群、怎样防止绝对贫困人口的返贫和保障相对贫困人群的基本生活条件、怎样建立解决相对贫困的长效机制等，都可借鉴国际成功减贫经验并结合我国实际制定切实可行的减贫措施。二是我国贫困治理经验的世界推广。我国的脱贫攻坚创造了世界减贫奇迹。其原因在于坚持党的坚强领导和社会主义制度、"六个精准""五个一批"精准方略、多元主体协作、广泛监督和科学考核等,都是世界减贫事业的宝贵财富。三是国内贫困治理典型的学习。扶贫开发和脱贫攻坚时期,我国涌现出多个生动案例,如河北正定县、湖南十八洞村、安徽大湾村和贵州织金县等,结合本地贫困实际和优势特色资源,走出了具有中国特色的减贫道路。乡村振兴时期,东部发达省份浙江省开始了乡村振兴示范。自 2003 年开始,浙江省启动"千村示范、万村整治"的"千万工程"行动,开启了以改善农村生态环境、提高农民生活质量为核心的村庄整治建设大行动。经过连续 18 年的努力,"千万工程"硕果累累,建成万千"美丽乡村",浙江省在全国范围内率先走向乡村振兴。

5. 以共享为根本目的

消除贫困、改善民生和逐步实现共同富裕,是社会主义的本质要求,也是我党的执政初心和历史使命。共享发展就是以人民为中心的发展思想,要求脱贫攻坚工作根本目标是增加农民收入、改善贫困人口生活条件,最终实现共同富裕。脱贫攻坚的成效好坏和高低,也要以人民评价为基础。2021 年 1 月 11 日,习近平总书记在省部级主要领导干部学习贯彻党的十九届五中全会精神专题研讨班开班式上的讲话中明确指出:"人民是我们党执政的最深厚基础和最大底气。为人民谋幸福、为民族谋复兴,这既是我们党领导现代化建设的出发点和落脚点,也是新发展理念的'根'和'魂'。只有坚持以人民为中心的发展思想,坚持发展为了人民、发展依靠人民、发展成果由人民共享,才会有正确的发展观、现代化观。"共享发展一方面要求群策群力,全面完成脱贫攻坚和乡村振兴任务,解决好发展不平衡不充分问题,坚决杜绝"被脱贫"和"数字脱贫",以及脱贫攻坚中各种形式主义、官僚主义,更好地满足人民群众对美好生活的新期待和新要求。另一方面共享发展要求以贫困人口满意为评价标准,发展让更多贫困人口分享发展红利,切实提高贫困人口生活水平,共享社会主义现代化建设福利。

此外,促进过渡期的农民增收、稳定脱贫不返贫以及统筹推进乡村振兴和相对贫困治理，促进人的全面发展，是共享发展社会建设的根本目标。

第三节　新发展理念下脱贫攻坚长效机制的总体设计

新发展理念下脱贫攻坚长效机制的总体设计需要解决五个方面的主要问题，即脱贫攻坚长效机制的内涵与特征、基本原则、目标任务、逻辑体系和行动转变。

一、脱贫攻坚长效机制的概念阐释

"发展理念是发展行动的先导，是管全局、管根本、管方向、管长远的东西，是发展思路、发展方向、发展着力点的集中体现"。党的十八届五中全会提出了新发展理念，是我国新一轮发展的战略思想，也是构建和实施脱贫攻坚长效机制的指导方针。脱贫攻坚长效机制是在新发展理念指引下，解决不同时期贫困问题的总体设计，有着丰富的内涵和不同于政策措施的显著特征。

（一）脱贫攻坚长效机制的丰富内涵

"机制"一词来自物理学科，是物体各个组成部分之间的结构关系和运行方式的总称。后来被引入生命科学，特指有机体的构造、功能及其相互关系。脱贫攻坚长效机制构建并实施于脱贫攻坚时期，是旨在解决包括脱贫攻坚时期全面脱贫在内的现在社会各个阶段贫困治理目标任务的贫困治理各项有机组成政策措施的总称。脱贫攻坚长效机制至少包含以下五个方面的内容（即五个"W"）：（1）"是什么"（What）。脱贫攻坚长效机制是各个历史阶段贫困治理措施的总称，是由系列贫困治理政策措施组成，并不是单个或某阶段贫困治理政策措施。（2）"什么时候构建"（When and Where）。脱贫攻坚长效机制是在开展脱贫攻坚战时期就已经建立并逐步实施的，并非脱贫攻坚全面胜利以后才开始。（3）"为什么"（Why）。脱贫攻坚长效机制是为了解决现代社会不同时期不同贫困治理目标任务而构建的，随着时代变化而富有不同的内涵和目标。（4）"怎么建"（How）。脱贫攻坚长效机制是由多个有机组成部分构成，既不是单兵作战，也不是简单拼凑。（5）"谁来建（实施）"（Who）。研究国内外减贫的历程，发现大多数国家政府是减贫事业的组织者和实施者。除此以外，国际组织、社会组织也广泛地参与到减贫工作中。所以，脱贫攻坚长效机制是由贫困治理的组织者和参与者来共同建立和实施的。

（二）脱贫攻坚长效机制的显著特征

与国际（或国外）减贫和脱贫攻坚行动相比，脱贫攻坚长效机制具有以下四个方面的特征。

1. 政策性

从本质上说，脱贫攻坚长效机制是制度层面的，是贫困治理政策措施组成的制度体系。我国的脱贫攻坚、巩固拓展脱贫攻坚成果以及相对贫困治理，都是由政府组织领导的，政府占主导地位，社会组织、企业和个人积极主动参与。只有政府主导构建，多元主体参与实施，才能保障机制实施和完善的常态化和法治化，促进脱贫攻坚长效机制作用的发挥。

2. 系统性

如同生命体一样，脱贫攻坚长效机制是由多个部分组成，各组成部分既相互独立，完成特定的功能，又相互联系，形成一个有机整体。但是，不管是个体组成部分还是整体，都是在新发展理念下设立的系统，与新发展理念之间存在着有机关联。

3. 连续性

减贫是人类现代史上永恒的主题，贫困治理也将与我国社会主义现代化建设永远相伴。从脱贫攻坚开始，我国贫困治理经历了并正在经历三个阶段，即 2020 年底前的脱贫攻坚时期、2021～2025 年过渡时期和 2026 年以后全面推进乡村振兴时期。不同的历史阶段，贫困治理的目标任务不同，但要完成规定的目标任务，必须始终保持贫困治理各项工作的连续性，促进脱贫攻坚长效机制循环往复，不断完善提升扶贫脱贫的政策措施。

4. 科学性

脱贫攻坚长效机制贯彻落实习近平精准扶贫、精准脱贫的"六个精准、五个一批"基本方略，构建与"两不愁三保障""人的全面发展"以及联合国可持续发展宣言相吻合的指标体系，运用 A – F 方法、黄金分类法、DEA、结构方程等实证方法进行贫困等级风险计算分析、扶贫项目精准性和效率性评价等，保证了计算分析结果的准确性，真实、客观、公正地反映了脱贫攻坚的精准识别、精准施策和精准脱贫的实际情况，从而提高了贫困治理各项政策措施的科学性，为政府部门和扶贫工作人员提供科学决策依据。

二、脱贫攻坚长效机制的基本原则

脱贫攻坚长效机制的基本原则，体现在理念与行动等多个层面和多个层次，贯穿脱贫攻坚时期、有效衔接时期以及相对贫困治理时期等整个过程。全党全国应当坚持脱贫攻坚长效机制的原则取向不变，从扶贫信念和指导思想等理念方面，以及责任落实和组织形式等行动方面，做好"四不变"准备。

（一）扶贫信念不变

打赢脱贫攻坚战、全部消除绝对贫困、全面建成小康社会以及巩固拓展脱贫攻坚成果、促进乡村振兴是党的扶贫目标任务，也是党的脱贫信念。农村人口全部脱贫、贫困县全部摘帽、解决区域性整体贫困，是脱贫攻坚任务的最低底线。"只要还有一家一户乃至一个人没有解决基本生活问题，我们就不能安之若素；只要群众对幸福生活的憧憬还没有变成现实，我们就要毫不懈怠团结带领群众一起奋斗"[1]，"坚持以人民为中心的发展思想，把增进人民福祉、促进人的全面发展、朝着共同富裕方向稳步前进作为经济发展的出发点和落脚点"[2]，全面小康社会、共同富裕和人的全面发展的扶贫信念指明了包括绝对贫困和相对贫困治理在内的一切扶贫工作的行动目标与价值取向，是全党为根治世界贫困痼疾开出的中国药方，任何时候都不能动摇。

---

[1]　2014 年 1 月 26 日至 28 日，习近平总书记在内蒙古调研考察时的讲话。

[2]　《不断开拓当代中国马克思主义政治经济学新境界》（2015 年 11 月 23 日），《十八大以来重要文献选编》（下），中央文献出版社 2018 年版，第 4 页。

（二）指导理念不变

党的十八届五中全会提出创新、协调、绿色、开放、共享的发展理念，是在我国经济发展进入新常态、世界政治经济形势日趋复杂多变条件下提出的，为脱贫攻坚、全面建成小康社会、向着第一个百年奋斗目标迈进提供了理论指导和行动指南。习近平总书记2016年1月18日在省部级主要领导干部学习贯彻党的十八届五中全会精神专题研讨班上讲话，提出五个"着力"，即"着力实施创新发展驱动""着力增强发展的整体性协调性""着力推进人与自然和谐共生""着力形成对外开放新体制""着力践行以人民为中心的发展思想"，对新发展理念的重大意义、丰富内涵和深邃道理进行了全面透彻阐述，为全党在发展问题上提供了管全局、管根本、管长远的科学指引。在打赢脱贫攻坚战、全面建成小康社会和乡村振兴的道路上，移动坚定新发展理念，不改变、不偏向、不动摇。

（三）责任落实不变

贫困县（区）、贫困村"摘帽"后，要按照不摘责任、不摘政策、不摘帮扶、不摘监管的"四不摘"要求，做到扶贫干部的责任不变，扶贫政策的落实不变、帮扶工作的推进不变、扶贫监管的强化不变，确保脱贫户脱贫不返贫、边缘户不致贫。强调扶贫干部的带头作用，落实各级干部的事前预警监测、事中政策落实、事后审查监督的职责不变。在习近平总书记提出建设高素质干部队伍的要求下，坚持"责任重于泰山，各级党委和政府一定要不辱使命。要强化扶贫开发工作领导责任制，把中央统筹、省负总责、市（地）县抓落实的管理体制，片为重点、工作到村、扶贫到户的工作机制，党政一把手负总责的扶贫开发工作责任制，真正落到实处[①]"。

（四）组织形式不变

"坚持社会动员，凝聚各方力量。脱贫攻坚，各方参与是合力。必须坚持充分发挥政府和社会两方面主导力量作用，构建专项扶贫、行业扶贫、社会扶贫互为补充的大扶贫格局，调动各方面积极性，引领市场、社

---

① 2015年6月18日，习近平总书记在部分省区市扶贫攻坚与"十三五"时期经济社会发展座谈会上的讲话（节选）。

会协同发力，形成全社会广泛参与脱贫攻坚格局[①]"。始终把脱贫攻坚作为最大政治任务，坚持高度的政治自觉，坚持党对脱贫攻坚的绝对领导，贯彻落实党中央决策部署，全力做好抓党建促脱贫攻坚工作。切实加强党的建设，发挥党的政治优势、组织优势和密切联系群众优势；坚持五级书记抓脱贫攻坚，发挥基层党组织战斗堡垒作用。建立实施乡村振兴战略领导责任制，实行中央统筹省负总责、市县抓落实的工作机制。党政一把手是第一责任人，五级书记抓乡村振兴。

三、脱贫攻坚长效机制的目标任务

减贫一直是世界各国经济社会发展的一大难题，伴随人类社会进程的始终。自党的十八大以来，我国扶贫工作相继进入了脱贫攻坚时期、有效衔接时期和全面推进时期，不同时期经济社会发展情况和贫困治理的实际各不相同，所以脱贫攻坚长效机制的目标任务也各有侧重（如图3-2所示）。

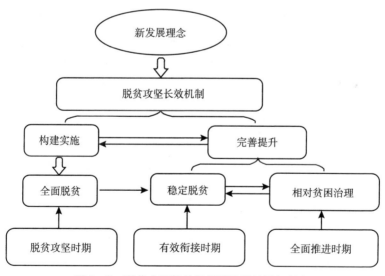

图3-2　脱贫攻坚长效机制的阶段性目标任务

---

① 2018年2月12日，习近平总书记在打好精准脱贫攻坚战座谈会上的讲话。

（一）脱贫攻坚时期：全面脱贫

脱贫攻坚时期，脱贫攻坚长效机制在新发展理念指引下，按照"六个精准、五个一批"要求，围绕"两不愁三保障"目标，把所有处于绝对贫困状态的农村家庭全部精准识别出来，并纳入精准帮扶范畴，做到政策内应扶尽扶。通过因人施策、因户施策的精准帮扶，完善鳏寡孤独、因病、因残致贫的困难群体兜底保障；通过扶贫扶智提高贫困人口自主脱贫意识和能力，防止贫困的代际转移；通过产业扶贫、就业扶贫，增强贫困家庭稳定脱贫能力，防止返贫。通过严格监督评价，促进真扶贫、扶真贫、真脱贫，防止数字脱贫和被脱贫，消除脱贫攻坚中的形式主义和官僚主义。通过反馈纠正，弘扬伟大脱贫攻坚精神，总结推广脱贫攻坚成功经验和做法，及时纠正脱贫攻坚中存在的问题，促进高质量的全面脱贫和同步实现全面小康社会。

（二）有效衔接时期：稳定脱贫、不返贫

2020 年脱贫攻坚取得全面胜利以后，巩固拓展脱贫攻坚成果同乡村振兴有效衔接成为农村工作的重点。在有效衔接时期，要贯彻习近平总书记重要指示精神，按照党中央、国务院决策部署，着力巩固脱贫攻坚成果，扎实推进乡村振兴，接续促进脱贫地区发展和群众生活改善。要把巩固拓展脱贫攻坚成果作为过渡期内脱贫地区农村工作的首要任务，确保稳定脱贫、不返贫，防止规模性返贫。按照"四个不摘"要求，认真做好返贫监测帮扶，落实县乡村三级工作责任，做到动态排查、精准识别、有效帮扶。要保持主要帮扶政策总体稳定，加大稳岗就业技能培训，重点推进贫困人口的稳岗就业，做好易地搬迁后续扶持，确保脱贫群众持续增收。坚持从实际出发，依托当地优势资源因地制宜发展乡村特色优势产业，突出农产品初加工，推动农产品精深加工，让农民更多分享农业全产业链增值收益，推进脱贫地区乡村振兴。推进农村环境综合整治，持续改善人居环境，加强农村基层社会治理，建设美丽宜居新乡村。有效衔接时期，应重点探索脱贫攻坚时期政策措施的转型，推进不同地区、不同人群过渡期扶贫政策措施的分类处置分步实施。适当延长"三区三州"地区和"三户一体"人群脱贫攻坚政策措施。

（三）全面推进时期：统筹推进乡村振兴与相对贫困治理

绝对贫困和区域性整体贫困消除以后，相对贫困问题将成为制约我国经济社会进一步发展的主要障碍。党的十九届四中全会提出，要"打赢脱贫攻坚战，建立解决相对贫困的长效机制"。五年过渡时期结束以后，意味着新的贫困治理时代到来。新时代的贫困治理将以相对贫困为核心，围绕人的全面发展目标，创新研究、科学界定相对贫困的内涵，基于可行能力理论从"贫"和"困"的视角构建多维相对贫困标准概念框架，利用A－F方法计算多维相对贫困指数，探究中国各省区农村居民的相对贫困空间格局及成因，划定新的相对贫困线。基于扶贫开发与脱贫现状及贫困格局，研究贫困地区资源承载能力特征，剖析村域空间结构格局演变和城乡要素结构功能优化重组特征，从乡村主体、产业发展、人居环境、资源禀赋等子系统识别贫困地域类型。立足于新时代新阶段贫困治理的总体要求，针对生理脆弱性群体、社会脆弱性群体、自然脆弱性群体等不同贫困对象，从制度保障、产业培育、能力建设、人文发展、心理服务等方面探索建立相对贫困治理的转型机制、动力机制、衔接机制、责任机制和保障机制，研究"超常规"政策举措向常规性减贫长效机制的转化路径，探究"政府主导、市场参与、贫困人口响应"的贫困治理整体性机制，提升相对贫困人口可持续发展能力，促进乡村全面振兴和中华民族伟大复兴。

四、脱贫攻坚长效机制的逻辑体系

党的十八大以来，全党全国人民在习近平总书记的精准扶贫思想的指引下，贯彻落实新发展理念，取得了世界瞩目的成就。据国务院统计，全国贫困人口已经从2012年的9 899万减少至2018年的1 660万，达到人口85％左右脱贫，村80％左右出列，县超过50％摘帽，区域性整体绝对贫困现状已经消除。其中：安徽省坚持"精准扶贫、精准脱贫"基本方略，脱贫攻坚取得决定性进展。贫困人口已经由2012年底的679.1万人下降到2018年底的46.6万人，减少了632.5万人，贫困发生率降低到0.93％。2019年底，全国贫困人口551万人，贫困发生率降至0.6％。2020年11月，全国实现全部贫困县摘帽，圆满完成全党全国脱贫攻坚任务。但脱贫的不稳定性和贫困的脆弱性依然是扶贫工作今后很长一段时间内关注的焦点，应建立完善包括预警监测、反应行动、监督评价和反馈纠正机制在内的全面系统化的脱贫攻坚长效机制（如图3-3所示），接续推进巩固拓展脱贫攻坚成果与乡村振兴有效衔接，统筹推进相对贫困治理和乡村振兴。

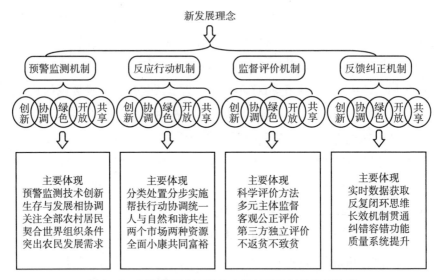

图3-3　新发展理念下脱贫攻坚长效机制的逻辑体系

（一）科学精确的预警监测机制

目前的贫困人口识别主要依靠"申报—评议"方式来确定，集中在贫困群体和边缘群体等重点人群，是一种事后监测，从而导致新增贫困、返贫等脱而不绝现象。科学精确的预警监测机制包括四个方面，即贫困风险测度、识别、预警和控制，其重点在于建立以贫困预警体系为中心的贫困预警监测机制。按照"两不愁三保障"的基本要求，围绕全面脱贫、稳定脱贫和相对贫困治理目标任务，瞄准人的全面发展，借鉴人类发展指数（HDI）构建贫困风险指标体系，选择贫困风险测度方法，建立贫困风险测度模型，利用大数据、云计算技术和区块链技术，通过贫困风险表象、识别风险类别和风险程度，确立贫困五级预警（生存能力低下、生存能力受限、发展能力受损、发展能力一般和发展能力优越）和响应机制，实施主动防控，为精准帮扶提供积极干预先机。

（二）快速高效的反应行动机制

按照习近平总书记提出的"六个精准""五个一批"的要求，实施脱贫理念、扶贫模式、科学技术和体制机制创新。在完善所有群体公共服务基础上，分别依据贫困五级预警，建立自主脱贫为主导、政府扶贫为支撑和社会扶贫为补充的立体化脱贫攻坚体系，确立以保障生存能力和提升发展能力为目标，以稳定经营性收入、保障工资性收入、提升财产性收入和增加转移性收入为核心的系统帮扶措施。巩固拓展脱贫攻坚成果以及乡村振兴时期，应根据监测结果对脱贫攻坚政策进行分类处置，对不同地区不同人群进行分步实施。全面推进时期，应在相对贫困精准识别基础上，采取相应的帮扶措施，并将帮扶统一纳入乡村振兴工作中加以实施。

（三）客观公正的监督评价机制

依据农村全部人口系统信息，采用政府考核和社会监督相协调、定性评估和定量评价相结合模式，对脱贫攻坚的成效进行计算分析，为脱贫攻坚工作实绩考核和责任落实，以及确定奖罚的对象提供客观公正的依据。脱贫攻坚评估要评估脱贫攻坚结果符合性，更要评估脱贫攻坚过程效率性，重点判断脱贫的真实性和长效性，防止数字脱贫和被脱贫；应重视脱贫攻坚政策效果的评价，更应重视脱贫攻坚政策本身的评价，重点在于准确反映脱贫攻坚政策的社会影响和经济效率。有效衔接期结束以后，也应采取政府、人大、政协、社会等多元主体监督形式。帮扶政策的满意度和效率，可沿用第三方评估形式。

（四）及时便捷的反馈纠正机制

构建开放便捷的容错纠错工作机制，强化信息获取、处理，畅通反馈渠道，改善信息反馈技术手段等，防止反馈缺乏和反馈失灵，从而避免脱贫攻坚缺乏先验信息和抉择能力，为反馈纠正提供制度保障。依据监督评价结果，完善贫困识别错误和返贫人口动态以及帮扶措施的调整机制，防止反馈不全面、不及时，从而影响获取脱贫攻坚的后验信息和偏差纠正的时机。

新发展理念下脱贫攻坚长效机制中，预警监测是基础，反应行动是手段，监督评价是保障，反馈纠正是目标和提升。

五、脱贫攻坚长效机制的行动转变

当前，我国扶贫工作已进入后脱贫攻坚阶段，一切扶贫开发相关指导理论与实战经验已为世界贫困难题提供了中国方案。可以预见，未来的全球减贫事业在很大程度上将以中国精准扶贫工作为指南，促成世界反贫困行动方式的转变，而中国精准扶贫工作能否稳定、长效发挥显著作用，将对各国政府的扶贫工作提供重要参考。站在新的历史转折点，面临重大机遇，全党全国应当从扶贫对象、扶贫目标、扶贫政策到扶贫战略，做好"四变"准备，促成脱贫攻坚长效机制的行动根本转变。

（一）扶贫对象由绝对贫困转变为相对贫困

绝对贫困人口缺乏生产资料，难以维持简单生产经营活动，更不可能扩大再生产，从而陷入"贫困循环"。党的十八大提出"2020年消除绝对贫困"的奋斗目标，就是要消除因缺乏维持生存必需品而导致生存受到威胁的绝对贫困。区域性整体绝对贫困攻坚战打赢后，扶贫对象即转变为具有社会判断性、历史动态性和长期持续性特征的相对贫困群体，2018年5月23日，时任国务院扶贫开发领导小组办公室副主任陈志刚在"2018中国扶贫国际论坛"上提出："从主要解决收入贫困向解决多维贫困转变，从重点解决农村贫困问题向统筹城乡扶贫转变"。缓解相对贫困的首要难点在于相对贫困标准和相对贫困比重的设定难以统一。

（二）扶贫目标由生存能力转变为发展能力

阿马蒂亚·森认为"贫困必须被视为基本可行能力的被剥夺"，即能力贫困比收入贫困更能体现人类自身发展需求。这与马克思主义"人的全面发展"指导思想、习近平总书记"以人为本"的执政理念不谋而合，体现了人的能力发展和权利保障是建立稳定脱贫长效机制的内在根本。其中最低生活保障、失业保险、户籍制度、医疗保险、义务教育、福利救助等"济贫"制度已经为人民群众提供了能力与权力发展的基本保障。下一步，就业扶贫、产业扶贫、教育扶贫、公共卫生服务等将成为扶贫政策全面覆盖的重点内容，为贫困者提供经济独立发展和社会参与发展机会，提高可行能力。

（三）扶贫政策由单一扶贫转变为融合发展

扶贫的目的由生活改善转变为人的全面发展，实现人人都享有均等的生存和发展权利。扶贫模式由单一模式向多种模式融合转变，突出模式之间相互配合、效果叠加。理顺扶贫模式内在关系，强调健康扶贫是前提、产业扶贫是基础、就业扶贫是保障、教育扶贫是提升、生态扶贫是拓展、异地搬迁是补充。脱贫标准由单一收入达标转变为根本解决"两不愁三保障"问题，即"一达标两不愁三保障"和饮水安全。就扶贫产业来说，要防止分散化和低端化，避免农村产业陷入"内卷化"，应当结合农业与食品加工、旅游、电商、健康养生、会展等二三产业，融合农村集体资源，汇集兴农人才，以农业三产融合，延长产业链带动价值链和利益链的提升，为产业兴旺奠定长效基础①。

（四）扶贫战略由脱贫攻坚转变为乡村振兴

精准扶贫从贫困户入手，解读扶贫微观政策，解决绝对贫困问题，实现全面小康；乡村振兴为农村发展指路，侧重目标顶层设计，解决相对贫困问题，实现共同富裕②。两者同样对贫困问题实行"靶向治疗"，而扶持主体、政策角度、技术层面等要迭代更新、有机衔接，由个体转向整体，由微观转向综合，由精准转向系统。在全面脱贫的基础上实施乡村振兴，持续建设中国特色社会主义现代化强国，走乡村富裕、民族富裕的可持续发展道路。

第四节　本 章 小 结

党的十八届五中全会提出了新发展新理念，是我国新一轮发展的战略思想，也是脱贫攻坚和今后相对贫困治理的指导方针。本章在新发展理念

---

① 董少杰. 构建可持续长效机制　打好脱贫攻坚战［N］. 内蒙古日报（汉），2019－04－15（5）.

② 章文光. 精准扶贫与乡村振兴战略如何有效衔接［J］. 人民论坛，2019（4）：106－107.

和习近平总书记精准扶贫思想指引下，详细论述新发展理念的内在关联、新发展理念与脱贫攻坚长效机制的内在逻辑，阐述新发展理念下脱贫攻坚长效机制的内涵与特征、基本原则和目标任务，从制度体系层面系统设计包括贫困预警监测机制、行动机制、监督评价机制和反馈纠正机制在内的脱贫攻坚长效机制，并阐述与脱贫攻坚行动相比，脱贫攻坚长效机制的行动转变。创新理念体现在长效机制的全方位和全过程，协调理念体现在各个机制的相互配合和有机统一，绿色理念体现在贯彻落实习近平总书记生态文明思想观和具体绿色发展行动，开放理念体现在长效机制本身具有的容错纠错功能，共享理念体现在长效机制的出发点和归属，即人的生存和发展能力。此外，新发展理念赋予了创新发展行动、协调发展行动、绿色发展行动、开放发展行动和共享发展行动五大发展行动更丰富、直接和生动的内涵。创新发展行动解决了发展的动力问题，协调发展行动解决了发展不平衡问题，绿色发展行动解决了人与自然和谐共生问题，开放发展行动解决了内外联动问题，共享发展行动解决了社会公平与正义问题。

第四章

新发展理念下脱贫攻坚预警监测机制

预警监测机制是脱贫攻坚长效机制的前提和基础，依据全面、系统的农村大数据，利用互联网、大数据、云计算和区块链等信息技术对农村所有居民和乡村进行贫困风险的计算分析，实时确定贫困风险等级，准确确定致贫原因，为开展及时有效的帮扶措施提供科学依据。脱贫攻坚时期，预警监测机制解决了精准识别、建档立卡，以及"扶持谁"的问题；有效衔接时期，预警监测机制需解决"监测谁""帮扶谁"的问题。

第一节　新发展理念与预警监测机制的内在逻辑

预警监测机制必须完整、准确、全面贯彻新发展理念，确保预警监测结果科学，提升帮扶对象和帮扶措施的精准性。新发展理念与预警监测机制的内在逻辑如图4－1所示。

一、创新发展理念与预警监测机制的内在关联

预警监测机制完整、准确、全面贯彻新发展理念的创新发展理念主要体现在理念、任务和方法创新等方面。其中，理念创新是先导，任务创新是目标，方法创新是手段。

（一）理念创新：变被动扶贫为主动防控

从现代社会发展历史来看，全球减贫贯穿于人类发展过程的始终，但是贫困仍然是人类社会未彻底解决的一大难题。究其主要原因，除了全球

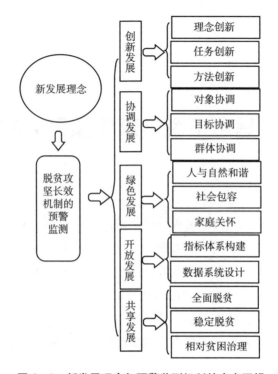

图 4 - 1　新发展理念与预警监测机制的内在逻辑

贫困人口众多、贫困程度较深以及贫困人口集中的发展中国家经济落后等外，被动扶贫（贫困出现以后开始扶贫）的方式是贫困反复的一个非常重要的影响因素。预警监测机制把农村所有群体都纳入监测系统，通过科学计算分析方法，计算分析各个群体贫困风险等级，从而采取针对性的帮扶措施。预警监测机制可以实现贫困人口发生贫困前向识别预警，能真正实现贫困的主动防控，从而降低帮扶难度和成本，加快农村贫困治理进程。

（二）任务创新：变生存力为生存和发展兼顾

在 2011 年的中央扶贫开发工作会议上，中央决定将新的国家扶贫标准做较大幅度提高，即农村居民人均纯收入在 2009 年 1 196 元基础上提高了 92%，从而达到 2 300 元（2010 年不变价）。提高后的扶贫标准将更多低收入人口纳入国家扶贫优惠政策范围。修改后的扶贫标准兼顾基本生存需要和部分发展需要，以保障低收入人口基本生存需要为主，后来具体化为

"两不愁三保障"。但由于农村居民贫困脆弱性较大，所以仅仅满足基本生存需要无法达到农村贫困人口稳定脱贫的目标，应该以发展需要为导向，促进农村居民发展能力提升，以发展促进更加美好的生存。本研究中预警监测机制的 12 个指标体系，涵盖农村居民的生存能力和发展能力，并以发展能力为主要目标，兼顾了生存和发展，能促进贫困人口尽早脱贫、稳定脱贫、不返贫和边缘群体不致贫。

（三）方法创新：大数据技术、云计算和区块链深度应用

精准扶贫的基础是贫困人口的精准识别，脱贫攻坚时期如此，有效衔接时期和全面推进时期的政策制定和实施也需要依赖精准识别。脱贫攻坚时期，我国贫困户识别标准和程序比较统一，按照贫困户和贫困村划分为两种。贫困户的标准是"一线两不愁三保障"，即以农民人均纯收入为基本标准线，综合考虑住房、教育、健康等情况，通过农户申请、民主评议、公示公告、逐级审核的方式，进行整户识别。贫困村（一般指行政村，非自然村）识别综合考虑村贫困发生率、村民人均纯收入和村集体经济收入等情况，按照村委会申请、乡政府审核公示、县级审定公告等程序确定。贫困户和贫困村采取建档立卡方式进行管理，一户、一村一档（卡），国家、各省和部分市县建立扶贫信息系统，实行动态管理，为实施精准扶贫精准脱贫提供了有力的数据支撑。但不管哪个层次扶贫信息系统都是根据人工调查获取的信息进行手工录入，不能进行全面的数据校验，更不能进行复杂的客户端数据处理分析，真实性、准确性、系统性和实时性受到一定影响。预警监测机制较好地解决了贫困户和贫困村识别的准确性、系统性和实时性问题，能满足所有时期贫困治理工作帮扶对象精准识别、实时分析和及时帮扶的需要。

二、协调发展理念与预警监测机制的内在关联

预警监测机制在具体预警监测中实施农村贫困与非贫困全面监测、生存与发展能力系统监测和整户识别与代际关系整体监测，很好地体现了新发展理念的协调发展理念。

（一）对象协调：农村贫困与非贫困全面监测

根据精准扶贫的标准和程序，把贫困户和贫困村纳入扶贫信息系统，

进行动态管理，是脱贫攻坚时期精准识别的具体要求。但由于农村贫困的极端脆弱性，即使是富裕农村家庭，可能仅仅由于生病、事故和其他突发原因也会导致贫困。识别工作中的一些主观、客观因素也可能导致一些贫困户、贫困村漏评。预警监测机制将农村贫困家庭、贫困村与非贫困家庭、非贫困村全部纳入监测体系，进行全面实时监测，根据不同贫困风险等级，采取相应措施，而不是仅针对贫困户和贫困村，防止漏评、错退和返贫现象以及"悬崖效应"的发生。

（二）目标协调：生存与发展能力系统监测

脱贫攻坚时期，建档立卡户脱贫的标准是"两不愁三保障"和安全饮水。达到"两不愁三保障"和安全饮水标准，满足基本生存需要，建档立卡户可以脱贫。但稳定脱贫、不返贫，不能仅实现基本生存就可以了，还需要通过发展来巩固。贫困村出列、贫困县摘帽需要满足一定标准，按照一定程序实现。其条件主要也是基本生活和生产需求，对于发展条件要求不多、不高，这不利于巩固脱贫攻坚成果。预警监测机制在生存能力监测基础上，加强了发展能力监测，通过发展来不断消除贫困的根本性、结构性因素，为农村发展和民生改善提供持久动力，不断促进农村协调发展和包括脱贫户在内的所有农民增收致富。

（三）群体协调：整户识别与代际关系整体监测

扶贫开发时期，贫困人口的识别是采取个体识别形式。为准确反映农村贫困家庭的真实情况，也便于贫困户管理和帮扶，脱贫攻坚初期的贫困人口一般采取整户或户籍识别形式，即以公安部门开立的户口本为依据，户口本上全部人口算一户。2017 年开始的全国贫困户排查调整时期，考虑到农村居民家庭成员城乡或异地分居等现实问题，将整户识别的"整户"确定为共同生活的群体，家庭成员可以不具有直接亲属关系，但共享收入共同生活。预警监测机制在数据分析时，考虑家庭成员中具有抚育赡养义务关系，把共同生活和具有直接亲属关系的人列为一户，采取整户识别形式计算分析家庭贫困分析等级。这种群体协调的识别方法真实地反映了现阶段我国农村家庭组成情况，突出我国农村优秀传统文化的传承，明确家庭成员间法律关系。

三、绿色发展理念与预警监测机制的内在关联

绿色发展理念是我国新一代领导集体对自然界发展规律、人类社会发展规律在理论认识上的飞跃，是对经济社会发展规律的科学反映，是解决我国当前发展所面临突出问题的基本原则，更是关注人类生存环境和构建人类命运共同体的积极回应。绿色发展不仅要端正人与自然的关系，也要厘清人与人的关系。预警监测机制秉承绿色发展理念主要在于突出生态文明建设，解决好贫困人口的农村环境，以及农村绿色生产生活方式问题，促进人与自然的和谐相处。此外，绿色发展理念下的预警监测还非常重视科学处理好人与人的关系，在脱贫攻坚中体现人文情怀，使得人与人之间、家庭代际之间呈现良好融洽的关系。

（一）人与自然和谐：农村环境整理

脱贫攻坚初期，贫困村环境往往交通条件较差，村民生产生活出行难，农村环境脏乱差现象比较严重。贫困户的家居卫生条件也比较差，缺少独立卫生条件好的厕所，厨房、住所与厕所、家禽家畜养殖连接在一起，没有分离，吃住环境较差。很多山区群众长期以来一直缺少清洁卫生的安全饮水，家禽家畜的饮用水状况更差。农村环境差是由于贫困所导致的，反过来又会加剧贫困。农村贫困人口中，因病致贫家庭占近2/3。而其中很多疾病与生活环境差和没有安全饮水有关。脱贫攻坚时期，中央加强农村环境综合整治监测，开展农村"改厨""改厕""安全饮水"等多项工作，彻底解决农村环境脏乱差问题，倡导绿色生产生活理念，促进农村生态文明建设。有效衔接时期、全面推进时期，应加大人与自然和谐发展预警监测，把绿色农产品生产、水体面源污染、土壤有机重金属污染和"碳达峰、碳中和"结合起来，深入推进农村环境综合整治工作。

（二）社会包容：统筹农村整体

预警监测机制把贫困人口和非贫困人口、贫困村和非贫困村同时纳入数据系统，进行贫困风险等级分析，实际上就是公平、客观地对待农村所有群体，而不是选择性的只关注贫困人口和贫困村，保障所有农村群体的生存和发展权利，是绿色发展理念在社会发展中的具体体现。统筹推进农

村整体预警监测，发现返贫、致贫风险大的农村家庭，及时采取相应措施，可以减少农村群体之间的攀比心理，降低贫困人口和非贫困人口、贫困村和非贫困村的"悬崖效应"，促进和谐农村建设。

（三）家庭关怀：关注代际关系

传统农村社会带有强烈的人情色彩，亲戚邻里关系，尤其是农村直系亲属关系备受重视。虽然，在市场经济大潮和城镇化冲击下，农村社会的"人情社会"属性受到较大影响，但在现代农村社会中农村代际关系仍旧受到一定的重视。预警监测机制把共同生活和具有直接亲属关系的人作为整户进行贫困风险计算分析，实际上是对农村家庭成员之间抚育赡养义务、相互扶持义务的制度性约束和固化，机制的出发点和运行结果都能保障老人、小孩、夫妻双方、家庭成员的权利，解决了快速城镇化而导致"老无所养""幼无所育""弱无所扶"等农村家庭难题，是绿色发展理念在家庭生活中的重要体现。

四、开放发展理念与预警监测机制的内在关联

开放发展理念阐释了新时代我国改革开放的目标、动力、布局、原则等系列问题，回答了"实现什么样的开放发展、怎样推动开放发展"科学命题，是习近平新时代中国特色社会主义思想的重要组成部分。预警监测机制贯彻开放发展理念体现在目标任务、动力源泉等多个方面，在具体的指标体系构建和数据系统设计上表现尤为突出。

（一）指标体系构建：与国内国际标准衔接

为准确确定农村家庭、乡村的贫困风险程度以及原因，便于精准帮扶，预警监测机制构建了包括生存能力、发展能力两个方面12个指标。这12个指标涵盖农村居民健康、教育、技能、收入、家庭、公共服务、代际关系等方面，与脱贫攻坚时期贫困户脱贫标准"两不愁三保障"标准无缝对接，也反映出有效衔接时期稳定脱贫、全面推进时期相对贫困治理和人的全面发展的现实需求，并且与联合国可持续发展目标的要求高度契合，具有显著的开放性特征。

（二）数据系统设计：数据处理访问柔性设计

脱贫攻坚时期，一般通过人工进行贫困相关数据录入和人工比对，来

精准识别贫困户。但这种做法工作量大、效率低，而且由于数据不能及时录入而影响了精准性。预警监测机制不再仅依赖人工进行贫困相关数据录入和人工比对，而是利用互联网、大数据、云计算和区块链技术，进行农村家庭全口径数据自动采集和校验，使得农村家庭数据既完整又真实。预警监测机制软件系统具有很强的柔性，提供一个不同数据库平台的统一接口，可以和公安、民政、教育、人社、医保等数据实现互联互通，外接客户端可以通过授权进行数据处理和数据访问。

五、共享发展理念与预警监测机制的内在关联

公平分配发展红利，促进全民共享发展成果，是预警监测机制的最终目标指向，也是各项经济社会工作的终极目标。预警监测机制通过科学指标体系设计、准确数据处理方法创新和精准贫困风险等级分析等，实现贫困治理不同历史时期的不同目标。

（一）脱贫攻坚时期：共享贫困治理红利

从理论上说，脱贫攻坚时期，严格精准识别的要求，应该能够把所有农村贫困家庭和贫困村纳入贫困监测系统，从而进行精准帮扶。但从实际操作来看，由于手工操作存在较大的时滞性，无形中使后期帮扶的成本从总体上来说不是最优效率的。预警监测机制通过把农村所有居民和村都纳入贫困风险监测系统，使得更多人被纳入精准帮扶的范畴，受益于精准扶贫政策措施，更多的贫困家庭和贫困村共享贫困治理红利，促进了我国整体性贫困和绝对贫困问题的彻底解决。

（二）有效衔接时期：稳定脱贫不返贫

全面完成脱贫攻坚目标任务后，实际上就是消除贫困存量，防止贫困增量，稳定脱贫不返贫才是真脱贫。实地调研中发现，已脱贫的地区和人口中，贫困的脆弱性较强，有的产业基础比较薄弱，有的就业不够稳定，因病、因残和因灾等原因而返贫风险依然没有根本转变。过渡期内严格落实"四个不摘"要求，保持现有帮扶政策、资金支持、帮扶力量总体稳定，建立健全预警监测机制，实时监测贫困风险等级，及时开展有效帮扶，继续对脱贫享受政策人口进行帮扶，巩固"两不愁三保障"成果，确

保贫困群众稳定脱贫不返贫和边缘群体不致贫。

（三）全面推进时期：突出人的全面发展

过渡期结束以后，我国农村工作进入全面乡村振兴，但相对贫困问题依然存在。相对于绝对贫困，相对贫困不再是生存能力困难，而是相对于人的全面发展需要而出现的不足，是人类社会发展进程中长期存在的社会问题，涉及经济、政治、文化、社会、生态各个领域。习近平总书记指出："2020 年全面建成小康社会之后，我们将消除绝对贫困，但相对贫困仍将长期存在。到那时，现在针对绝对贫困的脱贫攻坚举措要逐步调整为针对相对贫困的日常性帮扶措施，并纳入乡村振兴战略架构下统筹安排。"[①] 全面推进时期，应建立解决相对贫困问题的长效机制，围绕人的全面发展需要建立多维贫困指标，包括收入、健康、就业、教育、社会保障和社会关系等方面，精准识别出相对贫困状态，推动减贫战略和工作体系平稳转型。按照习近平总书记"始终把实现好、维护好、发展好最广大人民根本利益作为一切工作的出发点和落脚点，让发展成果更多更公平惠及全体人民"要求，把针对绝对贫困的脱贫攻坚举措逐步调整为针对相对贫困的日常性帮扶措施，并纳入乡村振兴战略统筹安排。

第二节　新发展理念下预警监测机制的理论分析

贫困预警监测机制是指预警监测各组成部分之间的关联关系与运行机理，本质上是政府部门、帮扶人员依据监测平台、利用大数据技术对农村居民进行贫困分析测度、分析和预警。贫困预警监测机制是建立在贫困监测体系基础上的贫困预警系统，包括贫困测度、贫困分析和贫困预警三个部分。三者围绕精准确定帮扶对象、科学设计措施目标，相互联系，又各有侧重，形成一个有机整体。贫困测度包括指标确定、方法选择和模型构建三个方面，贫困分析包括贫困户等级的划分与判定、贫困村等级判定与

[①]　习近平总书记 2018 年 9 月 21 日在十九届中央政治局第八次集体学习时的讲话。

区域性整体贫困等级判定，贫困预警则从贫困表现、贫困程度和致贫因素三个方面进行分析。根据贫困预警监测体系，确定个体和群体贫困风险程度，便于开展相应的响应和帮扶。

一、贫困测度

贫困测度全称为贫困风险测度，就是对我国农村地区全部家庭、全部人口生存能力和发展能力进行分析计算，监测其家庭收入、支出、身体、教育、技能等诸多因素的变化情况。依据特定的贫困风险计算方法，计算分析每户家庭的贫困发生概率和贫困程度。

致贫的因素很多，每个成因又包含多个因素，因此应从多个方面来进行分析和测量。本研究把贫困因素总体上分为生存能力和发展能力两个方面，每个方面包括6个主要因素，采用国际惯用的 A－F 双临界值方法来进行贫困风险计算分析。A－F 双临界值方法是基于森的可行能力剥夺理论，由牛津贫困与人类发展中心（OPHI）的阿尔基尔（Sabina Alkire）和福斯特（James Foster）在 2007 年 5 月提出的多维贫困的测量方法，简称为 A－F 方法。A－F 方法在国际范围内得到广泛使用，如联合国开发计划署（UNDP）的《人类发展报告》（2010）中的 MPI 指数就是使用了 A－F 方法计算得到的，国内也开展了城市和农村家庭多维贫困测算（王小林，2009）、国家贫困片区县的多维贫困度量及空间分布格局研究（王艳慧，2013）等。本研究依据安徽省多个县区的实地调研数据，利用 A－F 双临界值方法分析贫困风险的临界值（风险程度）。

（一）指标确定

1. 贫困风险测度指标选取的依据

在进行贫困风险测度时，指标的选取至关重要。针对不同的地域、不同经济和社会发展实际，需要选择合适的指标来反映测度对象的本质属性。本研究指标的选取，是在新发展理念指导下，围绕精准扶贫、精准脱贫方略，主要依据《中国农村扶贫开发纲要（2011—2020 年)》、"两不愁，三保障"提出的任务与要求以及过渡期巩固拓展脱贫攻坚成果和相对贫困治理的需要，并且参考人类发展指数（HDI）、人类贫困指数（HPI）

和多维贫困指数（MPI），以及英国国际发展部（DFDI）提出的可持续性生计分析框架，使指标选取既符合我国国情，又与国际组织和发达国家的做法相一致。此外，充分考虑了实地调研问卷的数据可得性和计算分析的可行性，使得计算更加简单易行，更具有推广价值。

2. 贫困风险测度指标选取的原则

贫困预警监测能够有效预防贫困风险的发生，其中，建立贫困预警监测指标体系是进行贫困预警的关键，而贫困风险测度指标选取是基础。贫困风险测度指标选取应该遵循科学性、可行性、重要性、系统性、全面性和独立性原则。

（1）科学性原则。科学性是指基于科学的依据，所选指标要符合相关的理论和方法，能够体现贫困风险的客观实际，能够反映影响贫困风险的主观因素。所建立的贫困风险测度指标体系要求具有严谨的基本概念和合理的逻辑结构，目标清晰，定义明确，不可含糊不清。

（2）可行性原则。构建贫困风险测度指标体系，需要考虑现实意义上的可行性，要求所选取的贫困风险测度指标能够量化，并且指标所需数据能够从相关的资料和实地调研中获取。此外，贫困风险测度指标应该从实际出发，具有较强的实用性。

（3）重要性原则。不同的贫困风险测度指标应该反映不同的风险属性。当同一风险属性可以用多个不同指标来度量时，应该选择最能反映风险属性的指标。就贫困风险而言，影响因素有多个，每个因素又包括多个方面。因此在选择指标时，要选择对贫困风险影响最大的因素。

（4）系统性原则。系统性原则要求贫困风险测度指标体系层次分明，可以均衡协调各指标之间的相互关系，并且能够对贫困风险状态进行准确评价。

（5）全面性原则。构建全面的贫困风险测度指标体系对扶贫工作具有一定的指导意义。贫困风险评价的全面性原则，要求尽可能找到贫困治理各个时期所有反映贫困风险状况的指标，然后再从中挑选代表性强的指标。

（6）独立性原则。由于贫困风险影响因素较多，并且各贫困风险因素之间存在一定的关联关系。因此，在选取贫困风险测度指标时，应避免选取逻辑上具有包含关系、重复关系和交叉关系的指标，保证贫困风险测度指标的客观性、独立性。

3. 贫困风险测度指标体系的构建

建立贫困风险测度指标体系对加强贫困风险管理具有重要的作用。通过贫困风险测度指标及时反映贫困地区的贫困状况，预测监控已经存在或潜在的风险，及时发出预警信号，并采取相应的措施，从而实现贫困风险的事前、事中和事后的全过程监控。

（1）贫困风险测度指标体系设计。基于上述指标体系选取原则，通过分析贫困风险的影响因素，从生存能力、发展能力两个方面，构建了相应指标，其中：生存能力维度包括罹患疾病、身体伤残、住房条件、子女教育、抚养赡养、债务负担；发展能力维度包括医疗保险、养老保险、收入水平、专业技能、文化素养、代际关系，共计 12 个指标，如表 4-1 所示。

表 4-1　　　　　　　　　　贫困风险预警指标体系

维度	指标	赋值	权重
生存能力	罹患疾病	家庭成员患有重大疾病或长期慢性病，赋值 1	0.12
	身体伤残	家庭成员患有严重伤残、肢体伤害，赋值 1	0.108
	住房条件	人均住房条件不足 30 平方米，赋值 1	0.085
	子女教育	家庭未成年人中有未完成义务教育且辍学在家，赋值 1	0.078
	抚养赡养	家庭成员劳动力占比小于 1/2，赋值 1	0.072
	债务负担	家庭人均负债超过当年贫困线，且近期无法还清，赋值 1	0.073
发展能力	医疗保险	家庭成员中存在没有医疗保险的，赋值 1	0.084
	养老保险	家庭老年成员中存在没有享受养老保险，赋值 1	0.068
	收入水平	年人均收入低于当年贫困线上 20%，赋值 1	0.106
	专业技能	家庭劳动力年收入低于 5 万元，赋值 1	0.085
	文化素养	家庭劳动力没有完成义务教育，赋值 1	0.076
	代际关系	年人均赡养费低于当年贫困线，赋值 1	0.045

注：2011 年，浙江省开始将地方扶贫标准提高到了本省农民人均收入的 40% 以上，是国家贫困线标准的 2 倍。本研究将人均收入在当地现行标准以上，但低于线上 20% 的家庭列为边缘户，作为收入较低家庭。

（2）贫困风险测度指标权重的确定。预警指标体系中的各指标对贫困风险有着不同程度的影响，因此需要确立各个指标的权重，表明指标在目标实施过程中的重要性。本章采取特尔菲法确定权重，即通过50位专家学者的调查问卷各指标得分加总平均计算得到各指标的权重。50位接受咨询的专家分别来自安徽省内外高等院校、科研院所和政府职能部门，专业背景为农村经济、社会学、法学和政治学，主要从事扶贫理论研究和扶贫管理工作，除政府职能部门人员外，其他接受咨询的专家均具有副高以上职称。

（3）贫困风险测度指标体系说明。①罹患疾病。因病致贫已经成为农村人口陷入贫困的重要原因，重大疾病、长期慢性病将会给农村家庭带来高额的医疗费用，而过高的医药费支出超过承受范围会使家庭陷入贫困，导致家庭的基本生存难以维持。因此，选取"罹患疾病"指标作为贫困风险的影响因素。其识别标准为：若所调研的农户，家庭成员患有重大疾病或长期慢性疾病，则该农户贫困风险大。②身体伤残。一方面，身体伤残导致农户家庭缺乏劳动力，劳动力的匮乏导致家庭收入下降，从而增加农户陷入贫困的可能性；另一方面，身体伤残导致家庭医疗支出增加，增加家庭消费支出，从而增加农户陷入贫困的可能性。因此，选取"身体伤残"指标作为贫困风险的影响因素。其识别标准为：若所考察农户，家庭成员患严重伤残或肢体伤害，则该农户贫困风险大。③住房条件。在落实脱贫攻坚的工作过程中，危房改造项目成为重要的环节，若存在住房安全隐患，不能满足农村家庭的基本居住条件，则住房得不到保障。此外，"两不愁三保障"政策要求不仅要确保农户有房可居住，且其住房不存在安全隐患。因此，选取"住房条件"指标作为贫困风险的影响因素。④子女教育。虽然农村小学、初中阶段的义务教育制度降低了农村家庭的教育成本，但现阶段农村依然存在适龄儿童辍学、未及时上学现象。此外，高等学校学习费用也加重了家庭负担，增加了农户陷入贫困的可能性。因此，选取"子女教育"指标作为贫困风险的影响因素。⑤抚养赡养。人口结构是重要的家庭特征，我国人口老龄化问题日益严重，同时，新生儿不断增加，导致农户家庭人口结构的不协调、劳动力占比降低。劳动力占比的不合理严重限制了农户家庭发展，同时老幼人口的增多提高了生活成本。因此，选取"抚养赡养"指标作为贫困风险的影响因素。⑥债务负担。体现家庭储蓄水平和家庭收入以及抵抗风险的能力。家庭负债超过当地当期贫困线标准，且近期无法清偿，则农户贫困风险较大。⑦和⑧医疗保险、养老保险。用来衡量政策普及度，避免政策的导向性而造成贫富差距，从而引发贫困；同时，养老保险和医疗保险的全面实施，能有效提高农户抵抗风险的能力。家庭成员如果没有办理医疗保险、养老保险，基本医疗、养老得不到保障，贫困风险较大。⑨收入水平。以家庭成员人均年纯收入为准，如果人均纯收入低于当地当期贫困线标准120%，则收入水平较低。⑩专业技能。以家庭主要劳动力年收入为基准，低于50 000元则专业技能不强。⑪文化素养。衡量家庭劳动力的文化水平，以其受教育年限为指标，没有完成九年义务教育，则由于教育不足，获得发展的可能性不大。⑫代际关系。体现家庭凝聚力以及家庭成员中老年人的生活条件。直系亲属年帮扶支出或赡养费低于当地当期贫困线标准，则说明农户的代际关系不是良好的。

（二）方法选择

本研究采用A－F法进行贫困风险的测算，再利用黄金分类法和长板理论基于A－F法计算结果进行五类人群的划分。

1. A－F法

传统的贫困衡量主要是通过比较家庭人均收入和人均贫困线进行，衡量的维度是单一的、绝对的。而基于人的可行能力衍生的复杂多维贫困测度，则是以测算哪些个体的哪些可行能力被剥夺，衡量出个体的多维贫困状况。广泛应用的A－F法优势在于能够同时将离散型的定性数据和连续型的定量数据纳入测试模型进行测量，同时提供了多维贫困测量的弹性框架。A－F法能够体现贫困的深度和广度，通过"维度加总""维度分解"计算贫困个体所有维度指标的综合贫困指数——MPI，以及各个维度指标对综合贫困指数的贡献程度。多维贫困的测算流程主要包括建立多维贫困衡量指标体系、建立数据矩阵、设置剥夺临界值、建立剥夺矩阵、观察并筛选合适的贫困临界值、赋予指标权重、得到已删减矩阵、测量多维贫困发生率、计算平均剥夺份额、得到综合贫困指数和分解维度指标贡献度。本研究主要应用 A － F 法处理样本地区的定性数据，从而测算多维贫困。

假设农村地区有 N 个家庭样本，每个样本由 D 个指标来评估其贫困水平，令 $Y_{N \times D}$ 表示所有样本值构成的矩阵，且设 $y_{ij} \in Y_{N \times D}$ 表示农村家庭 i 在 j 维度上的取值（$i = 1，2，\cdots，N，j = 1，2，\cdots，D$）。首先，对每个维度设定一个贫困标准 Z_j。若 $y_{ij} < Z_j$，则家庭 i 在 j 维度上贫困；否则为不贫困。为便于计算，令 $g_{ij} = \begin{cases} 1， & y_{ij} < Z_j \\ 0， & 其他 \end{cases}$，于是样本矩阵 $Y_{N \times D}$ 可以变换成剥夺矩阵 $G_{N \times D} = [g_{ij}]$。

农户家庭贫困指数由各个指标共同决定。但各指标贡献度不同，即所占份额不同，则农户家庭贫困指数由各指标取值及其权重共同决定。农户家庭贫困指数表达式为：$y = \sum_{j=1}^{d} g_j * w_j$。

2. 黄金分类法

黄金分类法是由古希腊学者毕达哥拉斯提出的，系统论述黄金分类的最早记录起源于欧几里得的《几何原本》，广泛应用与生活的各个领域，其具体表现为一条线段切割为两部分，使其中一部分与全场比值等于另一部分与该部分比值，则该比值为 $(\sqrt{5})/2$，通常将无理数取近似值 0.618。在黄金矩形中，用尺规作图可以无限分割出新的黄金矩形，而不同直径圆的交点在同一边长的投影点，就是黄金分类点。在理想自然的大数据状态下，贫困个体应当呈现均匀分布或正态分布，但由于我国不同地区的资源失衡和经济发展不均衡，且本研究主要以贫困地区的案例分析为样本，故所得贫困风险指数在大数据中呈明显的偏态分布，而黄金分类法显然比对分法更适用于偏态分布的层级分割，同时也利于现实的推广与应用。

按照黄金分类原理和五层分级的要求，设置 4 个黄金分类点将相对贫困风险等级（0～1）划分为五个等级，具体分割点依次减小为 F_1、F_2、F_3、F_4，令 1—f 为黄金分类率，通常取 0.618，所得结果保留 4 位有效数字。

$F_1 = 1 — 1 \times f^1 = 1 - 0.382 = 0.618$

$F_2 = 1 — 1 \times f^2 = 1 - 1 \times 0.382 \times 0.382 = 0.8541$

$$F_3 = 1 - 1 \times f^3 = 1 - 1 \times 0.382 \times 0.382 \times 0.382 = 0.9443$$

$$F_4 = 1 - 1 \times f^4 = 1 - 1 \times 0.382 \times 0.382 \times 0.382 \times 0.382 = 0.9778$$

为了更好地扩大农户相对贫困风险程度的差异，并与之相对应，将每个风险等级的值域定义为100，则总值域定义为500。由于 A – F 得分属于负向得分，即得分越高的农户家庭相对贫困，因此需要引入"安全指数水平"的概念作为计算过渡，即将所有农户家庭的 A – F 得分作正向处理，若农户的负向得分（Risk Score）越高，则正向得分（Security Score = 1 – Risk Score）越低，其安全指数水平越低，则其安全等级越低，风险程度越高，因此安全指数水平与风险等级呈反向关系。

设某一地区有 X 个村，每个村有 Y 个农户家庭，则 X_i 村的第 i 个农户家庭的安全指数水平 M_{ij} 计算公式为：

$$
\begin{cases}
\dfrac{SS_{ij}}{0.618} \times 100, & 0 \leqslant M_{ij} \leqslant 0.618 \\[2mm]
\dfrac{SS_{ij} - 0.6180}{0.8541 - 0.6180} \times 100 + 100, & 0.618 < M_{ij} \leqslant 0.8541 \\[2mm]
\dfrac{SS_{ij} - 0.8541}{0.9443 - 0.8541} \times 100 + 200, & 0.8541 < M_{ij} \leqslant 0.9443 \\[2mm]
\dfrac{SS_{ij} - 0.9443}{0.9787 - 0.9443} \times 100 + 300, & 0.9443 < M_{ij} \leqslant 0.9787 \\[2mm]
\dfrac{SS_{ij} - 0.9787}{1 - 0.9787} \times 100 + 400, & 0.9787 < M_{ij} \leqslant 1
\end{cases}
$$

3. 长板理论

美国管理学家劳伦斯·彼得提出"木桶理论"，认为一个桶能装水的多少，应该取决于最短的木板有多高，也可称为短板效应。而长板理论则认为，在一个组织中，应该凭借其鲜明的特色，发挥长板优势。桶壁上的所有木板之间是此消彼长的关系，短板不断变长造成原本的长板相对变成短板，因此需要加高新的短板，循环增长的结果是所有的木板都在变长，木桶的高度也就随之不断增加，因此，木桶的最终装水量在持续的平衡下，最终会向着原有的长板看齐。在定义区域性贫困风险的过程中，本研究依据长板理论思想，以大概率人群的相对贫困层级代表整体的贫困风险程度。

个体和村级相对贫困程度可以匹配出对应的贫困风险分级，但对于县域及以上相对贫困风险等级的判断，需要用大概率程度来描述区域性整体。美国知名学者克里斯·安德森曾提出长尾理论，认为随着网络时代的发展，在正态概率分布下，尾部的80%能够发挥更多的效益。尽管案例分析所得到的样本分布是有偏差的，但在关于相对贫困问题的研究中，仍然可以借助克里斯·安德森的思想，用80%的相对贫困的概率来代替区域性整体的相对贫困情况。

二、贫困分析

依据实地调研数据，根据现行标准线划分为生存能力贫困、发展能力贫困两种类型，利用A－F方法计算得出各个群体的贫困风险（贫困指数，与安全指数相对应），分析贫困表现、类型和程度。

（一）贫困表现

根据实地调研数据，可以直观地发现生存能力贫困主要表现为家庭成年成员或劳动力身体患有疾病、残疾导致无法正常进行劳动，从而无法获取家庭生活必要的收入，陷入贫困。此外，即使家庭成年成员能够正常劳动，但由于住房、子女教育、抚养赡养、债务负担等负担过重，也常常导致收入水平下降或收入—支出比下降，导致贫困发生。发展能力贫困不属于绝对贫困，主要是由于发展技能或收入能力等因素，造成发展能力受到一定影响。

（二）贫困类型

依据A－F方法的赋值计算，生存能力贫困属于绝对贫困，得分一般较高；发展能力贫困不属于绝对贫困，得分一般较低，在同一群体比较中，发展能力贫困家庭得分低于生存能力贫困，属于相对贫困。通过不同地区、不同类型群体比较和校验，生存能力贫困和发展能力贫困同一年度得分相对稳定，发展能力贫困家庭得分通常低于生存能力贫困得分。

（三）贫困程度

根据生存能力贫困、发展能力贫困的两个群体得分，将农村群体依次划分为生存能力低下、生存能力受限、生存能力正常（发展能力受限）、发展能力一般和发展能力优越五个区间。通常前两类群体属于绝对贫困，后三类群体属于相对贫困①。

三、贫困预警

根据贫困分析监测，确定了群体贫困风险程度，当贫困风险程度超过（或等于）区间最大值时，进行更高层次预警。再利用黄金分类法进行安全指数的计算，对研究对象的群体进行分类，便于开展相应的响应和帮扶。

（一）五级预警

按照贫困风险程度大小，将群体依次划分为生存能力低下、生存能力受限、生存能力正常（发展能力受限）、发展能力一般和发展能力优越五个区间。当贫困风险程度超过（或等于）某个区间最大值时，系统自动开始更高层次预警。预警信号按照贫困风险程度（由高到低）与安全指数（由小到大）分别采用红、橙、黄、绿、蓝五种颜色来代表（如表4-2所示）。具体的判断依据是：农户家庭的多维贫困指数越高，其贫困风险越大，安全指数水平越低（即贫困风险与安全指数负相关），相对贫困程度就越深，对应的风险预警等级越严峻。

表4-2　　　　　贫困风险等级划分与安全指数水平划分

安全指数	贫困类型	贫困表现	安全指数水平	预警颜色
五级	摆脱贫困	发展能力优越	$400 \leq M_{ij} \leq 500$	蓝
四级	潜在贫困	发展能力正常	$300 \leq M_{ij} < 400$	绿
三级	濒临贫困	发展能力受限	$200 \leq M_{ij} < 300$	黄
二级	一般贫困	生存能力受限	$100 \leq M_{ij} < 200$	橙
一级	极度贫困	生存能力低下	$0 \leq M_{ij} < 100$	红

---

① A-F得分值越大，贫困风险越大。利用黄金分类法在A-F值的基础上进行分类，值越大贫困风险越小。

（二）风险类型

生存能力低下和生存能力受限的两类群体属于绝对贫困，得分越高，贫困风险越大，贫困程度越深，安全指数越小，需要进行及时帮扶。帮扶措施应根据致贫原因，分类分户施策。鳏寡孤独者应由财政供养，因病、因残而彻底丧失劳动力者，应纳入农村居民最低生活保障范围，做到应保尽保，由政府兜底脱贫。具有劳动能力，由于暂时疾病或阶段性负担过重导致贫困家庭，政府应及时给予贫困救助和临时救济，帮助解决暂时生活困难。再根据贫困家庭实际情况，采取教育帮扶、健康扶贫、公益岗位等措施，解决子女教育、家庭教育、老人赡养等困难。有劳动能力的家庭，最终要通过产业扶贫、就业扶贫措施增收脱贫，保障其稳定脱贫不返贫。生存能力正常（发展能力受限）属于边缘群体，贫困脆弱性较大，很容易致贫，应纳入贫困帮扶的范畴。一方面根据实时监测结果，解决边缘家庭临时生活困难，另一方面要采取就业帮扶、产业帮扶手段，增强边缘家庭发展能力。发展能力一般和发展能力优越者属于相对贫困者，应加强实时监测，及时解决发展中存在的问题。政府应加强两类群体的就业培训和产业支持，增强其发展能力，引导其示范带动农村居民脱贫致富。

第三节 新发展理念下预警监测机制的实证研究

一、贫困测度

（一）研究对象与数据来源

1. 研究对象

本书对贫困预警监测机制的研究，主要选取的地区包括乌蒙山区贵州省织金县、大别山区安徽省金寨县（在第八章中分析）、安徽省皖北地区的蒙城县和阜阳市颍州区4个县区。其中，乌蒙山区织金县、大别山区的金寨县属于国家14个特困连片区的国家级贫困县，安徽省皖北地区的蒙城县和阜阳市颍州区属于省深度贫困地区的省级贫困县，自然条件和经济社会发展水平相近，并且具有很强的典型性。

（1）贵州省毕节市织金县。织金县隶属于贵州省毕节市，地处乌江上游支流六冲河和三岔河交汇处三角区，全县最低海拔 860 米，境内山峦起伏、地貌复杂，整体呈现西南高、东北低走势，全县面积 2 868 平方公里，辖 6 个街道、16 个镇、3 个乡、7 个民族乡，共 578 个村级行政区域，其中有 8 个社区，235 个居委会，331 个村委会共 2 566 个村民组，有较多的少数民族集聚，如苗族、彝族、白族、回族、布依族等，根据第七次全国人口普查数据显示，2020 年全县常住人口为 8.1566 万人。1985 年织金县被列为国家级贫困县，1994 年被列为国家"八七"扶贫攻坚计划贫困县，1998 年实现全县农村贫困人口基本解决温饱，2001 年被列为新阶段国家扶贫开发重点县。2014 年共有建档立卡贫困人口 65 202 户 286 387 人，贫困发生率 27.15%。截至 2019 年，累计脱贫 59 647 户 271 604 人，贫困发生率下降至 1.4%，实现贫困县摘帽。2020 年底，剩余 5 555 户 14 783 人全部脱贫。其中，2018 年 9 月该县荣获商务部"2018 年电子商务进农村综合示范县"荣誉称号，同年 12 月入选中国特色农产品优势区名单，2020 年 3 月全县正式退出贫困县，实现全部脱贫。2020 年，织金县全年地区生产总值超过 200 亿元，农业以水稻、玉米、小麦、马铃薯、大豆、烤烟、茶叶等十多种农作物为主；工业主要以原煤开采、工业发电、水泥生产、服装生产等为依托；服务业主要发展旅游业、金融业等，其生物资源丰富，有多种特色植物种类，无烟煤、磷矿、大理石等矿物质资源储量较高，整体发展形势较好。

（2）安徽省亳州市蒙城县。蒙城县隶属于安徽省亳州市，位于淮北平原中部、安徽省西北部，地势较为平缓，沿涡河区域为黄泛冲击平原，水资源丰富，光热条件良好，气候适宜，总面积约为 2 091 平方公里。截至 2019 年，全县下辖 3 个街道、12 个乡镇，2 个乡，第七次人口普查显示全县常住人口为 110.164 万人。蒙城县是安徽省著名的省级历史文化名城、全国粮食生产先进县、全国文化工作模范县、全国科普示范县。2018 年经由安徽省政府批准退出贫困县，2020 年 5 月列入新型城镇化建设示范县城名单，2020 年入选第一批全国法治政府建设示范地区和项目名单。2020

年，蒙城县地区生产总值约为391.5亿元，农业主要以小麦、油料、蔬菜、瓜果等种植业，生猪、山羊等畜牧业和渔业等为主；工业主要以小麦粉生产加工、服装业、商品混凝土生产加工、汽车改装等行业为主；服务业主要以文化旅游、餐饮住宿、零售批发等行业为主。蒙城县于2012年被安徽省委政府列为省级重点贫困县，贫困人口约为8.63万人，经过精准扶贫"四五六"，即建档立卡四项精准、整村推进五项机制、六大结合增强贫困村的造血功能，科学性、有效性和持续性地推进精准扶贫工作，全县于2018年通过评估考核实现脱贫摘帽。

（3）安徽省阜阳市颍州区。颍州区隶属于安徽省阜阳市，位于安徽省西北部，地处淮河以北，大部分区域属于冲积平原，地势开阔平坦，总体呈西北高、东南低走势，四季交替明显，气候适宜，光照充足且雨量适中，总面积616.3平方公里，下辖5个街道、7个镇、5个乡和1个开发区。根据第七次人口普查，截至2020年11月，阜阳市颍州区常住人口为99.2347万人。阜阳市颍州区由于有东清河、中清河和西清河等内城河流入颍河，故而历史上有"三清贯颍"的美名，区内有国家级3A风景区，省级湿地保护区，2020年入选全国第四批率先基本实现主要农作物生产全程机械化示范县（市、区）。2020年，阜阳市颍州区地区生产总值约为337.1亿元，农业主要以小麦、玉米、油料、棉花、蔬菜等种植业，生猪等畜牧业和渔业为主；工业中的制造业、金属冶炼加工业、矿物制品业等产业近年来增幅较大；服务业当前主要以消费品零售和金融业等为主。2020年，阜阳市颍州区3.14万贫困人口全部脱贫，40个贫困村全部出列。

2. 数据来源

本研究数据来源于2018年4月对安徽省蒙城县农户、2019年5月对安徽省皖北地区阜阳市颍州区农户和2020年1月对乌蒙山区织金县的实地调研（考虑到研究工作量和代表性，对2017年11月大别山区望江县、2019年11月份皖北地区颍上县和2020年1月乌蒙山区七星关区等的实地调研数据没有进行预警监测分析）。所有实地调研皆采用问卷形式，由实地调研团队深入农村，与县、镇、村扶贫干部以及农户进行面对面访谈填写。

（二）样本描述性统计

1. 贵州省毕节市织金县

织金县于2001年被列为新阶段国家扶贫开发重点县，2014年建档立卡贫困人口共计28.6387万人，贫困发生率为27.15%。脱贫攻坚以来，织金县紧扣"两不愁三保障"重要目标，打好"四场硬仗"落实精准扶贫，做好基础设施、易地搬迁、产业扶贫、教育医疗保障，贯彻省委提出的"五个专项治理"，抓住东西部扶贫协作、全国工商联定点帮扶机遇，深化扶贫改革。2020年3月，经县级申请、市级初审、省扶贫开发领导小组委托第三方评估机构进行专项评估检查和向社会公示等程序，正式退出国家贫困县。课题组于2019年末赴贵州调研，采集并更新了织金县25个行政村共1 009户有效样本，其中非贫困户（即非建档立卡户）有效样本为399户，贫困户（即建档立卡户）有效样本610户，非贫困户与贫困户比例约为1：1.53，各村级农户样本分布如表4-3所示。

表4-3　　　　　　　　　织金县实地调研样本统计

行政村	非贫困户	贫困户	合计
阿弓镇吊井村	0	60	60
八步街道院墙村	23	24	47
白泥镇新黔村	0	26	26
板桥镇永久村	0	26	26
茶店乡桂花村	38	5	43
大平乡岩脚村	13	38	51
官寨乡麻窝居	0	29	29
桂果镇东红村	21	34	55
黑土镇道子村	33	6	39
后寨乡务安村	37	5	42
化起镇大坪子村	18	20	38
金凤街道新寨村	25	0	25
龙场镇六花村	13	33	46
马场镇马家屯村	15	29	44

行政村	非贫困户	贫困户	合计
猫场镇补花村	26	12	38
纳雍乡联盟村	28	0	28
牛场镇水城村	3	31	34
绮陌街道墨峰社区	0	33	33
上坪寨乡青峰村	12	18	30
少普镇龙井村	12	38	50
实兴乡小干坝村	16	40	56
熊家场镇白马村	29	5	34
以那镇三合村	12	35	47
珠藏镇幺冲居	11	35	46
自强乡大冲村	14	28	42
合计	399	610	1 009

注：表中数据为根据实际调研样本计算的结果。

在织金县调查的 610 户贫困户中，认定的五保户有 4 户，占比 0.66%；低保户有 304 户，占比 49.84%；一般户 302 户，占比 49.50%；家中有残疾（含精神病）人的有 91 户，占比 14.92%；家中有慢性病病人的有 76 户，占比 12.46%；家中有大病病人的有 11 户，占比 1.80%；2018 年家中至少有 1 人享受低保的有 307 户，占比 50.33%，说明低保是 307 户家庭的收入来源之一。调查的 399 户非建档立卡户中，属于没有建档立卡的低保户或分散供养的五保户的有 34 户，占 8.52%；家中有大病病人的有 20 户，占 5.01%；家中有残疾（含精神病）人的有 22 户，占 5.51%；家中有慢性病病人的有 54 户，占 13.53%，慢性病人的比例超过 10%，如果不曾享受慢性病政策或家庭医生签约服务，可能导致因病致贫。

2. 安徽省亳州市蒙城县

蒙城县于 2012 年被列为安徽省重点贫困县，贫困人口 86 300 人，贫困发生率 6.5%。脱贫攻坚以来，蒙城县坚持以产业带动就业，创新构建"三有"型稳定脱贫新模式，即"村有当家产业、户有致富门路、人有一技之长"，促进贫困人口持续增收、快速脱贫和稳定脱贫不返贫。2018年8月，经县级申请、市级初审、省级核查和社会公示，蒙城县已达到贫困县退出相关条件，符合贫困县退出标准，是安徽省首批实现贫困县摘帽的4个贫困县之一。课题组在2018年调研期间，采集并更新了安徽省蒙城县14个乡镇，25个行政村，共1 428户有效样本，其中非贫困户（即非建档立卡户）有效样本为529户，贫困户（即建档立卡户）有效样本899户，非贫困户与贫困户比例约为1∶1.7，各村级农户样本分布如表4-4所示。

表4-4　　　　　　　　蒙城县实地调研样本统计

行政村	非贫困户	贫困户	合计
板桥镇双鹿村	18	29	47
板桥镇乌集社区	22	30	52
楚村富达新村	25	42	67
楚村黄元村	38	40	78
乐土镇李元村	17	42	59
乐土镇双桥村	40	2	42
篱笆镇骆庙村	20	49	69
篱笆镇郑集村	9	53	62
立仓镇大李集村	15	30	45
立仓镇炮台沟	19	50	69
马集镇柴河村	6	17	23
马集镇凤光村	22	42	64
三义镇双仙村	29	44	73
双涧镇马洼村	21	34	55
双涧镇王湾村	33	31	64
坛城镇邓桥社区	19	39	58
王集乡石山村	18	41	59
小涧镇狼山村	8	18	26
小涧镇吴圩村	18	31	49
小辛集乡段庙村	0	33	33

行政村	非贫困户	贫困户	合计
小辛集乡桥南村	17	51	68
许疃镇矿西村	46	6	52
许疃镇钟庙村	24	59	83
岳坊镇金牛村	18	31	49
岳坊镇牛王村	27	55	82
合计	529	899	1 428

注：表中数据为根据实际调研样本计算的结果。

从蒙城县建档立卡贫困户分布及构成看，识别的主要致贫原因有因病、因残、因学、因灾、缺劳力、缺技术、缺资金和自身发展动力不足等，其中：因病致贫 557 户，占比贫困农户 61.96%，占比全部农户 39.0%；因残致贫 284 户，占比贫困农户 31.59%，占比全部农户 19.89%；因学致贫 34 户，占比贫困农户 3.78%，占比全部农户 2.38%；因灾致贫 10 户，占比贫困农户 1.11%，占比全部农户 0.70%；缺劳力 129 户，占比贫困农户 14.35%，占比全部农户 9.03%；缺技术 103 户，占比贫困农户 11.46%，占比全部农户 7.21%；缺资金 13 户，占比贫困农户 1.46%，占比全部农户 0.91%；自身发展动力不足 78 户，占比贫困农户 8.68%，占比全部农户 5.46%，识别登记过程中，单一因素致贫有 865 户，占比贫困农户的 96.22%，复合因素致贫有 34 户，占比贫困农户的 3.78%。

3. 安徽省阜阳市颍州区

阜阳市颍州区于 2012 年被列为安徽省贫困县，2014 年底贫困人口 38 525 人，贫困发生率 6.8%。脱贫攻坚以来，阜阳市颍州区探索建立了蔬菜、花卉、品牌粮、生态旅游、生态养殖五大主导产业扶贫，结合"扶贫车间＋就近就地"的就业扶贫模式实现全面脱贫，该区 80% 以上贫困户享受产业扶贫、超过 68% 贫困户享受就业扶贫。2019 年 4 月，经县级申请、市级初审、省级核查、社会公示和评估审查，阜阳市颍州区政府提交的《关于 2018 年贫困县退出意见的请示》得以批准，符合贫困县退出标准，系

安徽省第二批贫困县摘帽的 18 个县（市、区）之一。课题组于 2019 年初
赴阜阳调研，采集了阜阳市颍州区三塔集镇 17 个村共 2 631 户有效样本，
其中一般户有效样本为 1 259 户，贫困户有效样本为 1 327 户，非贫困户与
贫困户比例约为 1∶1.05，各村级农户样本分布如表 4 - 5 所示。

表 4 - 5　　　　　阜阳市颍州区三塔集镇实地调研样本统计

行政村	非贫困户	贫困户	合计
大塘村	17	78	95
宋河村	0	88	88
葛庙村	111	74	185
七邻村	5	104	109
花园村	179	32	211
李小郢村	49	97	146
倪寨村	117	64	181
前进村	48	64	112
三塔村	187	14	201
胜华村	35	134	169
胜庄村	40	175	215
吴大村	4	161	165
徐寨村	19	75	94
响塘村	77	46	123
张寨村	186	34	220
周赵村	61	2	63
水坪村	124	130	254
合计	1 259	1 327	2 631

注：表中数据为根据实际调研样本计算的结果。

在阜阳市颍州区调查的 1 327 户贫困户，包括 2019 年未脱贫户、返贫
户、已脱贫仍享受政策的农户样本，识别的主要原因有因病、因残、因
学、因灾、缺劳力、缺技术、缺资金、自身发展动力不足等，其中：因病

致贫 731 户，占比 55.09%；因残致贫 270 户，占比 20.35%；因学致贫 18 户，占比 1.36%；因灾致贫 5 户，占比 0.38%；缺劳力 119 户，占比 8.97%；缺技术 139 户，占比 10.47%；缺资金 28 户，占比 2.11%；自身发展动力不足 62 户，占比 4.67%，识别登记过程中，均为单一因素致贫。而 1 259 户为已脱贫户，成为不再享受政策的一般户，其中家庭成员中原有慢性病患者和身体损伤者的 834 户，占 66.24%；因学或因灾致贫后摆脱经济困难的有 25 户，占 1.99%；因缺劳力致贫后得以解决的有 99 户，占 7.86%；因缺技术、资金、土地等资源问题，以及自身发展动力不足的共有 301 户，占 23.91%，后经当地政府支持或自身努力发展，贫困难题得以解决。

（三）贫困测度

1. 织金县贫困测度

以 2019 年织金县农村人口贫困线，即人均可支配收入 3 747 元的 120% 为基准线，则织金县 1 009 个农户样本中，各村级样本相对贫困风险程度的五级分类如表 4-6 所示。根据长板理论，按照 80% 的原则择高选取，直到概率超过 80%。可以看出织金县调研的村中，以橙色风险（一般贫困）和黄色风险（潜在贫困）预警为主，这是由于 2019 年织金县仍然存在未脱贫人口和未出列贫困村。织金县的调研样本中，各村级的农户贫困风险等级概况如下：院墙村、桂花村、东红村和联盟村整体风险等级最差，处在红色风险（极度贫困）兼橙色风险（一般贫困）等级；永久村整体风险等级次之，处于橙色风险（一般贫困）等级；其余村处在橙色风险（一般贫困）兼黄色风险（潜在贫困）等级。数据处理结果表明：约有 80% 调研农户已经摆脱了绝对贫困，大部分处于生存能力受限或者生存能力正常但发展能力受限的相对贫困状况，可以认为该县处于绝对贫困的预脱贫阶段。

表 4-6　　　　　　　　织金县村级五类人群占比　　　　　　　　单位：%

行政村	红	橙	黄	绿	蓝	风险等级
阿弓镇吊井村	3.33	65.00	20.00	1.67	10.00	橙黄

续表

行政村	红	橙	黄	绿	蓝	风险等级
八步街道院墙村	19.15	65.96	12.77	0.00	2.13	红橙
白泥镇新黔村	3.85	65.38	26.92	0.00	3.85	橙黄
板桥镇永久村	7.69	80.77	11.54	0.00	0.00	橙
茶店乡桂花村	25.58	58.14	13.95	0.00	2.33	红橙
大平乡岩脚村	0.00	56.86	35.29	0.00	7.84	橙黄
官寨乡麻窝居	6.90	58.62	31.03	0.00	3.45	橙黄
桂果镇东红村	12.73	74.55	10.91	0.00	1.82	红橙
黑土镇道子村	2.56	64.10	30.77	0.00	2.56	橙黄
后寨乡务安村	21.43	40.48	38.10	0.00	0.00	橙黄
化起镇大坪子村	7.89	68.42	13.16	0.00	10.53	橙黄
金凤街道新寨村	8.00	64.00	28.00	0.00	0.00	橙黄
龙场镇六花村	8.70	69.57	17.39	2.17	2.17	橙黄
马场镇马家屯村	2.27	72.73	20.45	0.00	4.55	橙黄
猫场镇补花村	15.79	52.63	31.58	0.00	0.00	橙黄
纳雍乡联盟村	14.29	67.86	10.71	0.00	7.14	红橙
牛场镇水城村	2.94	79.41	11.76	0.00	5.88	橙黄
绮陌街道墨峰社区	0.00	48.57	42.86	2.86	5.71	橙黄
上坪寨乡青峰村	14.29	57.14	28.57	0.00	0.00	橙黄
少普镇龙井村	4.00	66.00	26.00	2.00	2.00	橙黄
实兴乡小干坝村	7.14	76.79	10.71	0.00	5.36	橙黄
熊家场镇白马村	0.00	73.53	20.59	0.00	5.88	橙黄
以那镇三合村	10.64	70.21	17.02	2.13	0.00	橙黄
珠藏镇幺冲居	4.35	69.57	17.39	4.35	4.35	橙黄
自强乡大冲村	0.00	59.52	28.57	0.00	11.90	橙黄

注：表中数据为根据实际调研样本计算的结果。

通过求解各村的 MPI 值，并判断其在不同维度的贫困状况，具体结果如表 4-7 所示。可以看出，织金县调研各村主要存在三维及以上多维贫困，表明织金县尽管绝大部分村镇摆脱了绝对贫困，但依然需要警惕多维相对贫困。

表4-7 织金县村级多维贫困 MPI 值

行政村	$K=0.1$	$K=0.2$	$K=0.3$	$K=0.4$	$K=0.5$	$K=0.6$	$K=0.7$
板桥镇双鹿村	0.09	0.04	0	0	0	0.09	0
板桥镇乌集社区	0.19	0.10	0.05	0.02	0.01	0.19	0
楚村富达新村	0.10	0.04	0.02	0	0	0.10	0
楚村黄元村	0.20	0.11	0.02	0.02	0	0.20	0
乐土镇李元村	0.21	0.12	0.03	0	0	0.21	0
乐土镇双桥村	0.07	0.01	0	0	0	0.07	0
篱笆镇骆庙村	0.09	0.04	0.02	0	0	0.09	0
篱笆镇郑集村	0.17	0.09	0.03	0.01	0	0.17	0
立仓镇大李集村	0.08	0.03	0	0	0	0.08	0
立仓镇炮台沟	0.15	0.10	0.04	0	0	0.15	0
马集镇柴河村	0.12	0.05	0.01	0	0	0.12	0
马集镇凤光村	0.11	0.05	0.02	0	0	0.11	0
三义镇双仙村	0.13	0.06	0.01	0	0	0.13	0
双涧镇马洼村	0.09	0.02	0	0	0	0.09	0
双涧镇王湾村	0.15	0.06	0.04	0	0	0.15	0
坛城镇邓桥社区	0.16	0.08	0.05	0	0	0.16	0
王集乡石山村	0.15	0.05	0.01	0	0	0.15	0
小涧镇狼山村	0.06	0.01	0	0	0	0.06	0
小涧镇吴圩村	0.11	0.06	0.02	0	0	0.11	0
小辛集乡段庙村	0.10	0.02	0	0	0	0.10	0
小辛集乡桥南村	0.15	0.06	0.01	0	0	0.15	0
许疃镇矿西村	0.08	0.01	0	0	0	0.08	0
许疃镇钟庙村	0.15	0.09	0.03	0	0	0.15	0
岳坊镇金牛村	0.13	0.06	0.01	0	0	0.13	0
岳坊镇牛王村	0.10	0.05	0	0	0	0.10	0

注：表中数据为根据实际调研样本计算的结果。

2. 蒙城县贫困测度

以 2017 年安徽省农村人口贫困线，即人均可支配收入 3 100 元的 120% 为基准线，则蒙城县 1 428 个农户样本中，各村级样本相对贫困风险程度的五级分类如表 4－8 所示。同理，可以看出蒙城县的调研村中，以橙色风险（一般贫困）、黄色风险（一般贫困）和绿色风险（濒临贫困）预警为主，这是由于蒙城县已进入申请省级贫困县摘帽阶段，且地处平原地带，适宜农业生产。蒙城县的调研样本中，各村级的农户贫困风险等级概况如下：主要存在 3 个风险等级，橙色（一般贫困）兼黄色（濒临贫困）预警等级最差，主要有乌集社区、骆庙村、郑集村、大李集村、凤光村、王湾村、石山村、狼山村、段庙村、金牛村共 10 个行政村；橙色（一般贫困）兼绿色预警（潜在贫困）等级次之，主要有双鹿村、富达新村、黄元村、李元村、炮台沟、柴河村、双仙村、马洼村、邓桥社区、吴圩村、桥南村、钟庙村、牛王村共 13 个行政村；黄色（濒临贫困）兼绿色（潜在贫困）预警等级最好，主要有双桥村、矿西村共 2 个行政村。数据处理结果表明：当地调研农户基本摆脱了绝对贫困状况，整体村镇处于生存能力受限或发展能力受限阶段，可以认为该县处于解除绝对贫困，进入相对贫困阶段。

表 4－8　　　　　　　蒙城县村级五类人群占比　　　　　　单位：%

行政村	红	橙	黄	绿	蓝	风险等级
板桥镇双鹿村	2.13	61.70	12.77	23.40	0.00	橙绿
板桥镇乌集社区	7.69	40.38	42.31	9.62	0.00	橙黄
楚村富达新村	7.46	32.84	17.91	41.79	0.00	橙绿
楚村黄元村	3.85	39.74	8.97	47.44	0.00	橙绿
乐土镇李元村	5.08	50.85	20.34	22.03	1.69	橙绿
乐土镇双桥村	0.00	16.67	35.71	47.62	0.00	黄绿
篱笆镇骆庙村	7.25	39.13	34.78	18.84	0.00	橙黄
篱笆镇郑集村	8.06	37.10	43.55	11.29	0.00	橙黄
立仓镇大李集村	11.11	31.11	44.44	13.33	0.00	橙黄

行政村	红	橙	黄	绿	蓝	风险等级
立仓镇炮台沟	4.35	57.97	14.49	23.19	0.00	橙绿
马集镇柴河村	17.39	52.17	8.70	21.74	0.00	橙绿
马集镇凤光村	4.69	57.81	20.31	17.19	0.00	橙黄
三义镇双仙村	8.22	49.32	12.33	30.14	0.00	橙绿
双涧镇马洼村	1.82	41.82	21.82	34.55	0.00	橙绿
双涧镇王湾村	4.69	31.25	37.50	26.56	0.00	橙黄
坛城镇邓桥社区	17.24	48.28	17.24	17.24	0.00	橙绿
王集乡石山村	5.08	45.76	32.20	16.95	0.00	橙黄
小涧镇狼山村	3.85	50.00	26.92	19.23	0.00	橙黄
小涧镇吴圩村	14.29	34.69	22.45	26.53	2.04	橙绿
小辛集乡段庙村	6.06	45.45	45.45	3.03	0.00	橙黄
小辛集乡桥南村	8.82	52.94	19.12	19.12	0.00	橙绿
许疃镇矿西村	0.00	13.46	23.08	61.54	1.92	黄绿
许疃镇钟庙村	6.02	54.22	10.84	28.92	0.00	橙绿
岳坊镇金牛村	8.16	34.69	34.69	22.45	0.00	橙黄
岳坊镇牛王村	9.76	43.90	15.85	30.49	0.00	橙绿

注：表中数据为根据实际调研样本计算的结果。

为进一步了解各村多维贫困的程度，需要求解各村的 MPI 值，并判断其在不同维度的贫困状况，具体结果如表 4 - 9 所示。可以看出，蒙城县调研各村主要存在四维及以上多维贫困，表明该县要进一步强化由于发展需求受到阻滞而产生的多维相对贫困问题。

表 4 - 9　　　　　　　蒙城县村级多维贫困 MPI 值

行政村	$K = 0.1$	$K = 0.2$	$K = 0.3$	$K = 0.4$	$K = 0.5$	$K = 0.6$	$K = 0.7$
板桥镇双鹿村	0.18	0.16	0.04	0.01	0	0	0
板桥镇乌集社区	0.18	0.13	0.06	0.03	0	0	0

行政村	$K=0.1$	$K=0.2$	$K=0.3$	$K=0.4$	$K=0.5$	$K=0.6$	$K=0.7$
楚村富达新村	0.13	0.10	0.04	0.03	0.01	0	0
楚村黄元村	0.13	0.12	0.04	0.01	0	0	0
乐土镇李元村	0.18	0.15	0.08	0.02	0.01	0	0
乐土镇双桥村	0.08	0.04	0	0	0	0	0
篱笆镇骆庙村	0.18	0.13	0.07	0.01	0	0	0
篱笆镇郑集村	0.18	0.12	0.06	0.04	0.01	0	0
立仓镇大李集村	0.18	0.12	0.07	0.02	0	0	0
立仓镇炮台沟	0.18	0.16	0.08	0.01	0	0	0
马集镇柴河村	0.21	0.19	0.10	0.04	0	0	0
马集镇凤光村	0.18	0.15	0.04	0.01	0	0	0
三义镇双仙村	0.17	0.15	0.07	0.01	0.01	0	0
双涧镇马洼村	0.14	0.11	0.02	0	0	0	0
双涧镇王湾村	0.14	0.09	0.03	0.01	0	0	0
坛城镇邓桥社区	0.23	0.21	0.13	0.05	0.02	0.02	0
王集乡石山村	0.18	0.14	0.07	0.02	0	0	0
小涧镇狼山村	0.17	0.14	0.05	0	0	0	0
小涧镇吴圩村	0.17	0.14	0.08	0.03	0.03	0	0
小辛集乡段庙村	0.19	0.13	0.06	0	0	0	0
小辛集乡桥南村	0.19	0.15	0.06	0.02	0.01	0	0
许疃镇矿西村	0.06	0.03	0.01	0	0	0	0
许疃镇钟庙村	0.17	0.16	0.07	0.01	0	0	0
岳坊镇金牛村	0.17	0.12	0.08	0.03	0.01	0	0
岳坊镇牛王村	0.16	0.14	0.07	0.01	0	0	0

注：表中数据为根据实际调研样本计算的结果。

3. 阜阳市颍州区贫困测度与分析

以2018年安徽省农村人口贫困线，即人均可支配收入3 500元的

120%为基准线①，则阜阳市颍州区 2 631 个农户样本中，各村级样本相对贫困风险程度的五级分类如表 4－10 所示。同理，可以看出阜阳市颍州区调研的村镇中，以橙色风险（一般贫困）预警为主，部分存在红色风险（极度贫困）预警情况。尽管阜阳市颍州区 2018 年处在预脱贫阶段，但还存在未脱贫户和未出列贫困村，且当年脱贫的贫困户收入不稳定，没有达到贫困线上 20% 的安全标准，个别村的五保户身患疾病随时存在陷入极度贫困的风险。阜阳市颍州区的调研样本中，各村级的农户贫困风险等级概况如下：七邻村和响塘村处于红色风险（极度贫困）兼橙色风险（一般贫困）等级，其余 15 个行政村处于橙色风险（一般贫困）等级。数据处理结果表明：整体村镇尚未完全摆脱绝对贫困，仍处于从绝对贫困向相对贫困的过渡期，农户的生存能力仍受到一定的限制。

表 4－10 　　　　　　　阜阳市颍州区村级五类人群占比　　　　　　　单位：%

行政村	红	橙	黄	绿	蓝	风险等级
大塘村	13.68	83.16	2.11	1.05	0.00	橙
宋河村	5.68	90.91	3.41	0.00	0.00	橙
葛庙村	13.51	85.41	1.08	0.00	0.00	橙
七邻村	19.27	77.98	2.75	0.00	0.00	红橙
花园村	8.06	91.00	0.95	0.00	0.00	橙
李小郢村	10.27	86.99	2.74	0.00	0.00	橙
倪寨村	9.94	86.19	3.87	0.00	0.00	橙
前进村	9.82	89.29	0.89	0.00	0.00	橙
三塔村	10.95	81.59	7.46	0.00	0.00	橙
胜华村	5.33	92.90	1.78	0.00	0.00	橙
胜庄村	7.91	89.77	2.33	0.00	0.00	橙
吴大村	12.12	86.67	1.21	0.00	0.00	橙
徐寨村	5.32	86.17	8.51	0.00	0.00	橙

---

① 2019 年初，课题组赴颍州区调研获得的农户收入数据为 2018 年收入数据。

行政村	红	橙	黄	绿	蓝	风险等级
响塘村	19.51	75.61	4.88	0.00	0.00	红橙
张寨村	8.18	80.91	10.45	0.45	0.00	橙
周赵村	7.94	87.30	4.76	0.00	0.00	橙
水坪村	6.69	89.76	3.54	0.00	0.00	橙

注：表中数据为根据实际调研样本计算的结果。

为进一步了解各村多维贫困的程度，需要求解各村的 MPI 值，并判断其在不同维度的贫困状况，具体结果如表 4-11 所示。可以看出，阜阳市颍州区调研的各村主要存在四维及以上的多维贫困，该县应着力将"输血式扶贫"和"造血式扶贫"相结合，进一步解决农户的收入难题，提高产业扶贫和就业扶贫的能力。因此，阜阳市颍州区需要重点稳定收入最低的少量群体，以及拓宽农户的收入渠道，以增强农户家庭的抗风险能力。

表 4-11　　　　　　阜阳市颍州区村级多维贫困 MPI 值

行政村	$K=0.1$	$K=0.2$	$K=0.3$	$K=0.4$	$K=0.5$	$K=0.6$	$K=0.7$
大塘村	0.26	0.22	0.10	0.03	0	0	0
宋河村	0.23	0.17	0.06	0.02	0.01	0	0
葛庙村	0.28	0.26	0.10	0.04	0.01	0	0
七邻村	0.28	0.25	0.16	0.06	0	0	0
花园村	0.26	0.25	0.07	0.01	0	0	0
李小郢村	0.27	0.23	0.10	0.03	0	0	0
倪寨村	0.26	0.25	0.07	0.02	0	0	0
前进村	0.27	0.25	0.09	0.04	0.00	0	0
三塔村	0.27	0.24	0.09	0.01	0.01	0	0
胜华村	0.24	0.20	0.07	0.02	0.01	0	0
胜庄村	0.26	0.23	0.09	0.02	0	0	0

行政村	$K=0.1$	$K=0.2$	$K=0.3$	$K=0.4$	$K=0.5$	$K=0.6$	$K=0.7$
吴大村	0.25	0.19	0.09	0.05	0	0	0
徐寨村	0.24	0.19	0.06	0.02	0	0	0
响塘村	0.28	0.26	0.11	0.04	0.01	0	0
张寨村	0.25	0.21	0.07	0.01	0	0	0
周赵村	0.27	0.26	0.08	0.02	0.01	0	0
水坪村	0.27	0.25	0.10	0.02	0	0	0

注：表中数据为根据实际调研样本计算的结果。

二、贫困分析

蒙城县、织金县分别于 2018、2020 年通过国家贫困县退出第三方评估，完成贫困县摘帽任务，退出贫困县行列。2018 年、2020 年分别开展蒙城县、织金县实地调研时，获得的数据为贫困县摘帽后数据。而开展阜阳市颍州区实地调研时，其未完成贫困县摘帽任务，且阜阳市颍州区、蒙城县同属于安徽省。所以，为了准确分析各地贫困风险程度，以便采取相应帮扶措施，本研究着重进行蒙城县、织金县贫困风险比较分析。从总体上来看，织金县生存能力低下、生存能力受限的农村家庭比例高于蒙城县，而织金县发展能力一般、发展能力受限（生存能力一般）的农村家庭比例相应地低于蒙城县，尤其是织金县发展能力受限（生存能力一般）的农村家庭比例明显较低，说明织金县农村家庭贫困风险明显较高，部分农村家庭返贫风险较大，这与织金县是深度贫困地区的国家级贫困县，而蒙城县只是省级贫困县的贫困实际情况相吻合。但织金县发展能力优越群体比例明显高于蒙城县，剔除样本获取的一些影响因素，说明织金县在农村家庭发展能力培养方面措施得当、效果明显。此外，农村家庭贫困风险程度也说明织金县农村家庭贫富差距加大，可能存在发展不均衡问题，应引起当地政府的高度重视。

三、贫困预警

根据织金县、蒙城县、阜阳市颍州区 A – F 值确定贫困风险程度大小，依据 A – F 值将群体依次划分为生存能力低下、生存能力正常（发展能力受限）、发展能力一般和发展能力优越五个区间。当贫困风险程度超过（或等于）某个区间最大值时，系统自动开始更高层次预警，预警信号按照贫困风险程度大小分别采用红、橙、黄、绿、蓝五种颜色来代表。依据黄金分类法和长板理论，在 A – F 值基础上对农村家庭进行归类，如图 4 – 2 所示。

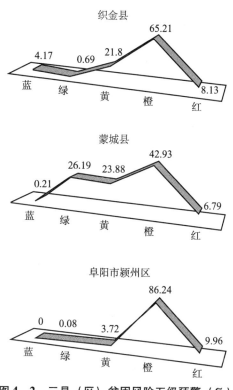

图 4 – 2　三县（区）贫困风险五级预警（%）

第四节　本章小结

本章在阐述新发展理念与脱贫攻坚长效机制的预警监测机制内在逻辑的基础上，以生存能力和发展能力提高为目标，构建贫困风险指标体系，选择 A－F、黄金分类法贫困风险测度和分类方法，建立贫困风险测度模型，通过贫困风险表象分析、识别风险类别和风险程度，确立贫困五级预警，便于实施贫困的主动防控。本章主要有三个部分内容：第一部分，阐述新发展理念与脱贫攻坚长效机制的预警监测机制内在逻辑；第二部分从贫困测度、贫困分析和贫困预警三个方面阐述贫困预警监测机制的构建；第三部分以贵州省织金县，安徽省蒙城县、阜阳市颍州区为研究对象，进行贫困测度、贫困分析和贫困预警，并对贵州省织金县与安徽省蒙城县进行比较分析，说明各地农村家庭风险程度和可能存在的问题，为当地政府科学决策提供依据。

第五章

新发展理念下脱贫攻坚反应行动机制

脱贫攻坚长效机制的反应行动包括反应和行动两个部分。所谓反应，就是根据脱贫攻坚预警监测的结果，判断贫困风险，制定实施相应的响应措施，即对五级风险分别采取五级响应。响应措施是一种预案，也是一种计划。真正实施的针对贫困人口的帮扶措施称为行动。所谓行动，就是根据响应预案，针对不同贫困群体采取包括应急处置、常态帮扶和普适性措施在内的三类措施的组合。

第一节　新发展理念与反应行动机制的内在逻辑

党的十八大以来，以习近平同志为核心的党中央提出了一系列治国理政的新理念新思想新战略，特别是提出了创新、协调、绿色、开放、共享新发展理念，为脱贫攻坚长效机制提供理论指导和行动指南。本书第四章着重阐述了新发展理念下脱贫攻坚长效机制的贫困预警监测，是根据所监测对象的特点，通过收集贫困相关的资料信息，监控贫困风险因素的变动趋势，并评价各种贫困风险状态的大小，向政府职能部门和帮扶人员发出预警信号的系统。脱贫攻坚长效机制的反应行动机制则是在新发展理念指导下，依据贫困风险预警监测结果，采取相应扶贫治贫的行动系统。

一、创新发展理念与反应行动机制的内在关联

创新发展理念是脱贫攻坚长效机制的根本动力，按照习近平总书记提

出的"六个精准""五个一批"的要求，实施扶贫理念、扶贫模式或路径、科学技术和体制机制创新（如图5-1所示）。

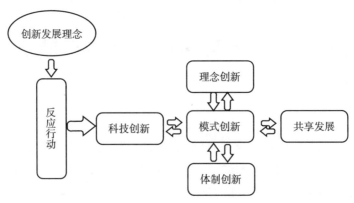

图5-1　创新发展理念下反应行动

（一）精准扶贫理念创新

精准扶贫、精准脱贫是习近平总书记新时期扶贫开发战略思想最重要的组成部分，是我国政府当前脱贫攻坚和今后时期巩固脱贫攻坚成果和相对贫困治理的思想指引和理论指导。精准扶贫理念是在新发展理念指引下，我党扶贫思想在扶贫实践中的不断创新和升华。一是精准扶贫的理念。习近平总书记指出："扶贫开发贵在精准，重在精准，成败之举在于精准"，并反复强调，不能搞大水漫灌、走马观花、大而化之，必须在精准施策上出实招、在精准推进上下实功、在精准落地上见实效。新时代脱贫攻坚，一定要以新发展理念为指引，贯彻落实习近平总书记关于精准扶贫、精准脱贫的系列重要讲话精神，聚焦"精准"，落实"精准"，真正解决好"扶持谁、谁来扶、怎么扶、如何退"等问题。二是内涵式发展理念。以促进农业农村农民内涵发展的理念为指导，以培育和激发贫困地区、贫困家庭的主体性与自我发展的内生动力为基本着力点，变"输血式"扶贫为"造血式"扶贫，变"要我脱贫"为"我要脱贫""我要致富"，提高贫困户可持续增收和发展能力，促进农村贫困家庭主动脱贫和自觉自省和自我发展内生动力的形成。三是扶贫大格局理念。坚持"以县为主"整合模式推进，按照"立足当前、着眼未来、以点带面、逐步展开"的原则，逐步形成以目标任务为引领，以规划编制为平台，以行动计划为抓手，党委领导、政府统筹、部门协作、上下联运、合力推进的具有贫困地区特色扶贫模式。推进政府主导、行业扶贫和社会扶贫相结合，加快形成政府主导、贫困户配合和社会参与的扶贫大格局。四是人民群众满意为标准的理念。习近平总书记在党的十九大报告中指出，党的一切工作必须以最广大人民根本利益为最高标准，贫困治理工作也是如此。脱贫攻坚政策措施实施效果评价，坚持"以人民为中心"价值导向，对标脱贫攻坚目标任务，以群众满意为评价标准，促进全体人民共享脱贫攻坚成果，建立共建共享社会。

（二）实施扶贫模式创新

精准扶贫模式要以"五个一批"为指导，主要通过发展生产脱贫、易地扶贫搬迁脱贫、生态补偿脱贫、发展教育脱贫和社会保障兜底等扶贫工程，实现农村贫困人口全部脱贫、贫困村全部出列、贫困县全部摘帽和脱贫家庭稳定以及乡村振兴。一是扶贫模式精准化。不同贫困地区、不同贫困家庭致贫的原因不同、个体特征不同，在实施扶贫工程时，应当针对不同的贫困地区、贫困成因，结合当地资源禀赋和产业发展基础，采取与个体特征相适应的扶贫模式，并在脱贫攻坚过程中不断创新扶贫模式，力争做到"一户一策""一时一策"，保证扶贫政策空间载体和时序变化的精准。生存能力低下、生存能力受限群体，由于身体残疾、疾病和各种原因的劳动能力丧失，主要通过财政兜底保障，优先解决好生存困难问题。发展能力受限、发展能力正常群体能够自己解决生存问题，但发展受到技术、资金、市场等问题，应优先安排就业帮扶、产业帮扶，重点解决持续增收问题，通过就业增收、创业增收，促进家庭可持续发展。对于发展能力优越家庭，也应采取相应的帮扶措施，促进更好更快发展，示范带动其他类群体脱贫增收或稳定发展。二是扶贫模式系统化。对于所有群体的帮扶，应坚持系统协调的原则，加强各扶贫模式协调配合，即健康扶贫为基础、适应性扶贫为主，其他帮扶措施协调，提高精准扶贫的效率性。对于生存能力低下、生存能力受限群体，在健康扶贫基础上，主要实施财政兜底保障，配合实施公益性岗位等措施。对于发展能力受限、发展能力正常群体，在健康扶贫基础上，主要实施产业帮扶，配合实施就业帮扶、教育帮扶等。推进产业扶贫与教育扶贫相结合，加强职业农民培育和农民就业创业培训，鼓励外出人员返乡下乡创业，倡导就近就地就业，促进大众创业、万众创新，提高贫困人口创业就业增收脱贫能力。三是扶贫主体组织化。完善利益联结机制，充分发挥贫困地区新型经营主体示范带动作用，通过构建产业化联合体模式，搭建龙头企业、专业合作社、家庭农场、小农户合作平台，促进小农户与现代农业有机融合，保障粮食安全和优质农产品的有效供给，促进农民增收、农业增效。

（三）实施科学技术创新

科技是第一生产力，科学技术创新是扶贫工作的有力手段和重要内容。科技创新在打赢脱贫攻坚战中发挥着引领和支撑作用，是农村贫困群体增收脱贫的重要手段，是促进贫困地区可持续发展和形成良性循环发展局面的重要途径。一是扶贫模式科技创新。"五个一批"扶贫模式是解决多维贫困的制度设计，发展生产脱贫一批、易地搬迁脱贫一批、生态补偿脱贫一批、发展教育脱贫一批和社会保障兜底一批，涉及产业就业、城镇建设、医疗卫生、生态文明、教育文化和社会保障多个层面，而做好这些工作，进而更好地服务脱贫攻坚，必须依赖新技术、新方法的开发应用，即依靠科学技术创新的支撑。以产业扶贫中发展现代农业为例，为增强精准扶贫动力，需要加强科技创新应用。加强农业科技的综合集成、创业培育孵化、成果示范推广和科技金融服务等，促进扶贫产业由分散化、低端化向集聚化和高端化转变，提高扶贫产业规模效益和价值链，增强扶贫产业发展实力，为贫困地区农业可持续发展和农民增收提供有力保障。顺应农业智慧化发展趋势，瞄准扶贫产业发展需求，以大数据、AI、物联网和区块链技术为手段，推动扶贫产业信息化和智能化，实现扶贫产业信息采集、加工和利用等各个环节协调连接，增强扶贫产业生产、加工和销售产业链，价值链的控制能力，以获取收益最大化。二是扶贫管理科技创新。截至2012年底，我国农村贫困人口高达9 899万。为促进脱贫攻坚顺利开展，做好近1亿人口的扶贫管理是一项繁杂且工作量浩大的工作。从贫困户建档立卡、扶贫项目组织实施，到组织人员调配、项目资金实施监督和贫困户退出信息管理，都要以信息技术为主的现代科技支撑。鼓励科技人员积极参与精准扶贫，借助互联网、电视、广播等媒体宣传形式推广科技知识，以资金入股、技术参股的科学方式方法，与企业、专业大户和农户结成经济利益共同体，实行风险共担，利益共享，产生内在发展活力。结合贫困村资源优势和产业发展需求，优先支持一批特色产业和科技成果转移转化示范基地，形成"科技引领、产业带动、整村脱贫"的科技扶贫新局面。乡村振兴时期，3亿多农民和广阔的农村更需要现代科学技术的发展，使得精准识别、精准帮扶成为可能。借助互联网、物联网、云计算、大数据技术，发展智慧农业，能大大提高贫困户经营性收入。现代技术的应用，使得帮扶项目、帮扶资金效率性评价更为精确，促进脱贫攻坚管理智能化，实现贫困人口信息管理实时化，促进科学有效的应急处置。三是扶贫手段科技创新。在扶贫过程中，重视现代信息技术的应用，广泛采用物联网、互联网、大数据和云计算等技术，推进数字赋能。现阶段，重点推动农业科技扶贫信息共享平台建设，发挥企业、创投机构、社会组织等社会力量作用，聚集创新资源和创业要素，支持促进贫困地区产业融合创新示范基地建设，吸引企业、高校、科研机构多方参与，形成协同创新的良好局面。同时保证扶贫模式智慧化。现代科学技术的发展，使得精准识别、精准帮扶成为可能。借助互联网、物联网、云计算、大数据技术，发展智慧农业，能大大提高贫困户经营性收入。现代技术的应用，使得帮扶项目、帮扶资金效率性评价更为精确，促进脱贫攻坚管理智能化。

（四）实施体制机制创新

精准扶贫机制包括动力机制、组织机制、投入机制、监督评价机制和反馈纠正机制等多方面内容，随着脱贫攻坚实践创新其内容不断丰富、模式不断创新。精准扶贫机制创新按照创新动力可以划分为内在机制创新和外在机制创新。内在机制创新内涵包括精准识别机制创新、精准帮扶机制创新、动态管理机制创新以及效果考核机制创新等。外在机制包括扶贫治理主体之间的协商创新、资源整合机制创新、市场合作机制创新和可持续发展机制创新。一是精准扶贫动力机制创新。实现政府、贫困人口在脱贫攻坚中的角色和职能转变，把以政府为主体的被动扶贫机制转变为政府引导下的贫困人口为主体的主动脱贫机制。二是脱贫攻坚组织机制创新。贯彻落实脱贫攻坚组织原则，坚持党的领导和发挥基层党组织战斗堡垒作用，坚持"五级书记"抓扶贫，推进政府主导、行业扶贫和社会扶贫相结合，加快形成政府主导、贫困户主动配合和社会参与的全员式全社会扶贫大格局。三是脱贫攻坚投入机制创新。转变政府投入单一渠道、投入比例绝大多数的主体地位，形成政府投入、企业投入、社会投入、个人投入，以及财政投入、慈善救助和社会捐助等多元化多形式投入机制，缓解各级政府财政压力，集中财力解决国计民生重大问题。四是脱贫攻坚监督评价机制创新。在政府监督，人大、政协监督，社会监督基础上，推进各种主体各种形式监督相互协调，减少多头重复监督，提高监督能力和水平。突出人民群众尤其是困难群体在脱贫攻坚监督中的主体作用，以人民满意为标准，切实提高脱贫攻坚质量。建立扶贫政策落实情况跟踪审计制度和扶贫成效第三方评估机制，在符合性评估基础上，增加包括扶贫资金使用效率在内的扶贫效率评估。五是脱贫攻坚监督机制创新。畅通脱贫攻坚信息反馈渠道，及时纠正脱贫攻坚中各种类型偏差和错误。坚决杜绝扶贫工作中不正之风甚至违法违纪行为，鼓励大胆创新、先行先试，宽容探索性试验中的失误和错误，实行程序合规合法、科学决策后项目实施个人行为免责制度，最大程度保护扶贫干部积极性、主动性、创造性。坚持有错必纠、有过必改，对问题苗头早发现早纠正，对失误错误及时采取补救措施，帮助扶贫干部吸取教训，促进扶贫干部工作能力和业务水平改进提高。

二、协调发展理念与反应行动机制的内在关联

协调发展行动是脱贫攻坚的有力手段，通过城乡协调、区域协作、扶贫和发展协调、扶贫和脱贫协调和扶贫政策协调以及一二三产融合等，帮助贫困地区和贫困人口发展经济、增加收入，共同完成各个不同时期贫困治理任务（如图5-2所示）。

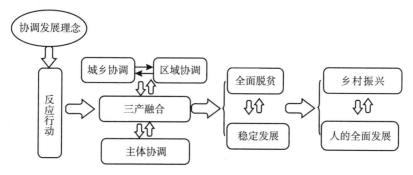

图 5-2　协调发展理念下反应行动

（一）推进城乡协调

新中国成立以来，我国城镇化快速发展，大量农村人口在城市落户。截至 2019 年底，我国城镇化率突破 60%，户籍城镇化率达到 44.38%，超过 60% 的人口生活在城市，有近一半人口在城市落户，只有不到一半的人口生活在农村。但我国的绝对贫困人口和深度贫困地区几乎全部集中在广袤的农村地区，城乡差距仍旧存在，所以促进农村地区发展始终是我国现代化进程中面临的一个重要问题。党和政府一直关心农村地区的发展，特别是党的十八大以来，我党把解决"三农"问题放在经济社会发展的首要位置，开展以脱贫攻坚为统领的新时代农村振兴。通过"以城带乡，以工补农"，推进城乡协调发展，构建良好城乡关系及互动机制，积极提升城乡统筹协调水平，促进城乡融合发展，防止贫困的空间转移和空间沉淀，提高贫困治理成效和质量，更有利于乡村振兴稳步推进。推进城乡协调，促进外出务工人员市民化、留守人员就地城镇化、外出人员返乡下乡创业就业和城乡公共服务均等化，辐射带动农村农民摆脱贫困，防止贫困的空间转移和空间积淀。一要积极推进务工人员市民化。深化户籍制度改革，减少直至取消与城市户籍挂钩的福利待遇和优惠待遇，降低城市户口的"含金量"，避免对农村人口或迁移人口的歧视；统筹城乡居民迁徙，取消或放松农村人口向城镇迁移的限制，逐步推广以拥有住房、居住时间和贡献大小等相结合的落户评估办法；打破区域行政界线，建立城乡一体化协调机制，有序推进贫困地区农业转移人口市民化，实现贫困农村与城市无缝对接，防止贫困人员城市滞留。建立城乡统一的劳动就业制度，大力发展劳动密集型中小企业和服务业，促进外来劳动力广泛就业。加大外来人口劳动技能培育，提高外来人口就业率，提高外来人口就业质量。规范农民工就业制度，取消人为的歧视性行业限制，提高农民工就业的工资水平和福利待遇，保护农民工的合法权益，保障城市外来务工人员子女教育、医疗卫生和养老保险等基本公共服务权利。二要促进留守人员就地城镇化。大力发展现代农业，支持农村劳动密集型产业发展，提高农村劳动力就业吸纳能力。通过定向扶持和定点配置，支持扶贫车间和扶贫工厂发展，重点解决因赡养老人、照顾儿童留守人员就业，通过一人就业带动全家脱贫。三要促进返乡下乡创业就业。改善农村道路、电力、网络、居住和娱乐休闲等基础设施条件，优化农村营商环境，吸引外出务工返乡创业就业，带动当地农民增收。出台贫困地区投资优惠政策，促进工商资本和科技人才下乡，兴办工商企业和发展现代农业，建立健全利益联结机制，维护工商资本和科技人才合法合理权益，促进农村人口就业和合资合作经营，保障贫困人口持续增收。四要促进城乡公共服务均等化。采取循序渐进的方式，由点及面地实行城乡社保齐头并进策略，统筹城乡社会保障制度，推进城乡社会保障一体化。一方面，保障外来务工人员享有城市居民同等的子女教育、医疗卫生、养老保险、就业、居住及社区管理等基本公共服务；另一方面，进一步提高农村公共服务建设水平，为农村居民提供和城市人口同等水平的公共服务。

（二）推进区域协作

区域发展不平衡、区域发展差异是城乡发展不平衡、城乡差异外又一个区际关系不顺的重要表现。推进区域协调发展，不仅能有效化解区域矛盾，而且能有力促进脱贫攻坚目标的顺利实现。一要搭建脱贫攻坚区域协作平台。搭建脱贫攻坚区域政府间、企业间、社会间和项目间多种类型多种层次协作协调平台，明确各种类型平台目标任务和工作重点。区域政府间协作，主要是为了建立健全脱贫攻坚协调体制机制，优化企业和项目协调环境，为区域协作提供政策保障。企业间脱贫攻坚协作是区域协调的手段和实质，通过对口支持产业发展或在帮扶地区发展产业，为帮扶地区提供产业发展的资金、技术、人才和市场支持，带动贫困地区贫困人口就业创业。社会间脱贫攻坚协作是非正式协作，是区域协作的重要补充，根据帮扶地区实际需要，采取灵活多变的帮扶形式支持贫困地区发展和贫困人口增收。项目间脱贫攻坚协作是区域协作的具体落实，属于操作层次制度安排，是各类平台实现协作目标的手段，可以采取基础设施、产业发展、社会保障和公共服务等多种类型项目形式。二要提升脱贫攻坚区域协作层次。目前脱贫攻坚区域协作主要是发达地区与贫困地区之间的协作，一般以发达地区给钱给物，扶持贫困地区解决基础设施短板为主，协作模式单一，协作手段简单。为进一步发挥脱贫攻坚区域协作的优势，应在现有协作领域、协作模式基础上提升区域协作层次。区域协作由发达地区与贫困地区的协作向发达地区与贫困地区、贫困地区与贫困地区协作转变，协作手段由给钱给物给项目向产业协作、人才协助、制度协作纵深延伸。三要理顺脱贫攻坚区域协作关系。合理的区域协作关系应该是协作区域平等互利的关系，协作地位是平等的、自愿的，协作目的是互利共赢。以脱贫攻坚东西协作为例，西部贫困地区在接受东部发达地区资金、技术和人才支持的同时，也应向东部发达地区提供高素质产业工人和特色优势农产品，以及制造业原材料，为东部发达地区产业转移和产品销售提供便利条件和广阔市场。

（三）推进扶贫脱贫协调

精准扶贫、精准脱贫是一项长期的艰苦卓绝的工作。扶贫和脱贫的协调是扶贫主体与被扶贫主体的协调，也是被动扶贫和主动脱贫的协调。准确分析五类群体贫困风险因素，依据风险程度精准施策，提高脱贫攻坚实效。为确保贫困人口如期脱贫，脱贫人口不返贫，必须建立脱贫攻坚全过程工作体系，实施脱贫前、脱贫中、脱贫后三个阶段因人因地精准施策。脱贫前，进村入户，分析掌握贫困户致贫原因；脱贫中，根据贫困户实际情况，逐户落实帮扶责任人、帮扶措施和帮扶资金；脱贫后，持续跟踪到户项目和帮扶措施落实情况，帮扶人员不松懈，帮扶措施不间断。扶贫和脱贫协调的关键在于，鼓励贫困户或脱贫户主动脱贫，自觉提高自身生存和发展能力。首先要从思想认识上脱贫。思想认识脱贫是做好脱贫攻坚的关键。通过先进典型言传身教和宣传教育，促进贫困户脱贫攻坚主体地位认同，抛弃以贫为荣、等靠要等不良心态，正确树立脱贫观和价值观，提高贫困户主动脱贫自觉性和能动性。其次要依靠产业就业脱贫。就业脱贫和产业脱贫是脱贫攻坚的主要手段，实现持久脱贫效果好。贫困地区贫困家庭应抓住脱贫攻坚机遇，运用好产业扶贫政策，发展特色优势产业，提高家庭收入水平。贫困人口还应加强就业技能培训，提高自身专业技能，实现高质量就业和高质量脱贫。

（四）推进部门系统协调

脱贫攻坚是统领经济社会发展全局的一项工作，必须要各个部门各种力量通力配合、紧密协作才能完成。脱贫攻坚模式和路径涉及经济、政治、文化、生态、社会等多方面，需要树立系统理念，协调处理好各系统之间和系统内部的关系。一是部门协调配合。脱贫攻坚工作在各级党委领导下，由各级政府扶贫开发部门负责，各职能部门配合实施。各职能部门根据业务范围，对应承担相应的扶贫任务。例如，发展和改革委员会主要负责异地搬迁，财政部门负责涉农资金整合利用和中央省级扶贫资金的调拨，农业农村部门主要负责以特色种养为主的产业扶贫，社会保障部门主要负责五保低保、就业和养老保险，卫生医疗部门主要负责健康扶贫和医疗保险，教育部门主要负责教育扶贫和农民职业技能培训等。在具体实施帮扶时，往往牵涉多个部门，需要各个部门的协调配合，才能更加有效地开展工作。二是各个系统协调。脱贫攻坚工作同样涉及经济、政治、文化、生态、社会等多个系统，需要树立系统的观念和采用系统的方法加以解决。例如，教育扶贫涉及政治、文化，通过扶贫先扶志，激发贫困人口内生动力，促进主动脱贫；与此同时，扶贫要与扶智结合，加强贫困家庭适龄子女教育和劳动技能培训，通过教育扶贫阻断贫困代际转移；通过劳动技能培训，促进贫困人口稳岗、就业，依靠就业增收脱贫。但是，教育扶贫必须依靠产业发展提供创业和就业机会，才能达到预期目标，也就是说政治、文化和经济系统必须有效配合，才能发挥整体效应。三是子系统内部协调。经济、政治、文化、生态、社会系统是个有机的整体，相互联系相互促进。同时，各个系统又是独立的，发挥着不同的作用。脱贫攻坚工作不仅需要各系统之间的协调，也需要系统内部的协调。就产业扶贫来说，产业扶贫模式主要涉及经济系统，可以按照多种标准进行分类，按照产业类型可以划分为特色种养、电子商务、光伏扶贫、消费扶贫和乡村旅游等，按照组织模型可以分为自营、合作经营、合资经营、承包经营、托管经营等方式。在具体实施产业扶贫时，需要根据贫困户劳动能力和意愿（一般只适应于生存能力受限、生存能力正常、发展能力正常和发展能力优越四类群体），进行产业组合和组织方式适当调配。

（五）推进一二三产融合

作为脱贫攻坚的重要手段，产业扶贫、就业扶贫与乡村产业发展紧密关联。与城市先进制造业和现代服务业相比，乡村产业存在产业布局分散、产业技术落后和产业链较短以及价值链低等缺陷，需要在稳住一产、深化二产、开拓三产基础上，推进乡村产业二三产融合。促进一二三产业融合发展，深入推进农业供给侧结构性改革，加快培育农业农村发展新动能，事关乡村产业发展、农民增收和脱贫攻坚，是新时代做好"三农"工作的重要任务，是实施乡村振兴战略重要举措。推进乡村一二三产融合，关键在于构建乡村产业体系、生产体系和经营体系。一是创新乡村产业体系，建设一二三产融合平台。在确保国家粮食安全和优质农产品供给基础上，重点发展特色种养，增加一产附加值。推进农产品精深加工，发展壮大二产，提升乡村产业价值链。推进一产接二连三、二产承接一二，大力发展社会化服务、农产品销售和"现代农业＋"新产业新业态，拓展乡村产业的纵向、横向产业链。二是创新乡村产业生产体系，利用一二三产融合技术。推进现代农业育种、栽培和养殖新技术开发应用，提高现代种养的产量和品质。推进疫病防疫和病虫害防治新技术新方法新材料广泛应用，减少自然灾害、动植物疾病的危害，降低乡村产业损失。推进乡村产业标准化、品牌化和智慧化建设，推动信息技术、大数据、人工智能、区块链等技术的深度应用，提升乡村产业价值控制能力和效益。三是创新乡村产业经营体系，完善一二三产融合机制。完善利益联结机制，充分发挥新型经营主体脱贫攻坚的示范带动作用，推进龙头企业、专业合作社和家庭农场带动贫困户脱贫，促进贫困户土地有序流转、租赁经营、托管代管经营、合资合作经营和参与生产经营管理，提高贫困户工资收入、经营收入和财产性收入水平，保障新型经营主体、能人大户的正当权益。通过新型经营主体的产业就业帮扶促进乡村基层社会治理，弘扬优秀传统文化和新时代新风尚，带动贫困户思想文化脱贫。

（六）扶贫政策协调

致贫原因多种多样，不同地区不同群体、同一地区同一群体不同阶段特征各不相同，所以扶贫政策要因人因地制定实施。扶贫政策多，且政出多门是比较常见的现象。在精准扶贫实践过程中需要不断协调各项扶贫政策，切实做到"扶真贫""真扶贫""真脱贫"，防止"被脱贫""数字脱贫"，提高脱贫攻坚质量，从而为取得脱贫攻坚全面胜利和实现全面小康社会奠定坚实基础。一是正确处理好政府和市场的关系。确立市场机制在资源配置中的主导地位，合理安排扶贫产业项目和金融信贷支持，在产业支持资金和信贷资金保值基础上，提供资金利用效率和资金增值，防止产业项目过度投资和低效配置。坚持政府扶贫指导引导，完善专项扶贫、行业扶贫、社会扶贫的多元协作机制，构建政府、企业、社会、个人多元投入机制，凝聚脱贫攻坚合力，形成全社会扶贫大格局。二是推进扶贫模式协调配合。坚持健康扶贫的基础地位，继续执行贫困家庭医疗保险政府代缴和补助制度，确立"防未病、看小病、治大病"医疗卫生服务机制，推进跨地区医疗直接结算，确保基本医疗保险和大病保险贫困人口全覆盖，鼓励个人参加商业医疗保险，提高贫困家庭医疗保障水平和保障力度。加强生态文明建设，自觉形成绿色生产生活习惯。充分发挥教育扶贫的先导作用，在健康扶贫基础上，坚持教育优先发展，推进贫困家庭适龄子女强制性义务教育、保障性职业教育以及发展性高等教育，增添贫困家庭发展能力、发展后劲，阻断贫困代际转移。坚持产业扶贫和就业扶贫的支撑地位，通过健康扶贫减少疾病损害，保障劳动力供给，通过教育扶贫获得创业就业技能，支撑产业扶贫和就业扶贫的支持脱贫作用更好发挥。三是推进贫困地区（村、户）与非贫困地区（村、户）的政策协调。推进群体、地区间扶贫政策的协调配合，防止过度不平衡、不公平导致的"悬崖效应"发生以及边缘户、正常户由于突发疾病和其他重大事件而导致的新增贫困，更应减少贫困政策的精英俘获。四是注重扶贫政策与贫困人口。对于生存能力低下人群，切实筑牢民生保障底线，加大医疗救助等帮扶力度，使贫困人口重大疾病医治得到有效保障；对于生存能力受限人群可以将健康扶贫政策的政府压力转化为患病贫困人口的自主、自助式疾病管理；加大对发展能力丧失人群的教育扶贫政策投入力度，做好教育经费向贫困地区、基础教育和职业教育的倾斜，提高劳动力质量；对于发展能力受限人群，积极动员社会力量，通过临时救助、慈善救助、社工帮扶、志愿帮扶等多种形式，营造全社会关爱帮助困难群众的良好氛围；对于发展能力正常人群落实好产业扶贫政策，引导和带动贫困户以多种方式参与特色产业生产，帮助贫困群众就业增收。

三、绿色发展理念与反应行动机制的内在关联

绿色发展理念下反应行动是脱贫攻坚的必由之路，是脱贫攻坚、巩固脱贫攻坚和乡村振兴顺利实施的生态保障。绿色发展理念下的发展行动需要重点关注农村环境综合治理、绿色产业体系构建和建立健全生态补偿机制等问题，最终实现人与自然的和谐共生（如图5-3所示）。

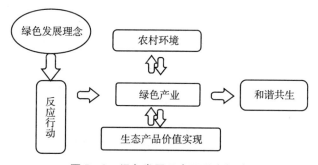

图5-3　绿色发展理念下反应行动

（一）关注农村环境综合治理

农村环境综合治理是脱贫攻坚和实施乡村振兴战略的一项重要任务，将农村环境治理工作与精准扶贫有效结合起来，会取得广大农村环境改善与脱贫致富双重效果，极大地提升农村居民的生活福祉。一是贯彻落实

习近平生态文明思想。以"绿水青山就是金山银山"为指引，坚持走绿色发展、生态优先道路，加大农村生态环境保护，全面改善提升农村人居条件。贯彻落实党中央、国务院决策部署，将农村环境治理统一纳入精准扶贫行动，逐步建立和完善农村环境治理工作机制，促进脱贫攻坚同环境保护和资源利用有机地结合，走出一条经济发展、环境保护和人居改善的多赢道路。二是加强农村"三废"和农业废弃物治理。加大农村人居改善基础设施投入，完善道路、沟渠、污水管网和新建扩建污水处理场站，建立完善的农村生活垃圾收集、处理体系，推进农村废水、废气处理达标后排放，推进农村固体废弃物的循环利用。大力推进"三全"模式探索和应用，推动有机废物全利用—复合利用全循环—县域循环全覆盖。构建种养加产业循环体系，通过植物生产、动物转化和微生物还原，积极推进植物秸秆、畜禽粪污的资源化开发利用，加快蔬菜瓜果种植的尾菜、地膜的无害化处理。三是加强生态文明教育。通过灵活多变和通俗易懂的宣传方式，宣传生态文明思想，使得生态文明思想在农村落实落地。提倡绿色生活方式和消费方式，自觉养成节约用水、不乱扔垃圾、生活垃圾分类处置等良好生活习惯。结合脱贫攻坚督查检查，适时开展农村生活垃圾堆放人居环境整治督查。

（二）着力构建绿色产业体系

产业扶贫、就业扶贫是脱贫攻坚的着力点和主战场。构建绿色扶贫产业体系，加快形成产业转型、创新驱动、体制改革、政策保障良性互动的总体格局，推动扶贫产业持续稳定发展，带动贫困群体就业创业增收脱贫，是产业扶贫、就业扶贫的重要路径。一是立足资源禀赋，发展绿色生态产业。依托贫困地区的生态资源优势，将资源优势转化为产业和发展优势，实施绿色生态产业与精准扶贫有机结合的战略，积极探索光伏扶贫、绿色产业扶贫、乡村旅游扶贫等绿色生态扶贫模式，重点发展生态种养、生态旅游、乡村旅游等特色产业，形成产业链延伸、价值链关联的共生共荣产业体系。二是依托互联网和大数据，发展新产业新业态。推进现代信息技术在扶贫产业的深度应用，大力发展农村电子商务，努力开拓贫困地区优势特色农产品市场，使得贫困地区发展所需资源"进得来""留得住"、农产品"有出路""能致富"。大力推进物联网、人工智能、大数据和区块链在扶贫产业中的应用，积极发展智慧农业。三是完善利益联结机制，推进产业收益公平分配。高起点培植壮大龙头企业，增强龙头企业市场带动力、适应力和控制力，带动贫困户脱贫增收致富。加强龙头企业、专业合作社、家庭农场和小农户的要素联结、产业联合和利益分享，推进包括贫困户、非贫困户在内的小农户与现代农业有效衔接，使得各利益主体分享产业规模效应和议价溢价红利，防止过度关注贫困户利益而忽略非贫困户利益的"悬崖效应"和"福利陷阱"。四是加强政府引导指导，促进绿色产业有序发展。在发挥市场机制在资源配置中的决定性作用的同时，积极发挥政府的指导引导作用。通过制定绿色产业发展目录，杜绝环境损害资源浪费产业和恶意竞争产业的进入。建立健全绿色产业发展基金，运用项目奖补和贷款贴息手段，引导贫困地区贫困家庭发展绿色产业。

（三）建立健全生态补偿机制

实施产业扶贫和农村环境综合整治时，应秉承"绿色发展，生态优先"的理念，坚持生态文明建设与脱贫攻坚有机结合，积极探索多种形式生态补偿机制，实现生态文明建设和脱贫攻坚互促共进。一要正确处理公平与效率关系。产业发展以效率优先，生态文明建设则惠及全部群体。当然，推进生态文明建设常常以个别利益受损和效率降低为代价，必须对利益受损方给予补偿，从而促进生态文明建设持续进行。生态补偿机制实质是公平与效率问题，目标是公平和效率的有机统一。公平是生态补偿机制的基本前提和实施原则，效率是生态补偿机制的内在要求和最终目标。比如，贫困家庭发展绿色产业或采用绿色手段进行生产经营，可能导致的产量下降和收入降低，以及在农村环境综合整治中投入，政府和其他利益关联方应该给予适当补偿，从而促进绿色产业稳定发展和农村环境综合整治持续进行。二要科学计算生态补偿标准。脱贫攻坚中，农村家庭（含农村贫困家庭）为进行生态文明建设而付出的成本主要包括三个方面，即使用优质绿色生产资料而多增加的支出、发展绿色产业或采用绿色手段进行生产经营而导致的产量下降，以及在农村环境综合整治中投入。计算生态补偿标准时，需要完整计算额外支出或损失，但由于绿色生产经营带来品质提升而获得优质优价收入应作为扣减项目。三要合理确定生态补偿主体。生态补偿的原则是"谁受益，谁补偿"。脱贫攻坚本来就是由政府主导的，生态文明建设带有公益性，所以政府应该成为生态补偿的主体。绿色生产经营的优质农产品供给使得消费者和生产加工企业获得高品质的原材料，消费者和生产加工企业理应为此付出更高的价格，以作为补偿。四要建立健全生态补偿合作机制。生态补偿合作包括补偿主体、补偿客体和补偿方式协调配合。补偿主体的合作是指政府、企业和消费者，乃至社会大众都应积极参与和鼓励生态文明建设，并为此按照责权利统一原则分担一定的补偿。补偿客体的合作是指农村家庭围绕提供优质绿色农产品和改善农村人居环境而统一思想认识、统一生产生活行为。补偿方式协调配合主要是指补偿主体为更好地完成脱贫攻坚任务，在货币补偿、实物补偿、产业帮扶和项目安排等方式中统筹安排。五要完善生态补偿监督评价机制。围绕扶贫脱贫目标，构建生态文明建设监督机制，完善以绿色减贫为核心的贫困县退出机制，加强领导集体产业绿色发展和农村人居环境综合整治的全过程监督，让生态资源指数真正成为政府决策的行为指引和硬性约束。加快建立科学的绩效考核评价体系，积极推进第三方评估，对政府各项决策进行群众满意度测评和决策绩效的全方位评价，增强评价的客观性和公正性。

四、开放发展理念与反应行动机制的内在关联

开放发展行动是脱贫攻坚的必然要求，通过实施脱贫攻坚"互联网＋"、区域合作、国际合作和立体化帮扶，巩固拓展脱贫攻坚成效，加速乡村进程，形成两大市场、两种资源的扶贫大格局（如图5-4所示）。

（一）开展脱贫攻坚区域合作

当前，以消除绝对贫困和区域整体贫困为目标的脱贫攻坚，实质是为了解决农村发展不平衡和发展不充分的问题，促进城乡、工农协调发展。开展脱贫攻坚区域合作，就是在重点开展脱贫攻坚东西协作基础上，开展区域产业、政治、文化和生态合作，通过基础设施建设、富民产业开发、民计民生保障、财政金融支持、社会事业发展等，实现区域发展互惠互利，

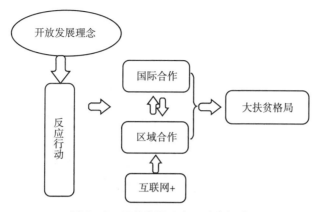

图5－4　开放发展理念下反应行动

促进区域合作共同发展。一是区域产业合作。推动产业、资金、技术、人才及先进管理经验，实现发达地区、发展中地区和欠发达地区的梯度转移，做好东部发达地区、特大城市的产能纾解和中西部地区产业承接转移，促进区域城市功能优化和产业优化布局。大幅度增加中西部地区农民收入，从而提高中部地区整体消费能力和消费水平以及发展能力，为东部地区先进制造业和现代服务业提供广阔市场；推进中西部特色优势生产原料和优质农产品生产，在确保国家粮食安全的同时，满足东部地区产业发展和人民生活需要。二是区域政治合作。搭建政府、企业、社会等双边多边合作交流平台，推进政府间工作联席会议、企业间投资贸易洽谈、社会组织和个人间交流论坛定期不定期召开，开展扶贫开发工作中行政事务经济事务会商，协同推进脱贫攻坚工作。三是区域文化合作。以精神文明建设为引领，以教育扶贫、扶贫扶智合作为手段，统筹规划区域文化发展布局，形成优势互补、错位发展、创新驱动的跨区域文化发展新格局；支持打造区域文化品牌，提升地区文化品牌影响力，推动区域文化认同文化融合，促进区域跨文化合作；弘扬优秀传统文化，提倡新时代新风尚，促进区域文化价值、文化归属相对统一，增强区域发展凝聚力。四是区域生态合作。立足主体功能区规划，围绕"两型社会"建设目标，开展区域环境保护和生态文明建设合作。建立健全多种形式生态补偿机制，完善利益表达机制、利益协调机制、利益分享补偿机制和利益保障机制，促进地区利益与整体利益、经济效益与社会效益、生态效益的有机统一，实现区域平衡发展。

（二）开展国际减贫合作

和平和发展是世界的两大时代主题，符合当前世界发展现实，也是世界各国和各国人民共同需求。在政治多极化和经济全球化受到严重挑战的当今世界，维护世界和平，开展国际合作，仍然是众心所向、大势所趋。中国作为负责任大国，拥有大国的气度和胸怀，尤其在减贫和抗击疫情问题上，展现了负责任大国的作为和担当。我国曾经是世界上贫困人口众多的国家之一。改革开放 40 多年来，我国 8 亿多贫困人口实现脱贫。特别是党的十八大以来，我国实现了每年减贫 1 000 万人口，对世界减贫贡献率超过 70%，提前 10 年实现联合国 2030 年可持续发展议程的减贫目标。面对未来，我国更应加强国际减贫合作，在做好本国巩固拓展脱贫攻坚成果的同时，支持世界贫困国家贫困地区减贫事业。一是加强国际减贫合作，减少国内贫困。注重引进国际减贫的先进理念和成功经验，加强加深与联合国扶贫开发组织合作，积极开展与国际合作，获取更多与国际社会合作扶贫的机会。倡导生存权和发展权是首要的基本人权，全面调动世界各国政府组织、营利性与非营利组织等非政府组织参与我国乡村振兴，巩固提升我国脱贫攻坚成果。二是加大国际扶贫支持，促进全球减贫。中国始终是全球减贫事业的积极倡导者和有力推动者，在推动自身扶贫开发的同时，应该在力所能及范围内向广大发展中国家减贫事业提供帮助。可以通过设立援助基金、援建减贫项目，支持农业合作项目、促贸援助项目、教育和培训项目、生态保护和应对气候变化项目，不断推动发展中国家的减贫事业，推动构建人类命运共同体。

（三）实施脱贫攻坚"互联网＋"

利用现代信息技术，加快实施脱贫攻坚"互联网＋"工程，大力发展电子商务、加快发展新产业新业态、探索新型创业就业渠道、推进"互联网＋"网联网，促进农产品销售、农民增收和农业增效，保障脱贫攻坚目标顺利实现。一是大力发展电子商务。推进贫困地区电商服务站点建设，构建农村电子商务网络体系，努力实现集成信息集散、宣传培训、代购代销、物流售后、创业孵化等功能的终端服务网点在贫困地区的全域覆盖。充分利用互联网的开放性、共享性和便捷性，打造特色农产品电商平台，加大贫困地区贫困家庭优质特色农产品推介，为政府赋能、为群众谋利。坚持政策引导推动、市场需求导向、企业主体运营，广泛开展电子商务基地、电子商务"双创"基地、电子商务示范企业和电子商务示范村创建，培育壮大电子商务主体。加强与职业院校合作，通过专业学习和短期培训，加快培养贫困地区电子商务人才。二是加快发展新产业新业态。以发展电子商务产业为核心，以电子商务为驱动，以农旅融合为切入点，以"互联网＋三农""互联网＋一二三产融合发展"为路径，加快发展现代农业新产业新业态。支持农产品进出口企业加强与境外企业合作，加强电子商务与贫困地区优势传统产业的融合发展，大力发展跨境电子商务。依托移动互联网发展新技术，支持贫困地区实现"双店"一体化经营，打造与实体平台相配套的"网上平台""移动平台""智慧平台"，积极发展移动电子商务。三是探索新型创业就业渠道。通过互联网特色项目建设，吸引年轻人返乡创业、新农人入乡创业，在条件成熟的贫困地区建设一批互联网创业孵化基地，开展在线产品展示、在线产品推送等活动。四是推进"互联网＋"物联网。推进现代农业物联网与互联网融合，加快现代农业信息化进程，推进农产品质量全程追溯体系建设，推动现代农业标准化、专业化，提高现代农业发展水平，促进农业增效和农民增收。

五、共享发展理念与反应行动机制的内在关联

共享发展行动是脱贫攻坚的目标指向，通过促进农民增收脱贫、返乡下乡创业、关怀农村"三留"人员、公共服务均等化，以及基础设施建设等，切实提高贫困地区贫困人口的生存能力和发展能力，推动贫困人口分享脱贫攻坚成果，推进共享社会建设，促进全社会共同富裕（如图5-5所示）。

（一）促进农民增收脱贫

实施精准扶贫、精准脱贫方略，促进贫困家庭增收脱贫，增强贫困家庭自主脱贫的主动性和能动性，是如期完成脱贫攻坚和实现全面小康社会

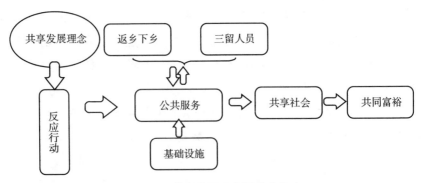

图 5－5　共享发展理念下反应行动

的重要手段，是加快农业和农村发展的必然选择，是维护社会稳定和国家长治久安的必然要求，可以不断增强人民群众脱贫攻坚的获得感、幸福感和安全感。一要增加贫困人口经营性收入。通过产业扶贫，支持贫困户发展特色种养、电子商务、光伏产业和乡村旅游，提高贫困户家庭收入水平。推进贫困户合作经营、合资经营，发展种植、养殖业，推动农产品精深加工，提高扶贫产业经营效率。二要增加贫困人口工资性收入。加强贫困人口就业技能培训，促进外出务工就业，通过稳岗稳业提高贫困家庭劳务收入，带动全家脱贫。积极发展扶贫车间、扶贫工厂建设，鼓励新型经营主体适度规模经营，吸纳贫困家庭留守人员就近就地就业，主动参与生产自救和新型经营主体的生产经营管理，提高家庭整体收入水平。持续增加公益性岗位，扩大身体残疾、疾病和年龄较大贫困人口公益性岗位覆盖面，从而保证收入相对稳定。三要增加贫困人口财产性收入。推进农地有序流转，促进贫困户通过土地租赁、转包、托管、代管，获得土地租赁收入；推动贫困家庭采用土地、劳动力、资金、技术等生产要素合资经营、合作经营，获得经营红利收入；推动城乡土地市场一体化，推进农村废弃宅基地、空置建设用地入市，实施农村建设用地指标跨省域调剂，提高贫困家庭财产性收入。四要增加贫困人口转移性收入。加大贫困家庭转移支付力度，继续执行基本医疗保险费代缴制度，支持开展商业医疗保险费、基本养老保险费代缴探索，适当提高五保家庭和低保家庭的财政兜底保障水平，加大教育、就业、生态保护等各种类型补贴救助力度。

（二）支持返乡下乡创业

统筹城乡发展，鼓励外出务工人员、外出创业就学人员和有志于乡村就业创业人员返乡下乡创业，完善返乡下乡创业支持政策，提升返乡下乡创业创新的内生动力，培育壮大农村集体经济，示范带动贫困地区贫困家庭增收脱贫。一要构建乡村生态产业体系。按照"一县一业、一村一品"的核心产业或关键产业链布局思路，推动乡村产业一二三产、跨乡镇（村）融合发展，延伸拓展产业链，提高价值链，形成互促共荣的生态产业体系，支持贫困乡镇（村）经济社会发展，带动贫困家庭脱贫。二要优化乡村营商环境。转变政府职能，深化简政放权，推进政府治理体系和治理能力现代化，建设人民满意的服务型政府。加强乡村基层治理，建设以自治为基础、法治为保障、德治为先导的"三治融合"的善治乡村。充分发挥乡村新乡贤新农人的模范带头作用，弘扬优秀传统文化和社会主义核心价值观，推进农村精神文明主战场建设。加强农村人居环境整治，加大农村垃圾、污水治理力度，加快村容村貌提升，建设山清水秀、美丽宜居村庄。三要加大创业支持扶持。完善返乡下乡创业财政、税收、投融资等扶持政策，增强返乡下乡创业的主动性和创造性。建立健全利益联结机制，鼓励支持返乡下乡创业人员积极参与脱贫攻坚，通过产业发展、对口帮扶与合作等多种方式，示范带动贫困户创业就业增收脱贫。整合社会培训资源，创新返乡下乡创业培训方式，加强返乡下乡人员创业技能培训，免费提供创业专家指导、创业政策咨询等服务。

（三）关怀农村"三留"人员

农村"三留"人员（留守儿童、留守妇女、留守老人）是快速城镇化过程中城乡不协调的产物和表现。由于就业机会少、收入水平低，贫困地区农村"三留"人员现象更加突出。加大农村"三留"人员关怀，切实解决农村"三留"人员生存和生活难题，是和谐社会和谐农村建设的必然要求，有利于社会主义新农村建设。一要关注农村留守儿童。农村留守儿童和其他儿童一样是祖国的未来，是新农村建设的后备力量，农村留守儿童也是"三留"人员中最为脆弱的群体，所以，关爱农村留守儿童、进行恰当的心理抚慰和促进其身心健康尤为重要。实施留守儿童关怀，可以通过政府、学校和社会多方的紧密配合，采取临时家庭、代理父母等结对帮扶方式，给予留守儿童亲情关怀，解决其实际生活困难，保障其接受教育的权利。对于孤儿或监护人失责的实质孤儿，应采取集中看护方式。二要关心农村留守妇女。留守妇女是"三留"人员中最为特殊的群体，面临的最主要问题是脆弱的婚姻关系与沉重的照料责任。通过定期交流、集体劳动、读书学习和文艺活动等形式，排遣留守妇女心理压力，促进其与社会的深度融入；通过集体帮扶、亲戚帮扶和邻里帮扶，解决农村妇女的生产压力，增加其农村生活幸福感。鼓励农村妇女加强与其在外工作的丈夫交流沟通，维持夫妻感情，维护家庭稳定。三要关怀农村留守老人。严格地说，留守老人并不是当今社会特有现象。自古以来，随着年龄增长和劳动能力丧失，农村人口逐渐转化为留守老人。只不过，在城镇化快速发展的今天，农村留守老人的现象比较常见，其规模迅速扩大。农村留守老人最为主要的问题在于失去劳动能力和疾病多发，生存能力低和生存条件差，个别老人生活自理能力差且没有人照料。农村留守老人的关怀，可以采取公益岗位、临时救助等形式，解决生活困难；加大法律法规和中华传统孝悌文化宣传，教育农村老人子女妥善安排老人生活；探索集体供养和专人看护方法，解决留守老人的日常生活和求医问药。

（四）推动公共服务均等化

推进公共服务均等化是人民群众共享脱贫攻坚成果的必要条件，公共服务均等化程度决定了分享发展成果比例的大小。一是发挥市场资源配置作用，引导社会资本有序流入。学习借鉴发达地区先进经验，结合地区经济社会发展实际，推进贫困地区公共服务投入机制创新，引导、支持和鼓励社会资本有序参与公共服务体系建设，加大公共服务产品供给。充分调动社会资本特别是民间资本的积极性，允许民间社会资本通过招投标等方式参与公共教育、卫生、养老和教育服务投资。二是发挥政府公共服务调节作用，推进公共服务公正平等分配。加大贫困地区公共服务投入，解决贫困地区贫困人口公共服务不足问题，助推贫困地区脱贫攻坚工作，巩固拓展贫困地区脱贫攻坚成果，稳步推进乡村振兴。推进城乡、区域、人群公共服务一体化和均等化，提高全体人民公共服务水平，增强全体人民获得感和幸福感。

（五）统筹基础设施建设

完善的基础设施，是完成脱贫攻坚任务和推进乡村振兴的必要条件。2020年12月28日，习近平总书记在中央农村工作会议上强调："要实施乡村建设行动，继续把公共基础设施建设的重点放在农村。"统筹农村基础设施建设，以脱贫攻坚为契机，以农村环境整治为抓手，为广大农村居民提供生产生活便利，普遍提升农村居民生产和发展能力。一要统筹贫困地区与非贫困地区基础设施建设。根据基础设施规划和生产生活实际需要，统筹推进贫困地区与非贫困地区、贫困村与非贫困村基础设施建设，建设一批交通主通道、到村到户道路、"三废"处理、水利设施和美化亮化项目，促进农村人居环境改善，促进现代农业和乡村旅游快速发展，促进农村优势特色农产品销售，增强地区经济社会发展后劲。推进农村地区公共服务基础设施统筹规划和分步实施，切实改善农村居民教育、医疗、文化娱乐和健身休闲基础设施条件，不断满足人民群众日益增长的物质和文化需求。二要统筹贫困户与非贫困户基础设施建设。统筹安排贫困户与非贫困户的危房改造、改厨改厕、院坝硬化、围墙加固、安全用水等项目，比照贫困户给予非贫困户适当的补贴，防止"悬崖效应""福利陷阱"发生，维护农村安定团结局面。三要统筹生产性与生活性基础设施建设。以农村居民需求为导向，推动农村生产生活基础设施提档升级，切实提高农村基础设施供给质量和水平，充分保障农民权益。着眼于脱贫攻坚现实需要和农业农村优先发展，精准排序农村基础设施供给。对农村供电、"三废"处理、安全饮水、供热供气设施等生活性基础设施建设，实行财政优先保障；对防洪排涝、农田水利、田间作业、农业机械设备等生产性基础设施，实行财政优先支持。

第二节　新发展理念下反应行动机制的理论分析

脱贫攻坚长效机制的反应行动机制一般根据预警监测机制的贫困风险

测度、风险分析和风险预警结果，先确定研究地区、群体中的特定人群，然后启动相应的预案。在帮扶措施实施过程中，应根据脱贫攻坚具体阶段（脱贫攻坚时期、有效衔接时期和乡村振兴时期），制定相应的帮扶措施，并制定分布实施方案。

一、反应行动机制的五类人群划分

根据贫困风险监测结果，将农村地区家庭按照贫困风险大小依次划分为五类，即生存能力低下、生存能力受限、发展能力受限、发展能力一般和发展能力优越，其各自特征如表5-1所示。

表5-1　　　　　　　　农村五类人群的主要特征

特征	生存能力低下	生存能力受限	发展能力受限	发展能力正常	发展能力优越
罹患疾病	重大疾病	慢性疾病	突发疾病	突发疾病	身体健康
身体伤残	严重伤残	肢体伤害	突发事故	突发事故	肢体正常
住房条件	无住房	不安全住房	安全住房	安全住房	安全住房
子女教育	教育支出很大	教育支出加大	教育支出一般	教育支出较少	教育支出很少
抚养赡养	负担很重	负担较轻	负担一般	没有负担	没有负担
债务负担	债务负担很重	债务负担较轻	债务一般	没有债务	没有债务
医疗保险	无保险	无保险	无保险	政策保险	商业保险＋政策保险
养老保险	无保险	无保险	无保险	政策保险	商业保险＋政策保险
收入水平	贫困线以下	贫困线以下	贫困线以上	农村居民可支配收入以上	城镇居民可支配收入以上
专业技能	没有技能	没有技能	没有技能	务工务农	一般技能/能工巧匠
文化素养	文盲或半文盲	文盲或半文盲	文盲或半文盲	初中以下	高中以上/大学以上
代际关系	代际关系很差	代际关系差	代际关系一般	代际关系较好	代际关系良好

（一）生存能力低下

生存能力低下主要指危重病人，孤寡老人，因瘫痪、严重残疾等完全丧失劳动力，靠自身的条件没有脱贫或者生活的可能性，依靠财政供养和社会救济维持生计的极度贫困群体。针对此类群体，应该采取住房安全保障、义务教育保障、养老保障、健康扶贫工程、五保供养、农村居民最低生活保障等综合性保障措施实施脱贫。

（二）生存能力受限

生存能力受限主要指年老体弱、患慢性疾病、肢体伤害、生活在生存条件差、自然灾害频发、"一方水土养不了一方人"的一般贫困群体。针对此类群体应该采取健康帮扶、提供公益性岗位、易地扶贫搬迁等方式帮助他们脱贫致富。

（三）发展能力受限

发展能力受限（生存能力正常）主要指文化程度低、无技术特长等发展能力较弱且无法依靠产业扶贫和就业帮助的濒临贫困群体。针对此类群体应该巩固其生存能力，采取小额信贷、入股分红等方式帮助他们稳定脱贫不返贫。即使没有被认定为贫困户，也应特别重视此类群体的帮扶。

（四）发展能力正常

发展能力正常主要指遇到重大疾病、恶性事故、自然灾害等突发性困难可能致贫返贫的收入水平一般群体。针对此类群体突遇疾病、灾害时，应该及时给予临时救助、普惠政策和社会救济等方式帮助他们扶危济困脱贫，恢复和保持正常生活，更为重要的是提升能力素质以保证其长期稳定脱贫和致富。

（五）发展能力优越

发展能力优越主要指身体健康、肢体正常、没有生活负担、有一定文化水平的收入水平高且收入稳定的农村群体。针对此类群体应该提高其发展能力，激励他们以产业扶持和就业帮助等多种形式实现持续增收，促进其示范带动贫困群体。

二、反应行动机制的五级响应预案

反应行动机制的措施分为两大类三种类型，第一大类为针对性措施，包括应急处置、常态帮扶；第二类为普适性措施。五级响应预案根据五类人群划分所进行的措施组合，将响应预案分为Ⅰ级（应急处置＋普适性措施）、Ⅱ级（应急处置＋普适性措施）、Ⅲ级（应急处置＋常态帮扶＋普适性措施）和Ⅳ级（常态帮扶＋普适性措施）、Ⅴ级（常态帮扶＋普适性措施），分别以红、橙、黄、绿、蓝五种颜色表示。应急处置的措施包括最低生活保障制度、五保制度、社会救助、社会福利、慈善事业、优抚安置、医疗救助、公益岗位等，常态帮扶措施包括失业保险、就业培训、技能培训、创业培训、产业扶贫、金融扶贫、易地搬迁、生态补偿、商业保险（医疗、养老）等。普适性措施适用于所有群体，主要包括健康扶贫、教育扶贫、医疗保险、养老保险等（如表5－2所示）。

表5－2 反应行动机制五级响应预案

预案	生存能力低下	生存能力受限	发展能力受限	发展能力正常	发展能力优越
Ⅰ级	红	—	—	—	—
Ⅱ级	—	橙	—	—	—
Ⅲ级	—	—	黄	—	—
Ⅳ级	—	—	—	绿	—
Ⅴ级	—	—	—	—	蓝

三、反应行动机制的分类处置计划

习近平总书记指出："脱贫摘帽不是终点，而是新生活、新奋斗的起点""要针对主要矛盾的变化，理清工作思路，推动减贫战略和工作体系平稳转型，统筹纳入乡村振兴战略，建立长短结合、标本兼治的体制机制"。为圆满完成脱贫攻坚、脱贫攻坚与乡村振兴有效衔接任务，加快推进乡村振兴战略顺利实施，必须实施精准扶贫方略，准确把握脱贫攻坚与乡村振兴有效衔接实际，科学划分有效衔接的阶段，设置差别化目标和工作重点，分类处置脱贫攻坚政策措施和政策体系，推动形成制度化、常态化的长效机制。

（一）精准实施"六个精准""五个一批"

《中共中央国务院关于打赢脱贫攻坚战的决定》明确提出了精准扶贫、精准脱贫的方略，概括为"六个精准""五个一批"。"六个精准"是指扶持对象精准、项目安排精准、资金使用精准、措施到户精准、因村派人第一书记精准、脱贫成效精准。"五个一批"是指发展生产脱贫一批、易地搬迁脱贫一批、生态补偿脱贫一批、发展教育脱贫一批、社会保障兜底一批。"六个精准"是精准扶贫的主要内容和核心要求，"五个一批"就是完成脱贫攻坚目标和遵循精准扶贫基本方略的具体实施方式，其实质就是脱贫的具体路径。脱贫攻坚时期，因为贫困地区、贫困人口差异很大，必须坚持"六个精准"与"五个一批"协调统一，因人施策、因村施策，因时制宜、因地制宜，从而在根本上解决绝对贫困和区域性整体贫困。

（二）准确把握有效衔接时期经济社会实际

脱贫攻坚八年，全党、全国各族人民坚持精准扶贫、精准脱贫基本方略，紧扣"两不愁三保障"和饮水安全脱贫标准，举全国之力打好精准脱贫攻坚战。截至 2020 年底，现行标准下 9 899 万农村贫困人口全部脱贫，832 个贫困县全部摘帽，12.8 万个贫困村全部出列，区域性整体贫困得到解决，完成了消除绝对贫困的艰巨任务。围绕农业农村现代化总目标，中共中央、国务院制定出台《关于推进乡村振兴战略的实施意见》《乡村振兴战略规划（2018—2022 年)》，对乡村振兴战略作出总体设计，开启了乡村全面振兴的中国新篇章。但对照我国高质量全面脱贫与乡村振兴总要求和总目标，我国乡村不充分不平衡的发展之间的矛盾仍然突出。一是"三户一体"比例较大，有效衔接基础不牢。据脱贫攻坚第三方检测和实地调研数据显示，我国"三户一体"占全部农村人口的比例接近 10%，特困连片区、三区三州的占比更高。确保现行标准下农村贫困人口全部稳定脱贫、不返贫以及边缘群体不致贫的难度很大。二是扶贫产业粗放式经营，有效衔接支撑不强。产业发展是推动两大战略的关键和动力，脱贫攻坚没有产业支撑，脱贫攻坚效果是不牢固的；乡村振兴关键是产业振兴，产业兴，则经济兴、农村兴。以特色种养为主的扶贫产业分散、产业链短、价值链低端，不利于贫困人口收入持续提高，也不利于稳步推进乡村振兴。三是过于关注贫困户收入增加，有效衔接动力受限。帮扶干部、一户一策和监督评估关注的重点是贫困人口的收入水平，"志智双扶"开展不持续、不深入，效果尚未凸显，贫困户和基层干部"等靠要"思想依然比较严重。四是乡村能人大户治理，有效衔接环境不优。乡村治理中人情社会、能人治理的现象较普遍，基层党组织战斗堡垒作用有待进一步提升。

（三）分类处置脱贫攻坚政策"五个一批""六大体系"

为巩固提升脱贫攻坚成、稳步推进乡村振兴，保障脱贫攻坚与乡村振兴有效衔接，应依据不同区域、不同群体分阶段实施脱贫攻坚政策差别化分类处置，完善制度体系顶层设计。一是脱贫攻坚政策差别化分类处置"五个一批"。将脱贫攻坚政策划分为延续、整合、完善、提升和退出"五个一批"，是脱贫攻坚与乡村振兴有效衔接根本任务、最直接路径、最有效方法。第一，延续一批。对于基础设施、人居环境整治、驻村帮扶等政策措施，可直接纳入乡村振兴的常规性政策中。第二，整合一批。对于教育扶贫、就业扶贫、健康扶贫等公共服务型政策，在进行整合后统一纳入社会保障体系。第三，完善一批。对于易地扶贫搬迁等政策，应完善后续帮扶措施，保障异地搬迁户"搬得出、稳得住、能致富"。对于光伏扶贫、安全饮水等政策，应出台后续管护政策。第四，提升一批。对于产业扶贫、兜底保障和医疗养老保险等政策，应着力提升产业化水平，保障扶贫资金保值增值；加大财政转移支付力度，提高兜底保障能力和医疗养老保险水平。第五，退出一批。对于那些临时性或者已经完成历史使命的政策，如贫困户申报公示公告、建档立卡和贫困户危房改造政策等，应随着脱贫攻坚工作圆满完成而退出。二是建立健全顶层设计"六大体系"。为顺利推进"五个一批"分类处置脱贫攻坚政策，分别设计包括农村土地制度（主要是农地流转、闲置宅基地复垦、转让或入市、农业适度规模经营等制度）、农村现代产权制度（主要是农村"三资"产权，即资金、资产、资源的产权制度、利益联结机制等）、农村集体经济制度（集体资产核查、资产经营、收益分配等制度）、新农人才培育制度（知农、懂农、爱农人才培养）、金融支持制度（金融、担保和保险制度）和科技创新制度（农业科技创新、智慧农业、智慧农村、智慧农民、区块链技术）等在内的兼顾普遍性和特殊性的政策四梁八柱。

四、反应行动机制的分步实施方案

（一）科学确定阶段性目标与工作重点

2020年前，脱贫攻坚工作的重点任务是全面完成脱贫攻坚工作，全面建设小康社会，实现"第一个百年目标"。脱贫攻坚全面胜利以后，应设置为期五年的过渡时期。为避免脱贫攻坚政策调整带来的震荡，有效衔接应分三个阶段进行，目标和任务各有侧重。一是稳定过渡期："扶上马，送一程"，政府"牵马伴行"。稳定过渡期（2020～2021年）内的目标是贯彻底线发展思维，全面完成脱贫攻坚任务，巩固提升脱贫攻坚成果。工作重点是针对特困连片区、三区三州和"三户一体"四类人群，坚持"四不摘"（摘帽不摘责任、摘帽不摘政策、摘帽不摘帮扶、摘帽不摘监管）；协调推进抗疫战贫救灾，守住"六保"确保"六稳"，以保促稳、稳中求进，为乡村振兴夯实基础。二是调整适应期："送上马，观一程"，农户"拍马慢行"。调整适应期（2022～2023年）内主要目标是底线发展思维和高线发展思维并举，脱贫攻坚成果再巩固提升，稳步推进乡村振兴。工作重点是实施特困连片区、三区三州和"三户一体"再瞄准，加大重点区域政策支持和重点群体的生活保障力度，逐步完善农村公共服务体系；结合"十四五"规划任务和乡村产业振兴目标，构建乡村产业体系，确保农民持续增收致富。三是常态运行期："跨上马，跑满程"，农户"策马远行"。为确保脱贫攻坚与乡村振兴高质量有效衔接，应在调整适应期后设置常态运行期。常态运行期（2024～2025年）内主要目标是坚持高线发展思维，完善城乡一体化公共服务体系、相对贫困帮扶工作体系和特困群体财政供养体系，统筹推进乡村振兴和相对贫困治理。工作重点是构建"六全模式"（全社会参与、全渠道投入、全产业链融合、全域式布局、全方位保障、全过程监督），推进贫困帮扶和乡村振兴兼蓄并融，构建"政府引导、市场主导、社会参与"多元化投入体系，完善"政府基本保障、商业保险、社会救助和临时救济相结合"社会保障体系，促进人的全面发展。

（二）精准设计"五位一体"有效衔接路径

坚持产业、人才、文化、生态、组织全面系统衔接，设计"五位一体"有效衔接路径，确保脱贫攻坚任务胜利完成，顺利推进乡村振兴。一是推进从产业扶贫到产业振兴的有效衔接。顺应以内循环为主、内外循环相结合的新发展格局，以产业基础高级化、产业链现代化和价值链高端化为目标，推进扶贫产业分散独立经营向适度规模、合作协作经营转变，发挥新型经营主体示范带动作用，壮大集体经济；加快信息技术、大数据、区块链技术、互联网＋等新技术新工艺在乡村产业应用；着力扶贫产业的人才培养、资金支持、冷链物流等重要环节和基础设施建设，推动乡村一二三产融合发展，推进农民增收、农业增效。二是推进从教育保障到人才振兴的有效衔接。大力培育有文化、懂技术、会管理、善经营的新型职业农民，培养造就一支懂农业、爱农村、爱农民的"新三农"人才队伍，激励农村进城务工人员返乡创业，鼓励工商资本和企业家下乡创业，示范带动资金、技术、管理等关键生产要素向乡村聚集，为促进农民就业创业、持续增收提供强大动能。三是推进从三治融合到文化振兴的有效衔接。建立健全党委领导、政府负责、社会协同、公众参与、法治保障、科技支撑的现代乡村社会治理体制，以自治增活力、以法治强保障、以德治扬正气，健全党组织领导的自治、法治、德治相结合的乡村治理体系，构建共建共治共享的社会治理格局，走中国特色社会主义乡村善治之路，建设充满活力、和谐有序的乡村社会，不断增强广大农民的获得感、幸福感、安全感。促进社会主义核心价值观培养、优秀传统文化的传承、新时代新风尚倡导，尤其是推动脱贫攻坚"志智双扶"向乡村振兴"自觉自醒"转变。四是推进从环境整治到生态振兴的有效衔接。贯彻落实习近平生态文明思想，倡导绿色生产健康生活理念，以美丽乡村建设为抓手，着力改善农村人居环境，以解决损害群众健康的突出环境问题为重点，加大农村环境综合整治力度，增加优质生态产品供给。五是推进从组织建设到组织振兴的有效衔接。坚持和加强党对乡村工作的集中统一领导，要充分利用脱贫攻坚过程中基层组织建设的成功经验，进一步选好配强基层组织领导班子，统筹推进后备干部队伍建设，切实发挥农村基层党支部的战斗堡垒作用和党员的先锋模范作用，带动广大农民群众在全面完成脱贫攻坚任务的同时积极投身于乡村振兴的伟大实践。

第三节　新发展理念下反应行动机制的实证研究

为准确分析脱贫攻坚长效机制的反应行动机制的作用机理和实施效

果，本节重点依据皖北地区阜阳市颍州区、乌蒙山区织金县实地调研数据，分析这些地区在脱贫攻坚、巩固脱贫攻坚成果与乡村振兴有效衔接时期的反应行动①。

一、反应行动机制的五类人群划分

（一）皖北地区阜阳市颍州区五类人群划分

依据阜阳市颍州区三塔集镇调研样本农户的 A－F 值，并采用黄金分类法，确定阜阳市颍州区三塔集镇农村家庭贫困风险等级，再统计相应贫困风险等级人数所占比例（如图 5－6 所示），为采取精准帮扶措施提供依据。

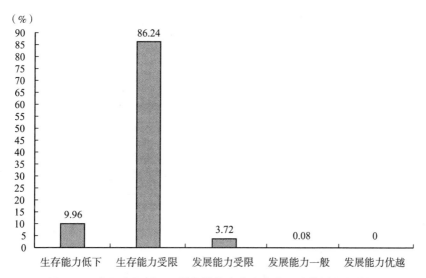

图 5－6　阜阳市颍州区三塔集镇农户家庭贫困风险等级所占比例

从数据来看，阜阳市颍州区三塔集镇农村家庭中生存能力受限的比例最大，占比近 90％。主要原因在于阜阳市颍州区三塔集镇实地调研样本中

---

①　皖北地区阜阳市颍州区是安徽省级贫困县，2019 年初调研获得的是 2018 年底静态数据。该区于 2019 年通过摘帽评估。乌蒙山区织金县是贵州省国家级贫困县，2020 年 1 月调研获得的是 2019 年底静态数据。该县于 2020 年通过摘帽评估。

农村独居或分户老人较多，占比达到 41.53%。此外，致贫原因中因病、因残和缺少劳动力的家庭占比 36.56%。独居和分户老人家庭一方面缺少劳动力，另一方面大多患有疾病，收入水平较低、支出水平较高，生存能力较差。因病、因残和缺少劳动力的家庭大致也是由于低收入和较高支出，导致贫困风险较高。

在各村五类人群占比的基础上，确定各村整体贫困风险等级，为制定实施整村推进和重点扶持项目提供科学依据（表 5-3）。由于村级样本属性相似比例较大，例如，独居和分户老人比例大、致贫原因相似比例大等，每个村整体贫困风险难以明确区分。本部分在处理过程中，将所占比例较大人群风险等级列出，并强调贫困风险等级较大的类型。

表 5-3　　　　　　　阜阳市颍州区三塔集镇村级贫困风险等级

行政村	风险等级	行政村	风险等级	行政村	风险等级
大塘村	橙	倪寨村	橙	徐寨村	橙
宋河村	橙	前进村	橙	响塘村	红橙
葛庙村	橙	三塔村	橙	张寨村	橙
七邻村	红橙	胜华村	橙	周赵村	橙
花园村	橙	胜庄村	橙	水坪村	橙
李小郢村	橙	吴大村	橙		

注：贫困风险等级右侧占比较大。

（二）乌蒙山区织金县五类人群划分

依据乌蒙山区织金县调研样本农户的 A-F 值，采用黄金分类法，确定乌蒙山区织金县调研样本农村家庭贫困风险等级，再统计相应贫困风险等级人数所占比例（如图 5-7 所示），为采取相应部分措施提供依据。从图 5-2 可以看出，乌蒙山区织金县农村家庭生存能力受限比例占 65.21%，超过总数的一半以上，贫困风险总体较大。导致这种现象的主要原因在于样本选择比较均匀，以及贫困家庭选择比例较大，而且贫困家庭集中在深度贫困村，贫困风险等级本来就比较大。

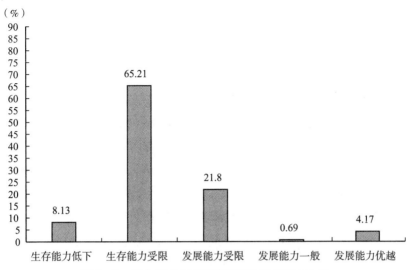

图 5-7　织金县农户家庭贫困风险等级所占比例

在各村五类人群占比的基础上，确定织金县各村整体贫困风险等级（如表 5-4 所示），为制定实施整村相应响应行动措施提供科学依据。同样，由于村级样本属性相似比例较大，例如，独居和分户老人比例大、致贫原因相似比例大等，每个村整体贫困风险难以明确区分。本部分在处理过程中，将所占比例较大人群风险等级列出，并强调贫困风险等级较大的类型。

表 5-4　　　　　　　　　　织金县村级贫困风险等级

行政村	风险等级	行政村	风险等级	行政村	风险等级
阿弓镇吊井村	橙黄	后寨乡务安村	橙黄	绮陌街道墨峰社区	橙黄
八步街道院墙村	红橙	化起镇大坪子村	橙黄	上坪寨乡青峰村	橙黄
白泥镇新黔村	橙黄	金凤街道新寨村	橙黄	少普镇龙井村	橙黄
板桥镇永久村	橙	龙场镇六花村	橙黄	实兴乡小干坝村	橙黄
茶店乡桂花村	红橙	马场镇马家屯村	橙黄	熊家场镇白马村	橙黄
大平乡岩脚村	橙黄	猫场镇补花村	橙黄	以那镇三合村	橙黄
官寨乡麻窝居	橙黄	纳雍乡联盟村	红橙	珠藏镇幺冲居	橙黄
桂果镇东红村	红橙	牛场镇水城村	橙黄	自强乡大冲村	橙黄
黑土镇道子村	橙黄				

注：贫困风险等级右侧占比较大。

二、反应行动机制的五级响应预案

根据五类人群划分和每一个群体内部各个家庭存在的致贫因素，设计一套包括应急处置、常态帮扶和普适性措施三类措施在内的精准帮扶措施组合。由于全国各地（包括县、区）的帮扶措施、帮扶手段和帮扶标准都不完全一致，一些县、区存在所谓"自选动作"性质的帮扶措施和帮扶手段。本研究主要围绕贯彻落实"六个精准""五个一批"，再结合各地具体落实措施来设计具体措施。

（一）皖北地区阜阳市颍州区五级响应预案

皖北地区阜阳市颍州区地处皖北平原，地势低平，土壤肥沃，降雨充沛，气候属于南北过渡带，适宜多种农作物生产。由于人均耕地面积尚可，农村很多家庭都有从事农业生产的习惯。脱贫攻坚时期和过渡时期，农村独居和分户老人的兜底保障和安全住房问题突出，在配套解决其他问题的同时，应给予重点关注。阜阳市颍州区五级响应预案如表5-5所示。

表5-5 阜阳市颍州区五级响应预案

五类人群	比例（%）	预警等级	响应等级	具体措施
生存能力低下	9.96	红	Ⅰ级	医疗保险、养老保险、低保、五保、社会救助、危房改造等
生存能力受限	86.24	橙	Ⅱ级	医疗保险、养老保险、低保、五保、危房改造、就业产业等
发展能力受限（生存能力正常）	3.72	黄	Ⅲ级	医疗保险、养老保险、低保、就业产业、教育等
发展能力一般	0.08	绿	Ⅳ级	医疗保险、养老保险、产业就业、教育培训等
发展能力优越	0	蓝	Ⅴ级	医疗保险、养老保险、产业发展、教育培训等

（二）乌蒙山区织金县五级响应预案

乌蒙山区织金县自然资源丰富、生态条件优越，并拥有独特的历史民族人文资源。但地理条件较差、交通不便，且属于典型的喀斯特地貌，水涵养能力弱，水资源缺乏。相比处于皖北平原的阜阳市颍州区，织金县某些地区属于"一方水土养育不了一方人"，当地最为有效的扶贫措施为异地扶贫搬迁。乌蒙山区织金县五级响应预案如表5－6所示。

表5－6　　　　　　　　乌蒙山区织金县五级响应预案

五类人群	比例（%）	预警等级	响应等级	具体措施
生存能力低下	8.13	红	Ⅰ级	医疗健康、社会保障、社会救助、异地扶贫搬迁等
生存能力受限	65.21	橙	Ⅱ级	医疗健康、社会保障、社会救助、就业、异地扶贫搬迁等
发展能力受限（生存能力正常）	21.8	黄	Ⅲ级	医疗健康、社会保障、就业、教育培训、异地扶贫搬迁等
发展能力一般	0.69	绿	Ⅳ级	医疗健康、社会保障、创业就业、异地扶贫搬迁等
发展能力优越	4.17	蓝	Ⅴ级	医疗健康、社会保障、创业带动、教育培训等

三、脱贫攻坚时期的反应行动机制

（一）脱贫攻坚时期阜阳市颍州区的反应行动机制

针对贫困村、贫困户致贫原因和贫困实际，阜阳市颍州区贯彻落实精准识别、精准扶贫方略，实施产业扶贫、就业扶贫、易地扶贫搬迁、生态保护扶贫、智力扶贫、社会兜底扶贫、健康扶贫、基础设施建设扶贫、金融扶贫和社会扶贫脱贫攻坚"十大"工程扶贫项目（如表5－7所示），全力打好脱贫攻坚战[①]。2018年《国务院办公厅关于深入开展消费扶贫助力打赢脱贫攻坚战的指导意见》提出消费扶贫，将消费扶贫正式纳入国家脱贫攻坚政策体系，为贫困地区带来诸多红利，助力地方脱贫致富。消费扶

---

① 脱贫攻坚期间，安徽省实施"十大"扶贫工程，但各市（县、区）在具体实施过程中在支持扶持项目、标准等方面略有不同，这里不一一列举。

贫，是社会各界通过消费来自贫困地区和贫困人口的产品与服务，帮助贫困人口增收脱贫的一种扶贫方式，是社会力量参与脱贫攻坚的重要途径。

表5-7   阜阳市颍州区脱贫攻坚十大工程

扶贫工程	具体实施细则	实施对象
基础设施建设扶贫工程	农村道路通畅工程、水利建设工程、农村电网改造升级工程、农村信息化建设	由区域性覆盖到全体覆盖
产业扶贫工程	特色种养业扶贫、光伏扶贫、乡村旅游扶贫、电商扶贫、资产收益扶贫	因户施策；整体覆盖
就业脱贫工程	外出务工、本地就业、扶贫车间、公益岗位、自主创业	因户施策
异地扶贫搬迁工程	易地搬迁	区域性覆盖
生态保护脱贫工程	造林、林业修复、生态护林、农村环境整治等	区域性覆盖
智力扶贫工程	教育扶贫、科技扶贫等	因户施策
社保兜底脱贫工程	养老保险、残疾补助、五保补助、低保补助等	因户施策
健康脱贫工程	"351""180"保障、大病保险、家庭医生等	全体覆盖
金融扶贫工程	小额信贷、财政转移支付等	因户施策
社会扶贫工程	驻村工作对、干部包户、结对帮扶、"四带"等	区域性覆盖

1. 基础设施建设扶贫工程

基础设施建设扶贫工程包括农村道路通畅工程、水利建设工程、农村电网改造升级工程、农村信息化建设等多个方面，属于区域性覆盖的整村推进项目。脱贫攻坚时期基础设施建设扶贫工程可能更多关注贫困村和贫困户，实际上受益的是全体农村家庭。过渡时期的基础设施建设扶贫工程主要任务是提升农村整体生产和生活基础设施条件。

阜阳市颍州区三塔集镇基础设施建设扶贫工程情况如表5-8所示。从表5-8可以看出，基础设施建设扶贫工程优先安排贫困村项目，基本实现贫困村和非贫困村全覆盖，提升了贫困家庭和一般农户生产生活基础设施条件，体现农村基础设施建设的普惠性和公益性特征。但投入资金较大，且投资主体单一，全部为财政资金投入，可以创新采取政府和社会资本合作（PPP）、建设—经营—转让（BOT）等融资模式，广泛引入社会资本参与。

表 5-8 　　　阜阳市颍州区三塔集镇基础设施建设扶贫工程

名称	投资金额（万元）	地点	时间	效果
小型水利改造提升工程	23.68	徐寨村	2018 年 1~7 月	提升农业生产条件，惠及贫困人口 354 人
小型水利改造提升工程	44.03	前进村	2018 年 1~7 月	提升农业生产条件，惠及贫困人口 361 人
小型水利改造提升工程	60.76	大塘村	2018 年 1~7 月	提升农业生产条件，惠及贫困人口 309 人
小型水利改造提升工程	32.81	李小郢村	2018 年 1~7 月	提升农业生产条件，惠及贫困人口 468 人
小型水利改造提升工程	66.15	水坪村	2018 年 1~7 月	提升农业生产条件，惠及贫困人口 983 人
小型水利改造提升工程	43.9	胜华村	2018 年 1~7 月	提升农业生产条件，惠及贫困人口 694 人
小型水利改造提升工程	27.06	张寨村	2018 年 1~7 月	提升农业生产条件，惠及贫困人口 847 人
小型水利改造提升工程	1.92	响塘村	2018 年 1~7 月	提升农业生产条件，惠及贫困人口 437 人
小型水利改造提升工程	41.28	七邻村	2018 年 1~7 月	提升农业生产条件，惠及贫困人口 383 人
小型水利改造提升工程	8.16	周赵村	2018 年 1~7 月	提升农业生产条件，惠及贫困人口 267 人
小型水利改造提升工程	79.92	花园村	2018 年 1~7 月	提升农业生产条件，惠及贫困人口 806 人
小型水利改造提升工程	121.59	葛庙村	2018 年 1~7 月	提升农业生产条件，惠及贫困人口 667 人

注：根据调研资料整理。

2. 产业扶贫工程

产业扶贫工程具体包括特色种养业、光伏产业和乡村旅游等，其中特色种养业扶贫是重要的产业脱贫工程之一。为深入推动资产收益扶贫工作，确保40个贫困村稳定出列、现行标准下贫困户稳定增收脱贫，阜阳市颍州区有关部门积极探索实施了特色种养业资产收益扶贫项目。按照每户4 000元扶持资金入股阜阳市颍州区内现代农业龙头企业，实施养羊项目，由40个贫困村和乡镇养羊专业合作社（非贫困村联合组建）与实施主体签订入股协议并向贫困户颁发资产收益权证书。在村集体发展项目上，安排2 000万元实施贫困村特色种养业扶贫补贴项目，直接用于40个贫困村在本村建设设施大棚、冷库、农产品初深加工车间等，坚持贫困村与新型农业经营主体共建，项目资金可与支持贫困村发展特色种养业项目资金800万元（每个贫困村20万元）一起入股新型农业经营主体，其中新型农业经营主体投入资金占55%以上，签订保底收益协议书，收益作为贫困村集体收入，也可以拿出一部分或全部用于带动本村贫困户。该区2018年特色种养业提升项目的实施，使全区近1万户贫困户户均增收320元、40个贫困村村均增收4万元。为确保特色种养业扶贫工程政策精准落实到位，阜阳市颍州区要求扶贫资产收益扶贫项目，均要通过村级"四议两公开"形式确定，以充分尊重农户的知情权、参与权和监督权。

从实地调研情况来看，阜阳市颍州区三塔集镇2018年95%以上贫困户家庭参与产业扶贫，参与家庭每年户均收入增长1 500元以上，增收的效果比较明显（如表5-9所示）。但扶贫产业较为粗放、低端且分散，持续增收能力有待进一步提高。一些贫困户家庭单独从事特色种养，经营风险和市场风险较大。对于一些年龄较大的贫困户家庭仍旧安排了需要体力劳动的产业扶贫项目，存在项目安排与贫困户实际情况不匹配问题。

表5-9　　　阜阳市颍州区三塔集镇2018年特色种养业扶贫工程

户主姓名	所在村组	致贫原因	2018年贫困阶层（2018年为标准）	户主年龄	家庭人口	是否入股	脱贫年份
于＊林	冯于	因病	（橙）生存能力受限	62岁	6人	√	2016年底

户主姓名	所在村组	致贫原因	2018 年贫困阶层 （2018 年为标准）	户主年龄	家庭人口	是否入股	脱贫年份
王＊法	冯于	因残	（橙）生存能力受限	77 岁	5 人	√	2019 年底
秦＊云	张湖	因残	（橙）生存能力受限	73 岁	4 人	√	2019 年底
张　＊	张湖	因残	（红）生存能力低下	43 岁	4 人	√	2019 年底

3. 就业脱贫工程

就业是最大的民生，就业工作是助推乡村振兴发展的有力抓手。脱贫攻坚以来，阜阳市颍州区以组织劳务输出、岗位开发、就业培训为主要工作措施，切实促进贫困劳动力实现就业脱贫增收取得明显成效。三塔集镇就业脱贫工程以外出务工为主，占有劳动力家庭近90%，年户均增收2万元以上。就业培训以外出务工技能、特色种养技术培训为主，有培训意愿的家庭全部都参加过培训，总体效果良好（如表5－10所示）。为适应乡村振兴的需要，应突出就近就地就业，适度增加公益性岗位设置，支持返乡下乡人员创业就业。

表 5－10　　　　　阜阳市颍州区三塔集镇就业脱贫工程

户主姓名	所在村组	致贫原因	2018 年贫困阶层 （2018 年为标准）	户主年龄	家庭人口	接受政策	脱贫年份
秦＊学	张湖	因残	（红）生存能力低下	47 岁	4 人	外出务工	2016 年底
张＊三	张湖	因残	（橙）生存能力受限	53 岁	1 人	公益性岗位	2018 年底
李＊英	洲孜	因灾	（橙）生存能力受限	72 岁	1 人	本地就业	2018 年底
赵　＊	张寨	技术	（黄）生存能力正常	23 岁	3 人	就业培训	2016 年底

4. 生态保护脱贫工程

为贯彻落实2015年《中共安徽省委安徽省人民政府关于坚决打赢脱贫攻坚战的决定》和2016年《关于生态保护脱贫工程的实施意见》的文件精神，阜阳市颍州区大力实施生态保护脱贫工程，加快污水处理设施建设，加强农业农村污染防治，提升农村环境综合整治，保障饮用水水源安全，加强良好水体保护，保护水和湿地生态系统，配套美丽镇村环保设施，加强农业面源污染防治，切实改善贫困区域生态环境。投资 4 800 万元，2017 年完成程集、九龙、马寨、西湖、西湖景区、三合污水处理厂及其配套管网建设；投资 2 400 万元，于 2018 年底完成三塔、袁集、王店污水处理厂及配套管网建设。到 2020 年，实现阜阳市颍州区乡镇生活污水集中处理率达到 45% 以上。

5. 智力扶贫工程

"扶贫必扶智"，智力扶贫工程包括教育扶贫和科技扶贫两个重要方面。教育扶贫让贫困地区的孩子们接受良好教育，是扶贫开发的重要任务，也是阻断贫困代际传递的重要途径。教育扶贫也可以增强贫困家庭职业技能，提升发展能力，增收致富稳定脱贫。科技扶贫发挥科技进步的优势，把技术脱贫与智力脱贫结合起来，形成脱贫攻坚合力，为全面完成脱贫攻坚任务和促进乡村振兴作出应有的贡献。阜阳市颍州区开展的智力扶贫工程主要包括学前幼儿资助、义务教育阶段寄宿生生活补助、普通高中国家助学金、普通高中免学费、营养改善计划、大学生市县助学补贴和"雨露计划"贫困家庭中高职学生教育资助。

从实地调研情况来看，占实地调研样本 10.14% 家庭中有不同年龄段学习人口，全部享受相对应的教育扶贫政策，不存在因贫失学、辍学的儿童。科技扶贫主要是开展实用种植养殖技术服务措施。阜阳市颍州区 2019 年实施智力扶贫工程情况如表 5 - 11 所示。

表 5 - 11　　　　　阜阳市颍州区 2019 年智力扶贫工程

政策名称	政策依据	政策内容
"雨露计划"贫困家庭中高职学生教育资助	《安徽省扶贫办关于调整优化"雨露计划"职业教育补助工作程序的通知》（皖扶办〔2018〕104 号）	中高职在校生每人每学年补助 3 000 元，春秋各补助 1 500 元
学前幼儿资助	《颍州区 2018 年学前教育资助工作实施方案》（阜州教助〔2018〕1 号）	对建档立卡贫困户家庭在园幼儿每学期资助 500 元

续表

政策名称	政策依据	政策内容
寄宿生生活补助	《安徽省义务教育阶段学校家庭经济困难寄宿生生活费补助管理暂行办法》（皖教财〔2014〕4号）	对义务教育阶段学校寄宿的建档立卡贫困家庭在校子女补助家庭经济困难寄宿生生活费（小学生每学期500元、初中生每学期625元）
普通高中国家助学金	《颍州区教育局　颍州区人力资源和社会保障局颍州区财政局关于印发颍州区中职学校和普通高中家庭经济困难学生资助实施办法的通知》（阜州教助〔2018〕2号）	资助全日制普通高中学籍建档立卡在校生每学期1 500元
普通高中免学费	《颍州区教育局　颍州区人力资源和社会保障局颍州区财政局关于印发颍州区中职学校和普通高中家庭经济困难学生资助实施办法的通知》（阜州教助〔2018〕2号）	普通高中在籍在校建档立卡贫困家庭学生免学杂费，就读省示范高中每学期850元、市示范高中每学期700元、普通高中每学期350元
普通高校家庭经济困难新生入学资助	《安徽省教育厅关于做好2018年普通高校家庭经济困难新生入学资助项目的通知》（皖教秘〔2018〕338号）	普通高中应届毕业生中参加高考并被全日制普通高等院校录取的家庭经济困难学生，资助标准为省内院校录取500元/生、省外院校录取1 000元/生
中职学校国家助学金	《关于印发阜阳市中职和普通高中家庭经济困难学生资助工作实施办法的通知》（阜教助〔2015〕1号）	全日制正式学籍一、二年级建档立卡贫困家庭在校学生每人每年2 000元
营养改善计划	《中共颍州区委办公室　颍州区人民政府办公室印发〈颍州区产业精准脱贫工程实施方案〉等十二个脱贫攻坚配套文件的通知》（阜州办〔2016〕11号）	对颍州区户籍的建档立卡家庭中，在园幼儿每人每学年资助750元、小学每人每学年资助1 000元、初中每人每学年资助1 250元、普通高中每人每学年资助1 000元
大学生市县助学补贴	《阜阳市建档立卡贫困家庭大学生资助工作实施方案》（阜教办〔2017〕27号）	建档立卡贫困户中接受普通高等教育全日制本科在校学生每年2 000元
实施科技扶贫项目	关于做好2019年度县级科技扶贫项目备案的通知	通过严格筛选农业企业申报省、市科技扶贫项目，为产业脱贫、就业脱贫提供科技支撑
选派科技特派员	皖科农〔2019〕19号关于组织开展科技特派员与贫困村结对服务工作通知	开展科技特派员对贫困村科技服务和创业带动
农业实用技术培训		以贫困村为主，对贫困人口进行农业种植、养殖等实用技术培训
农村致富带头人培训	《关于大力培育贫困村创业致富带头人的实施方案》（阜州扶组〔2018〕80号）	在40个贫困村培训160人致富带头人，每人至少带动3户贫困户

6. 社保兜底脱贫工程

脱贫攻坚期间，阜阳市颍州区重点关注未脱贫户、脱贫不稳定户、边缘易致贫户三类人群，实现应保尽保（如表5-12所示）。通过提高城乡低保标准（每人每年7 368元）、稳定低保保障面和逐步提高补差水平，动态保持与扶贫线"两线合一"，切实提高贫困家庭收入水平，稳定脱贫、不返贫、不致贫。从实地调研数据分析，所有低保、五保都实现了与贫困线的"三线合一"，占比超过20%，覆盖面较大。每人年均保障性收入超过5 000元，兜底保障水平较高。但存在过度保障和应急保障的问题，低保家庭中分户老人占比超过60%（不少分户老人子女收入水平很高），2018年办理低保家庭超过30%，说明精准识别、精准帮扶工作应进一步提升。

表5-12 　　　　　　阜阳市颍州区三塔集镇社会兜底扶贫工程

户主姓名	所在村组	致贫原因	贫困阶层（2018年为标准）	户主年龄	家庭人口	享受兜底帮扶措施	脱贫年份
王＊位	张湖	因病	（橙）生存能力受限	56岁	3人	低保	2018年底
刘＊友	张湖	因残	（红）生存能力低下	52岁	1人	低保	2019年底
甘＊友	洲孜	因残	（橙）生存能力受限	72岁	2人	五保	2018年底
张＊昌	冯于	因病	（橙）生存能力受限	89岁	2人	五保	2019年底

7. 健康脱贫工程

阜阳市颍州区实施健康脱贫兜底"351""180"工程，将建档立卡贫困人口在安徽省内医疗机构发生的住院、特殊慢性病门诊及限额内门诊合规费用纳入政府兜底保障范围。通过基本医保、大病保险、医疗救助政策补偿后，贫困人口在省内县域内、市级、省级医疗机构就诊的，个人年度自付封顶额分别为0.3万元、0.5万元、1万元。实际调研中，26.5%因病、因残致贫家庭享受了相应的医疗救助政策，全部贫困家庭享受了代缴保费和健康体检服务政策（如表5-13所示）。2018年度生病住院的27户家庭中，在享受所有健康脱贫政策后，个人支付金额都没有超过0.5万元

（个别家庭成员患有重大疾病），说明健康脱贫工程的保障能力强。但区政府为贫困户代缴基本医疗和重大疾病保险费的做法可能助长了一些贫困户"等靠要"思想，形成贫困户和非贫困户巨大心理落差，导致一些非贫困户的不满。

表5-13　　　　　　　　　阜阳市颍州区三塔集镇健康脱贫工程

户主姓名	所在村组	致贫原因	贫困阶层（2018年为标准）	户主年龄	家庭人口	帮扶措施	脱贫年份
甘＊良	洲孜	因残	（橙）生存能力受限	38岁	4人	代缴保费健康体检351政策	2017年底
白＊银	冯于	因残	（红）生存能力低下	49岁	3人	代缴保费健康体检	2018年底
李＊堂	冯于	技术	（橙）生存能力受限	47岁	4人	代缴保费健康体检	2017年底
王＊廷	张湖	因病	（黄）发展能力受限	65岁	6人	代缴保费健康体检慢性病保险	2019年底

8. 金融扶贫工程

脱贫攻坚工作中，贫困户发展产业面临资金不足和风险较大等难题，需要加大金融扶贫力度，解决资金和保险等金融难题。金融扶贫方式较多，其中最为典型的是小额信贷、特色农产品保险，以及贷款担、贷款贴息等。为促进贫困家庭户、易致贫群体的发展生产、提高经营收入水平，提升群众生产能力和长期发展能力，阜阳市颍州区多措并举，重点开展扶贫小额信贷工作，对有发展生产意愿、符合条件的贫困群众积极办理小额信贷，做到"应贷尽贷"。实际调研中，有超过20%的农户获得了小额两免信贷，每户贷款额超过3万元，主要用于发展生产。但小额信贷中80%以上的贫困户都是采用合作或委托入股生产方式，将资金交由龙头企业使用，自己获得年终分红，自身其实并未参与生产经营（如表5-14所示）。这种金融扶贫工程的具体做法存在两个方面的缺陷：一是贫困户风险大。

全部信贷资金交由龙头企业使用管理，自身不参与实际生产经营，失去对资金使用的监督管理权利，遭受生产经营市场风险、龙头企业道德风险的可能性较大。二是不利于提升贫困户自主脱贫动力。在某种意义上说，贫困户坐收红利，而没有付出任何劳动，不利于激发贫困户内生动力。

表 5 - 14 阜阳市颍州区三塔集镇金融扶贫工程

户主姓名	所在村组	致贫原因	2018 年贫困阶层（2018 年为标准）	户主年龄	家庭人口	是否入股	脱贫年份
刘 * 军	冯于	缺资金	（橙）生存能力受限	48 岁	3 人	是	2017 年底
谷 * 芳	三塔	缺资金	（橙）生存能力受限	46 岁	4 人	是	2018 年底
刘 * 敏	三塔	缺资金	（红）生存能力低下	50 岁	5 人	是	2017 年底
秦 * 才	吴大	缺资金	（红）生存能力低下	51 岁	3 人	否	2019 年底

9. 社会扶贫工程

为取得脱贫攻坚的全面胜利，需要发挥全社会力量，形成人人关心扶贫、人人参与扶贫的大扶贫格局。在社会扶贫工程中，最为典型的是东西协作扶贫、政府工作人员和社会团体结对帮扶、企业主体联系帮扶等。安徽省在社会扶贫中大胆创新，产生了"四带一自"模式①，效果非常显著。这里以安徽省阜阳市颍州区安徽福中和牧业有限公司（以下简称"福中和牧业"）社会扶贫情况为例，来说明龙头企业带动的机制和作用。

福中和牧业成立于 2017 年 9 月，以三塔集镇作为核心种羊繁育基地，通过带动和培育新型农业经营主体在安徽省阜阳市全域发展繁育型和育肥型基地，最终实现存栏规模 100 万只，为肉制品深加工提供稳定的原料。福中和牧业为发挥企业在精准扶贫工作中的重要作用，创新产业扶贫模式，按照"龙头企业 + 贫困村（合作社）+ 贫困户"模式，以提升特色种养业为主线，带动全区贫困村、贫困户增收，提升、巩固脱贫成果，促进

---

① 园区带动、龙头企业带动、农民合作社带动、经营大户带动和贫困群众自主发展产业的"四带一自"模式，带动贫困村和贫困户发展产业，实现持续稳定增收。

现代农业发展。2018 年，将 3 882 万元特色种养业提升项目资金，按贫困户分布情况分配给全区 40 个贫困村和以乡镇街道为单位成立的羊产业专业合作社，由贫困村和羊产业专业合作社将资金入股到福中和牧业发展羊产业扶贫项目，签订《保底收益协议书》，约定年收益不低于 8%，脱贫攻坚期内，收益全部用于带动全区的贫困户，完成脱贫摘帽任务后，项目资金及收益由乡镇街道统筹安排发展村级经济，增加村集体收入，巩固脱贫成果，项目由福中和牧业依法经营，依法按约支付收益，贫困村及合作社不参与经营，不承担项目风险，除不可抗力的因素外，若项目经营困难或持续亏损，由福中和牧业偿还贫困村及合作社全部项目资金本金。

至 2019 年 5 月，福中和牧业羊产业扶贫项目共涉及阜阳市颍州区 14 个乡镇（办事处）、40 个贫困村，带动贫困户共计 9 705 户，其中贫困村贫困户 3 906 户、非贫困村贫困户 5 799 户。共使用特色种养业提升项目资金 3 882 万元，其中，贫困村入股模式使用项目资金 1 562.4 万元，合作社入股模式使用项目资金 2 319.6 万元，已全部拨付到位。已支付项目收益 310.56 万元，其中，贫困村入股模式支付项目收益（8%）124.99 万元，每股（一户）年均收入分红不低于 1 500 元，合作社入股模式支付项目收益（8%）185.568 万元。

（二）脱贫攻坚时期乌蒙山区织金县的反应行动机制

党的十八大以来，织金县贯彻落实习近平总书记关于脱贫攻坚重要论述精神和中央、省、市决策部署，团结全县各族人民，协调东西协作扶贫，不断深化产业扶贫、就业扶贫、科技扶贫、教育扶贫、健康扶贫和易地搬迁扶贫，制定实施脱贫攻坚后续巩固措施（如表 5 - 15 所示），促进了贫困人口稳定脱贫、不返贫，经济社会持续稳定发展。

表 5 - 15　　　　　　　　　　织金县脱贫攻坚工程

扶贫工程	具体实施细则	实施对象
危房改造工程	危房加固、拆除重建等	由区域性覆盖到全体覆盖
产业扶贫工程	特色种养业、光伏扶贫、乡村旅游扶贫、电商扶贫等	因户施策；整体覆盖

扶贫工程	具体实施细则	实施对象
转移就业工程	外出务工、扶贫车间、公益岗位、就业培训	因户施策
异地扶贫搬迁工程	易地搬迁	区域性覆盖
教育扶贫工程	义务教育"两免一补"、苦难补助、助学贷款等	因户施策
兜底保障工程	养老保险、残疾补助、五保补助、低保补助等	因户施策
医疗保障工程	基本医疗、医疗救助、大病保险、家庭医生等	全体覆盖
金融扶贫工程	小额信贷、财政转移支付等	因户施策
社会扶贫工程	驻村工作队、干部包户、结对帮扶、东西协作等	区域性覆盖

1. 危房改造工程

实地调研的 610 户脱贫户中，有 609 户报告至少有 1 处自有住房。其中 198 户（32.45%）自 2014 年来享受了危房改造政策，户均补贴不低于 1.4 万元，户均改造面积为 88.55 平方米。198 户危房改造户中，195 户（98.48%）危房改造完工验收，3 户（1.52%）尚未完工验收。

2. 易地扶贫搬迁工程

实地调研的 610 户脱贫户中，有 31 户享受了易地扶贫搬迁政策，户均新房面积 81.41 平方米，人均 21.13 平方米，符合易地扶贫搬迁人均 25 平方米的控制面积要求。31 户易地搬迁户中，29 户（93.55%）已入住，有 2 户（6.45%）已经达到搬迁入住条件，由于自身原因还没有入住。2 户（6.45%）在易地搬迁建房时有借款，户均借款（不包含购买家具及家用电器等费用）17 500 元。

异地搬迁后，29 户已入住的易地扶贫搬迁户在就业务工、产业发展（含经商创业）、义务教育条件、医疗保障、住房、交通六个方面得到改善和仍然有待解决的情况。由于织金县易地扶贫搬迁主要以跨区县搬迁和县城安置为主、中心集镇安置为辅，因此从农村迁入城市，极大地解决了搬迁户的住房问题、就医问题、孩子教育问题，并提供了一定的就业务工机会和产业发展平台；但是，农民直接进入城市，离开原来的土地后，就业务工机会和产业发展也是移民们迫切希望政府帮助解决的问题。29 户已入住的搬迁户中，24 户（82.76%）搬迁后的主要收入来源是务工，2 户（6.90%）主要靠政府补贴，2 户（6.90%）以经商为主，有 1 户（3.45%）仍然依靠务农获得收入（如图 5 - 8 所示）。

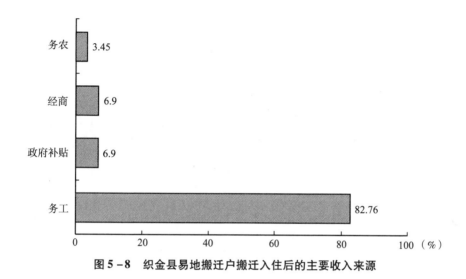

图 5 - 8 织金县易地搬迁户搬迁入住后的主要收入来源

3. 教育扶贫工程

实地调研中，249 户脱贫户家庭中有义务教育阶段在校生。其中，230 户（92.37%）享受了免费营养餐；130 户（52.21%）享受了寄宿补贴；228 户（91.57%）享受了免学杂费；227 户（91.16%）享受了免书本费（如表 5 - 16 所示）。

表 5 - 16 织金县脱贫户家庭义务教育在校生享受相关补助政策情况

问题	选项	户数	百分比（%）
如果家中有义务教育阶段学生，享受过哪些补助政策	免费营养餐	230	92.37
	寄宿补贴	130	52.21
	免学杂费	228	91.57
	免书本费	227	91.16

4. 健康扶贫工程

实地调研76户有慢性病人的脱贫户中，72户（94.74%）在2018年享受过慢性病救助政策，2户（2.63%）表明没有享受慢性病政策，另有2户（2.63%）不清楚是否享受。

11户有大病病人的脱贫户中，所有病人（100%）均去医院看过病，其中自己看病开销的均值为6 048.45元。11户看过大病的农户中，反映需要交押金的1户（9.09%）、不需要交押金的10户（90.91%）。11户看过大病的农户中，全部（100%）反映住院报销采取一站式服务。

全部91户有残疾人的脱贫户中，80户表示家中至少有1名残疾人拥有残疾人证。其中，22户有一、二级残疾人的家庭全部（100%）表示2018年家中残疾人均得到了残疾人相关补贴（如表5－17所示）。

表5－17　　　织金县脱贫户家庭残疾人2019年享受补助政策情况

问题	选项	户数	百分比（%）
如果家中有一、二级残疾人，2018年是否得到残疾人补贴	一、二级残疾人均得到补贴	22	100
	部分一、二级残疾人得到补贴	0	0
	一、二级残疾人都没有得到补贴	0	0

5. 产业扶贫工程

实地调研的全部610户脱贫户中，得到过各类产业扶贫帮扶措施的具体情况如下：有507户（83.11%）加入了合作社。以财政资金、土地、信贷资金、自有资金等方式入股了合作社的有372户（60.98%）（如图5－9所示）。其中以土地方式入股的有103户（27.68%）；以财政资金入股的有235户（63.17%）；信贷资金入股的有7户（1.15%）；自有资金（资产）入股的有24户（6.45%）；其他方式入股的有3户（0.81%）。292户（78.49%）表示合作社给予分红。得到分红的292户脱贫户中，152户（52.05%）表明参与了合作社的生产经营活动，140户（47.95%）表明没有参与。在入股合作社的372户脱贫户中，327户（87.90%）认为合作社经营良好，22户（5.91%）认为经营情况一般，22

户（5.91%）表示不知道或不适用，1 户（0.27%）认为没有经营活动。

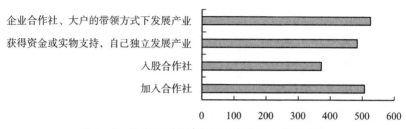

图 5 – 9　织金县脱贫户得到的各种产业扶贫户数

在企业、合作社与大户的带领方式下发展产业的脱贫户有 525 户（86.07%），享受合作社提供技术服务的有 422 户（80.38%），享受合作社代购生产资料的有 214 户（40.76%），享受合作社代销产品的有 195 户（37.14%），通过托管托养方式的有 70 户（13.33%），享受分红方式的有 236 户（44.95%）（如图 5 – 10 所示）。

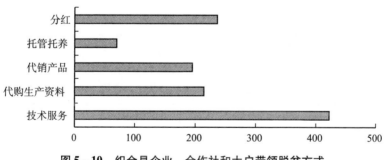

图 5 – 10　织金县企业、合作社和大户带领脱贫方式

表明获得资金或实物支持、自己独立发展产业的有 483 户。其中发展种植业与养殖业的有 482 户（99.79%）。目前仍有 445 户（92.13%）自己发展的产业继续在做。其余 38 户（7.87%）没有继续做的脱贫户中，21 户（55.26%）表明自己不想做了，2 户（5.26%）表明失败了，2 户（5.26%）外出务工，13 户（34.21%）因其他原因不养殖了。

589 户（96.56%）表示得到产业扶贫帮扶措施后，对家庭的增收有帮助，1 户（0.16%）表示没有帮助，20 户（3.28%）表示不适用。

6. 转移就业扶贫工程

建档立卡以来，家中有人参加过就业培训的有 374 户，占 61.31%，户均 1.33 人次参加过培训。其中，认为培训对找工作有帮助的有 364 户（97.32%）。

建档立卡以来，家中有人参加政府组织的外出务工活动的有 76 户（12.46%），户均 1.58 人由政府组织外出务工。

建档立卡以来，家里有人在县、乡或村里的公益岗位、扶贫车间工作（如保洁、护林员、车间工人等）的有 133 户，占 21.80%，户均 1.12 人。

7. 金融扶贫工程

实地调研 610 户脱贫户中，知道扶贫小额信贷的有 514 户，占 84.26%，扶贫小额信贷的知晓率相对较高。借过小额信贷的有 116 户，占 19.02%，户均借款 44 568.97 元，借款均为政府全额贴息。没有借款的 398 户中，没有借款需求的 370 户（92.96%）；有需求但借不到的 1 户（0.25%）；其他 27 户（6.78%）因为其他原因而没有借款，其中主要的原因包括：害怕还不起贷款的 10 户（37.03%）、不符合贷款条件的 16 户（55.17%），因为身体不好无劳动能力的 1 户（3.70%）等（如表 5 - 18 所示）。

表 5 - 18　　　　　　织金县贫困户未获得小额信贷的原因

问题	选项	户数	百分比（%）
若没有借过扶贫小额信贷，原因是什么	没有借款需求	370	92.96
	有需求但借不到	1	0.25
	其他	27	6.78

在借款的使用方式上，自贷自用的有 110 户（94.83%）、户贷企用或类似情况的有 6 户（5.17%）。自贷自用的 110 户中，借款用于发展种养殖业的有 97 户（88.18%），用于搞个体经营的有 2 户（1.82%），用于盖房的有 8 户（7.27%），用于看病的有 2 户（1.82%），用于其他方面的有 1 户（0.91%）（如图 5 - 11 所示）。户贷企用或类似情况的 6 户入股或转

借给企业与合作社的期限是 3 年。脱贫户中，2019 年收到分红的有 5 户（83.33%），没有收到分红的有 1 户（16.67%）。借过小额信贷的 116 户中，认为借款对家庭增收有帮助的 114 户（98.27%），认为贷款对家庭增收没有帮助 2 户（1.73%）。

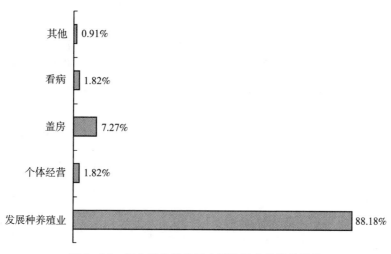

图 5 - 11　织金县自贷自用小额信贷户的借款用途

8. 社会扶贫工程

织金县社会扶贫工程主要包括干部驻村帮扶（乡镇成立由县级领导挂帅的扶贫专班）、社会团体对口帮扶和东西扶贫协作。一是干部驻村帮扶。14 名县级领导挂任脱贫任务较重的乡镇党委第一书记，65 名县直部门主要领导一线蹲点帮扶，388 名优秀年轻干部担任村"第一书记"，597 名包村干部长期驻守一线，1 万余名干部入户开展"万名干部下基层"行动。实地调研的 610 户脱贫户都知道自己家有帮扶责任人。610 户知道家里有帮扶责任人的农户中，认为帮扶责任人对家里有明显帮助的有 480 户（78.69%）、认为有帮助的有 129 户（21.15%）、认为帮助不大的有 1 户（0.16%），总体上对驻村帮扶认可度较高。二是社会团体对口帮扶。织金县发挥"统一战线聚力脱贫攻坚暨多党合作参与毕节试验区建设"的政治优势，借助全国工商联及民主党派对口帮扶平台，形成"四向"对口帮扶新机制。

2019 年，争取到全国工商联组织捐赠项目帮扶资金 4 906.5035 万元。引进宝龙集团投资 1 972 万元实施帮扶项目，项目涉及 22 个乡镇（街道）27 个贫困村，覆盖建档立卡贫困户 1 015 户 3 512 人。三是东西扶贫协作。2016 年以来，在东西部扶贫协作政策的推动下，广州市花都区和增城区先后对口帮扶织金县。在对口帮扶中，通过抓好互访交流、人才交流、帮扶项目、产业合作、就业扶贫、教育医疗等工作，织金县各项事业高效推进，成效显著，顺利通过了第三方摘帽评估、脱贫攻坚普查、国务院扶贫办数据质量评估抽查。2019 年，织金县东西部扶贫协作工作代表全省、全市接受国务院第三方考核评估，助力省、市获得"好"的等次。

四、有效衔接时期的反应行动机制

2020 年以后，消除绝对贫困和区域性整体贫困的脱贫攻坚工作胜利完成，农村扶贫工作的中心将转移到作为脱贫攻坚长效机制的第二阶段工作，巩固拓展脱贫攻坚成果与乡村振兴的有效衔接，从脱贫攻坚稳步过渡到乡村振兴，从"两不愁三保障"过渡到"产业兴旺、生态宜居、乡风文明、治理有效、生活富裕"。在有效衔接时期，各地农村工作是贯彻落实"四个不摘"要求，切实做好脱贫攻坚政策措施的调整，顺利完成产业、人才、文化、生态和组织方面的有效衔接。

（一）有效衔接时期阜阳市颍州区的反应行动机制

1. 基本思路

有效衔接时期内，阜阳市颍州区贯彻落实"四个不摘"要求，坚持巩固拓展脱贫攻坚成果与稳步推进乡村振兴有效衔接，"五位一体"分类分步实施帮扶，重点关注脱贫户、边缘户和特殊困难群体的生产生活，确保不返贫和不致贫。一是持续发展产业，实现从产业扶贫到产业振兴转变。找准产业发展衔接点，培育新型经营主体，催生新型发展模式，不断优化产业园区、农业产业化龙头企业、农民专业合作社、家庭农场、种养大户等新型经营主体营商环境，鼓励支持企业发展多种形式规模经营，提升市场竞争力，构建现代农业产业体系，推进脱贫攻坚与乡村振兴多元化有机衔接。二是壮大人才队伍，实现从扶贫尖兵到人才振兴转变。坚持志智双扶，通过开展劳动力转移培训、农村实用技能培训等，以精神激励人、以智力带动人，确保贫困群众产生"我要脱贫"的强烈意愿、具备"我能脱贫"的发展能力。坚持"内育""外引"相结合，培养一批懂农业、爱农村、爱农民的新农民、新企业家、新技术专家，激励其发挥"带头人"和"突击队"示范引领作用。三是推动文明乡风，实现从文化扶贫到文化振兴转变。坚持以社会主义核心价值观为引领，注重因地制宜、因人施策。一方面，线上与线下两个平台深度融合，丰富农村群众接触理论知识的途径；另一方面，充分依托乡规民约、族谱家训等传统道德资源，持续挖掘并宣传身边典型，形成示范引领效应，弘扬中华民族传统美德，教育引导村民向上向善、孝老爱亲、重义守信、勤俭持家，培育文明乡风、良好家风、淳朴民风。四是培育生态农业，实现从生态扶贫到生态振兴转变。牢固树立"绿水青山就是金山银山"和"人不负青山，青山定不负人"的绿色发展理念，以生态振兴促进宜业、宜居、美丽乡村建设，坚持走生态优先、绿色发展之路，促进生态扶贫与生态振兴有效衔接，力争如期实现农业强、农村美、农民富的乡村振兴目标，确保广大农村地区既留得住"美丽乡愁"，又兼具生态优长，为实现乡村振兴奠定生态基础。五是完善乡村治理，实现从乡村能治到乡村善治转变。继续发挥驻村工作队的传帮带作用，完善定点联系机制，指导帮扶基层党组织，确保基层党组织能够充分发挥组织优势，成为"不走的工作队"、实施乡村振兴战略的"主心骨"，切实将广大基层党员和群众的思想、行动、力量和智慧凝聚起来，使他们齐心聚力投身乡村经济社会建设中。

2. 健康扶贫政策调整

根据安徽省医保局等七部门印发了《安徽省巩固拓展医疗保障脱贫攻坚成果有效衔接乡村振兴战略实施方案》（以下简称《实施方案》），从2022年1月1日起，对脱贫县在规定的5年过渡期内，调整现行"351""180"健康扶贫政策，通过基本医疗保险、大病保险、医疗救助三重保障制度，梯次减轻参保人员医疗费用负担。《实施方案》聚焦全面助力乡村振兴，在分类调整医疗保险倾斜政策的基础上，合理确定农村医疗保障待遇。建立防范化解因病返贫致贫的长效机制，通过增强基本医疗保险保障功能、提高大病保险保障能力、夯实医疗救助托底保障，构筑三重制度综合保障防线（如图 5-12 所示）。

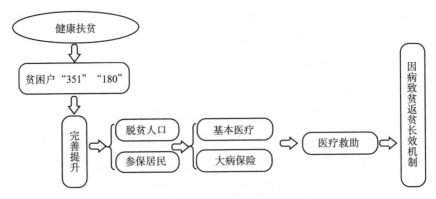

图 5-12　有效衔接时期阜阳市颍州区健康扶贫政策调整

对照《实施方案》要求，阜阳市颍州区一方面分类调整医保倾斜政策，调整健康脱贫综合医疗保障政策等脱贫攻坚期内的超常规措施安排，基本医疗保险报销政策不再对脱贫人口倾斜支付，对所有参保人员实行公平普惠保障；大病保险报销政策对特困人员、低保对象、返贫致贫人口给予倾斜支付；"351""180"等特殊保障政策转为通过医疗救助实行托底保障。另一方面增强基本医保保障功能。巩固提高基本医保待遇水平，在区内就诊发生的政策范围内住院费用支付比例稳定在 70% 左右。优化城乡居民基本医疗保险高血压、糖尿病门诊用药保障机制，确保"两病"患者用药保障和健康管理全覆盖。此外，还将提高大病保险保障能力。持续巩固完善城乡居民大病保险保障政策，大病保险起付线调整至上年全省居民人均可支配收入的 50% 左右（为 1 万 ~ 2 万元），最低合规费用段支付比例稳定在 60% 左右。大病保险对特困人员、低保对象和返贫致贫人口实施倾斜支付，较普通参保居民起付线降低 50%（为 0.5 万 ~ 1 万元），报销比例提高 5 个百分点（最低合规费用段支付比例 65% 左右）、全面取消封顶线。在夯实医疗救助托底保障方面，特困人员、低保对象、返贫致贫人口、监测人口，在参保地定点医疗机构或按规定转诊异地就医发生的合规医疗费用，经基本医疗保险、大病保险等报销后的个人自付部分按规定给予救助。特困人员、低保对象医疗救助不设起付线，救助比例分别不低于80%、75%，返贫致贫人口医疗救助起付线1 500元、救助比例不低于70%，监测人口医疗救助起付线3 000元、救助比例不低于60%，年度救助限额最高5万元左右。经三重保障制度支付后个人负担仍然较重的，适当给予倾斜救助。在建立防范化解因病致贫返贫长效机制方面，稳定脱贫人口和其他普通参保居民中符合条件的大病患者，可依申请享受医疗救助待遇。

（二）有效衔接时期乌蒙山区织金县的反应行动机制

深入贯彻落实"四个不摘"要求，严格按照中央、省、市决策部署，在"真脱贫、防返贫"上下功夫，进一步巩固提升脱贫成效，实现已脱贫人口稳定可持续脱贫、不返贫的工作目标，为织金县全面建成小康社会、推进脱贫攻坚与乡村振兴有效衔接和相对贫困有效治理奠定坚实基础。

1. 基本思路

脱贫攻坚全面胜利以后，全县上下切实提高政治站位，坚决做到"两个维护"，牢固树立"四个意识"，全面抓好脱贫攻坚责任落实、政策落实、工作落实，进一步巩固提升脱贫成效。坚持摘帽不摘责任，健全完善"四个体系"，继续强化党政一把手负总责的责任制，建立可持续的脱贫长效机制，强化脱贫产业可持续发展，切实做到力度不减、全面统筹推进、确保脱贫不返贫。坚持摘帽不摘政策，坚持以基础设施为重点、以产业发展为支撑、以民生事业为根本、以创业就业为载体，不断改善脱贫群众人居环境，做强做大特色产业，加快推动一二三产业融合发展，确保脱贫群众持续稳定增收。坚持摘帽不摘帮扶，进一步优化帮扶队伍、聚焦帮扶重点、凝聚帮扶力量，扎实开展帮扶工作，做到政策落实到户、产业和就业扶贫措施落实，扎实抓好人居环境整治、倡导文明新风、激发群众内生动力等重点工作，确保贫困群众后续发展有序有效。坚持摘帽不摘监管，强化扶贫信息监管、扶贫资金监管、扶贫作风监管和扶贫风险监管，全面巩固脱贫攻坚成果。扎实做好东西部扶贫协作各项工作，助推全县按时高质量打赢脱贫攻坚战。为巩固拓展全面脱贫攻坚成果，提升脱贫攻坚质量，织金县出台了《关于做好脱贫攻坚后续安排和巩固提升工作的通知》，突出监测预警与动态帮扶、"3+1"保障成果巩固、基础设施改善提升、产业就业扶持支持、易地扶贫搬迁后续扶持、扶贫资产运行管理等重点工作，细化产业发展、易地搬迁、民生保障、内生动力等各领域的具体政策措施和工作内容，明确了责任单位，强化了政策保障，确保取得工作实效，确保2020年实现全面小康，助推乡村振兴战略。

2. 异地扶贫搬迁后续帮扶

"十三五"时期，贵州省共实施易地扶贫搬迁192万人，累计建成949个集中安置点。其中：织金县实施近3万余人异地搬迁，建成集中安置点10个，基本位于辖区的县城、中心镇和中心村。为确保异地搬迁群众"搬得出，要稳得住，能逐步致富"，解决好"搬出来后怎么办"问题，防止异地扶贫搬迁群众规模性返贫，织金县围绕易地扶贫搬迁群众，用足用好五年"过渡期"政策，保持财政资金支持政策、金融服务政策、土地支持政策、人才智力支持政策等总体稳定，健全防止返贫监测帮扶机制，继续加强产业帮扶和就业帮扶，落实好易地扶贫搬迁后续扶持政策，推动脱贫攻坚政策举措和工作体系逐步向乡村振兴平稳过渡，确保实现同乡村振兴有效衔接。一是加强返贫致贫监测。开展"回头看"大排查，持续跟踪脱贫户收入变化、"两不愁三保障"及饮水安全巩固情况，对脱贫不稳定户和边缘易致贫户及时发现、及时帮扶，确保动态清零。二是加大创业就业帮扶。分门别类建好劳动力就业创业台账，并实施动态管理，确保搬迁群众劳动力家庭实现至少1人以上稳定就业，积极拓宽就地就近就业渠道，继续做好东西部劳务协作工作。目前织金县引进服装加工厂、食品加工厂等企业，建立扶贫车间，再通过劳动技能培训、劳务输出、创业扶持、提供公益岗位等方式，实现解决县内就业岗位4000个、县外就业岗位3万余个。三是继续选派第一书记和工作队。按照中共中央办公厅印发的《关于向重点乡村持续选派驻村第一书记和工作队的意见》要求，继续向脱贫村、易地扶贫搬迁安置点等选派优秀干部，确保帮扶力量不减弱。织金县从76个县直单位部门选派374名第一书记和823名工作队员奔赴33个乡镇（街道）399个村接续乡村振兴（如图5-13所示）。

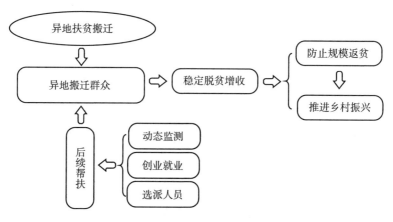

图 5 - 13 织金县异地扶贫搬迁后续政策

第四节 本 章 小 结

党的十八大以来，以习近平同志为核心的党中央创造性地提出了"创新、协调、开放、共享、绿色"新发展理念。全体干部群众以新发展理念为指引，以脱贫攻坚统领经济社会发展全局，全面探索精准扶贫、精准脱贫新模式新路径，为实现 2020 年底现行标准下农村贫困人口全面脱贫、全面建成小康社会和开启乡村振兴新征程打下了坚实基础，为全世界减贫事业作出了巨大贡献。脱贫攻坚任务全面完成以后，全党全国人民仍旧需要贯彻落实新发展理念，巩固拓展脱贫攻坚成果，促进"十四五"国民经济和社会发展规划全面实现，推动我国各项事业高质量发展，为全面实现社会主义现代化和第二个"百年目标"而努力奋斗。

本章首先阐述新发展理念与脱贫攻坚长效机制的反应行动机制的深层逻辑。依据贫困风险监测结果，将农村地区全部人口按照贫困风险等级划分为五类，即生存能力低下、生存能力受限、发展能力受限（生存能力正常）、发展能力一般、发展能力优越正常，实施有机统一、各有侧重的创新、协调、绿色、开放、共享五大发展理念下反应行动机制。新发展理念下扶贫行动计划，旨在推进脱贫攻坚精准化和长效化，以及有效衔接时期巩固脱贫攻坚成果、推进乡村振兴的常态化。创新发展理念下反应行动机制是脱贫攻坚的根本动力，按照习近平总书记提出的"六个精准""五个一批"的要求，实施精准扶贫理念、扶贫模式、科学技术和体制机制创新。协调发展理念下反应行动机制是脱贫攻坚的手段，即进行城乡协调、区域协调、扶贫和脱贫协调、部门系统协调、扶贫政策协调、一二三产融合等。绿色发展理念下反应行动机制是脱贫攻坚的必由之路，即关注农村环境综合治理、绿色产业体系构建和建立健全生态补偿机制等问题。开放发展理念下反应行动机制是脱贫攻坚的必然要求，即开展区域合作、国际合作和实施脱贫攻坚"互联网＋"。共享发展理念下反应行动机制是脱贫攻坚的目标指向，即促进农民增收脱贫、返乡下乡创业、关怀农村"三留"人员、公共服务均等化，以及统筹基础设施建设等。其次，主要围绕脱贫攻坚时期全面脱贫和有效衔接时期巩固脱贫攻坚成果、推进乡村振兴等阶段性目标任务，构建新发展理念下反应行动机制，主要包括五类人群划分、五级响应预案、分类处置计划和分步实施方案。最后，以安徽阜阳市颍州区、贵州乌蒙山区织金县为例，分析两地五类人群划分、五级响应预案制定情况，重点按照脱贫攻坚时期、有效衔接时期详细分析脱贫攻坚政策分类处置和分步实施的具体情况和实际效果，揭示存在的问题和不足，为完善相应政策措施提供科学依据。

第六章

新发展理念下脱贫攻坚监督评价机制

监督评价机制是对精准识别、精准帮扶的过程和结果，以及实施的政策措施满意度和效果的一种监督评价行为、路径方法和制度设计的总称，是提高脱贫攻坚各个时期脱贫效果、扶贫模式和扶贫资金效率，整体提升群众满意度和获得感的保障机制。监督评价机制一般依据农村全部人口系统信息，采用政府考核和社会监督相协调、定性评估和定量评价相结合模式，对脱贫攻坚的成效进行计算分析，为脱贫攻坚绩效考核和责任落实，以及确定奖罚的对象提供客观公正的依据。脱贫攻坚评估既要评估脱贫攻坚结果的符合性，更要评估脱贫攻坚过程的效率性，重点判断减贫的真实性和长效性，防止"被脱贫""数字脱贫"，以及脱贫攻坚过程中的官僚主义和形式主义；既应重视脱贫攻坚政策效果的评价，更应重视脱贫攻坚政策本身的评价，准确反映脱贫攻坚政策的社会影响和经济效率。

第一节　新发展理念与监督评价机制的内在逻辑

监督评价机制贯彻落实新发展理念，发挥多元主体监督评价优势，对贫困治理各个时期的脱贫政策、脱贫全过程、脱贫结果真实性、脱贫项目和脱贫资金使用效果进行客观、公正监督评价，更好地促进脱贫政策的完善，提升脱贫过程的合规性、脱贫结果的效率性（如图 6 - 1 所示）。

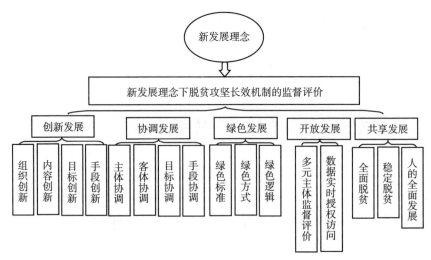

图 6 - 1 新发展理念与监督评价机制的内在逻辑

一、创新发展理念与监督评价机制的内在关联

创新发展理念同样是监督评价机制的动力源泉，解决了监督评价的主体、目标、内容和方法创新等问题。

（一）组织创新：多元主体监督评价

贫困治理是整个社会关注的热点，关系到经济社会持续稳定发展，也事关每个人、每个主体和每个组织的利益。监督评价机制构建了包括各级政府（中央和地方）、各级人大、政协、检察机关、社会团体、企业组织和社会个人等在内的多元监督评价主体，各主体履行不同的监督评价职能，监督评价重点各不相同，形成协调配合的有机整体。例如，中央开展的脱贫攻坚专项巡视，主要检查中央脱贫攻坚方针政策落实、脱贫攻坚主体责任履行、扶贫领域官僚主义和形式主义，以及职能部门作用、工作作风等问题。

（二）目标创新：脱贫结果真实性与效率性统一

贫困治理各个阶段的目标和任务是不相同的，各有侧重。监督评价机制通过发挥不同主体的职能和个人的主观能动性，在保障脱贫结果真实性的同时，又促进了脱贫效率的提升，促进脱贫结果真实性和效率性统一。例如，脱贫攻坚时期，监督评价的最终目标是保证贫困人口全面脱贫、消除绝对贫困和区域性整体贫困。监督评价机制不仅促使目标和要求如期达到，而且监督评价过程中脱贫模式、脱贫项目和脱贫资金等合法性、合理性和效率性监督评价又促进了脱贫工作质量提升。

（三）内容创新：符合性测试与效率性评估贯通

作为社会科学问题，贫困治理不能像自然科学那样，可以通过实验结果来评判脱贫方案的效果，作为全面小康社会的基础，全国人民都非常关注并积极投入贫困治理，脱贫政策、模式、项目和资金的使用效果，又不能通过长期的"控制对象—实验对象"对比分析来进行评估。监督评价机制的评估方法建立在"前—后"对比分析基础上，通过设定不同阶段贫困治理目标，然后采用政府的专项检查和第三方评估等方法进行脱贫结果、政策执行情况的符合性测试。为弥补符合性测试只能反映脱贫结果是否达标，而不能反映脱贫结果的完成程度和完成效率的缺陷，监督评价机制在符合性测试基础上，开展金融扶贫、产业扶贫等诸多模式效率评估。通过符合性测试与效率性评估贯通，细化了监督评价环节，强化了精准监督评价，统筹好监督评价合力，为进一步做好贫困治理工作提供了有力保障。

（四）方法创新：多学科、多属性方法的融合应用

高质量完成各个时期贫困治理的目标任务离不开强有力的监督评价，更依赖于科学的监督评价方法。监督评价机制采取了规范评估与实证评估、实地调查与数据分析相结合的方法，对脱贫规划、过程和结果进行评估，真实地反映脱贫的真实性和有效性。例如，对于脱贫政策的满意度评估，一般采取问卷调查的方法获取数据，然后进行数据整理分析。而对于金融扶贫、产业扶贫的效率评估，则采用了常用数据包络分析（DEA）方法。对于各种类型的扶贫项目的落实情况，采取举例阐述，而对于扶贫项目的效果，则在实地调研基础上进行实证研究。其中最为典型的是贫困县退出的评估中，监督评估专业人员要根据国家关于贫困县退出标准和程序，先进行贫困户和贫困村实地调查，然后再进行数据采集分析，根据数据分析结果，即各个指标的属性判断，撰写评估报告，明确是否满足退出标准。

二、协调发展理念与监督评价机制的内在关联

协调是监督评价机制的手段，也是监督评价机制的目标。通过主体、

目标、客体和手段的协调，促进贫困治理目标的实现。

（一）监督评价主体协调：多元监督评价体系

扶贫的监督评价主体具有多层次、多属性特征，按照行政层级，可以划分为中央、地方；按照主体性质可以划分为政府机关、社会团体、企业主体和社会个人；按照组成的特征又可以划分为固定的、临时的，以及正式的和非正式的等。但不管是哪种主体在实施监督评价，都需要其他主体的协调配合。例如，在开展脱贫攻坚成效第三方监测时，第三方监督评估机构需要在当地政府部门、扶贫干部、村民基层组织和调查对象的紧密配合下，才能准确及时地反映被评估单位脱贫攻坚成效。

（二）监督评价目标协调：所有群体目标相一致

监督评价目标的协调配合是监督评价整体协调驱动力和引导，各个主体围绕共同目标协调配合，完成监督评价任务。虽然，每个主体的监督评价目标不尽相同，甚至有较大的差异，但各个主体目标都是在脱贫总目标引领下的有机组成。例如，脱贫攻坚时期，政府机构的监督评价实际上起到领导和示范作用，更多关注扶贫政策措施落实、主体责任履行以及职能部门的作用发挥情况。政府机关的监督评价通过"线上＋线下"的形式为群众监督提供"门路"，有效引导和发动群众参与脱贫攻坚的监督，积极回应群众关心的问题，让群众切身感受监督效果，提高参与监督评价的积极性和主动性。

（三）监督评价客体协调：示范带动机制建立

监督评价客体可以是接受监督评价的单位和个人，也可以是脱贫政策、项目和资金，以及脱贫项目实施手段、过程和结果等。这里以接受监督评价的单位和个人为例，来说明监督评价机制中的客体协调。由于脱贫项目组织方式和经济行为的不可分割性，脱贫项目中一些模式，如产业扶贫需要项目实施单位和个人的协调配合。安徽省在脱贫攻坚时期提出"四带一自"产业扶贫模式，积极发挥各类园区带动、龙头企业带动、农民合作社带动、能人大户（家庭农场）带动作用，采取土地租赁、转包、入股参股、代种代养和务工就业等形式，从多方面为贫困户的发展提供帮扶措施，探索出一条有特色的产业扶贫之路。其中，产业园区、龙头企业、农民专业合作社、能人大户、家庭农场和农村居民个人做到行动协同、利益协调是成功的关键，而他们又恰恰是产业扶贫项目监督评价的客体。

（四）监督评价手段协调：多种手段有机配合

监督评价手段主要是指的技术手段，即监督评价中所利用的各种方法，包括程序、规则、技巧等，其中对于现代技术的应用是重要的标志。监督评价机制发挥作用的大小，主体、客体之间的协调配合非常重要，与监督评价手段密切相关。传统的监督评价通常依靠主体深入调查研究，监督评价结果真实、实践性强，但存在工作量大、耗时费力的缺陷。以大数据、云计算、互联网等为代表的现代技术应用，为现代监督评价提供了更加便捷高效的手段。监督评价机制中，往往根据监督评价的实施主体、目标任务、结果应用等不同，分别采取以某种手段为主，其他手段协调配合的方式来进行。

三、绿色发展理念与监督评价机制的内在关联

绿色发展理念是监督评价的行为原则，同时也是监督评价的重要内容。监督评价机制体现绿色发展理念主要表现在以绿色标准选择产业、以绿色方式生产生活以及以绿色逻辑处理群体利益等。

（一）绿色标准：扶贫产业选择

对于扶贫产业监督评价，重点在于两个方面：一是绿色产业选择。产业扶贫是脱贫的最重要方式，从目前实施的项目来看，主要包括特色种养、乡村旅游、光伏发电，以及消费扶贫等具体方式。监督评价时，重点考察扶贫产业是否绿色低碳，是否有利于环境保护和资源节约。从实际开展的扶贫产业来看，乡村旅游、光伏发电等都具有绿色特征。二是产业持续推进。扶贫产业的稳步持续推进，而不是短期内跨越式发展，实质是一种资源节约利用的方式，便于挖掘存量资源的利用效率，减少资源的增量投入。乡村振兴可以立足原有扶贫产业，进行集聚化布局、规模化发展和品质化提升，促进更多农民增加收入。

（二）绿色方式：生产生活方式

监督评价的一个重要方面，是扶贫产业的生产方式和农村居民的生活

方式。按照绿色发展理念的要求，扶贫产业的绿色生产方式以节能、降耗、减污为目标，以技术进步和管理革新为手段，从而实现扶贫产业全过程、全环节污染物排放控制。扶贫产业基本属于农业，而绿色是现代农业的本色，绿色发展是农业供给侧结构性改革的基本要求。新阶段，气候问题成为全球性问题，作为二氧化碳排放的最大产业，农业的绿色发展尤为重要。农村居民的绿色生活方式监督评价，主要体现在对农村环境的综合治理上。秉承绿色发展理念，大力推进农村环境综合整治、农业面源污染整治、农业废弃物综合利用、农村垃圾污水专项整治、农村改厨改厕专项行动，提升农村人居环境质量，建设美丽乡村。

（三）绿色逻辑：社会群体利益

在扶贫政策措施制定实施监督评价过程中，监督评价机制特别强调扶贫政策措施的盈利性和普惠性。所谓盈利性，是指监督评价重点在于扶贫政策措施能否给实施对象带来实质性利益，即能减少农村贫困居民各种类型负担支出（基础设施建设、医疗、教育、养老等）的同时，促进农民提高经济收入水平，体现监督评价对贫困个体利益关注。所谓普惠性，是指监督评价重点在于扶贫政策措施除满足贫困家庭和乡村脱贫需要外，尽可能地扩大受益范围，使得更多的农村家庭和乡村享受到扶贫红利。例如，对于农村基础设施建设的监督评价，应进行全面性和系统性分析，而不局限于解决农村贫困家庭和乡村现实需要，体现监督评价对农村群体利益的关注。

四、开放发展理念与监督评价机制的内在关联

开放发展理念是监督评价的重要要求，同时也是监督评价的重要内容。在具体实施监督评价时，本研究设计了多元主体监督评价、数据实时授权访问等功能，很好地体现了开放发展理念。

（一）多元主体监督评价

脱贫攻坚是脱贫攻坚时期统领经济社会发展全局的大事。衡量脱贫攻坚成效，关键要看能否做到稳定脱贫不返贫。精准扶贫精准脱贫的重点、难点就在于如何做到脱贫户的稳定脱贫不返贫以及边缘易致贫人口不致

贫，所以，必须发挥监督评价的作用，确保高质量稳定脱贫。监督评价并不只是政府部门或某一个机构、团体的职责，整个社会都负有实际上也正在履行监督评价的义务。有效衔接时期的稳定脱贫不返贫和全面推进时期相对贫困治理，也同样需要坚持开放发展理念，广泛吸纳一切愿意并认真履行监督评价职能的社会各个方面力量，参与贫困治理的监督评价工作，合力提升扶贫脱贫的成效。

（二）数据实时授权访问

监督评价时，需要按照相应规程，由专人进行数据采集和分析。监督评价机制设计了数据实时授权访问功能，容许工作人员对贫困监测系统数据进行开放式利用。此外，依靠贫困监测系统的开放性数据接口，工作人员也可以实现授权访问公安、民政、医疗、教育、产业等各方面数据，对贫困预警监测、反应行动等全过程、全环节进行监督评价。

五、共享发展理念与监督评价机制的内在关联

共享发展理念是监督评价的目标任务，同时也是监督评价的重要内容。监督评价机制依据共享发展理念，通过精心组织和科学实施，促进贫困治理各个阶段目标任务的实现，从而使包括贫困人口、贫困村在内的农村所有群体都能真正分享贫困治理的成果。

（一）脱贫攻坚时期：真实脱贫

习近平总书记多次强调"脱真贫、真脱贫""确保扶贫工作务实、脱贫过程扎实、脱贫结果真实"。监督评价机制贯彻落实习近平总书记指示精神，按照共享发展理念的要求，在贫困户精准识别、精准帮扶的基础上，严格贫困户脱贫标准，即完全达到"两不愁三保障"条件，坚决杜绝数字脱贫、被脱贫以及突击脱贫现象发生，确保农村贫困家庭和贫困村真实脱贫、真实出列，切实保障贫困群体的利益。

（二）有效衔接时期：稳定脱贫

习近平总书记指出："脱贫摘帽不是终点，而是新生活、新奋斗的起点"。脱贫攻坚取得全面胜利以后，农村工作重心转移到巩固拓展脱贫攻坚成果同乡村振兴有效衔接，就是要让脱贫基础更加稳固、成效更可持

续。为此，组织开展巩固脱贫成果后监督评价工作，突出对易返贫致贫人口的监测和帮扶、贫地区产业培育和支持、易地扶贫搬迁群众后续扶持等方面监督检查，压紧压实各级党委和政府巩固脱贫攻坚成果责任，可以更好地促进贫困家庭和贫困地区稳定脱贫，防止规模性返贫。

（三）全面推进时期：全面发展

过渡期结束以后，"三农"问题作为全党工作重中之重，需要举全党全社会之力推动乡村振兴，在全面乡村振兴中统筹推进相对贫困治理。相对贫困不是生存能力贫困，主要是发展能力不足，相对贫困治理的核心目标是促进人的全面发展。全面推进时期，监督评价重点在于统筹推进乡村振兴和相对贫困治理以及促进社会进步和人的全面发展的政策体系、工作体系和制度体系，以持续缩小城乡区域发展差距，促进低收入人口和欠发达地区共享发展成果。

第二节　新发展理念下监督评价机制的理论分析

一、确立监督评价多元主体

脱贫攻坚监督评价体系是一套监督评价脱贫攻坚项目落实及效果的综合体系。按照监督主体分类主要包括党委监督、政府监督、民主监督以及社会监督等多元监督主体。

（一）党委和政府的监督评价

脱贫攻坚、脱贫攻坚与乡村振兴衔接以及全面推进乡村振兴时期相对贫困治理分别是统领农村各个阶段经济社会发展的主要工作，是各级党委和政府的农村中心工作。各级党委和政府不仅是贫困治理的主导者和实施者，而且是贫困治理的主要监督评价者。充分发挥党的领导和基层党组织战斗堡垒作用是脱贫攻坚任务的需求，更是全心全意为人民服务的根本要求。党委、政府发挥其监督职责，对扶贫工程的每一环节负责，监督每一项政策的落实，从监督中寻找问题，尽量在项目初期解决问题，防微杜渐。对扶贫领域出现的问题，不仅要追究直接负责人的责任，还要追溯责任源头。政府部门有责任监督各职能部门监管工作落实情况，加强对公职人员监督情况的再督察，提供有效的纪律保障。2016年国务院就已成立督查组，对中西部22省的脱贫工作进行督察评估，审查核实扶贫项目中各种重难点工作，倒逼各地扶贫工作认真落实。自2018年10月开始，中央对地方与单位的党组织专项巡视再督察后，党中央要求推进巡视监督机制常态化、长效化。

（二）人大和政协的监督评价

人大和政协是脱贫攻坚长效机制各个时期民主监督评价的又一个重要主体。人大和政协坚持实事求是，坚持群众路线，以问题为导向健全机制、完善政策、改进工作，进一步提升帮扶精准度和实效性，充分调动基层扶贫干部积极性，增强贫困群众获得感，扎实有力推进脱贫攻坚。例如，民主党派对中西部省份开展民主监督，各民主党派通过深入群众调研，反映人民群众需求，提出符合实际的相关政策建议，助力脱贫攻坚任务如期完成。民主党派监督不仅在于发现问题，提出解决办法，更重要的是发挥专家学者的知识力量，对产业扶贫、教育扶贫等增加自身发展动力的扶贫措施进行专项研究，科学分析致贫原因，找到脱贫办法，有效解决脱贫难题，最终总结脱贫经验，厘清脱贫规律，为我国脱贫攻坚事业的发展提供具有理论价值与现实意义的方法论。社会群体开展的社会监督是扶贫监督的新形式。基层群众的作用得到充分发挥，群众行使监督公职人员的权力，促进扶贫项目实施的透明度提高，推动脱贫攻坚工作务实、高效、廉洁开展。扶贫责任单位和个人应研究吸纳借鉴人大和政协监督意见建议，分门别类，追根溯源，把握关键，推进整改，全面提升脱贫攻坚工作水平。

（三）充分发挥第三方监督评价

2016年2月，为确保扶贫工作真实有效完成，国务院办公厅发布了《省级党委和政府扶贫开发工作成效考核办法》，委托高校及相关科研机构采取实地考察等方法，对中西部省份进行扶贫相关考核指标评估。第三方机构作为独立机构对扶贫效果的评价具有较强的客观性，第三方机构与人员一般都具有良好的学习能力，能够快速学习相关知识、从实践中获得经验，从而使评估结果具有较高的可靠性。网络监督逐渐发展成一种新型的民主监督形式，网络舆情的扩散速度和广度令人瞩目，将网络监管与其他形式监管结合起来，揭示扶贫工作中不合理、不规范现象，形成新的社会监督力量。

二、明确监督评价的客体内容

脱贫攻坚长效机制监督评价的客体内容，即监督的对象、范围和组成。为保证脱贫攻坚长效机制监督评价的有效性，监督评价内容必须明确。按照监督客体内容进行分类，主要分为扶贫项目和扶贫资金有效性的监督评价、扶贫政策满意度评估及扶贫工作完成情况的符合性评估等。

从经济学的角度出发，扶贫是通过开展相关项目，投入一定的人力资本与物质资本，得到相应的经济和社会效益，完成脱贫任务。在精准扶贫提出前，我国低质量、低效率的扶贫方式浪费了国家大量的扶贫资源，而精准扶贫是对过往粗放式扶贫的修补与完善，能够提高扶贫效率。精准扶贫涉及精准识别、精准帮扶、动态管理和精准考核四个方面，其中精准考核是精准扶贫系统中的重要环节，是对政策本身及政策效果进行监督评价。习近平总书记在十三届全国人大二次会议上强调"要坚定信心不动摇，咬定目标不放松，整治问题不手软，落实责任不松劲，转变作风不懈怠"，这是对脱贫攻坚最后阶段的重要指示，要求各级纪检监察机关认真履行监督职责，为脱贫攻坚战的胜利提供重要的纪律保证。

（一）脱贫攻坚项目效率评价

扶贫绩效包括识别绩效、帮扶绩效、管理绩效等内容。扶贫对象的准确识别是扶贫工作开展的前提。提高识别的准确度，有利于增强精准扶贫工作的有效性。通过评估帮扶绩效，扶贫资金使用的透明度与准确度得到加强，劳动力等资本的集约化使用得到保障。同时有利于了解致贫原因与帮扶手段的匹配性，从而进一步提升贫困户自身发展动力。管理绩效主要是对已脱贫人口进行跟踪监测，及时了解其发展现状，判断是否出现返贫问题，提前制定帮扶预案，巩固拓展脱贫攻坚成果，防止返贫和新增贫困。

（二）脱贫攻坚政策满意度评估

在关注扶贫政策所带来的经济效益的同时，也需重视扶贫政策本身的评价，即与政策相关的社会效率和政府效率。制定政策的初衷是以科学系统的方法解决问题，促进社会经济的高质量发展。因此，政策的制定要从实际出发，需符合当地现实环境，政策的合理制定是其顺利推行的前提条件。脱离实际的政策不但不能解决问题，甚至会加剧社会矛盾。政府效率即政府在单位时间内运转的速度，处理事前的数量与质量，反映政府应对事件的水平。扶贫中的政府效率更多地体现在政府扶贫政策的推行效率，首先认真学习政策内容，理解政策内在精神，依据原则，灵活有效地执行政策。在政策实施时，政策执行人员在方式上寻求创新，以新方法应对新情况，合理规划，调动使用各种可利用的资源，做到执行效率高。在监督评价中，不仅需要考虑政策推行的效率，还要考虑政策实施后带来的社会效益，对物质文明与精神文明建设的影响，以及对社会进步的促进作用。

（三）脱贫攻坚工作符合性评估

脱贫攻坚工作、过渡期的有效衔接、统筹推进相对贫困治理和乡村振兴工作一般都会确定具体内容、任务和标准，需要在工作结束时期进行符合性评估，对各个阶段性工作进行验收总结。例如，贫困县摘帽退出是政策性强、工作量大和准确性高的工作，按照贫困退出机制要求，依据《贫困县退出专项评估检查实施办法（试行）》，规范执行贫困县退出的标准和程序，从严从实开展贫困县退出评估检查，确保脱贫成效真正获得群众认可，经得起实践和历史检验，并对摘帽退出县（区）继续提供扶持，巩固脱贫攻坚成果。

三、利用监督评价的科学方法

按照监督评价实施阶段、时期来分类，可以划分为事前、事中和事后监督评价。按照监督评价技术方法分类，主要包括实地调查监督、大数据监督、电话监督等。其中以实地调查为主，实地调查深入贫困户家中，与贫困户交流，实地查看项目实施的落实情况及工作人员的履职情况，收集真实可靠的第一手资料，对扶贫工作进行监管。例如，安徽省切实把十九大中关于扶贫工作的精神落到实处，助力全省脱贫攻坚工作，安徽省发展和改革委员会纪检监察组配合省扶贫办深入金寨县，采取"入户调查＋查阅资料"相结合的方式,对扶贫工作中出现的问题开展专项督察工作。对于外出打工的贫困户,采用电话访问的形式了解其具体情况。随着网络的不断发展,监督工作也加强了理论创新与技术创新,依托"互联网+",运用电子监察系统与项目实施数据全程监控,使监督部门实现在线监管,对整个扶贫工作关键流程与环节实时督察,进一步提高管理效能。

(一) 重视事前监督

通过对家庭当前所拥有的资本以及面临未知风险的应对能力来综合分析家庭贫困的脆弱性,以实地访问、半结构化访谈为主,判断是否为贫困家庭,之后开展家庭贫困状况的具体调查,根据国家贫困标准比选得出贫困户人选,并张榜公示。根据合理、有效的标准进行监督,把贫困户精准识别出来,让所有过程透明,发动群众参与,以保证结果的公正性。贵州省织金县为确保扶贫对象识别的精准性,对建档立卡户开展调查走访,成立专门监察小组,按照"两不愁,三保障"的要求核查贫困家庭的收入水平,严肃查处贫困人口识别不精准问题,追究主体责任。

(二) 突出事中监督

对扶贫对象、扶贫资金、扶贫项目等进行全程监督,确保精准扶贫工作到位。建立入户访查制度,随机选取贫困户家庭了解情况,对于出现的重点问题深入调查,以严格的纪律要求维护脱贫攻坚,维护群众切身利益。同时明确主观与客观相结合的原则,包括贫困户基本信息、贫困户致贫原因、帮扶责任人监测、基础设施建设、减贫效果五个一级指标,通过效率评价对精准扶贫绩效进行计算,标准化的处理使得项目管理客观化,更能推进监督行动扎实有效开展,督促各项扶贫项目落实到位。

(三) 落实事后监督

建立防止返贫的监测跟踪机制,对于已脱贫人口进行精准动态监测,采取电话访问等方法询问情况,了解其能否持续脱贫,或对疑似返贫家庭及时采取帮扶措施,给予脱贫户后续支持,消除返贫隐患。对于出列的贫困村和摘帽的贫困县根据贫困发生率、脱贫效果等实际情况调整工作目标,在原有的产业扶贫、教育扶贫等提高自身发展动力的政策上,及时研究后续发展政策,重点发展壮大村集体经济,进一步补齐短板,巩固提升脱贫攻坚成果。例如，皖北地区阜阳市颍州区为进一步加强返贫监测机制，着力构建三级监测网络，由乡村进行一级监测，逐户摸查情况；帮扶单位与帮扶责任人进行二级监测，掌握脱贫户生活生产情况；区脱贫攻坚办常态化三级监测，从政府部门抽取相关人员随机监督，发现脱贫人员返贫直接报区脱贫办进行处理。对于出现的问题及时研究解决办法，具体问题具体处理，确保脱贫不返贫，巩固拓展脱贫攻坚成果，稳步推进乡村振兴，推进相对贫困的有效治理。

第三节　新发展理念下脱贫攻坚效率评价

2019 年，我国扶贫工作进入最后攻坚阶段的时候，面对的是处于偏远地区、自身发展动力不足的 3 000 万贫困人口，扶贫难度大幅增长。如何提高扶贫资源利用效率是解决剩余贫困人口贫困问题的当务之急。当时重点工作包含教育扶贫、产业扶贫、金融扶贫等十大扶贫工程，覆盖范围广泛，但归根结底还是资源分配和使用问题，即资源的效率问题。所以，计算分析减贫效率具有理论意义与现实意义。一方面，减贫效率评价是对经济学中资源配置效率理论的再完善；另一方面，研究减贫的效率问题可以明确资源利用效率对扶贫成效的作用，促使中国减贫事业从单纯的要素投入向提升要素使用效率方向转变，对扶贫政策的完善和巩固脱贫攻坚成果具有重要作用，也大大地促进了相对贫困治理和乡村全面振兴。

一、效率评价的模型构建

近些年来，学术界从贫困产生角度出发，对贫困问题做了深入研究，发现投入产出比率低是贫困产生的根本原因。随着扶贫工作的深入开展，减贫效率越来越受到政府和社会各界高度关注。更多的学者开展了减贫效率的研究，研究过程中，学者们使用不同方法对扶贫项目进行定性和定量研究。一些学者使用 DEA 模型测度贫困地区金融扶贫效率，研究发现投入要素的不断增加并不能增加农民收入（邓坤，2015），还有些学者采用

DEA – Tobit 方法对财政扶贫资金的利用效率作出分析，得出只增加扶贫资金投入不能有效解决贫困，更需要技术水平的提升（郑瑞强等，2016）。本研究采用 DEA 研究方法研究减贫效率。

　　DEA 分析是根据相似决策单元关于投入—产出的观察值来估计有效生产前沿面的，效率评价为 1 的单元称为相对有效率，低于 1 的单元称为相对低效率。DEA 中包括 CCR（CRS）模型、BBC（VRS）模型和 Malmquist 模型。CCR 模型是假设规模报酬不变，具有多个决策单元，假设处于最佳生产规模，保证一直处于规模报酬不变状态，对不同投入与产出变量进行效率评估。然而投入要素不可能保持规模报酬不变状态，在 CCR 模型的基础上增加凸性约束就得到了 BCC 模型，BCC 模型允许剔除规模效率影响的技术效率的计算，计算得出的效率为综合技术效率，可分解为纯技术效率与规模效率。因此本研究运用 BBC 模型分析各村扶贫效率。

　　设有 K 个地区，每个地区分别使用 m 种投入 X_i（$i = 1, 2, \cdots, m$）生产出 S 种 Y_j。这个模型的线性规划表达式为：

$$\min\left[\theta_k - \varepsilon(\hat{e}^T S^- + e^T S^+)\right]$$

$$\begin{cases} \text{s.t.} \sum_{j=1}^{n} \lambda_j X_j + S^- = \theta_k X_k \\[2mm] \sum_{j=1}^{n} \lambda_j Y_j - S^+ = Y_k \\[2mm] \lambda_j \geqslant 0, j = 1, \cdots, n \\[2mm] S^+ \geqslant 0 \\[2mm] S^- \geqslant 0 \end{cases}$$

　　其中，θ_k 就是第 K 个地区的扶贫技术效率值，θ_k 的值越大，代表扶贫效率的越高，S^-、S^+ 分别代表第 K 个地区投入与产出所对应的松弛变量，表示投入与产出没有达到最佳生产规模，存在不足量的状态。ε 表示非阿基米德无穷小量，$\hat{e}$、e 为单位向量。当 $\theta_k = 1$，S^-、S^+ 为 0 时，表示该地区 DEA 效率有效，当 $\theta_k = 1$，S^-、S^+ 不为 0 时，表示 DEA 效率为弱有效，当 $\theta_k < 1$ 时，表明该地区 DEA 效率非有效。

二、效率评价的数据说明

本研究利用 DEAP 2.1 软件，对 2019 年大别山区金寨县的 4 个村扶贫项目落实情况进行效率测度。基于投入产出视角，选取人均纯收入作为衡量精准扶贫效率模型的产出要素，金融投入、产出投入以及健康投入作为精准扶贫效率模型的投入要素，指标所选取的数据均来源于 2019 年安徽省金寨县实地调研数据。

（一）产出指标

为了兼顾指标的合理性及可获得性，本研究在衡量精准扶贫成果时，选取人均纯收入作为减贫的替代指标。结合致贫原因及十大帮扶措施，选取金融投资、产业投资及健康投资作为投入指标。很多贫困地区扶贫工作主要由于资金短缺而无法顺利开展，各级金融机构响应政府号召，积极发挥职能作用，灵活组合各项贷款服务，降低借贷门槛，使更多村民接触金融产品，帮助贫困地区贫困家庭实现规模生产，辅助当地政府解决民生问题。

（二）投入指标

选取金融投资作为投入指标之一，主要衡量金融投入对贫困减少的带动作用，本研究将各村小额信贷金额及小额意外险作为金融投资的代理变量引入模型。选取产业投资作为投入指标之一，主要衡量产业投入对农民增收的带动作用，产业是解决区域生存与发展的核心，以产业为依托鼓励农户自主生产、劳动脱贫，才能增强贫困户自身发展动力。本研究将种植补贴、种养提升奖励及光伏收益作为产业投入的代理变量引入模型。选取健康投资作为投入指标之一，将健康体检、新农合等医疗投入作为代理变量引入模型。因病致贫或返贫是农村地区最主要贫困因素。当家庭成员患有重大疾病时，不仅增大家庭收入压力，还减少家庭人力资本。而健康扶贫首先通过减少医疗支出来降低家庭经济负担。其次，通过提升生活环境，能够改善医疗服务，有效预防疾病，提高家庭人力资本。

三、效率评价的实证分析

运用 DEAP 2.1 软件对 2019 年安徽省金寨县四村精准扶贫效率进行测

算，运用 K - 均值分类法将每个村按照投资规模从小到大的顺序，分成了12 个规模相近的组别，并按不同村、不同组进行比较（如表6 - 1 所示）。

表6 - 1　　　　　2019 年安徽省金寨县四村精准扶贫效率测算结果

组别	黄尖村			迎河村			王湾村			水坪村		
	综合效率	纯技术效率	规模效率	综合效率	纯技术效率	规模效率	综合效率	纯技术效率	规模效率	综合效率	纯技术效率	规模效率
1	0.048	0.418	0.116	0.806	0.947	0.849	0.653	0.806	0.81	1	1	1
2	1	1	1	0.722	0.813	0.889	0.295	0.331	0.892	0.515	0.527	0.976
3	0.926	0.93	0.995	1	1	1	1	1	1	0.786	0.876	0.896
4	0.359	0.492	0.729	1	1	1	1	1	1	0.775	1	0.775
5	0.644	0.855	0.752	1	1	1	0.708	0.889	0.795	0.335	0.654	0.513
6	0.375	0.434	0.865	0.882	1	0.883	0.425	0.706	0.602	0.444	1	0.444
7	0.383	0.442	0.867	0.899	1	0.899	0.473	0.788	0.599	0.885	1	0.885
8	0.605	0.622	0.973	0.802	1	0.801	0.702	1	0.702	0.889	0.956	0.929
9	1	1	1	0.878	1	0.878	1	1	1	1	1	1
10	0.482	0.495	0.973	0.965	1	0.965	0.427	1	0.427	0.419	1	0.419
11	0.748	0.799	0.936	1	1	1	0.424	1	0.425	0.307	1	0.307
12	1	1	1	0.841	0.848	0.991	0.36	1	0.36	0.28	1	0.28
均值	0.631	0.707	0.851	0.898	0.967	0.93	0.621	0.877	0.718	0.636	0.918	0.702

注：表中数据根据实地调研数据计算而得。

（1）从各村总体情况来看，综合技术效率整体处于中上水平。具体来说，迎河村综合效率水平最高为0.898，主要得益于较高的纯技术效率与规模效率。王湾村综合效率水平相对较低为0.621，意味着若充分利用当前所有生产要素，可以使产出水平增长近40%，说明王湾村的脱贫攻坚依然是高投入式、粗放型的。同一时期综合技术效率水平高低的主要影响因素是规模效率水平，说明在金寨县各村精准扶贫综合效率的分解中规模效率对综合效率的影响强度大于纯技术效率。

（2）从减贫效率的组别来看，除水坪村外，综合技术效率有效组别都具有 3 组，水坪村虽然综合效率水平较低，但纯技术效率有效组别有 8 组，仅次于迎河村，王湾村技术利用水平较高，但还未实现标准化的大规模生产。规模效率有效组别最多的为迎河村，最少的为水坪村。从规模收益来看，规模报酬递增的组别最多的村为黄尖村，从 2 组开始，当政府的金融投入高于人均 240 元/年左右、产业投入高于人均 4 700 元/年、健康投入高于人均 1 800 元/年，基本处于高效率状态；而同等条件下，当金融投入变化较小，产业投入降低将明显增加效率，这说明黄尖村的产业投入存在一定的改进空间，而金融投入保持较高的合理性。当健康投入总体波动处于年均 1 000 ~ 1 400 元时，对总体效率影响并不明显，当健康投入总体波动处于年均 1 400 ~ 2 500 元时，对总体效率影响将显著增强。说明黄尖村金融帮扶效率和效果最好，其次是应控制健康方面的帮扶措施，产业方面的帮扶措施和效率还需要改进。水坪村规模报酬递减组别最多，但金融投入、产业投入、健康投入均处于较高水平。金融投入处于年均 3 500 ~ 4 150 元/人，产业投入处于年均 2 100 ~ 3 000 元/人，健康投入处于年均 1 800 ~ 2 500 元/人，基本处于较高效率状态。当金融投入处于较高或较低水平时，整体效率变化并不显著。当金融和健康相关投入较为稳定时，产业投入对整体效率的影响处于较小的波动范围，当金融投入和产业投入保持一定水平时，健康投入的大幅度调整将会显著影响整体扶贫效率。说明黄尖村金融扶贫资金的运用应当维持在中等偏上水平，而产业帮扶不应再增大投入力度，应及时改良产业帮扶措施与产业扶贫资金管理模式，对健康扶贫资金的运用同样应当维持在中等范围内。

（3）从各产业扶贫弹性可以看出，如表 6 - 2 所示，各村健康投入的边际弹性较大，王湾村健康投入的边际弹性达 29.04，即单位健康投入增加 1 单位，精准扶贫的效率会增加 29.04 个单位，但贡献程度较小，王湾村贡献度仅有 7.99%，说明健康投入虽对效率影响较大，但投入比例少，对总体效率影响并不显著。金融投入贡献度最大，达到 65.34%，产业投入次之，当金融投入处于年均 3 500 ~ 4 300 元/人水平时，金融投入的增加将导致整体效率下滑，但总体影响并不显著，当金融投入波动较小时，产业投入处于 5 000 ~ 9 300 元/人时，基本处于低效率水平，说明金融扶贫成效较为稳定，产业扶贫措施对整体效率的影响较大，为调动农户自主生产积极性，应适当降低种养补贴，将相关补贴控制在合理范围内，而健康投入的形式和资金运用方式的调整将显著影响贫困户的家庭收入情况，进而影响精准扶贫效率。迎河村健康的边际弹性为32.45，对精准扶贫效率的贡献程度为20.97%，说明健康投入虽对效率影响较大，投入比例也较大，对总体效率影响较为显著。总体来说金融投入处于年均4 000～4 250 元/人，产业投入处于年均3 500～4 600 元/人，健康投入处于年均600～2 300 元/人，基本处于较高效率状态。当金融投入变化较小时，产业投入的增加或减少对整体效率变化并无显著影响，而健康教育的较大幅度变动，将影响整体效率的同向变动。说明当地整体帮扶效率较高，金融、产业、健康方面帮扶效果显著。

表6－2　　　　　　　　安徽省金寨县四村扶贫模式贡献度

组别	黄尖村		迎河村		王湾村		水坪村	
	边际弹性	贡献程度（%）	边际弹性	贡献程度（%）	边际弹性	贡献程度（%）	边际弹性	贡献程度（%）
金融	7.66	50.66	12.92	50.91	5.12	65.34	15.85	65.87
产业	1.55	39.67	0.40	28.13	1.74	26.67	0.96	18.38
健康	34.36	9.68	32.45	20.97	29.04	7.99	28.91	15.76

注：表中数据根据实地调研数据计算而得。

　　本部分基于投入产出视角，探讨了精准扶贫效率问题，同时结合 DEA 的实证结果得到金融投入、产业投入及健康投入这些因素对精准扶贫效率的影响程度。研究表明，金寨县四村精准扶贫效率处于中上水平，综合效率均高于0.6，规模效率是影响综合效率水平的主要因素。影响因素中，金融投入对精准扶贫效率的贡献程度最高，产业扶贫次之，健康投入贡献程度最低，但从边际弹性来看，健康投入的边际弹性最大。为了提高精准扶贫效率，根据调研情况及实证结果分析，可以从以下几个方面着手：一是发展普惠金融，提升金融服务水平，普及金融知识，引导村民积极寻求信贷服务，扩大生产规模。二是让村民更多地参与到产业链中，给予技术、管理、销售等帮助，提升农产品附加值，扩大产品的市场占有率，增强贫困户可持续发展能力。三是加大对偏远地区健康服务体系建设，因地制宜实现改革，提高医疗服务水平，改善医疗服务设施。同时加强健康信息化建设，推动数据平台建设，实现医疗资源共享，增强村民身体素养。

第四节　新发展理念下脱贫攻坚政策满意度评价

扶贫工作的开展不仅需要考虑任务完成度，还需要考虑群众对扶贫工作的满意度。如何高效提升扶贫工作的满意度，成为完成扶贫任务的又一重要工作。而扶贫工作主要实施方为政府部门，因此对扶贫工作的满意度即为对政府扶贫工作中提供的帮扶政策措施的满意度。除了对扶贫工作本身的测量外，扶贫工作满意程度相关影响因素的研究必不可少。本节通过从脱贫攻坚满意度的相关影响因素着手，介绍相关理论基础、研究方法，最后通过相关数据度量脱贫攻坚满意度。

一、脱贫攻坚政策满意度评价问卷设计

本部分数据通过发放问卷及入户访谈等方式，对大别山区金寨县2019年农村居民的基本状况、脱贫攻坚政策措施和脱贫攻坚整体工作的满意度进行实地调研所得。本次调查活动共发放问卷500余份，回收问卷335份，得到有效问卷304份，问卷回收率为67%，有效问卷率为90.7%[①]。

调查问卷主要包括两部分，一部分为被调查家庭的基本状况，主要包括调查者的性别、年龄、身体健康状态、家庭主要劳动力的文化程度、家庭人口数、家庭收入等指标；另一部分为精准扶贫的满意度，采取李克特五级量表的形式，将评价内容分为五个程度：非常不满意、不满意、一般、满意、非常满意，分别赋值为1、2、3、4、5。参考精准扶贫满意度测评相关文献，借鉴陈璐等（2017）的指标体系，结合精准扶贫内容，从

---

① 开展脱贫攻坚问卷调查非常艰难，尤其是非官方组织的调查。大别山区金寨县开展的脱贫攻坚调查得到了安徽省金寨县古碑镇宋河村扶贫工作队的大力支持和协助，在此深表感谢！

精准识别（A）、精准帮扶（B）、精准管理（C）和公众满意度（D）四个方面出发，构建满意度指标体系。由于一些指标无法直接获取相关数据，参考郑烨等（2018）的做法，将指标再次细分，其中精准识别（A）包括对贫困户建档立卡的及时性等五个子指标，精准帮扶（B）包括提供的公益性岗位稳定合适等七个子指标，精准管理（C）包括驻村扶贫干部认真负责等三个指标，公众满意度（D）包括对当地政府扶贫效率满意等四个指标[①]。

根据贫困相关理论，公众满意度同精准识别、精准帮扶、精准管理密切相关，结合已有研究结果，本研究提出以下三个假设：

H1：精准识别的满意度与公众满意度具有正向相关影响。

H2：精准帮扶的满意度与公众满意度具有正向相关影响。

H3：精准管理的满意度与公众满意度具有正向相关影响。

二、脱贫攻坚政策满意度评价模型构建

满意度的理论基础起源于美国学者卡道佐（Cardozo）于1965年提出的顾客满意度研究。我国学者借用该理论围绕脱贫攻坚开展了广泛研究，研究表明帮扶主体层级越高，可以帮助贫困户获得更好的扶贫效果，也会加大贫困户对扶贫工作的认可度与满意度（陈志、丁士军，2017）。不同学者通过不同计量方式，得出的影响因素也不同。邢伯伦和龚贤等（2019）采用有序logistic模型进行回归分析得出：基础设施的改善、扶贫资金的合理使用等因素与扶贫满意度呈正相关关系，能够提高精准扶贫的满意度。张春美和黄红娣（2017）采用Probit回归得出影响精准扶贫满意度为政策了解程度、政策实施效果、贫困程度等五个因素。郑烨和王春萍（2018）采用结构方程模型分析得出代表精准帮扶的变量能够提升贫困人口的满意度。由此可知，对满意度评价的计量方法大多采用Logistic模型或Probit回归，对于可测量变量已有充分研究，但对不可测量的潜在变量研究较少。精准扶贫的满意度分析需要采用综合实证分析方法，结构方程模型可包含

---

① 指标体系参见附录二。

主观性较强变量和可测量变量，是可以允许误差存在的模型，适用本节研究内容。因此本节采用具有多关联分析优点的结构方程模型进行实证分析。

结构方程模型分为结构模型与测量模型两个部分，将可观测变量与不可测量的潜在变量之间的联系表现出来。测量的具体公式如下：

$$X = \Lambda_x \varepsilon + \delta \qquad (6-1)$$

$$Y = \Lambda_y \eta + \varphi \qquad (6-2)$$

其中，式（6-1）表示的是外生观测变量与外生潜在变量之间的关系，式（6-2）表示的是内生观测变量与内生潜在变量之间的关系。X、Y分别表示外生、内生的观测变量，ε、η分别表示外生、内生不可观测的潜在变量，Λ_x、Λ_y分别为外生、内生观测变量与潜在变量之间的因子载荷矩阵，δ、φ分别表示外生、内生的误差项。结构模型的方程表达式如下：

$$\eta = B\eta + \Gamma\varepsilon + \zeta \qquad (6-3)$$

式（6-3）表达的是外生、内生变量之间的相关联系，B表示内生潜在变量之间的相互关系，Γ表示外生潜在变量对内生潜在变量的影响，ζ为残差项。

三、脱贫攻坚政策满意度评价的实证分析

（一）描述性统计分析

运用 SPSS 21.0 软件对收集问卷信息进行频率统计，分析结果如表 6-3 所示。

表 6-3　　　　　　　　　样本频率统计分析

信息	选项	频率	有效百分比（%）
性别	男	186	61.2
	女	118	38.8
年龄	18~25 岁	17	5.6
	26~45 岁	70	23.0
	46~60 岁	147	48.4
	61 岁以上	70	23.0

信息	选项	频率	有效百分比（%）
家庭总人口数	≤5 口人	244	80.3
	>5 口人	60	19.7
主要收入来源	务农	56	18.4
	务工	183	60.2
	自主经营	40	13.2
	政府补助	25	8.2
合计		304	100.0

注：表中数据根据实地调研数据计算而得。

可以看出，在调查过程中男性被调查者所占比例较大，达到61.2%；在所有调查者中46~60岁年龄段的人数最多，达到48.4%，26~45岁与61岁以上年龄段比例相同，占总人数的23%，这符合山陵地区青壮年外出打工，家中老人居多的现实情况；家庭主要收入来源以务工收入所占比例最大，占被访问者的60.2%，其次为务农收入。被访家庭收入中，政府补助收入占比较大，总体占比8.2%，个别无劳动力家庭政府补助收入占比大，这些家庭缺少劳动力，生活来源主要依靠政府给予的补贴资金。

（二）样本信度与效度检验

样本信度是指问卷内容的可靠性，反映的是各调查问题间是否存在相同内容，主要的测度方法是参考 L. J. Cronbach 所建立测量信度的系数，其公式为：

$$\alpha = \frac{k}{k-1}\left(1 - \frac{\sum_{i=1}^{n} \text{var}(i)}{\text{var}}\right) \qquad (6-4)$$

通常，α 系数与问卷信度呈正相关关系。当 α 处于0.6~0.7时表示数据是可以接受的，当 α 处于0.7~0.8时表示数据的可信度很好。问卷各指标及总体的 α 系数如表6-4所示，除精准管理 α 系数值为0.5930外，其余指标 α 系数均高于0.6，总体信度达0.7997，说明问卷具有较高的可信度，本次调查的数据是可靠的。

表 6 - 4 潜变量信度分析

潜变量	项数	基于标准化项 Cronbach's Alpha	总体 Cronbach's Alpha
精准识别	5	0.7948	
精准帮扶	7	0.6618	0.7997
精准管理	3	0.5930	
公众监督	4	0.6581	

　　有效性指的是测量工具与手段能否准确测量所考察内容的真实程度。按照不同类型可划分为三种效度分析类别，分别为内容效度、建构效度以及准则效度，本节的研究属于建构效度。运用因子分析法对问卷效度进行检验，得出表 6 - 5，KMO 值为 0.791，大于 0.7，表明变量之间相关性较强，适合采用因子分析的方法，巴特利球体检验的近似卡方值为 1 248.210，自由度为 171，检验结果显著，说明潜变量的建构效度良好，存在公共因子，适合因子分析。

表 6 - 5 **KMO 和 Bartlett 的检验**

取样足够度的 Kaiser - Meyer - Olkin 度量		0.791
巴特利球形度检验	近似卡方	1 248.210
	df	171
	Sig.	0.000

　　由表 6 - 6 可知，数据中显示大于 1 的特征值共 5 个，累计方差贡献度为 53.955%。其中，首个因子特征值为 4.249，解释 19 个变量总体方差的 22.365%，累计贡献度为 22.365%。考虑到旋转平方和载入是提取因子的结论，因此采用因子旋转法，最终累计方差依然为 53.955%，说明改变后并未对因子的共同度产生影响，但对方差贡献度产生了影响，改变各因子的方差贡献度，更有利于对因子进行解释。

表 6 - 6 解释的总方差

成分	初始特征值			提取平方和载入			旋转平方和载入		
	合计	方差的 %	累积 %	合计	方差的 %	累积 %	合计	方差的 %	累积 %
1	4.249	22.365	22.365	4.249	22.365	22.365	2.903	15.279	15.279
2	1.975	10.394	32.758	1.975	10.394	32.758	2.067	10.879	26.158
3	1.682	8.854	41.612	1.682	8.854	41.612	1.809	9.523	35.681
4	1.297	6.824	48.436	1.297	6.824	48.436	1.783	9.386	45.068
5	1.048	5.518	53.955	1.048	5.518	53.955	1.689	8.887	53.955
6	0.968	5.093	59.048						
7	0.862	4.535	63.583						
8	0.786	4.139	67.722						
9	0.746	3.925	71.647						
10	0.719	3.786	75.433						
11	0.677	3.561	78.995						
12	0.648	3.409	82.404						
13	0.595	3.131	85.535						
14	0.583	3.068	88.603						
15	0.510	2.682	91.285						
16	0.473	2.490	93.775						
17	0.435	2.290	96.066						
18	0.429	2.260	98.325						
19	0.318	1.675	100.000						

注：表中数据根据实地调研数据计算而得。

问卷通过信度及效度检验，说明问卷结构合理、数据可靠，可以进一步实证分析。

（三）模型检验及结果分析

运用 AMOS 21.0 软件，计算得出模型的拟合值，如表 6 - 7 所示。从表中可以看出卡方自由度（CMIN/DF）比值为 1.92（介于 1~3），表明模型的适配度较好①。RMSEA 为 0.055，说明模型适配度可以接受，但 IFI、CFI、PCFI 等拟合效果值均小于 0.9，说明增值适配指数不符合标准，适配度不佳，因此需要进一步修正。

表 6 - 7　　　　　　　　脱贫攻坚满意度模型拟合度指数

修正前拟合指数	拟合效果值	参考值	是否符合标准	修正后拟合指数	拟合效果值	参考值	是否符合标准
CMIN/DF	1.92	<3	是	CMIN/DF	1.578	<3	是
RMSEA	0.055	<0.08 可接受 <0.05 良好	是	RMSEA	0.044	<0.08 可接受 <0.05 良好	是
IFI	0.881	>0.9	否	IFI	0.927	>0.9	是
TLI	0.858	>0.9	否	TLI	0.911	>0.9	是
CFI	0.879	>0.9	否	CFI	0.925	>0.9	是
PCFI	0.75	>0.9	否	GFI	0.927	>0.9	是
PNFI	0.667	>0.9	否	AGFI	0.903	>0.9	是
NFI	0.781	>0.9	否	NFI	0.823	>0.9	否

从初始模型系数估计结果（表 6 - 8）中可以看出，初始模型中精准帮扶、精准管理到对公众满意度以及精准帮扶与精准管理之间的路径系数均为达到 0.05 的显著性水平，因此需对模型进行修正。

表 6 - 8　　　　　　　　初始模型系数估计结果

路径			Estimate	S. E.	C. R.	P
公众满意度	←—	精准识别	0.274	0.077	3.579	***
公众满意度	←—	精准帮扶	0.041	0.097	0.424	0.672
公众满意度	←—	精准管理	0.403	0.135	2.985	0.003

---

① 一般来说，卡方自由度比值大于 3 表示模型无法反映所得数据，与模型适配度较差；卡方自由度比值小于 1 表示模型过度反映数据，表示模型具有样本独异性。

续表

路径			Estimate	S. E.	C. R.	P
精准识别	←→	精准帮扶	0.102	0.024	4.226	***
精准管理	←→	精准识别	0.084	0.023	3.66	***
精准管理	←→	精准帮扶	0.06	0.018	3.29	0.001

　　为了得到更加理想的模型，利用 AMOS 软件中的修正模型进行修正，一般情况下从最大的修正指标进行修正，从表 6-9 中可以看出最大的修正指标为 e10 与 e11，若两者间存在共变关系，则可以降低卡方值 17.919，在一定程度上说明这两个误差项所对应的指标存在某种程度上的关联，建立两者的共变关系，释放测量误差变量，使模型的适配度得到提高。相应的 e4 与 e5、e2 与 e6 间也建立相关的共变关系，释放测量误差变量。进行修正后，计算得出模型的拟合值，如表 6-7 所示。卡方自由度（CMIN/DF）比值由 1.92 降为 1.578，RMSEA 降为 0.044，小于 0.05，表明模型适配度良好，其余增值适配指数 IFI、CFI、AGFI 等拟合效果值均有所增加，大于 0.9，说明增值适配指数符合标准，模型整体拟合效果较好。

表 6-9　　　　　　　　　　　　　修正指标值

指标	M. I.	Par Change
e2←→e6	12.881	0.119
e4←→e5	15.252	0.125
e10←→e11	17.919	0.141

　　从脱贫攻坚满意度模型路径图（见图 6-2）可以看出精准识别、精准帮扶、精准管理的路径系数分别为 0.32、0.08、0.33，在 1% 水平上显著。

　　图 6-2 表明精准识别等外生潜变量对精准扶贫满意度都有着显著的影响。其中精准管理是影响最显著的外生潜变量，影响系数达到 0.33，精准识别、精准帮扶等因素的影响程度依次降低。可见精准管理是影响精准扶贫满意度的重要影响因素。精准管理对精准扶贫的重要性体现在：精准管

理是对精准扶贫工作的关键，只有管理好扶贫项目实施、资金运用才能确保扶贫资源真正落到实处，用于真扶贫。扶贫信息动态更新是确保贫困户家庭情况真实可靠、扶贫政策实施精准、扶贫成效稳固的重要手段，通过绩效考核倒逼各级政府和基层扶贫干部高质量地完成脱贫任务，促进社会公平正义，提高扶贫模式、扶贫资金效率。

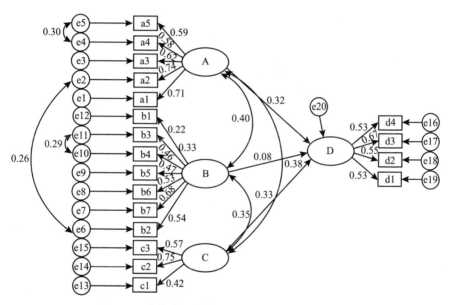

图6-2　脱贫攻坚满意度理论模型的结构方程模型

从表6-10和图6-2中还可以看出除b1外，其余外生观测变量均达到1%的显著性水平，表明外生观测变量对潜变量具有较高的有效性。

表6-10　　　　脱贫攻坚满意度理论模型的路径系数与结果

变量	未标准化路径系数	S. E.	C. R.	P	标准化路径系数
a1←——A	1				0.71
a2←——A	1.147	0.11	10.4	***	0.74
a3←——A	0.967	0.106	9.114	***	0.621

变量	未标准化路径系数	S. E.	C. R.	P	标准化路径系数
a4←——A	0.903	0.106	8.485	***	0.579
a5←——A	0.831	0.097	8.575	***	0.586
b7←——B	1				0.543
b6←——B	1.313	0.182	6.238	***	0.528
b5←——B	1.132	0.146	5.756	***	0.467
b4←——B	0.84	0.141	5.672	***	0.459
b3←——B	0.799	0.14	4.409	***	0.334
b2←——B	0.618	0.188	6.982	***	0.678
b1←——B	0.419	0.136	3.073	0.002	0.218
c1←——C	1				0.416
c2←——C	1.968	0.38	5.182	***	0.754
c3←——C	1.423	0.272	5.235	***	0.566
d4←——D	1				0.53
d3←——D	1.381	0.206	6.701	***	0.674
d2←——D	1.033	0.167	6.198	***	0.552
d1←——D	1.054	0.173	6.079	***	0.533

（1）精准识别。在本节构建的精准识别这一潜变量对应的观测变量为对贫困户建档立卡的及时性、制定贫困户识别标准公正科学、所有符合条件的村民都参加评选、贫困户申请信息公开透明、评选过程公正公平等。由表6－10可知，五个观测变量对精准扶贫标准化后的路径系数均大于0.5，说明问卷关于精准识别的观测变量的设计是合理的，可以分析精准扶贫中精准识别这一潜变量。其中制定贫困户识别标准公正科学的标准化系数为0.74，说明该变量对精准识别的满意度有显著影响，这对地方政府的启示为：在识别贫困户前，要合理制定评判标准，收集群众的意见与建议，这样才能促进公众总体对精准扶贫的满意度的提升。其次是对贫困户建档立卡的及时性，标准化路径系数为0.71，表明识别的及时性也是村民

关注的重点，对及时有效的识别贫困户，为贫困户提供有效帮扶措施提出了更高的要求。此外，所有符合条件的村民都参加评选、贫困户申请信息公开透明、评选过程公正公平的标准化路径系数分别为 0.621、0.579、0.586。精准识别对总体满意度的路径系数为 0.32，可以得出以下检验结果：假设 H1 通过，精准识别的满意度与公众满意度有正向相关影响。

（2）精准帮扶。根据分析结果可知，精准帮扶与总体满意度之间存在正相关关系，表明假设 H2 通过。在精准帮扶的七个外生观测变量中，符合政策的现金补贴及时发放、基础设施便利普及、社会保障都能普及、符合条件的都能得到养老保险金、义务教育都能普及、医疗卫生便利普及、居住环境安全卫生的因子载荷分别为 0.218、0.678、0.334、0.459、0.467、0.528、0.543，故问卷在精准帮扶这一观测变量的设计上仍有进一步改进的空间。同时在实际调研中也发现，精准扶贫的帮扶措施实施的不到位，部分村民对医疗、卫生等公共服务的建设不满意，认为不能满足日常需求。这表明在公共服务上，政府需要加大投入，满足村民日常需求，从而提高精准扶贫的满意度。

（3）精准管理。根据分析结果可知精准管理与总体满意度间的路径系数为 0.33，呈正向相关关系，假设 H3 检验通过。首先对贫困户实时管理是精准管理中最显著的外生观测变量，标准化路径系数为 0.754；其次为合理运用扶贫资金，标准化路径系数为 0.566；最后为驻村扶贫干部认真负责，其标准化路径系数为 0.416。四个观测变量对潜变量解释是合理的，表明精准扶贫成果的保障要有相应的管理措施，因此贫困户的动态管理、合理运用扶贫资金、驻村扶贫干部的工作态度就显得十分重要。如何对贫困户的现实情况实时了解，如何使用扶贫资金增强贫困户自身发展动力，是精准扶贫工作中需要考虑的重要因素。精准扶贫工作中扶贫干部的认真负责考核也是精准扶贫中不可缺少的环节，如加大扶贫绩效考核力度，提高扶贫工作考核权重，完善考核后的奖惩措施，强化考核结果运用，促进扶贫工作更加精准。

（4）公众总体满意度。公众总体满意度的四个外生观察变量中，当地政府部门的扶贫监管满意度影响最大，对当地政府提供的扶贫措施满意度次之，对当地扶贫政策宣传力度满意度、对当地政府的帮扶效率满意度再次之。四个观测变量对精准扶贫标准化后的路径系数均大于0.5，可以很好地解释公众总体满意度这一潜变量。同时也表明政府部门应加强对扶贫的监管力度，引导群众参与扶贫工作的监管，群众自身也要变被动为主动，积极主动参与扶贫监管工作，提升群众对扶贫工作的了解，增加其对精准扶贫的满意度。

根据结构方程，分析探讨了公众对精准识别、精准帮扶、精准管理的总体满意度的影响程度。研究表明，不同因素对满意度的影响程度存在差别：潜变量中精准管理对满意度的影响最显著，精准识别次之，精准帮扶影响最小。外生的观测变量中贫困户实时管理、制定贫困户识别标准公正科学、对贫困户建档立卡的及时性的路径系数均大于0.7，表明这三项因素影响十分显著。但地方政府精准扶贫工作还有待完善的地方，根据调研情况及实证结果分析，政府应加大公共服务力度、完善地区基础设施建设，促进村民生活更加便利化，提升村民对于精准扶贫的满意度。

第五节　新发展理念下脱贫攻坚符合性评估

根据《中共中央、国务院关于打赢脱贫攻坚战的决定》《中共中央、国务院关于打赢脱贫攻坚战三年行动的指导意见》精神，按照习近平总书记在解决"两不愁三保障"突出问题座谈会上的重要指示和《中共中央办公厅、国务院办公厅关于建立贫困退出机制的意见》《国务院扶贫开发领导小组印发关于解决"两不愁三保障"突出问题的指导意见》等要求，结合中共贵州省委十二届三次、五次全会和《中共贵州省委、贵州省人民政府关于深入实施打赢脱贫攻坚战三年行动发起总攻夺取全胜的决定》《中共贵州省委、贵州省人民政府关于深入推进农村产业革命坚决夺取脱贫攻坚战全面胜利的意见》等重大部署，以及国务院扶贫开发领导小组和贵州省扶贫开发领导小组有关贫困县退出的政策规定、工作安排和《贵州省2019年贫困县退出专项评估检查工作方案》要求，由安徽财经大学团队组织对贵州省织金县进行实地评估检查任务，对退出情况开展专项评估检查。

一、评估检查基本情况

根据国务院扶贫办统一的贫困县退出专项评估检查总体安排，按照《贵州省 2019 年贫困县退出专项评估检查工作方案》《贵州省扶贫开发领导小组关于进一步完善脱贫退出标准的通知》要求，安徽财经大学组建了由 67 名调查评估人员组成的评估检查组，制定了织金县实地评估检查实施方案，开展了脱贫攻坚政策和调查评估业务全员培训，实地评估人员全部通过了国务院扶贫办统一的上岗考试。评估检查组同步建立了分级负责、层层把关的问题沟通核实机制和质量管控机制，按照坚决执行国家贫困县退出"点面兼顾，关注死角""聚焦短板，分层抽样""统分结合，契合实际"原则进行了抽样。

2020 年 1 月 6 ~ 10 日，评估检查组赴织金县开展实地评估检查。同时坚决执行严查边边角角、严查盲区死角和薄弱环节的原则，根据地理区位和通达度，调研组共实地评估 25 个乡镇（街道、办事处）的 25 个村，涵盖 16 个贫困村（边角贫困村 8 个，占 50%；非边角贫困村 8 个，占 50%）、9 个非贫困村以及 3 个易地扶贫搬迁安置点。共计走访调查农户 1 352 户，其中建档立卡脱贫户 610 户（易地扶贫搬迁户 31 户），占调查总数的 45.12%；非建档立卡户 399 户，占调查总数的 29.51%；漏评排查户 343 户，占调查总数的 25.37%。访谈干部 117 人，其中县级领导 3 人、县科级干部 15 人、乡科级干部 30 人、村干部 25 人、驻村干部 26 人、帮扶干部 18 人。按照入户调查、实时反馈、现场核查、集体研判、二次核查、反馈举证、二次研判的流程和方法，最终调查员报告疑似错退和疑似漏评 0 户，评估组最终未发现错退、漏评户。

二、评估检查结果及分析

评估检查结果显示，2014 年织金县农村户籍人口 277 461 户共 1 054 355 人，贫困发生率 27.15%。截至 2019 年底，经过动态调整和自然增减，织金县建档立卡 65 202 户 286 387 人，累计脱贫 59 647 户 271 604 人，未脱贫 5 555 户 14 783 人。本次调查错退 0 人，漏评 0 人，错退、漏评、未脱贫三类人口数据之和为 14 783 人，织金县综合贫困发生率为 1.4%，符合国家关于西部地区贫困县贫困发生率降至 3% 以下的退出标准。抽查脱贫户中未发现错退、抽查非建档立卡户中未发现漏评，错退率、漏评率不明显，均显著低于国家关于脱贫人口错退率和贫困人口漏评率低于 2% 的评估检查标准，脱贫质量较高。群众认可度为 98.49%，高于国家 90% 的评估检查标准，脱贫退出认可度较高，退出程序规范，符合退出标准和条件。

从评估检查总体情况来看，脱贫攻坚战以来，织金县委、县政府深入学习领会习近平新时代中国特色社会主义思想和习近平总书记关于扶贫工作的重要论述，认真贯彻落实党中央、国务院和省委、省政府以及毕节市委、市政府脱贫攻坚决策部署，坚持把脱贫攻坚作为头等大事和第一民生工程，以脱贫攻坚统揽经济社会发展全局，紧扣"一达标两不愁三保障"目标，按照"44514"工作思路，建立健全"四个体系"，全力打好"四场硬仗"，扎实开展"五个专项治理"，深入推进"一场振兴农村经济的深刻的产业革命"，全面凝聚"四向帮扶"合力，先后发起 2018 年"春风行动""夏秋攻势""秋后喜算丰收账""冬季充电"和 2019 年"春季攻势""夏秋决战""百日攻坚大决战"等系列行动。经过脱贫攻坚，织金县建档立卡户中的脱贫人口收入全部达标，"两不愁"稳定实现，"三保障"问题有效解决，贫困村基础设施和公共服务显著提升，人居环境明显改善，基层干群关系更加紧密，人民群众获得感、幸福感和安全感显著增强。

（一）脱贫人口"两不愁"稳定实现

建档立卡贫困户数据显示，截至 2019 年底，织金县累计脱贫 59 647 户 271 604 人，其中一般脱贫户 33 760 户 159 602 人，占比 56.6%；低保户 25 480 户 111 236 人，占比 42.72%；特困供养脱贫户 358 户 578 人，占比 0.6%。

从收入情况来看，织金县提供的资料显示，全县一般脱贫户人均收入 8 568.68 元，低保脱贫户人均收入 7 784.6 元，特困供养脱贫户人均收入

10 812. 27 元。此次实地评估检查脱贫户 610 户，其中一般贫困户人均收入 10 394. 15 元，收入主要来源于务工收入和种养殖业等生产经营性收入，分别占 62. 98% 和 20. 99%。低保及特困供养贫困户人均收入 9 586. 45 元，收入主要来源于农村低保金、养老金等政府转移性收入和公益性岗位工资收入等收益，分别占 20. 13% 和 45. 45%。其中，所有贫困户中增收最明显的是务工等工资性收入和生产经营性收入。

从"两不愁"来看，评估检查结果显示，所有脱贫户均能吃饱且有肉蛋奶等副食品补充，均有应季衣服、被子和鞋。"不愁吃""不愁穿"均已稳定实现。

（二）"三保障"突出问题有效解决

1. 义务教育保障方面

截至 2019 年底，织金县 6 - 16 周岁义务教育阶段适龄儿童人数为 201 602 人，其中建档立卡贫困户、非建档立卡户家庭义务教育阶段适龄儿童人数分别为 53 843、147 759 人，分别占比 26. 71%、73. 29%。为强化贫困家庭义务教育保障，织金县坚持以问题为导向，坚决落实教育、行政"双线"（行政线、教育线）责任制和"七长"（县长、局长、乡镇长、中心校校长、学校校长、家长、村长）负责制，层层压实工作责任，力求全县适龄儿童少年不失学辍学。由县委书记和县长分别担任控辍保学领导小组双组长，采取行之有效工作措施，统筹推进义务教育保障工作。实地评估检查的 610 户脱贫户和 399 户非建档立卡户（不含漏评排查户 343 户）中，共有 680 名义务教育阶段适龄儿童均在校学习，无失学辍学现象。

2. 基本医疗保障方面

织金县因病致贫的贫困人口为 19 700 人，占比为 6. 88%，是县委、县政府关心关注的重点。为确保贫困人口常见病、慢性病"看得上""看得起"，切实解决因病致贫返贫问题，织金县结合实际，构筑城乡居民基本医疗保险、大病保险、医疗救助等"基本医疗保障线"，并对贫困户个人缴费部分进行补贴。实地评估检查 610 户脱贫户，全部参加了城乡居民基本医疗保险和大病医疗保险，医疗救助实现全覆盖。在医疗服务能力建设方面，织金县健全县、乡、村三级医疗服务体系。优化县、乡两级医疗机构人员结构，全面补齐乡村医生缺口，基本实现 1 村 1 个标准卫生室、至少 1 名合格村医。在落实其他健康扶贫政策方面，织金县全面推广慢性病管理，为有慢性病人的贫困家庭签约家庭医生，实行定点医药报销。县域内贫困人口住院报销均享受"先诊疗后付费"和"一站式报销"政策。实地评估检查的 610 户脱贫户中有 76 户慢性病户、93 名长期慢性病患者，2019 年住院报销比例均在 90% 以上，切实减轻了贫困家庭医疗负担。

3. 住房安全保障方面

2014 年以来，织金县共累计完成农村危房改造 25 167 户，覆盖建档立卡贫困户 6 355 户 21 585 人，建档立卡贫困户危房已全部改造完成并入住。实地评估检查的 1 352 户中，没有发现居住危房情况，其中 610 户建档立卡脱贫户中，198 户实施危房改造，均已改造完工、验收通过并已入住。

4. 饮水安全保障方面

织金县按照"不落一户、不漏一人"要求，全力补齐饮水安全短板。实施"四在农家·美丽乡村"小康水工程 38 处、农村饮水安全巩固提升工程 19 处、集中式供水工程 204 处，解决了 85 846 户 329 706 人饮水安全问题；建成分散式小水窖 4 606 口，解决 4 606 户 20 031 人饮水安全问题，全县 578 个行政村 4 804 村民组均达到饮水安全标准。实地评估检查的全部 610 户脱贫中，均实现常年有水喝，其中 28.36% 饮用自来水、36.89% 饮用山泉水、11.97% 饮用井水、0.49% 饮用沟塘河等地表水、22.30% 饮用地窖水，水质、取水便利程度均符合国家标准。

（三）脱贫攻坚主要亮点

1. 注重利用社会力量帮扶

发挥"统一战线聚力脱贫攻坚暨多党合作参与毕节试验区建设"的政治优势，借助全国工商联及民主党派对口帮扶平台，通过向上引力、向下给力、向外借力、向内发力，形成"四向"对口帮扶新机制。一是向上引力做优协调帮扶新机制。秉承试验区先行先试、大胆创新的改革精神，健全联络联系机制、定期汇报机制、储备资源承接机制，成立"统一战线聚力脱贫攻坚暨多党合作参与毕节试验区织金县建设领导小组"，建立"一月一汇报"常态化机制，把全国工商联及民主党派对口支持政策用好用活。通过向上引力，全国工商联针对织金在扶贫产业发展、安全饮水、安全住房等方面资金缺口问题，组织捐赠帮扶资金 4 906.5035 万元，为脱贫攻坚注入活力。二是向下给力激发帮扶活力新机制。采取"互看""互听""互评"方式建立企业帮村作战指挥平台和记功榜，对帮扶效果进行综合评价，充分发挥统一战线外联帮扶、本土企业参与、返乡创业人士助推、农村专业合作社四股力量作用，推行"村集体＋企业＋专业合作社＋贫困户"帮扶模式，形成精准扶贫合力。通过向下给力，共吸纳帮扶企业 306 家，实施帮扶项目 566 个，投入帮扶资金 7.36 亿元帮扶村 327 个，其中贫困村 228 个，覆盖贫困户 10 345 户 47 587 人。三是向外借力深挖帮扶资源新机制。成立民盟、九三学社、农工党等民主党派织金支部，不断加强与各级各地民主党派组织对接联系，实现资源有效嫁接，健全商会网络体系，积极争取外地商会及企业组团开展集团帮扶。通过向外借力，在已结对帮扶的 278 家企业、专业合作社中，有 101 家属向外联引企业，实施项目 222 个，投入帮扶资金 5 891.7 万元，受帮扶建档立卡贫困人口 9 099 人。四是向内发力实现资源放大新机制。围绕项目资金的精准投入、精准使用，用好"同心·光彩"助农融资担保项目、统一战线捐赠项目、民族政策扶持项目"三笔资金"，利用全国工商联捐赠的 2 500 万元和县财政匹配的 500 万元资金共同组成原始资本金，对资本金按照 1∶3 比例扩大至9 000 万元可担保额度，充分发挥项目资金杠杆作用。

2. 充分提升特色产业的发展能力

产业发展是"造血式扶贫"重要举措，是稳定脱贫的重要途径。织金县聚焦产业发展目标任务，推进农村产业革命，解决好产业选择、产业组织、市场对接、示范带动"四道难题"。2020 年，全县规划种植皂角 50 万亩，已完成种植 32.07 万亩。"织金皂角精"获国家地理标志认证保护，皂角被列为贵州省"12＋1"特色产业予以支持发展。一是深入调研摸底，破解产业选择的难题。立足"七山两水一分田"喀斯特地貌，依托织金县猫场镇西南地区最大的皂角精加工基地和全国最大的皂角精集散地，因地制宜选择种植皂角作为特色发展产业，探索出"向山要发展、靠山求突破、用山带脱贫"的农业产业化发展路子。二是强化县级统筹，破解产业组织的难题。坚持县级统筹，科学编制《织金县 2017—2020 年皂角产业发展可行性报告》，出台系列优惠政策和考核办法，建立皂角产业行政首长负责制，把皂角产业发展纳入农民增收的目标考核体系。初步测算，项目建成后将形成年总产值 200 亿元以上的优势特色产业，带动 7.5 万人以上实现脱贫致富，提升森林覆盖率 11 个百分点，实现生态效益和经济效益双丰收。三是紧盯市场需求，破解市场对接的难题。成立织金县皂角产业商会，加大皂角产品研发、品牌创建、产销对接力度，延长皂角产业链。组建专家团队，开展皂角产品研发，加快研发以皂角为原料的食品、保健品、药物、化妆品等产品，提高产品附加值。四是创新合作方式，破解示范带动的难题。大力推广"龙头企业＋合作社＋农户"组织方式，积极推进"塘约经验"为代表的农村"三变"改革，在皂角种植、管理和皂角产品加工等方面创新合作方式，有效带动农户增收，壮大村集体经济。

三、实地检查发现的主要问题

（一）就业培训存在针对性不强、效果不明显问题

评估检查发现，织金县就业扶贫培训就业人数少，对家庭增收作用不大。实地抽查的 610 户建档立卡户中，只有 613 人有意愿参加政府组织的就业培训，占全部劳动力 1 413 人的 43.38%，而实际参加就业培训的只有 497 人，占全部劳动力的 35.2%，说明想参加政府组织的就业培训人数较少，实际参加政府组织的就业培训人数更少。通过政府培训安排外出务工人员 120 人，占抽查建档立卡户劳动力的 8.49%。贫困户主要反映政府组织的培训理论性强，难以实操，缺少务工所需要的技能培训和从事种植养殖业的专业知识培训，不切合农户的实际需要，培训后也没有针对性推荐就业。如织金县大平乡岩脚村赵国艳家 2019 年有 2 人参加了种植业培训，培训中没有学到实用技术，培训后也没有从事相关行业。

（二）扶贫小额信贷存在用途不规范和按时还款风险较大问题

评估检查发现抽查的 610 户建档立卡户中有 116 户获得了扶贫小额贷款，占抽查建档立卡户的 19.02%，其中有 19 户将小额信贷用于盖房、看病等非发展生产经营活动，占比 16.38%。116 户扶贫小额贷款的农户中有

9 户表示不能按时还款，占比 7.76%。如织金县龙场镇六花村陈诗颂 2016 年贷款 5 万元，用于盖房，合同规定应于 2019 年还款，但其个人认为家庭收入低不能按时还款。经查，陈诗颂家共 6 口人 4 个劳动力，2019 年人均纯收入为 7 833.33 元，应具备按时还款的能力。

四、评估组意见建议

（一）因村因户因人施策开展就业帮扶

以稳岗稳业增收为目标导向，针对不同需求、不同条件的群体采取针对性就业培训和创业支持服务。针对有外出务工意愿的群体，在广泛收集和深入分析岗位信息基础上，开展务工技能培训，做好跟踪服务，解决好务工人员家庭留守人员关怀等事宜；针对就近就地就业群体，主要做好特色种养的技能培训，有效解决特色种养所需的资金、技术和市场难题；对于弱劳动力的群体，适度开发公益岗位，解决其就业问题。

（二）加强扶贫小额信贷全过程监管和服务

为确保扶贫小额信贷"贷得到、贷得准、贷得快、用得准、还得上"，真正发挥扶贫小额信贷支持脱贫攻坚作用，应多措并举，加强贷前贷中贷后全过程监管。加强扶贫小额信贷贷前宣传，让建档立卡户充分了解借还款及借款用途等相关政策规定，争取让对有发展生产意愿、符合条件的贫困户做到"应贷尽贷"；加强扶贫小额信贷的贷中服务，做好产业发展信息收集、产品市场开拓、产业平台建设和产业体系构建，积极引导贫困户组建家庭、加入合作社开展适度规模经营；加强扶贫小额信贷贷后监管，制定行之有效的奖惩措施，推动扶贫小额信贷健康持续开展，建立完善风险补偿金制度，严防贷款逾期，减少逾期还款所造成损失。

（三）建立健全脱贫攻坚的长效机制

贯彻落实习近平总书记关于脱贫攻坚"四不摘"重要讲话精神，扎实做到"摘帽不摘责任、摘帽不摘政策、摘帽不摘帮扶、摘帽不摘监管"。一是继续保持贫困县党委书记责任制，继续把脱贫攻坚作为统揽经济社会发展全局来抓。二是做好脱贫人口回头看和返贫风险防范工作，开展监测预警，及时提供针对性帮扶，建立健全稳定脱贫长效机制。三是突出产业扶贫，注重龙头企业示范带动，提升专业合作社发展水平并充分利用合作社平台培养和发挥致富带头人的模范作用，激发贫困群众发展生产、勤劳致富的积极性和主动性。

第六节　本章小结

党和政府在脱贫攻坚过程中构建扶贫监督评价体系，充分利用多元监督主体，运用多样监督方法，对扶贫绩效及政策本身作出评价。伴随着扶贫工作的深入，精准扶贫促使扶贫资源的使用效率得到提高，通过对扶贫成效的评估及影响因素的分析，有助于了解现阶段扶贫工作的成果。首先，本章在阐述新发展理念与脱贫攻坚长效机制的监督评价机制内在逻辑基础上，构建了包括监督评价主体、标准、方法和措施在内的监督评价机制。其次，主要是采用 DEA 效率评估方法对安徽省金寨县脱贫的成效进行评估，结果表明金融投入对精准扶贫效率的贡献程度最高，健康投入对扶贫成效影响也在逐渐增大。再次，利用结构方程方法对金寨县脱贫攻坚政策满意度进行评估。脱贫攻坚评估既要评估脱贫攻坚成效，更要评估脱贫攻坚中群众对扶贫工作的满意度。在影响群众满意度潜变量因素中精准管理的影响最显著，外生的观测变量中贫困户实时管理、制定贫困户识别标准公正科学、对贫困户建档立卡的及时性的路径系数均大于 0.7，表明这三项因素对群众满意度的影响较大。最后，以乌蒙山区织金县为例，重点介绍脱贫攻坚工作符合性评估中的贫困县退出评估。实地评估检查认为，织金县脱贫攻坚的成效显著，尤其在产业扶贫、东西协作扶贫等方面值得其他地区学习借鉴，但在产业培训、小额信贷管理方面存在不足，需要加以研究解决，以便进一步提升脱贫攻坚质量。

第七章

新发展理念下脱贫攻坚反馈纠正机制

反馈纠正机制是根据监督评价的结果（或结论），对整个脱贫攻坚工作所做的总结，是对科学、有效脱贫攻坚工作成就的肯定，同时也是对脱贫攻坚工作不足的客观性评价和建设性意见。监督评价机制是新发展理念下脱贫攻坚长效机制的纠偏和提升，旨在总结推广脱贫攻坚成功经验做法和完善提升脱贫攻坚中的不足以及纠正改进脱贫攻坚中的错误，具有激励、制约和保障作用。激励是调动多元扶贫脱贫主体积极性的机制，制约是保证扶贫脱贫有序化、规范化的机制，保障是为扶贫脱贫提供物质和精神条件的机制。

第一节　新发展理念与反馈纠正机制的内在逻辑

反馈纠正机制贯彻新发展理念，立足监督评价机制，依据监督评价结论，按照一定程序，通过规定渠道，向政府相关部门反馈现行扶贫脱贫政策的合理性和有效性、项目的效率性和过程的合规性等方面内容，重点在于反馈脱贫中成功经验和不足之处，总结推广可借鉴、可复制的成功经验，同时督促监督评价单位在规定时间内纠正错误，促进后续脱贫政策、模式和项目的更加完善、更富有效率，促进脱贫质量进一步提升（如图7-1所示）。

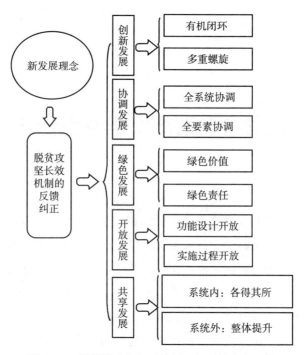

图 7 - 1　新发展理念与反馈纠正机制的内在逻辑

一、创新发展理念与反馈纠正机制的内在关联

创新发展理念赋予反馈纠正机制不同的动力机制，即作用方向和作用机理变化，使得反馈纠正机制具有不同于预警监测、反应行动和监督评价的作用机理。预警监测、反应行动和监督评价机制三者直接作用于扶贫直接实施者和扶贫对象，而且作用效果也通过扶贫直接实施者行为改变和扶贫对象状况改善得以显现；反馈纠正机制以三者为基础，作用对象一般为扶贫的管理者，通过扶贫管理者自身行为改变，从而引起扶贫直接实施者和扶贫对象行为、状况改善。

（一）动力方向：有机闭环

反馈纠正机制的作用力是多方向和环状的，同时作用于预警监测、反应行动和监督评价机制，并通过这三个机制形成系统整体、各自系统的有机闭环，其中：监督评价机制是预警监测和反应行动机制的总结，是反馈纠正的基础和前提。预警监测机制的反馈纠正内容主要包括指标体系、数据采集、计算方法等科学性和合理性，旨在提高贫困风险等级判断的准确性和帮扶对象识别的精准性。反应行动机制的反馈纠正内容主要包括项目实施过程的合法性和实施结果的精准性和效率性。监督评价机制的反馈纠正内容主要包括监督评价方法的科学性、组织的严密性、结果的准确性和政策建议的可操作性等。

（二）动力机理：多重螺旋

从实践情况来看，单向或一次反馈纠正不可能实现脱贫攻坚长效机制的目标，必须经过社会各个主体（政府、团体、企业和个人）的多次协同以及脱贫攻坚长效机制的四个组成部分之间能动性互动。在协同和互动过程中，每一次循环都不是简单的、低水平的原位运动，而是持续向上的多重螺旋。随着螺旋式的上升，脱贫攻坚长效机制不断完善优化，贫困治理的质量不断提高，农村家庭和乡村增收的主动性和能力普遍提升，实现真正意义上的长效脱贫。

二、协调发展理念与反馈纠正机制的内在关联

协调发展是反馈纠正的手段和重要目标。通过组织、个人之间的协调，监督评价的意见和建议才能传递上去，成功经验和纠正措施也能顺利传递下来，落实到脱贫的实践中来。四大机制之间协调配合，促进整个脱贫工作中的政策、人才、项目和资源优化组合，能较好地贯彻落实监督评价结果，并能提升整个长效机制。

（一）全系统协调：四大机制协调

反馈纠正机制不仅是扶贫脱贫工作总结反馈和措施纠偏，而且是对整个系统设计和运行效能的重新监测和矫正，需要脱贫攻坚长效机制各个子系统的相互协调。首先，脱贫攻坚长效机制的四个组成部分本身就是相互连接、相互配合的，按照贫困监测—贫困帮扶—监督评价—纠正提升的程序依次开展工作，前一阶段工作成果往往成为下一阶段工作的基础和前提。其次，脱贫攻坚长效机制的四个组成部分不是简单、机械的连接，而是互相作用、共同提升的有机整体。其中每一个环节工作都是不可或缺的，并且融合形成合力，其质量关乎整个系统的效率，而反馈纠正机制是

整个长效机制各个环节的补链和强链，把整个系统贯穿连接在一起，作用和地位更加突出。

（二）全要素协调：人事物相协调

就反馈纠正机制本身来说，反馈不是目的，纠正是反馈后系统目标指向，也是达到长效机制目标任务的关键环节。纠正就是把各个系统、各个环节和各项工作的缺陷甚至是错误找出来，按照新发展理念要求，围绕各个阶段贫困治理目标任务，进行各种扶贫脱贫要素（主要包括政策、项目、资金、人才、土地等）重新整合优化。反馈纠正从外在形式上，主要是各种组织、个人和各项工作的交接交流，其实质是各种生产生活要素重置和优化。

三、绿色发展理念与反馈纠正机制的内在关联

绿色发展是反馈纠正的标准，同时也是反馈纠正的目标。贯彻落实习近平生态文明思想，牢固树立"绿水青山就是金山银山"的理念，通过反馈纠正，引导扶贫产业和贫困群众乃至乡村产业和全体农村居民形成绿色生产生活方式。树立科学的责任观，正确处理扶贫干部责任和权利关系，尊重扶贫干部辛勤付出，容许扶贫干部出错和纠错，促进扶贫干部在学习中成长。

（一）绿色价值取向：生产生活方式纠正

脱贫攻坚长效机制的反馈纠正机制坚持绿色发展，就需要在生产生活中形成绿色价值取向，正确处理扶贫脱贫与生态环境保护的关系，牢固树立保护和改善生态环境就是发展生产力的理念，推动绿色扶贫、低碳扶贫。扶贫脱贫中生产方式纠正，就是构建绿色低碳扶贫产业结构，减少产业发展过程中的原料和能源浪费，提高资源利用率，减少废弃物排放量，加强废弃物综合利用，促进全产业链绿色化，以实现生态系统和扶贫产业系统良性循环，推动形成绿色生产方式。生活方式的纠正，就是通过制度约束和示范带动农村居民，倡导和践行勤俭节约、绿色低碳、文明健康的生活方式与消费模式，在衣、食、住、行、游等方面形成节约集约的行动自觉，抵制和反对各种形式的奢侈浪费、不合理消费，推动形成绿色生活

方式。

（二）绿色责任导向：关爱干部方式纠正

在脱贫攻坚工作中，数百万扶贫干部奋斗在脱贫攻坚第一线。正是由于扶贫干部苦干实干和无私奉献，脱贫攻坚工作才能顺利全面完成。在脱贫攻坚过程中，全国 1 800 多名扶贫干部付出了生命的代价，生动诠释了共产党人的初心使命。巩固拓展脱贫攻坚成果与乡村振兴衔接的过渡期，乃至全面推进乡村振兴时期，仍然有数百万帮扶干部坚守在农村，继续夜以继日忘我工作。各级党委和政府在进行扶贫干部的考核任用时，一定要有敬重、包容的绿色责任心态，真正关心关爱每一位扶贫干部，形成绿色责任导向。尤其重要的是，要鼓励广大扶贫干部勇于创新、大胆实践，容许扶贫干部在坚持原则的前提下出现工作失误并改正错误，促进扶贫干部在错误、失败中汲取经验教训茁壮成长。

四、开放发展理念与反馈纠正机制的内在关联

反馈纠正机制贯彻开放发展理念主要体现机制系统在功能设计和实施过程的开放包容。所谓功能设计的开放是指反馈纠正机制的容错纠错功能，容许政策制定和项目实施单位、部门授权修正。所谓实施过程的开放是政策、项目等实施前、实施过程中和实施后的全过程纠错修正。

（一）功能设计开放：容错纠错功能

反馈纠正机制在系统功能设计上，突出了容错纠错功能。其中的原因主要有两个方面：一是贫困的复杂性。致贫的原因差异性大，按照一户一策精准帮扶的要求，每户的帮扶政策、制度、措施和项目等就应该不同。即便对一个专业人士来说，做到精准识别、精准扶贫而不会出现错评、漏评、错退以及帮扶不精准问题也是很难的，因此应该设置授权修正或更改功能。二是系统的更新升级需要。反馈纠正的组织系统、管理系统都不能固化，应该在实践过程中根据需要进行更新升级，根据反馈意见进行特定功能模块的优化或重新设计。

（二）实施过程开放：全过程纠错修正

反馈纠正机制在实施过程中，通常根据反馈纠正问题所在的环节来进行相应的修正。政策、项目等实施前应对其本身的合理合法性和效率性、满意度进行预评估，通过评估才能继续实施，如果没有通过评估，应进行完善或重新制定。实施前能提高扶贫政策措施的有效性，把不利影响降到最低。实施过程中，如果发现扶贫政策措施偏离预定轨道或没有达到预期效果，可以暂停修正或中止执行。实施结束以后，可以根据扶贫政策措施的实际效果，来确定扶贫政策措施的停止、完善、提升和继续实施。扶贫政策措施实施过程中、实施后的反馈纠正，虽然会给各方带来不利影响，但也应本着"有错必纠"的原则继续及时修正，争取把不利影响降到最低。

五、共享发展理念与反馈纠正机制的内在关联

在共享发展理念下，反馈纠正机制和脱贫攻坚长效机制其他三个机制的目标是一致的，要求也是一致的。通过反馈纠正，使得脱贫工作系统内部各主体各得其所、系统外部利益整体提升。

（一）系统内部共享：各得其所

通过反馈纠正以后，政策、项目、资金等更加合理合法并且效率大幅度提升，会给参与扶贫工作的各方带来利益，获利最大的群体应该是贫困人口和贫困村。通过反馈纠正，贫困人口和贫困村将获得更多更好更优的政策和项目，便于尽快脱贫，也能确保稳定脱贫。作为实施者，帮扶干部明确了工作重点、理顺了工作关系和确立了工作范式，促进了帮扶目标任务保质保量完成，帮扶效率大幅度提高，工作成就感和获得感有所提升。作为制定者，政府部门的权威性和公信力大大提升，同时，也提高资金的利用效率，减少不必要的损失和浪费，减轻了财政压力，便于集中人力物力解决更加紧迫和更加重要的问题。

（二）系统外部共享：整体提升

由于扶贫政策措施的外部性，每一项或每一次的反馈纠正不仅对系统

内部群体产生影响，也会直接影响系统外部群体利益。对于系统外部群体而言，扶贫政策措施的外部性是非常复杂的，往往一项政策措施的正外部性和负外部性同时存在，关键在于政策的正确制定和科学实施，也在于外部群体对于政策措施的能动反应。扶贫政策措施的外部经济性，通过反馈纠正会得到进一步强化，从而使得系统外部群体利益增加；而扶贫政策措施的外部不经济性，通过反馈纠正会得到进一步降低或消除，从而使得系统外部群体利益损失减少。总之，通过反馈纠正，系统外部群体利益都会得到整体提升。例如，公共基础设施建设具有很强的正外部性，通过反馈纠正机制，及时解决公共基础设施规划建设和完工使用等环节存在的问题，会使得包括贫困家庭和贫困村在内农村所有居民和乡村生产生活的便捷性大大提高。金融扶贫模式下，贫困家庭能获得更多便利，可以通过更加快捷、更加节约的方式获得生产生活急需资金。相比之下，非贫困家庭仍旧存在"融资难""融资贵"问题，金融扶贫模式对于非贫困家庭具有负的外部性。但是，金融扶贫政策制定者可以通过协调金融机构，适当地增加非贫困家庭贷款规模，给予发展生产和及时还款的家庭利率优惠等，可以使得非贫困家庭支付较少的利息成本，促进其增收致富和示范带动贫困户。

第二节　新发展理念下反馈纠正机制的理论分析

习近平总书记在党的十九大报告中指出："要动员全党全国全社会力量，坚持精准扶贫、精准脱贫，确保到 2020 年我国现行标准下农村贫困人口实现脱贫，贫困县全部摘帽，解决区域性整体贫困，做到脱真贫、真脱贫"。经过全党全国各族人民共同努力，贫困村贫困面貌发生了根本性改变，教育、医疗、住房及饮水安全四大问题得到解决，社会保障公共服务水平显著提高，脱贫攻坚取得显著成绩。但仍然存在着一些比较突出的问题和短板：

首先，精准识别工作成效不足。贫困户家庭人均收入难以统计。精准识别是扶贫工作的基础，只有精准识别才能"对症下药"。因此，必须按照统一标准，通过规范的流程和方法，筛选出真正的贫困村、贫困户，了解贫困状况及产生根源，根据其实际需求，提供精准帮扶。另外，部分基层政府为了维持建档立卡贫困户系统稳定，对一些错误存在不主动纠错改错现象。其次，贫困户脱贫动力不足。部分贫困户文化水平低，停留在"要我脱贫"思想误区中，存在"等""靠""要"思想，不能积极主动地参与到脱贫攻坚活动中。最后，扶贫产业后劲不足。部分地区位置偏僻、交通不便，缺乏持续扶持的项目资金，扶贫产业刚刚起步，缺乏龙头企业带动，产业业主融资困难，产业持续发展后劲不足。当然，也还存在着部分基层干部对脱贫攻坚工作严峻性的认识不足，缺乏理论学习；部门各自为战，工作统筹有待加强；扶贫干部队伍力量不强，村干部后继乏人等一系列问题。部分地区脱贫攻坚工作中仍存在着一些形式主义、官僚主义等现象，直接影响脱贫攻坚的有效推进。不论是精准扶贫还是精准脱贫，贫困户是评价是否真正脱贫的主体，只有贫困户认定自己已经脱贫，整个脱贫程序才算完全终结。脱贫攻坚是一项复杂的系统工程，唯有符合实际的发展理念，才能让脱贫攻坚政策得到更好的实施。坚持以新发展理念为指导，强化驻村干部、镇干部、县领导等主体定期家访，对精准扶贫、脱贫政策深刻解读，形成"自下而上"脱贫与否的纠正反馈机制，不断完善脱贫的规范性和可操作性。贫困户的纠正反馈不仅是提升脱贫工作服务水平的重要举措，也是确保脱贫攻坚成效真实、可靠的关键因素。

所谓脱贫攻坚反馈纠正机制，即在脱贫攻坚实施过程中，营造脱贫攻坚工作的良好氛围，及时收集、分析、处理贫困户对政府脱贫攻坚工作是否满意、是否认同已经脱贫以及生活中还存在哪些利益诉求等信息，加大政府部门对反馈信息进行纠正工作的力度，提高脱贫攻坚工作的规范性、真实性和科学性（如图 7-2 所示）。

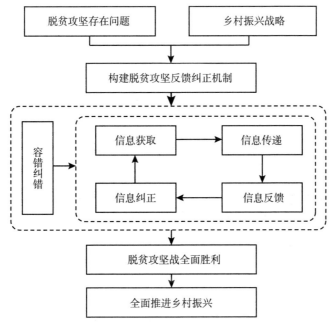

图 7 - 2　脱贫攻坚长效机制反馈纠正机制框架

一、脱贫攻坚容错纠错机制

　　党的十八大以来，党中央、国务院充分发挥特有的政治优势和制度优势，全面推进脱贫攻坚体制机制改革，不断推动脱贫攻坚的理论创新和实践创新，丰富中国特色脱贫攻坚开发道路。党的十九大报告指出，坚决打赢脱贫攻坚战。要动员全党全国全社会力量，坚持精准扶贫、精准脱贫方略，确保到 2020 年底我国现行标准下农村贫困人口实现脱贫，贫困村全部出列，贫困县全部摘帽，解决绝对贫困和区域性整体贫困。消除贫困、逐步实现共同富裕，是社会主义的本质要求，是我们党的执政初心和历史使命。打赢脱贫攻坚战并不是一蹴而就的，而是一个长期的、艰难的探索和实践过程，需要坚持不懈、久久为功。2017 年 3 月，习近平总书记指出："脱贫攻坚越往后，难度越大，越要压实责任、精准施策、过细工作""有的需要下一番'绣花'功夫。"建立脱贫攻坚容错纠错机制是一项系统工程，是鼓励创新、允许试错和宽容失败的制度化体现。其中科学认定脱贫攻坚容错纠错内容是建立脱贫攻坚容错纠错机制的重要前提。因此，构建脱贫攻坚容错纠错机制，调动广大干部群众投身脱贫攻坚工作积极性、主动性和创造性，对于提高脱贫攻坚的精准度和有效性至关重要。

（一）树立容错纠错价值导向

由于脱贫攻坚是我国特有的阶段性扶贫开发战略，在世界范围内都没有现成的成熟经验可供参考，所以，难以避免地存在一些探索性的失误甚至错误。因此，应该坚持实事求是的原则，鼓励支持干部改革创新和干事创业，树立和强化鼓励担当与容忍试错相容的价值导向。

1. 坚持鼓励担当的价值导向

思想是行动的指南，思想只有在实践中指导行动才能发挥应有的作用。倡导"履职担当、改革创新"的工作理念，强化脱贫攻坚主体的思想政治教育，正确处理干部在脱贫攻坚工作中出现的失误和过错，鼓励干部积极履职、大胆创新、主动作为，确保脱贫攻坚容错纠错机制正常运行。

2. 坚持容忍试错的价值导向

依据脱贫攻坚的法律法规和政策制度，对照脱贫攻坚目标任务和工作要求，分析政府、企业、社会组织、社区以及农户等扶贫主体的行为逻辑，客观评判各个扶贫主体脱贫攻坚实施成效和工作表现，为容错纠错提供依据。不讲原则地容忍错误会产生传播扩散效应，最终影响脱贫攻坚工作正常开展。但纠正错误不是容忍错误，而是让人们避免犯错或继续试错。部分干部在脱贫攻坚工作中尽职尽责，但由于一些无法避免或难以预见等因素的制约，不可避免地导致扶贫结果未达到预期或者产生不良影响，应当给予从轻或者减轻处罚。

3. 避免两种极端发生

鼓励干部担当作为，需要一定的容错空间，但也要坚守底线。容错机制旨在"允许试错"，但容忍试错并不等于"纵错"，构建脱贫攻坚容错纠错机制并不等于对干部进行"松绑"或"放水"，应该正确区别"敢作为"和"乱作为"，系统全面打造脱贫攻坚容错纠错空间。坚持客观公正的态度宽容对待错误，营造"鼓励创新、宽容挫折、容忍失败"的良好氛围，提拔重用敢担当的改革者，明确脱贫攻坚容忍试错的目的是鼓励担当。

（二）界定容错纠错最大限度

容错纠错之"错"是指干部在脱贫攻坚工作中由于主观过失难以发挥

扶贫作用，无法实现预期扶贫效果，由此带来的一系列损失和不良影响。脱贫攻坚容错纠错的"错"应该是扶贫政策措施符合党中央国务院重大决策部署前提下，在推进脱贫攻坚中因缺乏经验出现的不利于脱贫攻坚发展大局的失误和错误。明确可容、不可容的失误和错误的范畴，严格区分缺乏经验与明知故犯、探索试验与明令禁止、无意过失与谋取私利的界限，科学界定容错纠错限度，坚持容错纠错机制与问责机制并行，确保干部愿干事、敢干事和能干成事。

1. 采用正面清单制

所谓正面清单，就是明确脱贫攻坚中哪些事情可以做、可以采取哪些方式来做。2016 年 1 月 18 日，习近平总书记在省部级主要领导干部学习贯彻党的十八届五中全会精神专题研讨班上发表重要讲话指出，各级党委要加强对干部的教育培训，要把严格管理干部和热情关心干部结合起来，做到"三个区分开来"。"三个区分开来"是建立健全脱贫攻坚容错纠错机制的指导思想和基本依据。各部门、各单位应该立足自身实际制定脱贫攻坚可容之错的正面清单，严格划分"失误、错误"和"违纪、违法"之间的界线，推进脱贫攻坚行政审批制度改革，及时纠正脱贫攻坚政策执行的偏差。犯错干部应该及时找到犯错症结和原因，制定可规避犯错的行为准则，提升脱贫攻坚效率和实施效果。

2. 采用负面清单制

由于脱贫攻坚具有特殊性、复杂性、全面性和长期性，难以一一列举适用容错免责的决策失误，应该采用脱贫攻坚负面清单制。负面清单内容主要包括：脱贫攻坚相关的法律法规制度政策应当听证，涉及重大公共利益、损害脱贫攻坚对象切身利益的行政决策造成根本性损害的不可容错，重大决策严重失误不可容错，未经法定程序作出的重大决策不可容错；应该严格遵守专家论证、公众参与、满意度测评、合法性审查和集体讨论决定确定等程序，却不遵守而导致问题发生而不可容错等。

3. 构建防范累犯机制

累犯是一种特殊的犯错，有必要对累犯干部进行惩处。不同干部在脱贫攻坚工作中出现的失误不同，构建集犯错主体、犯错类型、犯错动因等于一体的脱贫攻坚再犯风险评估指标体系，科学评估脱贫攻坚再犯风险，探索预防再犯的新路径。营造良好的脱贫攻坚容错纠错社会氛围，增强干部警惕再犯意识，构建合理的脱贫攻坚累犯机制预防体系，与脱贫攻坚累犯机制和再犯风险评估、预防体系有效衔接，实现脱贫攻坚容错纠错机制实施目的和实际效果相统一。

（三）规范容错纠错实施程序

政策措施效应的大小在于实施，规范完善实施程序是政策措施的基本要素。保障脱贫攻坚容错纠错政策的执行需要有规范性的实施程序，一切容错纠错的实施程序都具有明显的控制权力。如果没有具体的脱贫攻坚容错纠错实施程序，难以发挥脱贫攻坚容错纠错机制的制度功效。因此，为了保证脱贫攻坚容错纠错机制构建的客观公正性，应该从组织内部防止追究权被滥用，规范脱贫攻坚容错纠错的实施程序。

1. 容错纠错的申请

当单位或个人认为符合脱贫攻坚容错纠错机制相关条件时，在一定期限内向问责决定机构提出申请。如果单位或个人行为出现了过错且问责程序尚未启动，问责决定机构应该遵循不申请不启动的原则，停止实施容错纠错机制。容错纠错机制具体实施时，应广泛征求民众和专家的意见，最大限度地细化脱贫攻坚容错纠错机制，保证申请程序的科学性。脱贫攻坚容错纠错机制在问责程序尚未启动前运行，能够降低行政成本，提高政府行政效率，维护问责的权威性和公信力，确保问责的严肃性和有效性，避免那些可以容错纠错的干部受到追责，从而伤害了干部群众工作积极性。

2. 容错纠错的核实

问责决定机构在接到单位或个人的申请后，应该坚持实事求是、客观公正、依规依纪的原则，会同纪检监察、组织人事、财务审计等相关部门开展调查核实，广泛听取本人和所在单位的申请意见，了解事态原貌，及时跟踪并掌握信息变化，准确查清错误的性质、程度、原因和影响，准确界定其犯错行为应当承担的责任。

3. 容错纠错的认定

在实地调研和仔细分析的基础上，问责决定机关应集体讨论共同作出相关的认定意见。经申请人提出或者问责决定机关认为必要时可以举行听证，或者会同纪检监察、组织人事、当事人所在单位等相关部门会商决定。容错纠错认定结果应符合工作规范，并及时向社会公众公开，切实保障公众的知情权、参与权和监督权，最大程度减少负面舆论。

4. 容错纠错的反馈

决定意见采用书面形式及时送达申请者，上报上级党委组织部门备案。如果申请者对认定结果持有异议，可在规定时间内提出申诉，相关问责机构和具体工作部门要认真组织复核。如果申请者对认定结果没有异议，按照既有各类问责制度具体规定进行问责，督促申请者在规定时间内改正错误。脱贫攻坚容错纠错程序启动后，纪检监察、组织人事等部门应该将相关材料及时归档备案、妥善保管，便于后续跟踪回访和查阅。

（四）确定容错纠错基本形态

脱贫攻坚容错纠错的基本形态是指对干部犯错进行处置的表现形式。在脱贫攻坚容错纠错的具体实践中，准确裁量脱贫攻坚容错纠错的适用情形，合理确定处置容错纠错的基本形态至关重要。如果基本形态过多，在脱贫攻坚容错纠错具体实践中难以辨别清楚，容易产生争议；如果基本形态过少，无法体现脱贫攻坚容错纠错的复杂性和多样性。根据容错力度的强弱和纠错难度的大小，将脱贫攻坚容错纠错的基本形态划分为从轻处理、减轻处理和免予处理三种基本形态。

1. 从轻处理

从轻处理是脱贫攻坚容错纠错机制中的基础性形态，与其他形态相比，从轻处理的容错力度较弱，纠错难度较大。在脱贫攻坚工作中产生了较弱影响的错误，没有因工作不严不实造成较大损失，严格执行既定的问责程序对犯错行为和结果进行问责，并公布问责的过程和结果。在及时改正错误的基础上，党组织、行政部门按照低标准对责任人或责任单位进行处置。

2. 减轻处理

减轻处理是脱贫攻坚容错纠错机制中的关键性形态，与其他形态相比，减轻处理的容错力度和纠错难度相对平衡。在脱贫攻坚工作中产生的错误情节不严重，没有造成较为严重或者严重的损失，严格执行既定的问责程序对其行为和结果进行问责，并公布问责的过程和结果。在及时改正错误的基础上，党组织、行政部门按照降低一档或若干档的标准对责任人或责任单位进行处置。

3. 免予处理

免予处理是脱贫攻坚容错纠错机制中的最高级性形态，与其他形态相比，免予处理的容错力度较强，纠错难度较小。在脱贫攻坚过程中产生的错误情节非常小，造成的损失和产生的影响相对较小，严格执行既定的问责程序对其行为和结果进行问责，并公布问责的过程和结果。在对错误完成了纠正的基础上，党组织、行政部门对责任人或责任单位不予处置。

二、脱贫攻坚信息获取机制

目前贫困治理信息管理采取的是一种自上而下的分级行政管理手段，存在信息复杂、信息封闭、利用不畅和监督不足等问题。应当坚持以问题为导向，利用现代信息技术手段，加强脱贫攻坚信息化建设，着力建立信息资源管理平台、推进跨部门信息资源共享、重视信息资源网络安全和加强信息资源网络监督等，构建脱贫攻坚信息获取机制，打通脱贫攻坚工作中各个环节的信息共享通道，提升扶贫信息数据获取质量，优化扶贫信息管理方式，有效解决扶贫信息的多头粗放式管理问题，实现扶贫信息管理的信息化、网络化，提升扶贫管理工作的效率，提高政府决策科学性。

（一）建立信息资源管理平台

随着我国经济社会的持续快速发展，农村贫富分化现象日趋严重，脱贫攻坚任务十分艰巨，信息处理工作量大、工作程序日趋烦琐，应加强脱贫攻坚信息管理平台建设，提高脱贫攻坚信息的管理能力和利用水平，从而促进脱贫攻坚工作信息管理和应用更加精准和高效。

1. 优化脱贫攻坚信息采集

建立功能完备、分级管理的脱贫攻坚信息网络系统，开展贫困户信息实时采集和建档立卡工作，动态更新管理脱贫攻坚信息是建立脱贫攻坚数据管理平台的基础工作。脱贫攻坚数据管理平台应有效对接移动互联网与信息资源管理平台，采用信息化数据采集方式，准确采集脱贫攻坚数据信息，完善建档立卡贫困户信息。利用大数据、互联网和区块链技术，进行数据甄别、数据决策、数据管理和数据考核，扩大脱贫攻坚信息采集的渠道，整合和挖掘脱贫攻坚信息资源，提高脱贫攻坚数据加工能力和效率，提升脱贫攻坚信息管理的科学化水平。

2. 创新脱贫攻坚数据存储

在脱贫攻坚实践中，由于工作人员信息管理水平不足、执行力不强、人员变动频繁，以及各部门、各环节缺少沟通等原因，难免会造成脱贫攻坚文件资料的遗失和遗漏。选取适用、安全的存储技术，综合运用大数据手段，标签标记和分类统计相关脱贫攻坚数据，构建信息资源管理平台的数据存储层。建成贫困信息、资金项目、帮扶信息、政策资讯等数据库，可以基于贫困户的贫困原因标签先行自动识别帮扶措施，并根据贫困户的信息变化态势实时调整差异化的帮扶措施。

3. 完善脱贫攻坚数据分析

利用大数据、互联网和物联网技术，对存储的脱贫攻坚数据进行收集整合、存储查询和分析比对等，挖掘贫困户深层次的贫困机理和致贫因素，及时准确获取扶贫对象的基本信息、农户首要扶持信息等数据，有效预测贫困户的脱贫趋势，为政府部门的规划与决策提供决策参考。基于信息资源管理平台，开展客观公正的预警监测和监督评价，实行扶贫信息"红黄牌"警示管理制度，强化扶贫领域精准监督，提高脱贫攻坚工作的效率和质量。

4. 加强脱贫攻坚数据应用

随着互联网的应用普及，脱贫攻坚数据资源已经成为一种新的生产资料和重要资源，能够引发新一轮的生产力增长与技术创新。积极推进脱贫攻坚信息资源共享应用，充分挖掘脱贫攻坚数据价值，发挥脱贫攻坚数据资产的潜力，打造可复制可推广的脱贫攻坚模式。加快政府职能转变，加强脱贫攻坚数据科学管理和深度应用，实现脱贫攻坚信息资源均衡分配，推进政府治理体系和治理能力现代化，提高脱贫攻坚工作的效率。

（二）推进信息资源整合共享

在脱贫攻坚工作中，部分政府部门之间尚未建立起有效的信息沟通机制，存在信息流通不畅、不对称等现象，无形中形成了一个个的信息孤岛，直接制约着脱贫攻坚的进程。为了提高脱贫攻坚政策实施效果，应该构建跨部门跨职能的信息资源共享机制，提高脱贫攻坚信息在各部门之间的相互流动和共享，实现脱贫攻坚信息资源优化配置和高效利用。

1. 组建信息资源管理平台的领导机构

成立信息资源管理平台领导小组，明确划分各成员的职责和分工，统筹整合脱贫攻坚信息资源，打破政府各职能部门之间的信息壁垒，推动部门间信息共享与资源共用，实现跨层级、跨部门的脱贫攻坚信息资源共享，有效降低政府信息化投资成本。构建规范、统一、高效的数据采集与应用共享平台，最大限度避免政府职能交叉、多头管理，推进脱贫攻坚数据资源向社会开放，提高行政效能和建设服务水平。

2. 出台信息资源共享的实施细则

政府部门在信息资源管理过程中，存在着重复登记较多、使用效率不高、共享水平较低等现象。为进一步规范和促进脱贫攻坚信息资源共享，推动脱贫攻坚信息资源优化配置和有效利用，应该出台制定脱贫攻坚信息资源共享的实施细则，开展脱贫攻坚信息资源普查，加快建立脱贫攻坚信息资源目录体系，制定脱贫攻坚信息资源共享相关技术标准和规范，实现各部门脱贫攻坚信息资源共享和互联互通，全面推广脱贫攻坚信息共享成果，提高脱贫攻坚信息资源使用效率。

3. 完善信息资源共享的协作机制

在互联网普及应用时代，信息沟通广度和深度大大加强，信息资源共享也是大势所趋。脱贫攻坚信息由于涉及较多敏感问题，部分政府部门不愿意公开披露信息，因此更谈不上信息资源共享。为提高脱贫攻坚效率和水平，加快脱贫攻坚进程，更好地服务乡村振兴，加快推进脱贫攻坚信息资源共享已经列入各级政府工作议程。应当构建信息共享的跨部门共享协作机制，完善信息共享授权范围，减少部门领导对于脱贫攻坚信息公开共享存在的误区和顾虑，推进各级政府各部门脱贫攻坚信息管理制度协调统一，利用法规破除各部门之间信息等壁垒，实现各级政府各部门之间脱贫攻坚信息资源的实时传递和无障碍交换，推动脱贫攻坚信息资源第三方深度开发，提高政府部门科学决策水平和工作效率。

（三）重视信息资源网络安全

党的十八大以来，习近平总书记针对网络安全和信息化工作作出了一系列重要指示，亲自部署和指导我国网络安全和信息化工作，形成了习近平网络强国战略思想，有力推动了我国信息化健康发展。信息资源已经成为一种新型生产要素和社会财富，信息资源的网络安全事关国家安全和国家发展，已经成为社会各界共识。因此，加强脱贫攻坚信息化建设，必须高度重视信息资源网络安全，建立健全脱贫攻坚数据信息安全保障体系，以互联网助力脱贫攻坚。

1. 健全网络安全法律法规

应当加强脱贫攻坚信息网络安全基础设施建设，强化脱贫攻坚信息网络安全的常用防护技术，完善脱贫攻坚信息网络安全的法律体系，健全脱贫攻坚信息资源安全制度，构建脱贫攻坚信息资源服务网络体系，明确脱贫攻坚信息资源使用范围，培养一批高素质的脱贫攻坚信息安全管理和技术人才，全面提升脱贫攻坚信息网络安全服务保障能力和水平，确保脱贫攻坚信息网络安全。

2. 创新网络安全核心技术

网络信息安全行业是技术密集型产业和高科技行业，其中核心技术是推动网络安全的基础。加强脱贫攻坚网络信息化建设，遵循信息技术发展规律，推进脱贫攻坚网络信息技术自主创新，推动脱贫攻坚信息网络安全核心技术突破，提高脱贫攻坚网络管理水平，释放脱贫攻坚主体创新活力。加大网络安全基础设施投入，建设高标准的网络基础设施，研发先进的网络技术手段，建立安全可信的脱贫攻坚信息网络安全体系，增强脱贫攻坚网络空间安全防御能力，确保脱贫攻坚网络信息不泄密。

3. 监督脱贫信息网络用户行为

互联网络体系结构本身具有动态性和复杂性，脱贫攻坚信息网络用户的规模剧增、需求也日益多元化，促使脱贫攻坚信息网络的运行机制和行为特征日趋复杂。比较来看，脱贫攻坚信息网络安全问题较多是由网络使用者造成的。所以，应挖掘实际骨干网流量数据，监督脱贫攻坚网络信息直接接触者的行为，探究脱贫攻坚信息网络用户使用的偏好模式，完成脱贫攻坚网络共享系统资源的管理，强化网络用户个人信息安全保护，确保脱贫攻坚信息网络安全。

（四）加强信息资源网络监督

加强脱贫攻坚信息资源监督符合信息运行的客观规律，是构建扶贫攻坚良好政治生态、促使干部切实履行扶贫职责的需要。在互联网时代，随着人们主人翁意识和参政议政能力的不断增强，人们不断利用网络对脱贫攻坚工作进行监督。网络监督能够推动政府加强脱贫攻坚信息资源的管理，促使政府更快更准确地获取并传递脱贫攻坚信息资源，激发全社会参与脱贫攻坚的主动性和积极性，确保脱贫攻坚信息资源更加透明、公开。政府部门必须积极履行脱贫攻坚信息的管理职责，提高脱贫攻坚信息管理水平。

1. 拥有网络监督的主动权

脱贫攻坚信息资源存量庞大、增量迅速、类型复杂，其数量和质量直接影响网络监督的深度和效度。政府是脱贫攻坚信息资源的提供者和持有者，应按照《政府信息公开条例》要求，采用适当方式公开相应的信息。信息公开时，各级政府应成立脱贫攻坚信息公开领导机构和工作机构，设立脱贫攻坚信息公开目录，从而提高政府工作人员网络监督管理工作的规范性和透明度，培育网络信息采集、加工处理专业人才，及时处理、反馈公众的意见和建议，加强与公众互动沟通，把握脱贫攻坚网络信息的价值取向，确保政府拥有网络监督的主动权。

2. 保证网络监督的有效性

网络监督是广大网民行使参与权、表达权和监督权的重要渠道，政府部门工作人员的言行举止都在网络监督范畴。网络监督的正常开展离不开政府部门对脱贫攻坚信息的管理，为保证网络监督的有效性，各级政府应制定实施与其职能和权限相适应的网络监督政策法规，加强脱贫攻坚信息宏观指导和具体管理，加强脱贫攻坚信息资源库建设，及时更新和完善脱贫攻坚信息资源管理平台的相关信息，提高政府脱贫攻坚信息的公正性和权威性，提高脱贫攻坚信息资源开发利用水平，确保脱贫攻坚信息资源的开发利用和共享。

3. 发挥公众对脱贫攻坚的监督权

脱贫攻坚信息只有通过传递使用才能发挥其实用价值。政府部门作为脱贫攻坚信息的最大提供者和最终拥有者，需提高公众对脱贫攻坚信息公开的关注度，保证公众对脱贫攻坚信息资源的享有权和利用权。在网络社会背景下，政府应该健全政府网站信息内容更新机制，及时准确地发布脱贫攻坚相关信息，向公众提供参与监管的信息支持，实现公众从享有知情权向享有参与权、监督权的拓展，推动脱贫攻坚信息资源优化配置，促进脱贫攻坚信息资源的有效利用。

三、脱贫攻坚信息传递机制

脱贫攻坚信息是一种重要的要素资源。重视脱贫攻坚信息传递的时效性，能够提高信息传递效率，优化配置信息资源，实现信息资源聚合效应。有效传递脱贫攻坚信息是开展脱贫攻坚工作的关键，能够满足脱贫攻坚制定者、实施者与实施对象的信息需求。脱贫攻坚信息传递作为从信息获取到信息反馈的中间环节，具有信息扩散的特殊功能，起到信息桥梁和纽带作用。在互联网环境下，脱贫攻坚信息的获取、传递和反馈等变得更为便捷，同时，其途径、流程和技术也变得更为复杂，影响了脱贫攻坚信息资源利用水平，尤其是脱贫攻坚过程中贫困户、帮扶责任人、帮扶项目等关联信息安全问题更加突出，应引起高度重视。

（一）加强信息传递路径优化

在脱贫攻坚信息共享与转化过程中，由于受到各种内在因素和外在环境因素的影响，导致脱贫攻坚信息流动的路径拉长、信息传递速度缓慢、信息传递效率低下，影响整个脱贫攻坚工作的顺利开展。因此，要建立高效的脱贫攻坚信息传递渠道，提高脱贫攻坚信息的立体传递，确保信息使用者能够平等、及时、便捷地获取有价值的信息，从而提升脱贫攻坚信息传递的效率。

1. 建设权威信源

脱贫攻坚信息传递的途径主要有正式组织和非正式组织两种。正式组织传播信息准确,但传播相对迟缓;非正式组织传递容易导致信息失真,具有传播快、误信度高等典型特点。脱贫攻坚信息接收者来自多个方面,其中扶贫对象主要集中在农村,也最为关注脱贫攻坚信息。在农村众多的扶贫对象群体中,非正式信息传递方式占据着主导地位。所以,为减少非正式信息传递带来的消极影响,应规范非正式信息传递表达形式,有效整合非正式信息传递渠道,明确非正式信息传递的来源,提高脱贫攻坚信息接收者的认知水平,建设权威信源,及时利用正式组织发布权威消息。

2. 完善信息通道

脱贫攻坚信息传递分为信息产生、传播和接受三个阶段,完善信息通道是整合、传递和利用脱贫攻坚信息的有效方式。运用现代化技术手段加强对脱贫攻坚信息的传播,加大脱贫攻坚正式信息传递渠道建设,确保信息渠道的权威性与真实性,提高信息接收者对脱贫攻坚政策的知晓率。加强互联网和移动通信网络建设,实时监控脱贫攻坚信息传递通道状态,提高脱贫攻坚信息传递通道大容量、高强度服务能力,保证脱贫攻坚信息传递通畅。

3. 提升信息筛选能力

脱贫攻坚信息传递者与信息接收者对信息了解程度存在差异,信息接收者处于信息传递过程的末端,其信息筛选能力的大小会影响辨别信息真假的有效性。因此要强化脱贫攻坚政策宣传组织领导,加大脱贫攻坚政策宣传力度,对贫困户做到政策宣传全覆盖,吸引更多的社会力量参与到脱贫攻坚建设中,提升贫困户的接收信息、筛选信息、整合信息能力,切实维护贫困户的合法权益。

(二) 强化信息传递利益整合

政府部门的职能是通过法律赋予的强制权力提供社会需要的公共服务,各地公共资源禀赋、各级政府权力决定政府提供公共服务的水平和能力。在提供公共服务过程中,不同地区、不同层次政府的利益诉求不同,当利益诉求存在矛盾时,政府间的博弈非常激烈。所以,在脱贫攻坚信息传递过程中各级政府及职能部门扮演着重要角色,需要不断强调各级政府部门间的统筹协调,提高协调利益关系能力水平,建立健全科学有效的利益协调机制，完善脱贫攻坚横向信息整合共享，保障脱贫攻坚信息有效、及时地传递。

1. 纵向利益整合

中央政府和地方政府在脱贫攻坚政策执行中的地位、权利和义务不同，容易产生利益冲突，会影响脱贫攻坚信息的传递。需要明确中央政府与地方政府之间、上下级政府之间的责权利关系，整合中央政府与地方政府之间、上下级政府之间、脱贫攻坚政策决策者与政策执行者之间的利益，规范政府权力清单、责任清单和负面清单制度，提高各级政府协调利益关系的能力，简化政府与公众之间的沟通环节，减少脱贫攻坚信息传递过程中的利益冲突。

2. 横向利益整合

随着大数据时代的到来，需要对脱贫攻坚信息进行整合和共享，不断发挥信息资源的整体效益，提高信息利用价值。应以脱贫攻坚和全面小康社会建成为奋斗目标，明确各级政府之间、部门之间的责任与义务，加强各级政府之间、部门之间的沟通与协调，优化各级政府之间、部门之间的利益格局，制定跨平台进行数据交换的标准，最大限度地提高脱贫攻坚信息的影响力，避免因利益冲突而导致的脱贫攻坚信息滞留。

（三）提高信息传递接收质量

脱贫攻坚信息传递到扶贫对象等信息接收者，需要经过多个部门、多个环节，从而形成了一个完整的信息网，不断提升信息资源的价值功能。脱贫攻坚信息接收者能够接收多少有效的信息，直接关系到信息传递效率和脱贫攻坚政策实施效果。但是由于脱贫攻坚信息接收者的整体文化水平不高，对脱贫攻坚信息的感知、处理和吸收利用能力相对低下。因此，应加大脱贫攻坚信息接收者信息知识和专业技能培训，提高信息传递接收质量，避免脱贫攻坚信息误读误判。

1. 开展信息技能培训

依据脱贫攻坚信息接收者文化素质实际，满足脱贫攻坚信息接收者的真实意愿与现实需求，广泛开展多目标、多层次、多形式的教育培训活动，提高信息接收者的科学文化素质，拓宽信息接收者的科学视野，帮助信息接收者及时了解脱贫攻坚政策信息，增强信息接收者的自我管理能力，提升信息接收者的政策认知水平。探索建立脱贫攻坚信息接收者工作培训新机制，促进脱贫攻坚信息接收者培训常态化、规范化，提高信息传递工作的科学化、制度化水平，增强开展脱贫攻坚工作的责任感和紧迫感。

2. 加强政策宣传教育

利用电视、网络、广播等多种媒介，提高各种媒介的舆论引导能力，形成全方位覆盖式信息宣传态势，及时迅速地宣传脱贫攻坚政策，提高信息接收者的政策知晓率，营造全社会共同关心支持脱贫攻坚工作的良好氛围，确保脱贫攻坚政策植根百姓心中，提高脱贫攻坚政策实施效果。

3. 提高信息反馈质量

加强脱贫攻坚信息接收者信息反馈政策和技能培训，增强他们的信息感知、分析和传播水平，提高他们的信息反馈能力。推动形成脱贫攻坚信息接收者信息集体研判、公开表达和统一反馈制度，提高信息反馈组织化公开化程度，创造良好的信息反馈环境秩序。完善脱贫攻坚信息反馈组织程序，畅通脱贫攻坚信息反馈通道，保障脱贫攻坚信息无保留无修饰反馈。

（四）完善信息传递监督体系

脱贫攻坚信息传递过程中，由于政策实施缺乏有效的监督，导致政策落不到实处，难以发挥脱贫攻坚政策的最大效应，脱贫攻坚政策的权威性被削弱，脱贫攻坚政策的价值取向发生变化。各级政府应该建立高效的脱贫攻坚信息传递监督体系，从脱贫攻坚信息传递的时间、空间、节点、流程等方面进行监督，推进廉政高效服务型政府建设。

1. 内部监督

开展脱贫攻坚政策执行部门自查自纠工作，积极开展脱贫攻坚信息资源管理平台维护技能学习，及时更新部门自查自纠隐患整改等工作动态。重点督查党员干部对脱贫攻坚政策的落实程度，定期或不定期督查脱贫攻坚专项资金使用情况，完善专项资金跟踪监督检查制度，提高扶贫资金使用效益。积极发挥审计监督作用，规范脱贫攻坚政策执行情况的民主性、科学性，健全脱贫攻坚政策专项督查保障机制，确保脱贫攻坚政策执行不偏不倚，杜绝挪用滥用扶贫资金贪腐行为。

2. 外部监督

积极发挥社会大众、融媒体对脱贫攻坚信息传递的监督作用，加快脱贫攻坚信息传递的速度，拓展脱贫攻坚信息传递的渠道，及时准确传递脱贫攻坚权威信息和政策意图，提高脱贫攻坚信息传递效率。建立健全脱贫攻坚规章制度，加强脱贫攻坚信息的事前、事中、事后全过程监督，对脱贫攻坚信息传递过程中的违法违纪行为严肃处理。重点发挥扶贫对象（信息接收者）的监督作用，提高他们脱贫攻坚政策的知情度，激发他们反馈信息的积极性和主动性，有效监督脱贫攻坚信息传递。

四、脱贫攻坚信息反馈机制

由于扶贫主体之间、扶贫主体与扶贫对象之间的信息不对称，扶贫对象对一些脱贫攻坚政策不知晓和不清晰，导致扶贫政策效果打折，影响贫困人口如期脱贫。同时，由于扶贫信息不对称，脱贫攻坚政策真实效果得不到如实反馈，导致扶贫主体失去了优化提升脱贫攻坚措施、项目、资金效率的机会，最终也会影响脱贫攻坚实际效果。所以，建立健全脱贫攻坚信息反馈机制，保障脱贫攻坚信息得到及时真实反馈，有利于脱贫攻坚政策的纠正。脱贫攻坚信息反馈机制是由多个要素共同组成的有机整体，应该坚持日常化与制度化原则、系统化与透明化原则、包容性与及时性原则相结合，及时处理、迅速反馈脱贫攻坚信息，优化脱贫攻坚政策设计，提高脱贫攻坚政策的精准度和有效性。

（一）建立信息反馈网络平台

脱贫攻坚信息反馈网络平台是信息反馈的渠道和物质基础，是脱贫攻坚信息反馈机制建设的关键要素。建设脱贫攻坚信息反馈网络平台，有利于推进脱贫攻坚信息真实感知、快速反馈和实时利用，促进政府、企业和社会扶贫决策的科学化，以及优化产业布局、项目安排和资金分配，降低脱贫攻坚决策的风险水平，提高脱贫攻坚政策措施、项目资金的效果。

1. 完善信息反馈组织

政府职能部门是脱贫攻坚信息反馈机制的制定、实施和管理者。如果由政府职能部门共同负责、分散管理脱贫攻坚信息反馈机制，会出现多头管理、交叉管理和重复管理现象，从而导致信息反馈出现差错、信息反馈周期较长、信息反馈工作效率低下等问题。应成立信息反馈专门管理部门，全权负责日常脱贫攻坚反馈信息的收集，运用现代化科学手段和研究方法及时对脱贫攻坚反馈信息进行分类、筛选和加工整理，提高脱贫攻坚反馈信息的准确性、可靠性和适用性。

2. 统一信息反馈流程

统一各地区的脱贫攻坚信息反馈工作流程，形成职责明确的脱贫攻坚工作格局，减少部门之间的不配合、互相推诿等现象，提高政府部门的工作效率和执行力。依托电话、网络和实地调研，通过农户访谈、问卷调查等方式及时、准确地收集脱贫攻坚反馈信息，按照脱贫攻坚反馈信息涉及的内容进行分类，利用查重法、类比法、时序法等方法挑选、过滤，提取有参考价值的脱贫攻坚反馈信息，对筛选后的反馈信息进行加工整理，形成条理清晰的脱贫攻坚反馈信息。各部门在接收反馈信息后，认真比较核查，对于正确反馈信息应立即采纳，并将脱贫攻坚反馈信息的处理状态和处理结果等情况及时向反馈者进行再反馈，所有反馈信息应专门存档留存。

3. 加强信息反馈评价

构建脱贫攻坚信息反馈评价指标体系，开展脱贫攻坚信息反馈评价，是脱贫攻坚信息反馈机制建设有效性评估的关键。遵循科学性原则、可操作性原则、客观性原则、系统性原则，选取脱贫攻坚信息反馈机制构成要素，根据相对重要程度对构成要素进行权重赋值，利用专业评估方法对获取的各指标数据进行综合评价，揭示脱贫攻坚信息反馈工作水平。

（二）制定信息反馈工作程序

利用现代信息技术手段，及时收集脱贫攻坚反馈信息，制定科学的脱贫攻坚决策形成机制，能够提高脱贫攻坚反馈信息的工作效率，提高政府脱贫攻坚决策水平。根据脱贫攻坚信息利用的不同阶段，脱贫攻坚信息反馈分为行为之前、同期过程中、行为之后的反馈控制，即前置反馈、同期反馈、后续反馈，这三种反馈在反馈时间、工作环节上有序的衔接，共同构成脱贫攻坚信息反馈的完整程序。

1. 健全脱贫攻坚信息前置反馈

脱贫攻坚信息反馈机制中的前置反馈是指提前了解脱贫攻坚对象的具

体信息，提供脱贫攻坚信息反馈工作的保障条件，避免反馈行为的自动中止。脱贫攻坚信息前置反馈可以通过学术研讨、征求意见和仿真试验等多种形式，对即将出台脱贫攻坚政策、脱贫攻坚模式、脱贫攻坚项目进行评价，为完善脱贫攻坚政策措施提供依据，减少脱贫攻坚政策措施不当带来的损失。

2. 健全脱贫攻坚信息同期反馈

脱贫攻坚信息反馈机制中的同期反馈是在指脱贫攻坚政策措施实施过程中，进行系统化的现场反馈。同期反馈时，脱贫攻坚政策措施已经实施，并对贫困户产生了一定影响。所以，反馈的信息更加接近脱贫攻坚政策措施设计者的真实意图和脱贫攻坚政策措施真正效果。为了做好同期反馈，脱贫攻坚所有关联方都应该实际参与脱贫攻坚政策的实施工作，如实记录政策措施效果，及时发现存在的问题，认真做好正反馈和逆反馈。同期反馈的正反馈是对现行政策措施的肯定，会进一步提高政策实施的力度，进而形成覆盖面广的区域政策，甚至是全国政策；同期反馈的逆反馈是对现行政策措施的批评，促进现行政策措施的改善和完善。

3. 健全脱贫攻坚信息后续反馈

脱贫攻坚信息反馈机制中的后续反馈是指脱贫攻坚政策措施实施结束以后，对反馈信息的全面收集、分类、处理、执行等工作，能最大限度发挥反馈信息的价值。某项脱贫攻坚政策措施实施结束以后，利用多种渠道开展脱贫攻坚反馈信息收集工作，及时对收集的反馈信息，进行处理，筛选有价值的反馈信息，制定脱贫攻坚反馈信息执行方案，及时完善脱贫攻坚政策措施。

（三）丰富信息反馈沟通渠道

脱贫攻坚信息反馈的畅通与否，直接关系到脱贫攻坚工作的成败。畅通信息反馈渠道是开展脱贫攻坚工作的关键，通过多种渠道全方位地收集脱贫攻坚反馈信息，不断从方法上、内容上、过程上完善脱贫攻坚信息反馈工作，才能保障脱贫攻坚信息沟通的真实性和有效性。脱贫攻坚信息反馈渠道通常依赖于媒介，能够为扶贫对象意见反馈提供重要途径，提高政府部门和工作人员的工作积极性以及工作效率。

1. 提升传统媒介

留言簿、书信、报纸、电话、广播和电视等传统媒介在脱贫攻坚信息反馈中发挥着基础性作用，但受到时间和空间的限制，反馈时序长、影响范围小。随着互联网广泛应用和通信技术的快速发展，传统媒介的弊端逐渐显露出来，应加以提升。提升的路径主要有网络化改造和智慧化拓展。网络化改造就是利用互联网进行传统媒介再造，依托虚拟空间、信号传播突破传统媒介的时空局限。智慧化拓展就是利用新技术、新方法进行传统媒介自动化再加工、再处理和再传播。

2. 加强新兴媒介

随着互联网、大数据云存储等新兴媒介的迅速发展，越来越多人的利用微信、微博、QQ等获取脱贫攻坚信息。新兴媒介的用户数量不断增加、使用范围不断扩大，突破了原有信息反馈空间的限制，提高了脱贫攻坚信息反馈效率，为脱贫攻坚信息反馈提供了独特的反馈方式。积极发挥工作人员的主观能动性，发挥新媒体技术的独特传播功能，及时宣传、管理和维护新媒介的反馈渠道，注重新兴媒介和传统媒介的有机融合，不断丰富脱贫攻坚信息反馈渠道，提高脱贫攻坚政策措施的反馈效率。

3. 重视学术媒介

学术论文、研究报告和学术著作同样是获取脱贫攻坚反馈信息的重要路径，在实践中却很容易被忽视。多个学术型数据库收录了大量脱贫攻坚政策研究和脱贫攻坚信息反馈的学术资料，应该加以充分利用。为提高学术资料的可读性，应按照信息反馈要求，进行学术资料定向整理分析。

（四）完善信息反馈制度体系

为了建立良好的脱贫攻坚信息反馈渠道，快速有效地解决脱贫攻坚信息反馈存在的问题，促进脱贫攻坚信息反馈机制的持续性建设，实现脱贫攻坚信息反馈工作的制度化、系统化，必须完善脱贫攻坚信息反馈的制度体系。各级政府和职能部门应该制定实施本身职责范围的脱贫攻坚信息反馈工作制度，明确脱贫攻坚信息反馈要求，规范脱贫攻坚信息反馈程序，严格脱贫攻坚信息反馈纪律，科学评价脱贫攻坚信息反馈成效，对脱贫攻坚信息反馈工作进行科学指导和有序引导，推进建立科学有序、信息畅通的脱贫攻坚信息反馈机制建设。

1. 完善反馈信息收集制度

脱贫攻坚信息反馈是提高脱贫攻坚工作效率的基本前提，对脱贫攻坚信息的收集、整理、处理和反馈是脱贫攻坚信息反馈机制建设中的重点工作。重视脱贫攻坚信息反馈，制定脱贫攻坚信息的利用登记制度、用户回访制度、用户座谈会制度、工作人员定期反馈制度，完善利用数据统计制度、信息利用效果汇编制度、利用信息再反馈制度，掌握和利用脱贫攻坚的反馈信息，完善脱贫攻坚政策措施。

2. 完善工作人员约束制度

提高工作人员服务质量，实现工作人员的规范化管理，树立良好的政府窗口服务形象。制定工作人员考勤制度，严格执行上、下班考勤制，提升服务质量和服务水平。严格落实领导带班巡查制，切实加强监督执纪问责力度，营造风清气正的工作氛围。健全完善工作人员考核办法，深化细化绩效考核目标，丰富考核体系的形式和内容，提高工作人员精细化管理水平。不断畅通群众投诉渠道，规范投诉处理流程，切实维护人民群众的合法权益。

3. 完善反馈信息保密制度

扶贫对象的个人信息属于个体隐私，应当加以保护，防止信息泄露导致个人利益损害。建立健全个人信息保护机制，建立反馈信息保密工作制度，明确反馈信息保密工作第一责任人和联络员，定期和不定期检查脱贫攻坚反馈信息的保密工作，加强对反馈信息涉密载体的排查处理，开展反馈信息保密知识培训，提升责任意识和保密工作水平。

五、脱贫攻坚信息纠正机制

反馈机制和纠正机制是脱贫攻坚反馈纠正机制的两个有机组成部分，反馈机制是纠正机制的基础，纠正机制是反馈机制的目的。两者紧密结合，为更好地完成脱贫攻坚任务提供手段和路径支持。相比反馈机制的问题导向，纠正机制侧重于结果导向，着重解决纠正主体、纠正措施和纠正结果的相互配合。

（一）引导多方参与纠正

纠正机制的实施主体以脱贫攻坚政策措施制定实施者为主，包括政府职能部门、扶贫工作队。但纠正机制所依赖的脱贫攻坚工作实施、效果评估、信息反馈，乃至脱贫攻坚纠正的落实都需要包括贫困户在内的多个主体参与。为保证纠正机制的顺利运行达到推进脱贫攻坚工作的目的，应制定实施包括贫困户在内的多方参与纠正制度，促进跨部门跨主体的脱贫攻坚信息资源共享，充分发挥各方参与脱贫攻坚工作的积极性和创造性，发挥各方的职能优势和专业技能，保证脱贫攻坚纠正结果的真实性和准确性。探索引入独立的第三方纠正机制，提高脱贫攻坚纠正的客观公正性。

1. 促进纠正主体的积极性

脱贫攻坚纠正是一个持续的、动态的、开放的过程，应该注重纠正主体的多元化，理顺多元纠正主体的内在关系，完善多元纠正主体参与的平台建设，扩大纠正主体的参与度。积极引导社会组织参与纠正，激发社会组织参与纠正活力，构建社会组织参与纠正渠道，调动社会力量参与纠正积极性，充分发挥民主党派民主监督优势，开展脱贫攻坚纠正监督工作。

2. 确保纠正主体的独立性

脱贫攻坚纠正机制与脱贫攻坚考核有本质的区别，脱贫攻坚纠正机制无论是自主纠正还是外部协助纠正，更侧重于脱贫攻坚本身政策措施的完善和优化，而脱贫攻坚考核虽然与纠正机制从目的和目标上看是一致的，但脱贫攻坚考核是外力强势干预的行为，把政策措施制定实施者置于被动的地位，无法保证脱贫攻坚主体独立。为达到纠正目的，需要完善纠正主体构成，明确纠正主体之间的关系，确保维护纠正主体的独立性。加强纠正主体的教育培训，提高纠正主体的主体地位觉悟，确保纠正主体的专业性和独立性，提高纠正结果的有效性。

3. 提高纠正主体的协调性

以脱贫攻坚推进农村社会治理现代化，必须依靠多元纠正主体的相互协调，正确协调多元纠正主体之间的关系。正确处理政府与市场在纠正机制中的关系，合理确定纠正主体的权利边界和责任边界，构建政府、企业、社会组织和个人等多元纠正主体间合作机制，理顺不同纠正主体间的利益关系，促进多元纠正主体间的分工和配合。

（二）制定纠正规范措施

随着现代信息技术的发展，脱贫攻坚信息泄漏和利用脱贫攻坚信息诈骗等违法事件时有发生，维护脱贫攻坚信息安全，保护脱贫攻坚各主体利益非常重要。就纠正机制来说，纠正过程中信息错误传递扩散，会导致各主体误判，不利于纠正机制的顺利实施。应制定纠正规范措施，规范纠正信息获取、传递、处理、利用，以及纠正主体、纠正程序和纠正结果监督评价。

1. 产生偏差前纠正

脱贫攻坚政策措施实施过程中，关联主体察觉到政策措施即将产生偏差，但尚未产生偏差时，应该采取积极主动措施予以纠正，提出解决偏差的有效对策。如果暂时无法及时就地纠正，应停止该项政策措施的继续执行，为纠正争取更多宝贵的时间，避免偏差带来不良影响。

2. 产生偏差后纠正

当脱贫攻坚政策措施产生偏差后，相关主体应根据脱贫攻坚监督评价结果和政策建议，查摆偏差及其原因，并迅速采取措施予以纠正。考虑到脱贫攻坚监督评价评估一般在事后进行，带有一定的时滞性，应支持扶贫主体自查自纠和扶贫对象自查自救，发挥相关主体纠正的主动性和创造性，把由于脱贫攻坚政策措施偏差产生的损失降到最低。

3. 施行和纠正并行

政策措施执行者和扶贫对象对于政策措施效果有更真切的感知和更快捷的反应，应推进政策措施施行和纠正并行，支持扶贫主体边查边纠和扶贫对象边查边救。政策措施施行和纠正并行中相关信息和措施应准确记录归档保存，作为正式纠正的重要参考。

（三）完善纠正激励机制

新时代，人们彻底解决生活的温饱问题后，需求也发生了深刻变化，对激励方式的要求越来越高。为了激励社会各界开展脱贫攻坚纠正活动，充分各群体的积极性，应当构建精神激励与物质激励相结合的多形式、多层次纠正激励机制。

1. 建立内部激励机制

企业员工激励是人力资源管理的重要手段。结合脱贫攻坚工作特点，完善薪酬福利管理体系，建立报酬激励、成就激励、机会激励于一体的脱贫攻坚激励机制，坚持物质激励和精神激励相结合，充分调动脱贫攻坚人员纠正的积极性，提高贫困家庭、一般农户的组织化程度，增强贫困群众自主脱贫自觉发展内生动力。

2. 建立外部激励机制

除了包括扶贫对象在内的直接关联主体的认知评价以外，社会认知和社会反应是脱贫攻坚政策措施必须关注的另一个方面。在某种意义上讲，社会认知和社会反应更能反映脱贫攻坚政策措施的整体性和大局观，使之更加接近政府实施脱贫攻坚政策措施的初衷。建立在社会认知和社会反应基础上的外部激励，激励主体多元化、激励形式多样化更加明显，纠正结果认可度更高，纠正政策措施的受益面更广。

（四）健全纠正监督机制

脱贫攻坚纠正是一个复杂的、长期的过程，脱贫攻坚纠正考核评价推动脱贫攻坚纠正工作创新发展。为进一步提高脱贫攻坚纠正工作的质量和效率，全面、准确反映脱贫攻坚纠正的工作动态和工作成效，推动脱贫攻坚工作迈上新台阶，应该建立健全科学的脱贫攻坚纠正考核机制，有效调动脱贫攻坚信息人员的积极性、主动性和创造性。

1. 确立纠正标准

从理论上讲，脱贫攻坚政策措施偏差大小主要取决于政策措施初始目标。但从实际执行来看，只要存在脱贫攻坚政策措施偏差，其偏差值直接由纠正标准来决定。一般来说，纠正标准应与初始目标相一致，才能保证政策措施的权威性和科学性。但考虑到政策时限、工作进程和扶贫对象政策措施的适应性等诸多因素，纠正标准可能与初始目标不完全一致。但纠正标准与初始目标的差距应控制在适当的范围之内，即不降低群众整体满意度、不造成扶贫对象整体利益损失，以及不降低扶贫项目、扶贫资金使用效率。纠正标准不能畸高，高于初始目标会造成纠正措施最终失败，反而不利于纠正机制作用发挥。

2. 落实纠正措施

脱贫攻坚监督评价结束以后，或脱贫攻坚政策措施实施前、实施中，提出或发现脱贫攻坚政策措施偏差，应根据反馈信息立即采取措施予以纠正。纠正措施应就纠正主体、纠正标准、纠正方法、纠正程序等作出明确规定，政府部门、纪检部门和人大、政协、企业、群众等社会监督主体，应督促检查脱贫攻坚政策纠正措施的实施，保障纠正机制得以贯彻落实。

3. 加强纠正考核

完善脱贫攻坚纠正相关法律法规，强化法律监督职能作用，创造良好的脱贫攻坚纠正法制环境，为纠正监督评价提供法律依据。强化政府行政监督职能，加强纠正机制的行政监督，提高脱贫攻坚纠正工作的透明度。协同推进人大、政协、人民群众监督，主动接受社会监督，完善脱贫攻坚纠正激励监督制度体系。推进纠正机制和纠正结果的第三方监督评价，增强纠正监督评价的公正性和客观性，提高政府部门政策措施的公信力。

第三节　第三方监测评估反馈纠正机制的实证研究

第三方监测评估机制是常态化监督评价机制，具有独立、公正、规范特征，能推进脱贫攻坚政策措施落实到位，确保脱贫攻坚成效真实可靠。监测评估一般由专业机构承担，实地监测时可采取实地调查、逐村逐户核查、召开座谈会、查阅档案资料、数据分析等方式进行。监测评估内容包括：扶贫对象精准识别和动态管理情况、到村到户帮扶措施落实情况、到村到户扶贫项目安排及实施情况，以及扶贫资金使用管理情况等。本节以2019年11月开展的皖北地区颍上县脱贫攻坚第三方监测评估为例，分析阐述脱贫攻坚长效机制的反馈纠正机制实施过程和效果，为即将开展的乡村振兴第三方监测评估提供实践参考。

一、实地评估

颍上县脱贫攻坚第三方监测评估组于 2019 年 11 月成立。评估组共 270 人（含 29 名老师和 241 名学生），于 2019 年 11 月 16 ~ 22 日对颍上县脱贫攻坚开展监测评估工作。评估组对该县 30 个乡镇 316 个村（2019 年无出列贫困村）2019 年拟脱贫户 7 168 户 14 736 人、12 个村的 787 户贫困户和 399 户一般农户进行了核查，现场核查政策项目 135 个，通过入户走访、电话访谈、查阅资料对贫困户的"两不愁三保障一安全"进行评估。

二、问题反馈

通过实地评估、问卷调查和数据分析，评估组认为：颍上县圆满完成 2019 年度脱贫任务，脱贫 7 168 户 14 736 人，完成年度减贫计划，脱贫条件达标，具有稳定性和可持续性。解决"两不愁三保障"及饮水安全突出问题；"三精准"准确率很高，贫困人口识别准确率 100%，无未整户识别现象；责任落实、政策落实和工作落实"三落实"到位。但脱贫攻坚中仍然存在一些不足或问题，应尽快研究解决。

（一）基层基础工作不够规范完善

主要表现为：一是少部分贫困户享受的帮扶措施未准确登记，存在漏填错填现象；二是贫困户内档案资料不够完备，缺少必备的入户分红、产业奖补等收入证明资料。例如，刘集乡藕塘村戴术国（户主，男）收入核算中，农业补贴收入总计 1 157 元，粮补卡上实际只有 220 元，带队干部把另一笔"计划生育补贴"757 元解释为农业补贴收入，存在收入核算不准确，也存在政策掌握不够全面的问题。黄桥镇少数低保、五保户证明材料不规范，没有加盖人社、民政部门的印章。

（二）少数入户道路建设不能满足群众要求

个别村民、少数贫困户对入户道路没有接通到自家房屋不满意，应结合实际加以推进。例如，刘集乡葛圩村机耕路（桥）两年多没有修好，群众生产不方便，意见较大。耿棚镇罗庄村到户道路条件差，贫困户有意见。

（三）扶贫产业持续带动能力有待进一步增强

小额信贷发放比例超过60%，但仍有部分贫困户想发展产业而缺少资金；牧原集团的带动能力很强，但仍存在带动面不够宽等问题，部分贫困户不能加入该项目中来；少数贫困户对"户贷村管，互助合作"的生态林项目管护不够。例如，黄坝乡吕塘村火炬制造示范带动力不持续、不显著。江店镇蒋郢村安排一位80多岁老人从事养鱼来脱贫，帮扶措施不合适。半岗镇戴家湖村崔巨真申请小额贷款后没有参与到项目发展中。

（四）沿淮行蓄洪区庄台整治任务艰巨

全县境内现有南润段、邱家湖、唐垛湖三段沿淮行蓄洪区，共22个庄台、7个保庄圩，总面积151.35平方公里，耕地17.09万亩，居住人口3.9万户、13.6万人（含7个保庄圩）。沿淮7乡镇共有17个重点贫困村，占全县重点贫困村的21.3%。庄台群众生产生活条件差，贫困比例大、贫困程度深。每至汛期，庄台群众生产生活受到严重影响，也影响了全县整体脱贫攻坚工作。确保汛期群众生命和财产安全，维护生产生活正常秩序，保障庄台贫困家庭如期脱贫的任务艰巨。

三、纠正措施

贯彻落实习近平总书记关于脱贫攻坚的重要论述和中央、省、市决策部署，围绕"两不愁三保障"安全用水，扎实推进本县脱贫攻坚工作，保障到2020年底全部贫困人口如期脱贫。对照工作任务和相关要求，颍上县脱贫攻坚工作在以下四个方面加以提升：

（一）完善脱贫攻坚资料

在坚决杜绝形式主义的前提下，完善贫困户收入核算资料和产业扶贫资料，采取村级集体管理的方式妥善保管，为以后贫困户收入核查、产业项目审计、产业扶贫效率评估和产业发展规划调整提供依据。

（二）稳步推进"双基"建设

根据脱贫攻坚统一安排，结合实际需要，安排专门资金有步骤解决"双基"建设中的焦点难点问题，如断头路、烂泥路等，满足群众出行等生活急需。

（三）建立健全利益联结机制

建立健全"龙头企业或公司＋农户"模式的利益联结机制，建立产业发展基金和风险基金，既保证龙头企业或公司发挥示范带动作用，又保障龙头企业或公司的切实利益，即放水养鱼而不是涸泽而渔。

（四）加强沿淮行蓄洪区庄台整治

颍上县认真落实省委、省政府部署，将行蓄洪区脱贫攻坚作为重中之重，摆在首要位置，拿出过硬举措，以美丽庄台建设为主抓手，整体推进行蓄洪区脱贫攻坚工作，积极推广"淮罗经验"①，大力开展行蓄洪区庄台整治，把"蓄洪洼地"变为"产业高地、民生福地、生态宝地"。

四、纠正效果

颍上县多次召开专门会议，研究解决第三方监测评估反馈问题。县委、县政府要求以第三方监测评估为机遇，正视存在问题，紧盯重点问题、重点领域，把政策、措施、要求真正落实落地，坚决整改到位。通过信息快速反馈和问题积极整改，相关问题纠正效果良好。

（一）脱贫攻坚资料规范完整

通过以典型建档立卡贫困户、村级、乡（镇）级扶贫档案资料为样本，以县扶贫开发局档案资料清单为标准，以点带面推进全县精准扶贫档案管理工作规范化。此次脱贫攻坚档案整理，对原有的贫困户、村、乡（镇）三级所有的档案资料逐一进行核对，查漏补缺，整理归档，以统一标准规范化进行整理、装订，确保了精准扶贫工作从精准识别到精准脱贫后的中央及省、市、县专项巡视反馈问题整改档案资料齐全完整、排列有序、保管安全。安排专门人员结合"大排查、大走访"入户调查，在调查过程中核实所享受的产业帮扶、低保五保、临时救助、医疗报销、大病救助等信息，准确填写扶贫管理手册，同时，收集整理贫困户、村级扶贫档案中缺少的户口本、身份证、十大扶贫工程相关资料，确保各村贫困户档

---

① 脱贫攻坚期间，颍上县淮罗村摸索出了一条把"蓄洪低地"变为"产业发展宝地"、把"民生洼地"变为"生态宜居高地"新路。"淮罗经验"被安徽省委主要负责人称为"美丽乡村的生动样板"。

案资料完整、齐全。

（二）"双基"工作全部达标

加快推进基础设施建设。扎实完成水网、电网、路网、气网、林网、互联网"六网进村"工作，目前除气网外均实现入户进村。全面完成投资6 499万元、7个乡镇水厂的更新改造项目。投入资金约1.1亿元，辖区内64个台区建设改造任务全部完成，实现乡镇平均户均容量2.18千伏安。完成1 234公里"组组通"项目建设，全县农村公路总里程达到3 944公里。优化基层基本公共服务。认真做好义务教育、社会保障等农村公共服务工作，九年义务教育巩固率、基本养老保险参保率等6大类、9项指标全部达标。全县基层基本公共服务建设计划投资10亿元，已全部开工，2020年上半年全部完工。实施人居环境整村推进工程，全面推进"三大革命"，实现"六净三规范"。

（三）产业扶贫效果显著

大力推进"四带一自"产业扶贫、"三有一网"点位扶贫模式，努力实现可持续脱贫。2019年，全县实施到户项目2.84万户，新型经营主体"两入股一合作"带动贫困户2.28万户，发展生态林业4 692户15 762人，聘用生态护林员3 083名。55个村实施到村项目，78个贫困村全部达到特色扶贫村标准。全年已发放扶贫小额信贷4 267万元。做大"光电游"。投资4.1亿元，建设63.7兆瓦扶贫光伏电站，1.5万户贫困户户均年收益3 000元，78个贫困村年均收益5万元。建成农村电商服务站点167个，成功创建全国电子商务进农村综合示范县。争取上级旅游扶贫资金328.5万元，主要用于游客中心、乡村旅游点、旅游标识标牌、旅游步道、垂钓、采摘、养殖等项目建设，有力助推贫困村乡村旅游发展。

（四）美丽庄台建设成效突出

按照"减总量、优存量、建新村、分步走"的思路，大力实施"四进一提升"工程，按城市小区标准建设腰庄搬迁安置点，确保所有庄台群众得到妥善安置。大力实施小花园、小果园、小菜园、小鱼塘、小水塔、小公厕、小广场、小污水处理站、小生活平台"九小"工程，彻底解决群众生活"十大难"问题。发展适应农业，依托沿淮丰富的水资源和滩涂资源，引导发展水产、水禽、水生作物等"三水"产业，被中国扶贫发展中心作为全国十大特色产业典型案例在全国推广。筹集资金 3.8 亿元，全面解决 3 088 户、10 816 人移民安置。2020 年初 7 个安置点建设有序推进，2020 年 6 月底前具备搬迁入住条件。同时，注重将行蓄洪区庄台建设与乡村振兴高度融合，结合颍上创建县域旅游目的地，将庄台按照景点景区的定位进行高标准建设改造，将一个个美丽的庄台，打造成串联成线的淮上明珠，走出了一条独具特色的乡村振兴新路。

第四节　贫困县退出评估反馈纠正机制的实证研究

根据国务院扶贫办统一的贫困县退出专项评估检查总体规程，按照《贵州省 2019 年贫困县退出专项评估检查工作方案》《贵州省扶贫开发领导小组关于进一步完善脱贫退出标准的通知》要求，评估检查组在织金县开展了村、户抽样，进行了实地调查，并在调查问卷数据分析基础上撰写了评估报告。

一、实地评估

（一）抽样情况

1. 村抽样

贵州省织金县辖 33 个乡镇（街道）578 个村（社区），总面积 2 868 平方公里，人口 123 万，贫困人口分布在全县 33 个乡镇，贫困村和非贫困村贫困人口之比为 1.9 倍。在抽样过程中，按照"点面兼顾，关注死角""聚焦短板，分层抽样""统分结合，因地制宜"原则进行了抽样。共抽查 25 个乡镇行政村，乡镇覆盖率为 75.76%。其中，贫困村 16 个，约占 64%，非贫困村 9 个，约占 36%。16 个贫困村中，偏远、边角贫困村各 8 个，各占 50%，县内随机抽查贫困村 8 个，占 50%。普查了 25 个村民小组，对未纳入建档立卡的低保户、危房户、大病慢性病户、无劳力户、独居老人户等群体实现调查全覆盖，满足实施方案设计的要求。最终的样本分布如表 7 - 1 所示。

表 7 - 1　　　　　　　　织金县村、农户抽样情况　　　　　　　　单位：户

调研时间	乡镇	村名	建档立卡户	非建档立卡户	完成总量
2020 年 1 月 6 日	官寨乡	麻窝村	29	0	29
	绮陌街道	墨峰社区	33	0	33
	板桥镇	永久村	26	0	26
	牛场镇	水城村	31	3	34
	白泥镇	新黔村	26	0	26
2020 年 1 月 7 日	少普镇	龙井村	38	25	63
	阿弓镇	吊井村	60	0	60
	自强乡	大冲村	28	32	60
	马场镇	马家屯村	29	41	70
	实兴乡	小于坝村	40	28	68
2020 年 1 月 8 日	桂果镇	东红村	34	41	75
	熊家场镇	白马村	5	63	68
	以那镇	三合村	35	26	61
	上坪寨乡	青峰村	18	18	36
	大平乡	岩脚村	38	25	63
2020 年 1 月 9 日	化起镇	大坪子村	20	30	50
	猫场镇	补花村	12	56	68
	珠藏镇	幺冲村	35	23	58
	龙场镇	六花村	33	29	62
	八步街道	院墙村	24	38	62
2020 年 1 月 10 日	茶店乡	桂花村	5	46	51
	黑土镇	道子居	6	48	54
	金凤街道	新寨村	0	52	52
	纳雍乡	联盟村	0	49	49
	后寨乡	务安村	5	69	74
总计			610	742	1 352

2. 户抽样

评估检查组依据《贵州省2019年贫困县退出专项评估检查工作方案》设计的抽样原则和织金县的实际情况，严格执行户抽样。其中建档立卡户全部抽取的是脱贫户样本，数据由织金县扶贫办从全国扶贫开发信息系统中提取并提供，核查组在每个村按照随机原则进行抽取。非建档立卡户抽样主要采取自然村普查方式进行，基本实现了抽样村低保户、五保户、有重大疾病和住房条件差的非建档立卡农户全覆盖，并对散居户、偏远户、小姓户、外来户、无劳力户等群体实施重点调查。

3. 抽样规模

本次评估检查完成的样本总计1 352份。具体构成是：农户有效样本1 352份，其中建档立卡脱贫户610份，非建档立卡户399份，非建档立卡户排查户样本343户。农户问卷有效样本量达到贵州省扶贫办设计的工作总量（建档立卡户600份、非建档立卡户400份）。县乡村干部问卷共117份，其中县乡干部48份，村干部69份。人大代表、政协委员问卷共10份。

无论在村和户层面，抽样规模满足科学性、合理性的要求，能够反映县退出评估检查结果的真实性、可靠性。

（二）评估方式

1. 入户调查

评估检查组在织金县严格遵守工作规范，并开展了细致入微的调研工作。对于建档立卡户，调研员重点考察农户的"一达标两不愁三保障"情况，了解各项脱贫政策的落实情况和帮扶情况，收集脱贫户对脱贫退出的认可情况。对于非建档立卡户，着重考察农户的"两不愁三保障"情况，计算其收入，了解农户对精准扶贫以来村庄变化情况的看法。

在入户调查中，抽取自然村组坚持优先抽取边边角角村组的原则，入户调查严格执行"实地看、听实话、察实情"三者统一，既要实地查看，也要完成好问卷调查，同时对疑似问题要着重做好收集证据工作。

通过前期的多次培训、每晚的调研汇报交流、微信群实时沟通，调研员在入户调查中克服了山高路远、晕车严重等困难，圆满完成了工作任务。同时，在织金县入户调查中还宣传了党和政府的扶贫政策和措施，为一些文化程度较低的贫困农户讲解了扶贫政策、解答了一些疑问，对农户反映的一些问题进行了反馈，有些问题向当地政府进行了反馈沟通。整个评估检查期间，评估检查组作风硬朗、纪律严明、吃苦耐劳，圆满完成了入户调查。

2. 县乡村干部访谈

针对县级领导，织金县分别安排了对县委书记、县长和县委组织部部长的深度访谈，单次访谈时间约 2 小时。针对乡干部，评估检查组成员去往 19 个乡镇开展了乡镇领导干部的座谈会，其中包括织金县跨区域易地搬迁安置点平远新城的访谈。评估检查组成员访谈了三甲街道的书记（主任）、织金县工作组的负责人以及扶贫专干，单次访谈时间超过 1 个小时。针对村干部，在进村安排好调研员的入户访谈后，小组长实施村干部访谈，并填写村干部问卷，19 个村共访问 41 名村干部。

3. 县级座谈

评估检查组先后分两批组织召开了织金县行业部门领导座谈会。第一批参与的包括扶贫、财政、发展改革、农业（含林业）、水利、交通、生态移民等部门领导；第二批包括对广办、教育、卫计、住建、民政、人社等部门人员，单次座谈会时长约 2 小时。此外，组织召开了织金县人大代表和政协委员座谈会，分别有 5 人大代表和 5 名政协委员参加，时长约 2 小时。

通过座谈会，主要了解两个方面的主要情况：一是在脱贫攻坚过程中，织金县不同层级部门的工作是如何落实的，遇到哪些问题，是如何解决的；二是了解不同层级的参与座谈人员对织金县脱贫攻坚的经验、存在问题以及接下来如何巩固脱贫成果的看法。

二、问题反馈

评估检查组严格按照工作程序及规范开展问题户核查和沟通工作，经过入户调查、实时反馈、现场核查、集体研判、二次核查、反馈举证、二次研判的流程和方法，就疑似问题与地方逐一进行了沟通、核实和确认，最终认定漏评 0 户 0 人，未发现脱贫户错退情况。织金县脱贫攻坚注重利用社会力量帮扶、突出产业发展的重要作用，但是也存在一些问题。

（一）就业培训存在针对性不强、效果不明显问题

评估检查发现，织金县就业扶贫培训就业人数少，对家庭增收作用不大。实地抽查的 610 户建档立卡户中，只有 613 人想参加政府组织的就业培训，占全部劳动力 1 413 人的 43.38%，而实际参加就业培训的只有 497 人，占全部劳动力的 35.2%，说明想参加政府组织的就业培训人数较少，实际参加政府组织的就业培训人数更少。通过政府培训安排外出务工人员 120 人，占抽查建档立卡户劳动力的 8.49%。贫困户主要反映政府组织的培训理论性强，难以实操，缺少务工所需要的技能培训和从事种植养殖业的专业知识培训，不切合农户的实际需要，培训后也没有针对性推荐就业。如织金县大平乡岩脚村赵国艳家 2019 年有 2 人参加了种植业培训，培训中没有学到实用技术，培训后也没有从事相关行业。

（二）扶贫小额信贷存在用途不规范和按时还款风险较大问题

评估检查发现抽查的 610 户建档立卡户中有 116 户获得了扶贫小额贷款，占抽查建档立卡户的 19.02%，其中有 19 户将小额信贷用于盖房、看病等非发展生产经营活动，占比 16.38%。116 户扶贫小额贷款的农户中有 9 户表示不能按时还款，占比 7.76%。如织金县龙场镇六花村陈诗颂 2016 年贷款 5 万元，用于盖房，合同规定应该 2019 年还款。但其个人认为家庭收入低不能按时还款。经查，陈诗颂家共 6 口人 4 个劳动力，2019 年人均纯收入为 7 833.33 元，应具有按时还款的能力。

三、纠正措施

紧紧围绕贫困县退出评估、全国复查反馈问题，织金县整改工作，坚持逐项分析、逐项解剖，各项工作、各个细节、具体责任落实到人，确保各乡镇、村、责任部门工作到位，确保问题整改到位，确保脱贫攻坚工作质量群众满意，确保圆满通过国家脱贫攻坚成效考核。

（一）因村因户因人施策开展就业帮扶

以稳岗稳业增收为目标导向，针对不同需求、不同条件的群体采取针对性就业培训和创业支持服务。针对有外出务工意愿的群体，在广泛收集

和深入分析岗位信息基础上，开展务工技能培训，做好跟踪服务，解决好务工人员家庭留守人员关怀等事宜；针对就近就地就业群体，主要做好特色种养的技能培训，有效解决特色种养所需的资金、技术和市场难题；对于弱劳动力的群体，适度开发公益岗位，解决其就业问题。

（二）加强扶贫小额信贷全过程监管和服务

为确保扶贫小额信贷"贷得到、贷得准、贷得快、用得准、还得上"，真正发挥扶贫小额信贷支持脱贫攻坚作用，应多措并举，加强贷前、贷中、贷后全过程监管。加强扶贫小额信贷贷前宣传，让建档立卡户充分了解借还款及借款用途等相关政策规定，争取让对有发展生产意愿、符合条件的贫困户做到"应贷尽贷"；加强扶贫小额信贷贷中服务，做好产业发展信息收集、产品市场开拓、产业平台建设和产业体系构建，积极引导贫困户组建家庭、加入合作社开展适度规模经营；加强扶贫小额信贷贷后监管，制定行之有效的奖惩措施，推动扶贫小额信贷健康持续开展，建立完善风险补偿金制度，严防贷款逾期，减少逾期还款所造成损失。

（三）建立健全脱贫攻坚的长效机制

贯彻落实习近平总书记关于脱贫攻坚"四不摘"重要讲话精神，扎实做到"摘帽不摘责任、摘帽不摘政策、摘帽不摘帮扶、摘帽不摘监管"。一是继续保持贫困县党委书记责任制，继续把脱贫攻坚作为统揽经济社会发展全局来抓；二是要做好脱贫人口回头看和返贫风险防范工作，开展监测预警，及时提供针对性帮扶，建立健全稳定脱贫长效机制；三是要突出产业扶贫，注重龙头企业示范带动，提升专业合作社发展水平并充分利用合作社平台培养和发挥致富带头人的模范作用，激发贫困群众发展生产、勤劳致富的积极性和主动性。

四、纠正效果

通过全县上下抓整改落实，脱贫攻坚工作取得了满意成绩，全部剩余贫困人口如期脱贫，就业培训、小额贷款管理和产业扶贫工作成效更上一台阶，促进脱贫人口稳定脱贫和乡村振兴稳步推进。

（一）贫困人口全部实现稳定脱贫

建档立卡数据显示，织金县 2014 年共有建档立卡贫困人口 65 202 户

286 387 人，贫困发生率 27. 15%。截至 2019 年，累计脱贫农村贫困人口 59 647 户 271 604 人，贫困发生率下降至 1.4%，剩余 5 555 户 14 783 人于 2020 年 6 月底前全部稳定脱贫。2020 年 3 月，织金退出贫困县序列，顺利实现脱贫摘帽；6 月 30 日，全县 21 个贫困乡镇全部脱贫摘帽，28. 63 万贫困人口全部脱贫，3. 21 万贫困人口搬出大山；8 月顺利完成国家脱贫攻坚普查。

从收入情况来看，织金县提供的资料显示，全县一般脱贫户人均收入 8 568. 68 元，低保脱贫户人均收入 7 784. 6 元，特困供养脱贫户人均收入 10 812. 27 元。此次实地评估检查脱贫户 610 户，其中一般贫困户人均收入 10 394. 15 元，收入主要来源于务工收入和种养殖业等生产经营性收入，分别占 62. 98% 和 20. 99%。低保及特困供养贫困户人均收入 9 586. 45 元，收入主要来源于农村低保金、养老金等政府转移性收入和公益性岗位工资收入等收益，分别占 20. 13% 和 45. 45%。其中，所有贫困户中增收最明显的为务工等工资性收入和生产经营性收入。义务教育保障、基本医疗保障、住房安全保障和饮水安全方面突出问题得以有效解决。

从"两不愁三保障"和安全饮水来看，所有贫困人口均能达到并超过标准，完成了 2020 年全部稳定脱贫任务。

（二）创业就业质量明显提升

对照产业发展"八要素"找差距、强弱项、补短板，大力发展皂角、南瓜等特色农产品精深加工，全力抓好产销对接，建成三甲现代高效农业全产业链园区、马场大陌智慧农业园区、猫场皂角加工园区、中寨云贵高原"扶贫水"项目，初步形成一、二、三产融合发展格局，发展全产业链吸纳就业，把贫困劳动力吸纳到产业链上。全面推广"龙头企业 + 合作社 + 农户"组织方式，抓龙头、强带动，发挥龙头企业引领带动作用，强化龙头企业、合作社与农民的利益联结机制，实现稳就业、稳岗位、稳收入。充分发挥"就业援助月""春风行动"等公共就业服务活动作用，统筹资源，提前谋划，统一部署，有效实施向全县返乡农民工及高校毕业生、退役军人、留守儿童家长、建档立卡贫困劳动力、易地扶贫搬迁劳动力、残疾人、化解产能过剩企业职工等各类就业困难群体提供优质高效的公共就业服务，促进他们就业创业，助力按时高质量打赢脱贫攻坚战、努力建设贯彻新发展理念示范区。调研资料显示，以财政资金、土地、信贷资金、自有资金等方式入股合作社参与产业发展的贫困户占贫困家庭总数的61%，户均增收千元以上。

紧紧围绕市场就业需求和农民群众需求展开培训，以稳岗稳业技能培训为重点，围绕种植业"5311"、养殖业"3311"发展布局，切实做好皂角、南瓜等特色主导产业创业培训，大力增强对农村劳动力培训的针对性，切实提升培训实效和质量，全面提升贫困群众的职业技能水平，有效促进贫困群众就业增收。调研资料显示，贫困户参加培训的占贫困家庭总数近60%，培训满意度超过90%。

（三）小额信贷规范管理

根据贵州省政府办公厅下发的《关于进一步加强扶贫小额信贷规范发展和风险处置的通知》要求，进一步加强扶贫小额信贷规范发展和风险处置，更好发挥扶贫小额信贷对精准扶贫、精准脱贫的助推作用，有效防范化解金融风险，持续推进扶贫小额信贷健康、稳定发展。对发展扶贫小额信贷坚持"5万元以下、3年期以内、免担保免抵押、基准利率放贷、财政贴息、县建风险补偿金"的政策规定，不降低或提高政策标准。严格要求扶贫小额信贷用于贫困户发展产业，禁止将新发放的扶贫小额信贷以入股分红、转贷、指标交换等方式交由企业或其他组织使用。分类建立扶贫小额信贷管理台账。同时，做好到期贷款提醒，及时整改问题隐患，稳妥处置逾期贷款，妥善处置风险贷款。通过规范小额信贷的发放和跟踪管理，织金县所有有小额信贷意愿的贷款发放比例达到100%，纠正近100户户贷企用、超过60户小额信贷用于非生产发展的不合规行为，督促所有到期还款贫困户及时还款，帮扶10户以上及时还款困难家庭办理延迟还款和发展生产等相关事宜，千方百计降低小额信贷违约风险。

第五节 本章小结

脱贫攻坚的反馈纠正机制是脱贫攻坚长效机制的重要组成，是保障脱贫攻坚工作顺利进行、完成脱贫攻坚任务的重要手段和最终保证。本章基于脱贫攻坚存在的问题，阐述新发展理念与脱贫攻坚长效机制的反馈纠正机制内在逻辑，构建脱贫攻坚长效机制的反馈纠正机制框架，从脱贫攻坚容错纠错、脱贫攻坚信息获取、脱贫攻坚信息传递、脱贫攻坚信息反馈、脱贫攻坚信息纠正等方面，详细阐述脱贫攻坚长效机制反馈纠正机制的内容组成、组织结构与实施程序等关键环节和核心工作。分别以皖北地区颍上县第三方监测评估、乌蒙山区织金县贫困县退出评估反馈纠正为例，概要分析反馈纠正的组织、实施和效果，为开展类似监测、检查的反馈纠正提供参考。

第八章

新发展理念下脱贫攻坚长效
机制的仿真模拟

　　本章是脱贫攻坚长效机制的实践应用，在前文脱贫攻坚长效机制研究基础上，从新发展理念出发，依托大别山特困连片区金寨县实地调研数据，利用实证方法，进行脱贫攻坚长效机制的系统全面模拟仿真，分析区域性整体贫困机理，计算分析贫困风险，进行准确实时预警，提出区域全面脱贫的行动措施，监督评价脱贫攻坚时期政策满意度和扶贫模式成效，反馈纠正监督评价中存在的问题。分析巩固拓展脱贫攻坚成果与乡村振兴有效衔接时期，稳定脱贫、不返贫和不致贫的政策措施，阐述有效衔接时期稳定脱贫、不返贫的帮扶模式和预期效果。

　　大别山特困连片区金寨县隶属于安徽省六安市，位于大别山腹地，毗邻河南省、湖北省，地形复杂，有中山、低山、丘陵、盆地和河谷平原等多种地貌结构，南北物候相差可达半月左右，四季分明且雨量充沛，总面积约为 3 814 平方公里，下辖 12 个镇、11 个乡和 1 个开发区。根据第七次全国人口普查，全县常住人口约为 49.6501 万人。金寨县是安徽省内面积最大、人口最多的山区大县，是中国第二大将军县，被誉为"红军的摇篮、将军的故乡"，是典型的革命老区及红色旅游区。2019 年 12 月，成为全国乡村治理体系建设试点单位，2020 年 8 月入选农业农村部"互联网＋"农产品出村进城工程试点县名单，2020 年 11 月入选"第六届全国文明城市"，2021 年荣获住建部"全国创建无障碍环境示范市县"和农业农村部的"第三批全国农村创业创新典型县"荣誉称号。2020 年，金寨县全年地区生产总值约为 196.95 亿元，农业主要以茶叶、油茶、山核桃、蔬菜瓜果等特色种植业为主；服务业主要以旅游产业和文化产业为主。金寨县是国家级首批重点贫困县，2011 年被确立为大别山扶贫攻坚重点县，当年贫困人口约为 19.3 万人；2014 年正式进入精准式扶贫阶段，当年全县建档立卡户约为 4.23 万户，近 29 万贫困人口，重点贫困村 71 个，贫困发生率 22.1%，至 2018 年底贫困发生率降至 2.7%，2019 年全县贫困发生率维持在 0.31%，2020 年 4 月贫困县正式摘帽。

第一节　脱贫攻坚预警监测机制的仿真模拟

一、金寨县贫困预警监测设计

（一）方案设计

按照贫困预警监测机制框架的设计，本章在实地调查基础上，选取样本进行预警监测仿真模拟。主要思路和步骤如下：

1. 实地调研，获取样本

通过实地调研，收集样本区域农户信息，对其进行统计分析。为便于比较研究，选取相同的地区，利用时间轨迹研究五大类群体贫困区间划分的真实性和科学性。

2. 构建指标，确定权重

本章沿用了第四章构建的贫困风险监测指标，即罹患疾病、身体伤残、住房条件、子女教育、抚养赡养、债务负担、医疗保险、养老保险、收入水平、专业技能、文化素养和代际关系。为确定各个指标在贫困预警体系中的重要程度，以便测度样本农户家庭各个影响因素在目标分类过程中的重要性，农户对不同贫困风险的抵御能力，同样采取德尔菲法确定权重，为便于比较，各个指标沿用第四章的计算结果。

3. 计算概率，划分群体

依据调研数据，利用 A－F 方法计算各个农村居民家庭的 A－F 值，分析各个维度的贫困剥夺率以及各个村的 MPI 值。在 A－F 值的基础上，利用黄金分类法，进行农村居民五类群体的划分，确定贫困风险等级大小，依次为生存能力低下、生存能力受限、发展能力受限（生存能力正常）、发展能力正常和发展能力优越。

4. 贫困分析，五级预警

根据贫困风险等级大小，进行贫困状况分析，即按照五类群体的划分确立贫困状况为极度贫困、一般贫困、濒临贫困、潜在贫困和隔断贫困，采取红、橙、黄、绿、蓝五种颜色，说明农户家庭的多维贫困指数越高，其安全指数水平越低，相对贫困程度就越深，陷入贫困风险越大。

（二）样本概要分析

大别山区金寨县是我国首批国家级贫困县和安徽省 19 个深度贫困县之一。2011 年贫困人口 19.3 万，贫困发生率 33.3%。脱贫攻坚以来，金寨县创新产业扶贫模式，走"农旅融合、产业延伸"之路，同时将宅基地改革与易地扶贫搬迁结合，建设电商融合产业扶贫新平台，跻身全国十大电商扶贫样板县。2020 年 4 月，经县级申请、市级初审、省级核查（包括第三方专项评估），经省扶贫开发领导小组同意，金寨县于 2019 年提交的贫困县退出申请予以批准公示，符合贫困县退出标准，系安徽省最后一批贫困县摘帽的 9 个县（区）之一。课题组于 2018～2020 年赴金寨县调研，预警机制中以 2018 年古碑镇数据为对比分析依据，涉及该镇 15 个行政村共 3 191 户有效样本，其中非贫困户有效样本为 1 850 户，贫困户有效样本为 1 341 户，非贫困户与贫困户比例约为 1∶0.725（如表 8 - 1 所示）。

表 8 - 1　　　　　　金寨县古碑镇实地调研样本统计

行政村	非贫困户	贫困户	合计
陈冲村	159	104	263
官池村	95	111	206
黄集村	149	91	240
黄尖村	96	52	148
留坪村	73	53	126
南畈村	139	73	212

行政村	非贫困户	贫困户	合计
七邻村	121	92	213
水坪村	124	147	271
司马村	84	134	218
宋河村	118	119	237
王湾村	103	80	183
响塘村	93	57	150
迎河村	90	61	151
余岭村	235	86	321
袁岭村	171	81	252
合计	1 850	1 341	3 191

注：表中数据根据实际调研样本的结果计算。

调查的金寨县古碑镇 1 341 户贫困户，包括 2018 年未脱贫户、返贫户、已脱贫仍享受政策的农户样本，贫困户的属性有五保户、低保户和一般户三类。识别的主要原因有因病、因残、因学、因灾、因婚、缺劳力、缺技术、缺资金、交通条件落后和自身发展动力不足等，其中：因病致贫 681 户，占比 50.78%；因残致贫 327 户，占比 24.38%；因学致贫 63 户，占比 4.70%；因灾致贫 5 户，占比 0.37%；因婚致贫 1 户，占比 0.07%；缺劳力 156 户，占比 11.63%；缺技术 45 户，占比 3.36%；缺资金 19 户，占比 1.42%；交通条件落后 2 户，占比 0.15%；自身发展动力不足 42 户，占比 3.13%，识别登记过程中，均为单一因素致贫。而其余 1 850 户为已脱贫的一般户，其中家庭成员仍享有低保政策的有 542 户，占比 29.30%；享受五保户政策的有 62 户，占比 3.35%，其余为一般农户不享受特殊优惠待遇，经当地政府支持或自身努力发展，已不再有基本生存难题。

二、金寨县贫困测度与分析

以 2018 年安徽省农村人口贫困线，即人均可支配收入 3 500 元的 120% 为基准线，则金寨县 3 191 个农户样本中，各村级样本相对贫困风险程度的五级分类（如表 8 – 2 所示）（注：两个以上风险等级表示风险由左向右转移）。同理，可以看出调研的金寨县村镇中，以红色风险（极度贫困）兼橙色风险（一般贫困）预警为主，部分存在橙色风险（一般贫困）预警情况。这是因为金寨县 2018 年仍是国家级贫困县和省级重点贫困县，也是大别山片区扶贫攻坚重点县，地势险峻交通条件较差，又不便于开展农业生产。金寨县古碑镇的调研样本中，各村级的农户贫困风险等级概况如下：黄尖村、宋河村、迎河村和余岭村共 4 个行政村处于橙色风险（一般贫困）预警等级最好，其余 11 个行政村处于红色风险（极度贫困）兼橙色风险（一般贫困）预警等级。数据处理结果表明，整体村镇仍在绝对贫困阶段，农户的生存能力受到很大程度的限制。

表 8 – 2　　　　　　　　　　金寨县村级五类人群占比　　　　　　　　单位：%

行政村	红	橙	黄	绿	蓝	风险等级
陈冲村	22.05	76.05	1.52	0.38	0.00	红橙
官池村	19.42	76.70	2.91	0.97	0.00	红橙
黄集村	15.00	77.08	7.92	0.00	0.00	红橙
黄尖村	14.86	84.46	0.68	0.00	0.00	橙
留坪村	19.05	77.78	3.17	0.00	0.00	红橙
南畈村	18.40	77.83	3.77	0.00	0.00	红橙
七邻村	20.66	77.93	0.47	0.94	0.00	红橙
水坪村	19.56	78.60	1.85	0.00	0.00	红橙
司马村	26.61	70.18	2.75	0.46	0.00	红橙
宋河村	13.45	83.19	2.94	0.42	0.00	橙
王湾村	19.78	74.18	6.04	0.00	0.00	红橙
响塘村	20.67	75.33	4.00	0.00	0.00	红橙
迎河村	16.56	80.13	3.31	0.00	0.00	橙
余岭村	15.58	82.55	1.87	0.00	0.00	橙
袁岭村	21.03	75.40	3.57	0.00	0.00	红橙

注：表中数据根据实际调研样本的结果计算。

为进一步了解各村多维贫困的程度，需要求解各村的 MPI 值，并判断其在不同维度的贫困状况，具体结果如表 8-3 所示。可以看出，金寨县调研的各村主要存在五维及以上多维贫困，该县应重点加强社会兜底保障、基础设施保障等解决生存难题，同时强化产业扶贫和就业扶贫精准到户，稳定农户基本收入，加强教育扶贫，阻断贫困的代际传递。

表 8-3   金寨县村级多维贫困 MPI 值

行政村	$K=0.1$	$K=0.2$	$K=0.3$	$K=0.4$	$K=0.5$	$K=0.6$	$K=0.7$
陈冲村	0.30	0.29	0.19	0.08	0.03	0	0
官池村	0.30	0.29	0.19	0.05	0.01	0.01	0
黄集村	0.27	0.25	0.16	0.04	0	0	0
黄尖村	0.29	0.28	0.15	0.05	0.01	0	0
留坪村	0.30	0.29	0.18	0.07	0.01	0	0
南畈村	0.29	0.28	0.16	0.07	0.02	0	0
七邻村	0.30	0.29	0.19	0.07	0.01	0	0
水坪村	0.29	0.29	0.19	0.06	0	0	0
司马村	0.31	0.30	0.23	0.08	0.01	0	0
宋河村	0.27	0.26	0.13	0.03	0.01	0	0
王湾村	0.30	0.28	0.19	0.08	0.02	0	0
响塘村	0.30	0.29	0.18	0.05	0	0	0
迎河村	0.28	0.27	0.14	0.05	0.01	0	0
余岭村	0.29	0.28	0.15	0.05	0.01	0	0
袁岭村	0.30	0.28	0.18	0.07	0.02	0	0

注：表中数据根据实际调研样本的结果计算。

三、金寨县贫困预警

根据大别山区金寨县 A-F 值确定贫困风险程度大小，依据 A-F 值将群体依次划分为生存能力低下、生存能力受限、生存能力正常（发展能力受限）、发展能力一般和发展能力优越五个区间。当贫困风险程度超过

（或等于）某个区间最大值时，系统自动开始更高层次预警，预警信号按照贫困风险程度大小分别采用红、橙、黄、绿、蓝五种颜色来代表。依据黄金分类法和长板理论，在 A－F 值的基础上对农村家庭进行归类（如图 8－1 所示）。

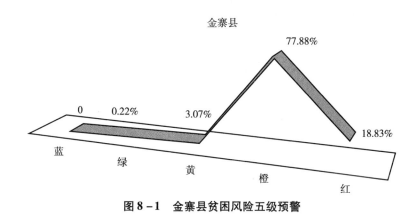

图 8－1　金寨县贫困风险五级预警

第二节　脱贫攻坚反应行动机制的仿真模拟

一、脱贫攻坚时期反应行动机制的仿真模拟

为贯彻落实脱贫攻坚的精准扶贫、精准脱贫方略，安徽省制定形成了"1＋20＋N"系列政策体系和配套扶贫文件，"1"指安徽省委、省政府出台《关于打赢脱贫攻坚战的实施意见》（以下简称《实施意见》）①，"20"指"8 个办法""5 个实施方案""7 个专项方案"，明确关于"扶持谁""谁来扶""怎么扶""如何退"的具体问题。安徽省金寨县古碑镇 2019年实现顺利脱贫 645 户 1 324 人，累计脱贫 2 344 户 9 127 人（自 2014 年

_____

①　共分五个部分，分别阐述了打赢脱贫攻坚战的重大意义、总体要求、实施精准扶贫确保贫困人口精准脱贫重大举措和路径、健全打赢脱贫攻坚战政策支撑体系、强化打赢脱贫攻坚战的工作保障。

开始），2020 年继续脱贫 53 户共 102 人①。为确保 2020 年底现行标准下所有贫困人口全部脱贫（金寨县 2019 年成功摘帽），该镇一直积极扎实推进安徽省十大脱贫工程（如表 8-4 所示），做到一户一策、精准发力。

表 8-4　　　　　　　　　　　金寨县古碑镇扶贫十大工程

扶贫工程	具体实施细则	实施对象
产业脱贫工程	特色产业奖补、"一亩田"分红等；光伏补贴、惠农补助等	因户施策；整体覆盖
就业脱贫工程	公益性岗位、就业补贴等	因户施策
异地扶贫搬迁工程	易地搬迁	区域性覆盖
生态保护脱贫工程	小额林业贷款、退耕还林补贴等	区域性覆盖
智力扶贫工程	"雨露计划"、学费减免等	因户施策
社保兜底脱贫工程	养老保险、残疾补助、五保补助、低保补助等	因户施策
健康脱贫工程	医疗保险等	全体覆盖
基础设施建设扶贫工程	农村道路通畅工程、水利建设工程、农村电网改造升级工程等	由区域性覆盖到全体覆盖
金融扶贫工程	小额信贷等	因户施策
社会扶贫工程	干部包户等	—

选取金寨县 2018~2019 年实施的十大工程中的基础设施建设扶贫、教育扶贫、异地扶贫搬迁、就业扶贫、金融扶贫和产业扶贫工程，以及社会兜底脱贫工程作为重点扶贫行动分析对象，探究脱贫攻坚项目实施的精准性和长效性。

（一）基础设施建设扶贫工程

2018~2019 年，金寨县古碑镇为打赢脱贫攻坚战积极开展基础设施建设扶贫工程，重点从村组道路、饮水安全、水利设施、人居环境和资产收益等方面进行改善，通过 2019 年该镇各实施项目的资金规模和惠及贫困人口数（如表 8-5 所示），可以明显看到，2019 年重点实施的基础设施建设

---

① 资料来源：金寨县人民政府官网（https：//www.ahjinzhai.gov.cn）。

中，村组道路工程投入资金最多，主要为水泥路新建、道路硬化等，惠及7 000多贫困人口，受益人口最多；受益人口数量第三的是饮水安全工程，即主要为管道铺设、新建水井等，惠及贫困人口超过2 000人；受益人口数量第五的是水利设施工程，主要为栏护、驳岸安装，清淤等，惠及200多生产性农民；受益人口数量第四的是人居环境改善工程，主要包括污水处理、新建公厕等，惠及1 200多贫困人口；受益人口数量第二的是资产收益，主要为扶贫基地建设，惠及4 800贫困人口。而从扶贫资金的使用效率来看，从高到低依次是资产收益、人居环境、村组道路、饮水安全和水利设施。究其原因，金寨县作为深度连片贫困山区，交通道路已成为阻滞农民生产生活改善的沉疴痼疾，山区雨季长，地势崎岖，农户分散，通村山路、到户小路等道路新建工程难度大、要求高，道路硬化技术与平原地区相比更加费时费力，但农村交通基础是"庄美村富"的首要条件；农村扶贫基地的建设是开展扶贫政策宣传、就业和培训的重要方式，因而直接惠及的贫困人口最多，牵涉人群最广泛；山区污水排放、垃圾处理、护栏维修、淤泥清理、管道疏通、公厕新建等项目落成不仅有助于当地农户生活环境的改善，也促进了当地森林旅游产业和康养产业的发展；铺设饮水管道、新建水井解决了农户取水难题，也保障了水源安全；农田水利工程为生产性农户提供便利，更具有针对性。基础设施建设扶贫的实施对象由区域性逐渐转变为全域性，且扶贫成效较为显著，更具有长效性。

表 8 - 5　　　　金寨县古碑镇脱贫攻坚项目清单（2019 年中期）

行政村	村组道路		饮水安全		水利设施		人居环境		资产收益	
	资金规模（万元）	受益贫困人口（人）	资金规模（万元）	受益贫困人口（人）	资金规模（万元）	受益贫困人口（人）	资金规模（万元）	受益贫困人口（人）	资金规模（万元）	受益贫困人口（人）
陈冲	120	230	91.93	396						
司马	92.3	188	54.7	90	9.6	12				
响塘	96	304								
黄集	71	496	31.85	75			24	25		
余岭	34.7	82	3.93	37	11.52	16	13.82	36		

续表

行政村	村组道路		饮水安全		水利设施		人居环境		资产收益	
	资金规模（万元）	受益贫困人口（人）	资金规模（万元）	受益贫困人口（人）	资金规模（万元）	受益贫困人口（人）	资金规模（万元）	受益贫困人口（人）	资金规模（万元）	受益贫困人口（人）
南畈	96.2	1 506	9.6	48	30	33			35	1 500
官池	59.9	282	56.5	122			38.98	188		
七邻	119.12	380	4.8	25			8.64	15	35	3 300
袁岭	185.8	1 374	18.6	238						
王湾	100.7	266	39.2	312	3.072	30	16.51	68		
迎河	29.3	176	29.2	83			4.32	15		
留坪	24.3	172	53.3	189						
黄尖	48.3	315	37.7	63			37.44	479		
宋河	136.5	230	93.6	315						
水坪	173.9	1 074	47.5	162	149.24	116	40.80	428		
合计	1 388.02	7 075	572.4	2 155	203.43	207	184.5	1 254	70	4 800

注：表中数据根据金寨县古碑镇实地调研数据整理而得。

2020 年 11 月以后，随着所有贫困县全部摘帽，在乡村振兴稳步起步阶段，交通道路建设、人居环境改善以及资产收益等基础设施项目的投入比例将逐渐增大，而贫困村组道路和饮水安全的项目工程的投资比重会逐渐下降。

（二）教育扶贫工程

金寨县教育扶贫主要通过安徽省扶贫办根据省教育厅提供的学生学籍对比认定，各县域、学校再通过名单排查的"双保险"制度确定贫困资助学生，并按不同阶段给予补助。对于建档立卡户，学前教育每人每年按800 元标准补助；义务教育全面落实"两免一补"和"营养改善计划"，即免学费、免书费和补寄宿生活费（标准是小学 1 000 元/年，初中和特教1 250 元/年）和营养膳食补助（每人每天 4 元）；普通高中按照省示范高中 1 700 元/年、市示范高中 1 400 元/年、一般高中 700 元/年标准补贴，并给予国家助学金 3 000 元；职业教育免学费 3 000 元/年，"雨露计划"每年可申请 3 000 元助学补助；普通高等教育 3 000 元/年，录取当年可获得一次性专项资金不低于 3 000 元；本科、职业学院学生助学贷款最高 8 000 元/年，研究生助学贷款 12 000 元/年[①]。连片贫困山区的高等教育难以普及，往往成为贫困代际传递的主要原因，"雨露计划"专门为农村建档立卡户中接受中、高等职业教育的在校学生提供教育补助。2019 年，金寨县古碑镇春季学期符合"雨露计划"补助学生 322 人，秋季学期补助学生 319 人，共计发放补助金 96.15 万元，2020 年共发补助 94.05 万元。

表 8-6　　　　　金寨县古碑镇 2019 年"雨露计划"工程

户主姓名	所在村组	贫困风险（2018 年为标准）	致贫原因	户主年龄	"雨露计划"发放金额	2019 年是否脱贫	脱贫年份
付某	陈冲	（橙）生存能力受限	因学	20 岁	1 500 元	否	2020 年底
俞某	陈冲	（橙）生存能力受限	因学	55 岁	1 500 元	是	2019 年底
胡某	官池	（橙）生存能力受限	因学	49 岁	3 000 元	是	2019 年底
徐某	黄集	（橙）生存能力受限	因学	52 岁	3 000 元	是	2019 年底
傅某	黄集	（橙）生存能力受限	因学	20 岁	3 000 元	否	2020 年底
程某	黄集	（橙）生存能力受限	因学	61 岁	1 500 元	是	2019 年底
袁某	南畈	（橙）生存能力受限	因学	47 岁	——	是	2019 年底
王某	南畈	（橙）生存能力受限	因学	40 岁	——	是	2019 年底
王某	七邻	（橙）生存能力受限	因学	21 岁	1 500 元	是	2019 年底
全某	水坪	（橙）生存能力受限	因学	19 岁	——	是	2019 年底
周某	迎河	（橙）生存能力受限	因学	56 岁	——	是	2019 年底
付某	余岭	（橙）生存能力受限	因学	53 岁	——	是	2019 年底
陈某	袁岭	（橙）生存能力受限	因学	49 岁	——	是	2019 年底
何某	袁岭	（橙）生存能力受限	因学	44 岁	——	是	2019 年底
唐某	袁岭	（橙）生存能力受限	因学	42 岁	3 000 元	是	2019 年底

注：户主年龄为调研时备注，2019 年接受教育扶贫"雨露计划"时应按实际出生年月顺延 0~1 岁。

---

① 资料来源：金寨县古碑镇先锋网（http://newwcwy.ahxf.gov.cn/Skin3/Index/jzgbxfw）。

以金寨县古碑镇 2019 年实施的"雨露计划"为重点考察对象，选择因学致贫中至 2018 年底尚未脱贫的共 15 户贫困户为典型案例，探究教育扶贫工程的精准性和长效性（如上表 8 - 6，图中圆圈颜色代表所处贫困层次）。根据以上结果，发现 15 位因学致贫的未脱贫农户中，2018 年初人均收入均未达到现行标准线，为一般贫困。有 9 户建档立卡贫困户存在接受中、高等职业教育的适龄学生，但实际接受计划资助的有 8 户家庭，其余 1 户家庭因不符合申请条件，在接受了"两免一补""营养改善计划"等教育扶贫计划下实现当年脱贫。其行动的精准性和长效性分析如下：

（1）陈冲村的俞某，尽管所得资金较低，但享受低保，于 2019 年底脱贫；袁岭村的唐某一般贫困，所得金额较高且有低保补助并于 2019 年底脱贫；官池村的胡某和黄集村的徐某一般贫困，但所得资助金额较高且于 2019 年底脱贫；陈冲村的付某一般贫困，尽管 2019 年所得金额较低，但因未完成学业而持续接受该项计划至 2020 年底脱贫；黄集村的傅某一般贫困，所得金额较高且持续至 2020 年底脱贫；七邻村的王某，尽管所得金额较低，但其 2019 年应当属于适龄毕业并于 2019 年底脱贫。这七例教育扶贫的精准性和长效性都较高。

（2）黄集村的程某，一般贫困，所得资金较低且户主年纪较大，抚养赡养负担较重，尽管享受低保，并于 2019 年底实现脱贫，但存在返贫风险，应强化事后追踪，列为潜在贫困户或边缘户。

（3）水坪村的全某一般贫困，因学致贫并处于高等教育适龄阶段，符合扶助条件，2019 年未受到"雨露计划"扶贫资助，享受低保，并于 2019 年底脱贫。这一例可能存在政策宣传识别不精准、扶贫行动不精准的情况，应注意扶贫行动与致贫因素不匹配的问题，同时加强扶贫政策宣传。

除去上述水坪村的全某，该镇 2019 年专项高等教育扶贫计划有效率为 88.9%。为提高专项资金扶贫效率，应对发未发、应有未有的情况强化管理、及时补发，对特殊情况也可以适当增减补助程度，以提高资金使用效率和精准脱贫。

（三）异地扶贫搬迁工程

古碑镇山路崎岖，交通运输成本较为昂贵，因此贫困户房屋修缮条件

较差，部分房屋存在安全隐患。为从根本解决贫困问题，改善因病、因残
致贫的建档立卡户的生活条件和医疗条件，探究古碑镇 2018 年易地搬迁扶
贫工程的精准性和长效性。如表 8-7 所示，2018 年进行易地搬迁的 19 户
贫困农户家庭中，15 户建档立卡户于 2018 年底实现脱贫，1 户为已脱贫享
受扶贫政策，2 户 2019 年底实现脱贫，1 户尚未实现脱贫。

表 8-7　　　　　　　　金寨县古碑镇 2018 年易地搬迁工程

户主姓名	所在村组	致贫原因	贫困风险（2018 年为标准）	安置地点	脱贫年份
付某	陈冲	因病	（绿）发展能力正常	陈冲中心村庄	2018 年底
俞某	黄集	因残	（黄）发展能力受限	县城购房	2018 年底
宋某	黄尖	因病	（黄）发展能力受限	集镇购房	2014 年前
朱某	黄尖	因病	（绿）发展能力正常	古岭朱宋湾自然村庄	2018 年底
江某	留坪	因病	（绿）发展能力正常	留坪中心村庄	2018 年底
陈某	南畈	因病	（绿）发展能力正常	集镇购房	2018 年底
孙某	南畈	发展动力不足	（绿）发展能力正常	洪堰河自然村庄	2018 年底
孙某	南畈	因病	（黄）发展能力受限	集镇购房	2018 年底
杨某	水坪	因病	（红）生存能力低下	水坪中心村庄	2019 年底
宋某	司马	因病	（黄）发展能力受限	宋大塘自然村庄	2018 年底
何某	宋河	缺技术	（绿）发展能力正常	宋河中心村庄	2018 年底
胡某	宋河	因病	（绿）发展能力正常	宋河中心村庄	2018 年底
石某	宋河	因学	（绿）发展能力正常	宋河中心村庄	2018 年底
易某	宋河	因病	（绿）发展能力正常	宋河中心村庄	2018 年底
宋某	余岭	因病	（绿）发展能力正常	县城购房	2018 年底
孙某	余岭	因病	（橙）生存能力受限	金角自然村庄	未脱贫
项某	余岭	因病	（橙）生存能力受限	集镇购房	2019 年底
袁某	余岭	因学	（绿）发展能力正常	金角自然村庄	2018 年底
何某	袁岭	因学	（绿）发展能力正常	袁岭村中心村庄	2018 年底

注：根据实地调研数据。

对 19 位农户的异地搬迁工程分析如下：

（1）陈冲村的付某、黄尖村的朱某、留坪村的江某、南畈村的孙某、宋河村的何某、胡某、石某、易某，余岭村的袁某、袁岭村的何某，发展能力正常，通过易地扶贫搬迁至自然村和中心村等安置区后，于 2018 年底脱贫；南畈村的陈某和余岭村的宋某，发展能力正常，分别于集镇和县城购房，并于 2018 年底脱贫；司马村的宋某发展能力受限，2018 年同时享受低保和易地搬迁扶持，于 2018 年底脱贫；余岭村的孙某生存能力受限，2018 年享受低保和易地搬迁政策，尚未脱贫。这 14 例均符合异地搬迁扶贫行动的精准性和长效性要求。

（2）余岭村的项某，因病致贫且生存能力受限，集镇购房于 2019 年底脱贫，其 2018 年未享受低保补助，可能存在识别不准确、行动不精准，或者退出不精准，应强化信息更新，同时加强健康扶贫工程，并及时退出。

（3）黄集村的俞某，因残致贫且发展能力受限，县城购房并于 2018 年底脱贫；南畈村的孙某，因病致贫且发展能力受损，集镇购房并于 2018 年底脱贫。这两例可能存在识别不精准，或早期应退未退，应将其所得全部收入纳入贫困体系并及时更新数据，同时加强对其重大疾病、长期慢性病和肢体伤残的医疗保险、人生意外保险等健康扶贫和社会兜底扶贫力度。

（4）水坪村的杨某，生存能力低下，属于极度贫困，2018 年享受易地搬迁政策，未享受 2018 年低保，于 2019 年底脱贫，有返贫风险，可能存在扶贫行动不精准、不长效，贫困退出不精准。应对其加强家庭追踪，同时做好低保补助、金融扶贫，并做好社会兜底。

（四）就业扶贫工程

古碑镇积极推动就业扶贫，增强地方内生动力，实现脱贫攻坚的长效性和稳定性，对建档立卡贫困户实施公益性岗位安排，每月工资 500 元；对建档立卡户实施就业奖补，就业 8 个月以上补贴 500 元/月。选取 2019 上半年享受就业奖补和公益性岗位扶贫资助的 6 户建档立卡户，探究就业扶贫工程的精准性和长效性如表 8 - 8 所示。

表 8 - 8 金寨县古碑镇就业扶贫工程（2019 年）

户主姓名	所在村组	致贫原因	贫困风险（2018 年为标准）	户主年龄	家庭人口	接受政策	脱贫年份
张某	余岭	因病	（蓝）发展能力优越	54 岁	3 人	就业奖补	2018 年底
黄某	王湾	因病	（绿）发展能力正常	40 岁	4 人	就业奖补	2016 年前
胡某	余岭	因学	（绿）发展能力正常	48 岁	4 人	就业奖补	2017 年底
付某	陈冲	因病	（橙）生存能力受限	61 岁	4 人	公益性岗位	2019 年底
李某	官池	因病	（红）生存能力低下	64 岁	1 人	公益性岗位	2019 年底
乐某	七邻	因病	（橙）生存能力受限	55 岁	2 人	公益性岗位	2020 年底

对 6 位农户的就业扶贫工程分析如下：

（1）余岭村的张某，发展能力优越，2018 年退出贫困；王湾村的黄某，发展能力正常，2016 年前脱贫；余岭村的胡某，发展能力正常，2017 年脱贫。以上三例为脱贫后仍享受就业补贴，符合就业扶贫工程的长效性。

（2）陈冲村的付某生存能力受限，享受公益性岗位，但有身体伤残，同时享受低保，于 2019 年脱贫，存在帮扶措施不精准情况，建议强化其健康扶贫措施，或者提高低保等级，尽量不实行产业扶贫、金融扶贫。

（3）官池村的李某极度贫困，年老且罹患疾病、身体伤残，住房条件差，未享受低保，于 2019 年脱贫，有返贫风险，存在帮扶措施不精准、退出不精准情况，建议将其列为五保户、B 类或 A 类低保户，应同时实施健康扶贫、金融扶贫和社会扶贫等，同时加强脱贫后的家庭追踪调查，列为潜在贫困户，防止其返贫。

（4）七邻村的乐某，一般贫困，无重大疾病，肢体正常，且无子女教育和债务负担，同时享受 B 类低保，于 2020 年脱贫，存在应退未退问题。建议将其列为 C 类低保户，保留公益性岗位，同时实施金融扶贫、产业扶贫，激发其内生动力。

（五）金融扶贫工程和产业扶贫工程

为巩固提高脱贫攻坚成效、顺利实现 2020 年底"人脱贫、村出列、县摘帽"，金寨县于 2018 年在金融扶贫工程中创新实施"一亩园"入股分红，面向 2016 年和 2017 年脱贫户和未脱贫户，主要采取入股分红方式，每户入股 4 000 元，2018 年起，每年分红 2 000 元，连续分红三年，至第四年、第五年退还本金，确保每个建档立卡户都有一亩以上产业发展基地，重点发展油茶、山核桃、中药材等长效产业。将金融扶贫与产业扶贫工程有机结合，通过多渠道激发贫困户生产性①。2018 年古碑镇因缺资金、遭灾害、缺技术和发展动力不足尚未脱贫的农户分别有 4 户、3 户、16 户和 28 户。本部分选取 2018 年缺资金和因灾致贫全部未脱贫户、缺技术和发展动力不足部分未脱贫户共 12 户，以古碑镇 2018 年入股"一亩园"分红扶贫项目为重点研究对象，探究金融扶贫工程和产业扶贫工程的精准性和长效性。如表 8-9 所示，2018 年参与"一亩园"分红的 12 个选取的农户中，10 户在 2019 年初次拿到分红后实现了脱贫，其中只有 7 户入股，实现了金融扶贫带动产业扶贫。

对选取的 12 位农户的扶贫行动反馈如下：

表 8-9　　　　　金寨县古碑镇 2018 年"一亩园"分红入股案例

户主姓名	所在村组	致贫原因	贫困风险 （2018 年为标准）	户主年龄	家庭人口	是否入股	脱贫年份
宋某	七邻	缺资金	（橙）生存能力受限	47 岁	3 人	是	2019 年底
徐某	袁岭	缺资金	（橙）生存能力受限	32 岁	3 人	是	2020 年底
方某	司马	缺资金	（橙）生存能力受限	54 岁	3 人	是	2019 年底
卢某	七邻	缺资金	（橙）生存能力受限	70 岁	3 人	否	2019 年底
王某	七邻	因灾	（红）生存能力低下	76 岁	4 人	否	2019 年底
王某	陈冲	因灾	（橙）生存能力受限	33 岁	4 人	是	2019 年底
王某	王湾	因灾	（橙）生存能力受限	59 岁	3 人	是	2019 年底
胡某	水坪	缺技术	（橙）生存能力受限	50 岁	1 人	是	2019 年底
汪某	司马	缺技术	（橙）生存能力受限	36 岁	1 人	是	2019 年底

---

① 资料来源：根据实地调研数据。

续表

户主姓名	所在村组	致贫原因	贫困风险 （2018 年为标准）	户主年龄	家庭人口	是否入股	脱贫年份
占某	水坪	缺技术	（橙）生存能力受限	62 岁	1 人	否	2019 年底
梅某	官池	发展动力不足	（橙）生存能力受限	63 岁	1 人	否	未脱贫
黄某	水坪	发展动力不足	（橙）生存能力受限	43 岁	2 人	否	2019 年底

注：根据金寨县古碑镇政府提供资料，结合金寨县古碑镇　先锋网　公告公示整理得。

（1）七邻村的宋某、司马村的方某、陈冲村的王某、王湾村的王某、水坪村的胡某和司马村的汪某，均属于一般贫困，接受"一亩园"扶贫资助且得到收益的第一年实现脱贫；袁岭村的徐某属于一般贫困，享受分红资助，同时有子女教育负担，接受教育资助后于 2020 年底脱贫；水坪村黄某属于一般贫困，因发展动力不足致贫，户主为青壮劳动力且家庭人口少，尽管未享受该项扶贫政策，但 2019 年底实现脱贫。这八例显示了金融扶贫和产业扶贫行动的精准性和长效性。

（2）七邻村的卢某生存能力受限，同村王某生存能力低下，尽管未享受"一亩园"扶助，但他们均享受 B 类低保，并于 2019 年底脱贫。由于这两户家庭户主年纪大、家庭人口多，应有赡养抚养负担，存在返贫风险，建议将他们列为潜在贫困户、返贫户并进行家庭追踪调查，及时更新数据，同时加强社会兜底扶贫。

（3）水坪村占某和官池村的梅某，生存能力受限，年龄较大且单独成户，未享受该项资助，存在生存能力受限风险，且 2018 年均未在低保清单中，占某于 2019 年底脱贫，梅某尚未脱贫，可能存在扶贫行动不精准、不长效问题。同时，占某有返贫风险，梅某存在返退至深度贫困的风险，建议对他们实施追踪调查，加强兜底扶贫、健康扶贫、金融扶贫和社会扶贫等行动工程。

（六）社会兜底扶贫工程

古碑镇实施社会保障扶贫政策，基本做到医保和养老保险对建档立卡户全覆盖。最主要的农村低保 A 类标准为 490 元/人月；B 类标准为 300

元/人月；C 类标准为 195 元/人月；农村五保集中供养 8 040 元/人年，分散供养 6 720 元/人年。社会散居孤儿基本生活保障 900 元/人月；集中供养 1 300 元/人月。2018 年古碑镇未脱贫户中，因病致贫 377 户，因残致贫 174 户[①]，应为低保补助的重点实施对象，本部分选取 2018 年部分因病和因残致贫的农户家庭共 11 户，探究古碑镇社会保障扶贫工程的精准性和长效性，如表 8 – 10 所示。其行动反馈如下：

表 8 – 10 金寨县古碑镇社会兜底扶贫工程

户主姓名	所在村组	致贫原因	贫困风险（2018 年为标准）	户主年龄	家庭人口	低保类别	享受其他帮扶措施	脱贫年份
李某	黄尖	因残	（橙）生存能力受限	49 岁	1 人	A 类	救助资金	2019 年底
李某	响塘	因残	（橙）生存能力受限	53 岁	1 人	A 类	"一亩园"	2019 年底
付某	响塘	因残	（红）生存能力低下	78 岁	3 人	B 类	"一亩园"	2019 年底
戴某	黄尖	因病	（橙）生存能力受限	44 岁	4 人	B 类	救助资金	2019 年底
孙某	余岭	因病	（橙）生存能力受限	76 岁	6 人	B 类	易地搬迁	未脱贫
杨某	水坪	因病	（红）生存能力低下	41 岁	6 人	—	易地搬迁	2019 年底
项某	余岭	因病	（橙）生存能力受限	50 岁	4 人		易地搬迁	2019 年底
韩某	黄尖	因病	（红）生存能力低下	37 岁	5 人	B 类	救助资金	2019 年底
朱某	黄尖	因病	（橙）生存能力受限	66 岁	1 人	—	救助资金	未脱贫
付某	陈冲	因病	（橙）生存能力受限	61 岁	4 人	B 类	公益性岗位	2019 年底
李某	黄尖	因病	（橙）生存能力受限	61 岁	2 人	A 类	救助资金	2019 年底

社会保障扶贫措施针对的是深度贫困和一般贫困人口，因此一般除评议公示为五保户和低保户外，还给予其他扶持生产生活的扶贫措施，按照资产收益和实际效益比较，易地搬迁 > 公益性岗位 > "一亩园" 分红 > 救助资金。

（1）黄尖村的李某属于一般贫困，因残致贫，同时享受 A 类低保和救助资金；响塘村的李某属于一般贫困，享受 A 类低保和 "一亩园" 分红；

---

① 数据来源：根据金寨县古碑镇实地调研数据整理而得。

黄尖村的戴某属于一般贫困，享受 B 类低保和救助资金；陈冲村的付某属于一般贫困，享受 B 类低保和公益性岗位；黄尖村的李某属于一般贫困，因病致贫，同时享受 A 类低保和救助资金。以上农户家庭劳动力缺失且有疾病负担，均于 2019 年底脱贫，脱贫后仍然享受低保政策。余岭村的项某属于一般贫困，未享受低保政策，2018 年于集镇购房，且户主仍属于青壮年劳动力，家庭劳动结构合理，不再享受低保；黄尖村的韩某属于极度贫困，患重大疾病，户主丧失主要劳动力且有抚养赡养负担，同时享受救助资金和每月 1 500 元低保，于 2019 年底脱贫。以上七例均符合社会保障扶贫行动的精准性和长效性。

（2）响塘村的付某属于极度贫困，因残致贫且户主年老，有抚养赡养负担，于 2019 年脱贫，存在返贫可能。在实际扶贫中，存在帮扶力度不够、帮扶行动不够精准和长效等问题。建议 2020 年将其后列为潜在贫困户和边缘户，重点解决健康扶贫、社会扶贫，并提升低保认定等级。

（3）水坪村的杨某属于极度贫困，因病致贫且有子女教育和抚养赡养负担，2018 年搬迁至宋大塘自然村庄，于 2019 年脱贫，有返贫风险，存在帮扶力度不够、帮扶行动不长效等问题。建议将其列为 C 类低保，加强健康扶贫、社会扶贫、金融扶贫和子女教育扶贫，以及后期监管。

（4）余岭村的孙某属于一般贫困，因病致贫，2018 年异地搬迁至金角自然村庄，户主年老，有抚养赡养和债务负担，同时每月享受 1 800 元低保，尚未脱贫，存在帮扶措施过度、帮扶政策匹配不精准、应退未退等问题。建议依据家庭人数将其列为 C 类低保，同时加强健康扶贫、养老扶贫、金融扶贫、产业扶贫和社会扶贫力度，增强其内生动力，解决债务负担和疾病难题。

（5）黄尖村的朱某属于一般贫困，因病致贫，未享受低保仅有救助资金，尚未脱贫，户主年老且单独成户，存在帮扶力度不够、帮扶行动不匹配、不长效等问题。建议将其列为五保户，并强化健康扶贫、金融扶贫和社会扶贫，增强其健康安全和社会幸福感。

二、有效衔接时期反应行动机制的仿真模拟

脱贫攻坚以来，金寨全县干部群众贯彻落实"精准扶贫""精准脱贫"

方略，奋发努力，共同交出了一份脱贫攻坚高分答卷，71个贫困村全部出列，3.9万户12.97万贫困人口全部脱贫，2020年顺利通过贫困县摘帽验收，脱贫攻坚群众满意度高达99.96%，实现了"不让一户掉队、不让一人落下"的庄严承诺，圆满夺取了脱贫攻坚战全面胜利。有效衔接时期，金寨县继续发扬脱贫攻坚精神，扎实推进巩固拓展脱贫攻坚成果同乡村振兴有效衔接各项工作，为推动乡村全面振兴再立新功、再创佳绩。

（一）有效衔接时期反应行动机制的主要思路

巩固拓展脱贫攻坚成果与乡村振兴有效衔接的五年过渡期就是脱贫巩固期，要由集中资源支持脱贫攻坚向全面推进乡村振兴平稳过渡。坚持"四个不摘"，做到工作不留空当、政策不留空白。一是继续开展驻村帮扶。按照"四个一批"的思路，完善优化帮扶措施，坚决防止发生规模性返贫。继续向相对贫困村、软弱涣散村、集体经济薄弱村派驻工作队，加强脱贫村、脱贫人口监测，持续跟踪收入变化和"两不愁三保障"和安全饮水巩固情况，实施实时监测预警，施行及时动态清零，持续巩固脱贫成果。二是强化易地扶贫搬迁后续帮扶，确保搬得出、稳得住、有就业、能致富。三是发展壮大特色产业，发展油茶、山核桃、猕猴桃、板栗等农产品初加工及精深加工，推进"十大皖药"生产、加工和销售，全力打造全产业链，持续拓展光伏、旅游、电商等增收路径，增强产业帮扶农民增收致富能力。四是积极推进创业就业。积极实施"能人回归"工程，扎实推进返乡下乡人员的创业就业。积极培育产业带头人，推进农村人口就近就地就业和发展生产，稳定公益性岗位，加大外出务工和生产经营技能培训，提升农村家庭就业保障能力。五是继续实施乡村"双基"建设行动，继续加强农村基础设施建设，建设一批村组道路，加大电网、信息网络等新基建建设力度。加大水库、沟、渠建设和河、湖水源治理，提升农村安全饮水保障水平。加强农村环境综合整治，启动"多规合一"实用性村庄规划编制，建设美丽乡村，整治自然村庄，保护好传统村落和乡村特色风貌。推进城乡基本公共服务均等化，持续提高城乡居民医疗保险、养老保险、困难救助、教育水平，切实做好特殊困难群体最低生活保障，做到应保尽保。六是深化乡村治理体系建设，加强党建引领，完善推广乡村治理积分制，推动自治、法治、德治深度融合，推进平安乡村建设。

（二）农村劳动力异常家庭监测帮扶

依据安徽省脱贫攻坚大数据管理平台 2020 年末数据，通过金寨县古碑镇农村家庭劳动力异常情况监测，确定 1 693 户农村家庭脱贫不稳定，需要实施精准帮扶（如表 8－11 所示）。

表 8－11　　　　金寨县古碑镇劳动力异常家庭后续帮扶（部分）

户主姓名	所在村组	致贫原因	贫困风险（2018 年）	脱贫年份	贫困风险（2020 年）	后续帮扶（2021 年）	预计效果
杨某	宋河	因病	（橙）生存能力受限	2015	（红）生存能力低下	驻村帮扶 就业帮扶 产业帮扶	2 人 24 500 元 11 800 元
邵某	七邻	因病	（红）生存能力低下	2014	（红）生存能力低下	驻村帮扶 兜底保障 就业帮扶	3 人 11 000 元 520 元
杨某	宋河	因病	（红）生存能力低下	2015	（红）生存能力低下	驻村帮扶 兜底保障 产业帮扶 小额信贷	2 人 4 644 元 200 元 30 000 元
李某	响塘	因病	（橙）生存能力受限	2014	（红）生存能力低下	驻村帮扶 就业帮扶 产业帮扶	1 人 30 500 元 35 400 元
李某	水坪	因残	（红）生存能力低下	2015	（红）生存能力低下	驻村帮扶 就业帮扶 产业帮扶	2 人 23 600 元 9 400 元
周某	迎河	因残	（橙）生存能力受限	2015	（红）生存能力低下	驻村帮扶 兜底保障 就业帮扶 产业帮扶 小额信贷 生态扶贫	2 人 4 005 元 50 000 元 1 265.5 元 30 000 元 3 905.2 元

注：资料根据实地调研数据整理。

由于疾病和伤残会直接减少农村家庭劳动力和增加家庭意外支出，导致农村家庭收入大幅度下降，进而返贫和致贫。本章以金寨县古碑镇为例，分析有效衔接期内，对于贫困风险较大家庭所采取的帮扶措施。帮扶措施一般包括驻村帮扶（专人结对帮扶）、产业扶贫、就业扶贫、健康扶贫、教育扶贫、小额贷款、易地扶贫搬迁、危房改造和社会保障等多个工程。其中：健康扶贫（代缴基本医疗保险费和部分商业保险费）、社会保障属于每个家庭都实行或政策规定的，没有特别列示。将致贫原因和帮扶措施联系起来分析可以看出，帮扶措施实施都是比较精准的，效果也比较显著。帮扶措施中突出健康扶贫、兜底扶贫和社会保障的基础性作用，强调了就业扶贫、产业扶贫的持续增收能力。金寨县于 2020 年实现了全面脱贫，但由于农村家庭本身因素，主要是发展能力不足，返贫致贫的风险仍旧较高，需要采取有力精准帮扶措施，保障农村家庭生存能力，提升其发展能力。

从帮扶模式和效果来看，过渡期对于劳动力异常家庭的帮扶措施与脱贫攻坚时期帮扶措施大体一致，符合中央、国务院决策部署要求，保持政策措施相对稳定。帮扶措施基本做到因人施策、因户施策，预期效果比较好。但存在个别家庭夸大贫困风险（例如，家庭有多个劳动力，只是因为个别劳动力受损而列为劳动力异常）、帮扶措施不精准（例如，对劳动力异常家庭采取了产业帮扶）和帮扶过度（例如，对多数家庭采取了能够实施的所有帮扶措施）等问题，应加以纠正。

（三）农村收入不稳定家庭监测帮扶

依据安徽省脱贫攻坚大数据管理平台 2020 年末数据，通过对金寨县古碑镇农村家庭收入不稳定情况监测，确定 18 户农村家庭脱贫不稳定，需要实施精准帮扶（如表 8 – 12 所示）。

表 8 – 12　　　　金寨县古碑镇收入不稳定家庭后续帮扶（部分）

户主姓名	所在村组	致贫原因	贫困风险（2018 年）	脱贫年份	贫困风险（2020 年）	后续帮扶（2021 年）	预计效果
王某	响塘	因病	（橙）生存能力受限	2015	（红）生存能力低下	驻村帮扶 兜底保障 就业帮扶 产业帮扶	1 人 2 917.56 元 90 000 元 11 800 元

续表

户主姓名	所在村组	致贫原因	贫困风险（2018 年）	脱贫年份	贫困风险（2020 年）	后续帮扶（2021 年）	预计效果
汪某	司马	因病	（橙）生存能力受限	2014	（红）生存能力低下	驻村帮扶 教育扶贫 就业帮扶 小额信贷	1 人 840 元 76 000 元 30 000 元
马某	宋河	因病	（橙）生存能力受限	2015	（红）生存能力低下	驻村帮扶 就业帮扶 教育扶贫 产业帮扶	1 人 84 000 元 6 700 元 11 000 元
付某	陈冲	因残	（红）生存能力低下	2015	（红）生存能力低下	驻村帮扶 兜底保障 就业帮扶 产业帮扶 生态帮扶	1 人 2 944.08 元 64 800 元 19 550 元 3 251.6 元
袁某	响塘	因病	（红）生存能力低下	2015	（红）生存能力低下	驻村帮扶 产业帮扶	1 人 1 688.40 元
周某	迎河	因残	（红）生存能力低下	2015	（红）生存能力低下	驻村帮扶 兜底保障 就业帮扶 产业帮扶 教育扶贫 生态扶贫	2 人 3 000 元 2 000 元 13 089 元 500 元 408 元

注：资料根据实地调研数据整理。

　　农村家庭收入不稳定可能由多个方面原因造成的，其中因病、因残是主要因素。与劳动力异常家庭相关联，因病、因残都会导致收入水平迅速下降，导致家庭返贫致贫风险增加。收入不稳定是结果，帮扶过程中重点在于精准识别原因、精准帮扶施策，要两个侧重。生存能力较弱家庭，应采取Ⅰ、Ⅱ响应行动，侧重于基础保障、兜底扶贫和临时救助，及时解决生活困难。发展能力较弱家庭，应采取Ⅲ、Ⅳ响应行动，侧重于就业帮扶和产业帮扶。

　　从样本上看，农村收入不稳定家庭包含了农村劳动力异常家庭。从帮扶模式和效果来看，情况与农村劳动力异常家庭相近。帮扶措施基本精准，预期帮扶效果良好。同样存在夸大个别家庭贫困风险、帮扶措施不精准和帮扶过度问题。

第三节　脱贫攻坚监督评价机制的仿真模拟

一、区域性整体贫困退出评价模拟

以大别山特困连片区金寨县古碑镇为脱贫攻坚评价模拟案例，将 2014～2020 年贫困退出户数作为评价依据，并模拟续延至 2025 年后（如图 8-2 所示）。金寨县古碑镇自脱贫攻坚项目落地以来，积极用理念引领扶贫行动，用实际行动践行精准扶贫思想，以创新理念拓展减贫模式，以协调理念补齐扶贫短板，以绿色理念实现脱贫保障，以开放理念转变扶贫格局，以共享理念推动社会公平。在新发展理念指引下，稳步推进安徽省十大扶贫工程，2014～2018 年脱贫人口猛增，至 2019 年建档立卡未脱贫户 64 户 117 人，2020 年再度脱贫 53 户共 102 人[①]，圆满完成"村出列"和"县摘帽"分配任务，对建档立卡户每月进行动态追踪调查和动态人口调整，进行脱贫户稳定性摸底；对已满足自主生产生活的脱贫户不再进行扶贫资助；对尚不能稳定发展的脱贫户给予产业扶贫和就业扶贫相关优惠政策；对建档立卡户进行多重扶贫优惠组合；对潜在贫困户和边缘贫困户能够动态调整并及时纳入贫困体系；对村庄持续进行道路建设、水利建设、人居环境建设和扶贫基地建设。整体而言，金寨县古碑镇扶贫工作能够找准重点、落实政策，尽管早期 2018 年、2019 年，存在对个别扶贫政策不完全匹配、扶贫行动不够长效等问题，但当地政府一直在积极改善，多管齐下，促进居民的全面发展，随着每季度建档立卡户动态管理的覆盖面和排查方式逐步改善，2020 年后全镇贫困情况将保持最低水平，基本能够实现脱贫攻坚长效机制，全面脱贫后的反馈纠正和容错纠错仍有改进空间。

[①]　根据实地调研数据资料，整理而得。

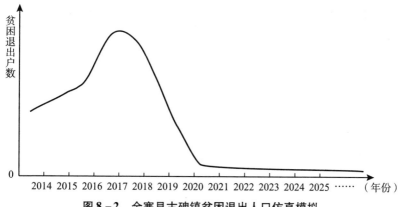

图 8 - 2　金寨县古碑镇贫困退出人口仿真模拟

二、五大类群体贫困概率评价模拟

由金寨县古碑镇 2018～2019 年贫困人数和非贫困人数绝对数量和不同贫困层级发生概率变化趋势可预测得到五大类群体的模拟贫困发生概率（如图 8 - 3 所示）。

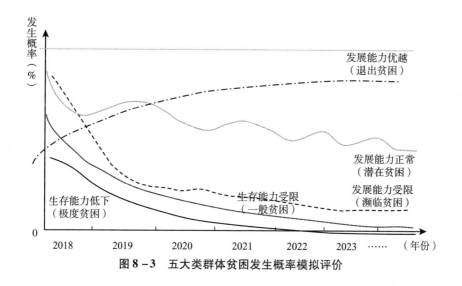

图 8 - 3　五大类群体贫困发生概率模拟评价

（一）生存能力受限（极度贫困）

依据扶贫实践，极度贫困人口的数量近年来逐步下降，该镇随时进行脱贫户、贫困户和边缘户的排查和摸底，对可能发生的极度贫困家庭能够进行及时政策保护，对正处于极度贫困的农户家庭给予社会兜底保障政策，2020 年后预计极度贫困发生概率能够稳定在接近 0 的极低概率。

（二） 生存能力正常 （一般贫困）

随着脱贫攻坚精准性和长效性的逐步完善，以及家庭生命周期的变化规律，在册贫困人口将持续退出一般贫困层级，统计自然灾害、意外伤害等事件在大样本中发生的概率，从而推算进入一般贫困层级的人口比率，预计一般贫困的发生概率或将波动式下降，并维持在较低的均衡水平。

（三） 发展能力受限 （濒临贫困）

随着扶贫政策长效精准体系完善，乡村振兴的全面发展，以及城乡一体化进程的加快，预计 2020 年后濒临贫困的发生概率将持续降低。

（四） 发展能力正常 （潜在贫困）

预计后期人口自然增长率变化和生产生活条件的改善呈波动式变化，因而潜在贫困的发生概率仍不能准确确定。

（五） 发展能力优越 （退出贫困）

尽管 2020 年后在册建档立卡户仅有个别农户，但古碑镇对脱贫户仍旧施行就业奖补、就业培训和产业帮扶，且对符合条件的农户均能给予救助资金（包括一般户）。随着宏观经济形势向好、生态环境治理、农村特色产业扶持、基础设施升级、乡风文明改良等全面性农村改革，退出贫困群体的发生概率将接近于 1。

第四节　脱贫攻坚反馈纠正机制的仿真模拟

依托安徽省金寨县 2018 年实地调研数据，利用 A－F 方法对有效样本进行计算分析，通过黄金分类法和长板原理确定五类群体划分标志值（方法与第四章基本一致），进一步瞄准生存能力低下、生存能力受限贫困户。通过收集整理安徽省金寨县 2018 年、2019 年锁定群体的帮扶政策，分析帮扶政策的有效性和长期性。下面就问题反馈、纠正措施和纠正结果等主要方面进行介绍。

一、问题反馈

由于安徽省金寨县的数据均为实地调研获得，所以反馈依据主要是调研报告。反馈是课题组的自愿主动反馈，被调研、分析的金寨县并没有反馈的强制要求。由于安徽省金寨县的调研数据只涉及古碑镇，课题组将相关信息反馈给县扶贫开发办公室、县职能部门和古碑镇党委政府，后续的调研得知古碑镇党委政府已经将课题组的反馈下发给各有关村，作为工作评估和改进的依据。

相关实地调研得到了金寨县古碑镇宋河村三级组织相关部门的大力支持，所有数据均真实可靠。课题组采用公开方式通过正常例行渠道对相关个人和单位反馈了全部信息，但保留了有效样本的具体信息。课题组向相关反馈个人和单位提供了纸质和电子版全部调研报告。

课题组反馈的内容较多，基本是调研报告的全部，涵盖脱贫攻坚的成效、有效样本的预警监测报告、脱贫攻坚工程实施情况和效果评估。主要内容涉及预警监测报告、脱贫攻坚工程实施情况和效果评估。反馈报告显示，实地调研地区贫困风险依然存在，部分群众的返贫、致贫风险较大，应当引起主管部门重视。金寨县古碑镇扎实推进了十大扶贫工程的实施，受益群体面较广且群众满意度高、实施效果良好（主要指脱贫人数）。比较而言，基础设施扶贫受益面最广，不仅覆盖贫困户，非贫困户也同样获益。其他九项扶贫工程基本上有特定的受益群体，体现精准帮扶思想，其中兜底扶贫的受益面较广。基础设施建设扶贫存在过多侧重于贫困村的村组道路和饮水工程，而忽略了非贫困村的基础设施建设的问题。教育扶贫存在个别补助发放过多或没有发放问题，应反复核查，提高精准性。异地扶贫搬迁的效果比较显著，几乎所有异地搬迁贫困户都在搬迁当年实现脱贫。但脱贫攻坚的主要因素是政府补贴，而非通过就业和产业发展，收入具有较大的不稳定性。就业扶贫主要采取的是公益岗位形式，就业培训的效果由于缺少材料没有分析，但存在伤残人员、年老体弱无法从事劳动而安排公益岗位的情况，属于施策不精准。金融扶贫和产业扶贫工程的覆盖群体较广，效果较好，但存在贫困户不适应或模式单一问题，个别贫困家庭返贫或无法脱贫。社会兜底脱贫工程覆盖面广，效果比较显著，但存在最低生活保障办理时间短、存续时间短的现象，有突击脱贫、临时脱贫的迹象，脱贫的稳定性和长效性值得深入分析。

二、纠正措施

课题组和相关职能部门、乡镇（社区）非常重视课题组反馈，经认真研究，采纳了反馈报告部分建议，并就报告中反馈的一些问题进行解释和提出疑问。通过多次沟通交流，实地调研单位接受了课题组关于贫困风险的计算分析结果，将边缘家庭、特困群体纳入特别管理，并调整了相应措施，确保如期脱贫不返贫。对于十大工程实施过程中存在的问题，有针对性地接受并积极整改。主要整改措施包括：加大非贫困村基础设施建设；加大有就业愿望并且身体健康劳动力的就业技能培训；补齐适龄人口的各种类型教育补助；选择贫困户能够管理好、发展好的产业，确保产业扶贫精准；依据民政、人社、劳动等多个部门信息，反复仔细核对农户信息，做到应保尽保，并根据农户实际情况和稳定脱贫需要，适当延长最低生活保障时间。

三、纠正效果

通过对课题组反馈问题的整改和纠正，扶贫措施更加精准，特困群体保障更加牢固，产业扶贫效率进一步提高，已脱贫家庭脱贫稳定性大幅度提高。主要表现在：一是扶贫措施更加精准。依据致贫因素采取"一户一策""一人一策"，重点是纠正了因病、因残和高龄贫困家庭就业扶贫、产业扶贫模式。二是特困群体保障更加牢固。对于鳏寡孤独和因病、因残贫困家庭，做到整户识别，整户纳入低收入保障体系，做到应保尽保，提高保障水平，确保特困群体兜底保障脱贫和稳定脱贫不返贫。三是纠正以产业奖补形式变相发放生活补贴的行为，重点支持有产业发展意愿和能力的贫困家庭发展特色种养业，引导贫困家庭开展规模化合作经营和租赁经营，增加贫困家庭经营性收入和财产性收入。四是继续实施已脱贫户贫困监测和帮扶措施，重点开展突发事件致病、致残以及大病、长期慢性病家庭劳动力异常监测，开展脱贫后续帮扶，巩固脱贫攻坚成果。

第五节 本 章 小 结

本部分是新发展理念下脱贫攻坚长效机制的整体性和系统性仿真模拟。依据大别山区金寨县实地调研数据，从贫困预警监测、反应行动、监督评价、反馈纠正四个方面以及脱贫攻坚时期、有效衔接时期两个阶段进行模拟。模拟结果显示：部分家庭存在致贫风险，个别家庭返贫、致贫风险较大。安徽省的十大扶贫工程得到贯彻实施，受益群体较广，实施效果较好，群众的满意度较高。但也存在工程实施不精准，政策不延续以及政策实施偏差等问题。课题组通过公开方式向有关部门和个人反馈了所有信息，得到有关部门和个人积极回应。反映的相关问题和不足，已经予以解决。首先，依据实际调研数据，利用 A－F 方法进行贫困风险等级计算，并通过黄金分类法进行贫困五类人群划分，发现本研究采取的指标体系和监测方法的准确性较强，基本符合金寨县实地调研镇、村实际情况。其次，重点以金寨县为例，具体分析脱贫攻坚时期安徽省十大扶贫工程的实施情况和实际效果，分析有效衔接时期扶贫的主要思路和劳动力异常、收入不稳定两种典型农村家庭贫困风险和帮扶措施。再次，利用实际调研数据，计算分析进行贫困退出、贫困风险概率评价，分析精准扶贫、精准脱贫的准确性。最后，就监督评价中发现的问题，进行及时反馈，得到及时纠正，阐明脱贫攻坚长效机制的科学性、有效性和长效性。

第九章

研究结论和政策建议

新发展理念下脱贫攻坚长效机制是一项集理论性与实践性相统一的系统工程，本研究在分析新发展理念与脱贫攻坚长效机制内在逻辑基础上，进行了新发展理念下脱贫攻坚长效机制的系统性设计，并依据乌蒙山区织金县、大别山区金寨县、皖北地区阜阳市颍州区、蒙城县实地调研数据，采用 A－F、黄金分类法、DEA 评价等方法，进行预警监测、反应行动、监督评价和反馈纠正机制的实证研究，为政府制定实施脱贫攻坚长效机制，实现脱贫攻坚时期如期脱贫、消除绝对贫困和区域性整体贫困，以及有效衔接时期巩固拓展脱贫攻坚，稳定脱贫、不返贫不致贫和稳步推进乡村振兴提供政策支持。为推进贫困治理常态化、法治化和有效性，完成相对贫困治理系统性、持续性艰巨任务，需要进行大胆的顶层设计，制定实施系统、全面政策体系和保障措施，超前谋划，以确保脱贫攻坚长效机制的顺利实施。

第一节　研　究　结　论

从逻辑体系和研究内容上看，本研究共包括理论研究、实证研究和研究方法等部分。下面从理论研究、实证研究和研究方法来进行归纳总结。

一、理论研究归纳总结

本书的理论研究除了脱贫攻坚长效机制的理论研究和实践总结外，主要包括新发展理念与脱贫攻坚长效机制的深层逻辑以及新发展理念下脱贫攻坚长效机制的系统设计两个主要组成部分。

（一）新发展理念与脱贫攻坚长效机制的深层逻辑

新发展理念就是创新、协调、绿色、开放、共享的发展理念。首先，新发展理念之间相互协调有机联结，形成一个有机整体协调。其次，新发展理念在有机整体中各有侧重相互独立，既有着各自的目标，又承担着各自相应职责和任务，处于平等关联的地位。

（二）新发展理念下脱贫攻坚长效机制的系统设计

新发展理念为脱贫攻坚长效机制制定和实施提供了行动指南和实践指引，脱贫攻坚长效机制推动新发展理念的落地落实。新发展理念下脱贫攻坚长效机制包括预警监测、反应行动、监督评价和反馈纠正机制，四者既相互联系又各有侧重，形成一个连续发展作用且首尾相连的闭环系统。

二、实证研究归纳总结

本书的实证研究主要对象为乌蒙山区织金县、大别山区金寨县、皖北地区阜阳市颍州区和蒙城县四个主要县（区），主要研究内容分为预警监测、反应行动、监督评价和反馈纠正机制，以及大别山区金寨县仿真模拟五个部分，主要阶段为脱贫攻坚时期和有效衔接时期（重点研究了皖北地区阜阳市颍州区和乌蒙山区织金县的反应行动机制）。

（一）脱贫攻坚长效机制效果显著

本研究依据新发展理念下脱贫攻坚长效机制的四个有机组成部分，分别对乌蒙山区织金县、大别山区金寨县、皖北地区阜阳市颍州区和蒙城县四个主要县（区）进行预警监测；按照预警监测结果重点对皖北地区阜阳市颍州区、乌蒙山区织金县的脱贫攻坚时期、有效衔接时期反应行动进行分析；重点对大别山区金寨县脱贫攻坚模式效率和政策满意进行监督评价和乌蒙山区织金县进行贫困县退出进行评估；以皖北地区颍上县、乌蒙山区织金县为例，分析第三方监测和第三方评估反馈问题的纠正过程和结果。从整个脱贫攻坚长效机制运行过程和结果来看，四个县（区）都能对贫困家庭进行精准识别，按照贫困风险大小和致贫原因进行精准帮扶，帮扶措施精准有效，监督评价较好，扶贫模式准确有效，群众满意度高。贫困县退出评估符合国家贫困县退出标准，现已如期退出贫困县。监督评估过程中发现的问题，都能实时反馈，也能及时纠正。从脱贫攻坚实际情况来看，脱贫攻坚时期内，长效机制保障四县（区）所有贫困家庭都能实现如期全面脱贫，所有贫困村出列，四县（区）如期摘帽，长效机制是科学的，实施效果非常显著（如表9-1所示）。有效衔接时期，四县（区）都能贯彻落实"四不摘"要求，预期帮扶效果良好，促进贫困家庭稳定脱贫。

表9-1 脱贫攻坚时期长效机制效果

县（区）	全面脱贫人口（万人）	出列贫困村（个）
织金县	28.63	333
金寨县	12.98	71
蒙城县	8.63	60
颍州区	3.94	40

注：资料根据网站数据整理。

（二）脱贫攻坚成果区域差异较大

从预警监测结果来看，安徽省三县（区）的贫困风险程度明显高于贵州省的织金县。相比较而言，安徽省三县（区）省级、市级扶贫资金投入高于贵州省织金县相应扶贫资金投入，但贵州省织金县中央扶贫资金投入较大[①]。从帮扶的结果来看，安徽省蒙城县于2017年实现贫困县摘帽、阜阳市颍州区于2018年实现贫困县摘帽，织金县、金寨县都于2019年实现贫困县摘帽，且金寨县贫困人口人均纯收入水平高于织金县，贫困人口收入中财政转移性收入约占总收入的20%以上（如表9-2所示）。四县（区）贫困家庭中，安徽省三县（区）分户老人平均比例（近30%）明显高于织金县的近20%，脱贫攻坚中存在的问题主要集中在一些帮扶措施不到位和少量的不精准。安徽省三县（区）存在的主要问题是到户项目多，

---

① 用于扶贫的资金涉及财政资金，属于保密信息，不宜公开。

用于贫困户发展生产的产业补贴和分红较多，但到户的产业帮扶项目存在分散、低端和风险大问题；而织金县则是到村项目、集体项目多，异地搬迁任务相对重和安全饮水困难比较突出。

表9－2　　　　　　　　　　四县（区）贫困风险程度　　　　　　单位：%

县（区）	生存能力低下	生存能力受限	生存能力正常	发展能力一般	发展能力优越
织金县（2019年）	8.13	65.21	21.80	0.69	4.17
金寨县（2018年）	77.88	18.83	3.07	0.22	0
蒙城县（2017年）	42.93	6.79	23.88	26.19	0.21
颍州区（2018年）	86.24	9.96	3.72	0.48	0

注：表中数据根据实地调研资料计算分析。

（三）金寨县长效机制运行良好

本研究以金寨县为例进行脱贫攻坚长效机制的全面系统模拟分析。从模拟结果来看，由贫困风险程度较大确定的人群与实际确定的贫困人口基本吻合，说明金寨县贫困人口识别精准；从帮扶工程的分析来看，帮扶措施与贫困户致贫原因基本符合，帮扶措施比较精准，但存在高龄人口、残障人士采用产业扶贫措施等不合适情况；利用 DEA、结构方程分别进行的扶贫工程、扶贫政策满意度的监督评价，结果反映出扶贫工程比较精准、有效，扶贫政策群众满意度很高；实地调研和后续分析中发现的问题，通过正常渠道进行反馈，并得到积极响应和及时纠正。有效衔接期内，金寨县存在劳动力异常、收入不稳定而产生的脱贫不稳定现象，贫困监测结果反映出的人数较多。政府采取积极的应对措施，贫困户稳定脱贫的预期效果良好。

三、研究方法分析评价

本研究主要采用理论研究和实证研究相结合的方法。理论研究方法主要是演绎和归纳的方法，实证方法主要是在长效机制的四个组成部分中使用，最主要的实证工具包括 A－F、黄金分类、木桶原理、DEA 和结构方程等方法。

（一） 研究方法具有较强的科学性

本研究演绎归纳方法的应用主要集中在新发展理念与脱贫攻坚长效机制的深层逻辑以及脱贫攻坚长效机制的总体设计上。通过理论研究和实践总结，指出新发展理念既是脱贫攻坚长效机制的理论指南，也是脱贫攻坚长效机制的实践指引，脱贫攻坚长效机制是新发展理念在贫困治理中的具体应用，推动了新发展理念的贯彻落实。为做好不同时期的贫困治理工作，应结合贫困治理历史经验和实践需要，设计包括预警监测、反应行动、监督评价和反馈纠正机制在内的脱贫攻坚长效机制，总体上具有逻辑性强、思路清晰特点。利用 A－F、黄金分类法和木桶原理进行个人、村的贫困风险测度分类，与实际情况基本吻合。皖北地区的阜阳市颍州区、大别山区金寨县实地调研样本主要是脱贫攻坚时期建档立卡户（含脱贫户），由贫困风险等级确认贫困人口的准确率（与实际认定情况相比，下同）达到 100%，贫困村确认率也超过 95%。乌蒙山区的织金县、皖北地区的蒙城县的实地调研样本中，非建档立卡户占比超过 30%，贫困人口确认准确率达到 100%，但非贫困人口（贫困风险低的人群）的确认率较低，织金县只有 4.86%，明显低于实地调研样本比例，蒙城县为 26.4%，与实地调研样本比例相当，贫困村的确认率也同样超过 95%。除去收入线标准因素①以外，主要还是在于当地非贫困户的生存和发展能力都普遍较低。金寨县仿真模拟除了一些贫困户风险等级略高于实际认定情况以外，总体状况与实际情况基本一致。反应行动机制、监督评价机制和反馈纠正机制所揭示的状况与实际认定情况大体相符。所以，可以认为脱贫攻坚长效机制所采用的实证方法科学性较强，准确率较高。

（二） 研究方法具有较好的实用性

从脱贫攻坚长效机制的运行程序来看（如图 9－1 所示），只要建立一个包括农村家庭所有成员在内的健康、产业、收入、就业、技能和社会保障大数据平台，在拥有分析、监测和管理功能的贫困治理系统支持下，就

---

① 收入标准为当地贫困线 120%，普遍增加了贫困风险程度。

能够运行长效机制的系列分析、监测和管理功能，从而实现实时监测、动态管理、精准帮扶和及时清零贫困治理目标，整个机制流程清晰、任务明确、简单易学、方便操作，具有很强的实用性。按照生存能力、发展能力两大类构建的12个指标，符合脱贫攻坚时期"两不愁三保障"农村人口基本生存和基本发展要求，也符合有效衔接时期"人的全面发展"要求，并且与联合国2030年可持续发展目标高度契合，便于理解和应用。

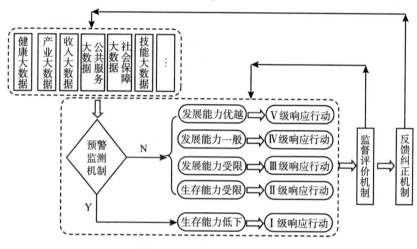

图9-1　长效机制运行程序

第二节　政　策　建　议

2020年以后，全面打赢脱贫攻坚战和全面建成小康社会目标全部实现，巩固提升脱贫攻坚成果、防止规模性返贫和解决相对贫困问题迫在眉睫。要巩固拓展脱贫攻坚成果，应建立并执行好防止返贫监测帮扶机制，强化就业、产业、易地搬迁后续扶持等帮扶措施，确保不出现规模性返贫。把脱贫县作为乡村振兴支持重点，完善对农村低收入人口常态化帮扶。要保持主要帮扶政策总体稳定，优化完善帮扶政策，积极谋划乡村振兴新的支持政策。保持机构队伍总体稳定，调整优化机构职能，更好发挥驻村帮扶队伍作用。

党的十九大提出实施乡村振兴战略。实施乡村振兴战略是以习近平同志为核心的党中央从党和国家事业全局出发、着眼于实现"两个一百年"奋斗目标、顺应亿万农民对美好生活的向往作出的重大决策。习近平总书记在决战决胜脱贫攻坚座谈会上指出,要接续推进全面脱贫与乡村振兴有效衔接,推动减贫战略和工作体系平稳转型,统筹纳入乡村振兴战略,建立长短结合、标本兼治的体制机制。党的十九届五中全会提出,要把巩固拓展脱贫攻坚成果同乡村振兴有效衔接。在中央农村工作会议上,习近平总书记强调,要坚决守住脱贫攻坚成果,做好巩固拓展脱贫攻坚成果同乡村振兴的有效衔接。工作不留空当,政策不留空白。分类推进贫困治理与乡村振兴的有效衔接,是脱贫攻坚与乡村振兴交汇和过渡时期的一项重大战略任务。为圆满完成任务,必须立足区域经济社会发展实际,科学划分不同类型、不同过渡时期,分类推进、分步实施贫困治理与乡村振兴的有效衔接,这既有利于巩固拓展脱贫攻坚成果,又有利于促进农业农村优先发展和"十四五"规划实施,推动乡村全面振兴。

一、制定实施长效宏观制度

新发展理念下脱贫攻坚长效机制的建立和实施,需要提供包括制定实施《反贫困法》、健全社会保障制度、构建多元化投入体系、优化区域扶贫协作、完善监督评价制度和推进与乡村振兴的有效衔接在内的顶层设计。

(一)制定实施《反贫困法》

贫困一直是人类社会发展过程中存在的问题,反贫困是受世界各国关注的难题。西方国家反贫困法治制度主要有三种类型,包括以英国为代表的社会救济模式、以德国为代表的社会保险模式和欧美大多数国家的社会救济与社会保险结合模式。英国是世界上最早制定实施反贫困发展的国家。早在1601年,《伊丽莎白济贫法》颁布实施。经过旧济贫法、新济贫法和福利国家三个时代,英国已经形成了完善的、健全的社会反贫困制度体系。我国是世界上最大的发展中国家,贫困人口众多、贫困地区广,稳定脱贫、防止规模性返贫是涉及当前社会和谐的重大问题。目前政府主导的脱贫攻坚存在投入主体单一、政出多门、协调组织难度大、资金利用效率低和社会参与度有待进一步提高等问题，需要从顶层进行制度设计，推进反贫困的正常化、制度化和法治化，促进反贫困能力提高和治理体系的完善。

我国已对贫困救济、扶贫开发、精准扶贫制定了系列政策措施，如《国家八七扶贫攻坚计划（1994—2000 年）》《中国农村扶贫开发纲要（2001—2010 年）》《中国农村扶贫开发纲要（2011—2020 年）》等。同时，各省（市、自治区）也制定了省级层面农村扶贫开发纲要，极大地丰富了反贫困的制度政策内容。例如，2016 年 11 月，贵州省颁布实施的《贵州省大扶贫条例》表明我国省级层面第一部反贫困法律制度出台。国家层面和省级层面反贫困法律、制度的制定实施，为《反贫困法》制定实施奠定了坚实政策基础。为进一步推进我国反贫困事业的发展，推进"生存权和发展权是首要的基本人权"落地落实，为世界人权事业的发展作出贡献，建议尽快制定《反贫困法》，实现由政策扶贫向侧重制度扶贫的转变。《反贫困法》应以保障生存权和发展权为目标，明确界定政府在反贫困中的责任，并从反贫困对象和范围、社会参与扶贫项目和资金管理等方面进行全面规范。在具体实施过程中，可以明确长效机制的目标、任务和具体工作。

（二）构建扶贫大格局

由于我国仍处于并将长期处于社会主义初级阶段，特殊国情决定了我国扶贫工作历来都是政府主导下的行为，也就是"集中力量办大事"，这既是我们的体制优势，同时也是我们解决发展中问题的现实需要。脱贫攻坚作为阶段性工作，实现全面脱贫战术目标，为乡村振兴持续性任务和战略性目标服务。新阶段巩固拓展脱贫攻坚成果，稳步推进乡村振兴，必须构建参与主体多元化、投入主体多元化和扶贫思路多元化的扶贫大格局。

1. 参与主体和投入主体多元化

脱贫攻坚阶段性工作完成以后，后续帮扶和防止返贫需要多方面继续协调配合、持续投入。应严格按照"四不摘"要求，积极做好已脱贫户和边缘户的帮扶工作。建立政府投入为主体，工商资本、社会资本投入为补充，鼓励个人投入的多元主体参与、多元渠道投入体系，保障现阶段过渡期目标顺利实现。第一，要坚持政府主导，政府投入为主体。严格落实县级财政专项扶贫资金稳定增长机制，确保地方财政收入增量的一定比例用于后续帮扶，并将财政专项扶贫资金的规定比例用于基础设施和产业发展；继续做好县级存量资金清理，确保存量资金可统筹部分的50%以上投入后续帮扶工作，整合涉农资金用于后续帮扶项目建设。创新设立后续帮扶专项基金，主要用于帮扶产业的扶持和困难家庭的临时救助工作。第二，要促进工商资本、社会资本投入。通过帮扶专项基金的担保、保险、贴息、奖补、合资、合作等多种形式，促进工商资本、社会资本投入稳定脱贫和乡村振兴的产业发展和基础设施建设项目。建立健全利益联结机制和风险共担机制，保障工商资本、社会资本的保值增值。第三，要鼓励个人投入。采取资金配套、奖励贴息等灵活形式，鼓励个人加大产业发展投入和个人社会保障投入。支持家庭农场、专业合作社、能人大户等新型经营主体发展适度规模经营和特色优质产品的精深加工，辐射带动小农户，使得小农户与现代乡村产业有机融合，促进小农户就业增收、创业增收。第四，要激发贫困人口内生动力。贫困人口是扶贫对象也是扶贫力量。通过志智双扶，激发贫困人口主动脱贫的自觉性和创造性，通过产业帮扶和就业帮扶，增强贫困人口自我能力，争取早日脱贫稳定脱贫。

2. 推进扶贫大协作大融合

新阶段扶贫工作应立足国际化视野，通过城乡融合、区域协作和国际合作，推动我国贫困治理又快又好发展。第一，要坚持扶贫城乡融合。城乡融合不仅是新阶段扶贫工作的原则更是扶贫工作的道路。通过城乡要素自由流动、产业高度融合、公共服务均等化和利益分配共享化，真正实现城乡一体化发展，既防止农村贫困"代际转移"，又防止无序流动带来的贫困"空间转移"。第二，要推进扶贫区域协作。持续开展东西部扶贫协作、对口帮扶和中央单位定点扶贫等多种形式扶贫协作，重点围绕产业合作、劳务协作、资金支持、人才交流、社会帮扶等方面扶贫协作工作。第三，要推动减贫国际合作。围绕构建人类命运共同体的目标，推动减贫脱贫中国理念转化为国际共识，贡献减贫中国智慧、中国方案和中国道路，促进全球减贫事业的发展。加强与世界发展中国在扶贫领域的交流与合作，比如在基础设施建设、产业发展和抗疫减灾等方面的合作，承担起大国责任，努力为实现发展、消除贫困作出努力。

(三) 健全社会保障制度

脱贫攻坚结束后，我国共有 2 000 多万建档立卡农村贫困人口，主要包括孤寡老人、残疾人、大病和慢性病患者等特殊困难群体，纳入低保或特困人员救助供养范围，通过社保兜底实现了脱贫。目前贫困人口中孤寡老人、残疾人、大病和慢性病患者等特殊困难群体的比例接近50%，保障稳定脱贫手段只能依靠社会兜底保障。此外，有近200万人存在返贫风险，边缘人口中还有近300万人存在致贫风险，部分贫困群众发展的内生动力不足，巩固脱贫成果难度依然很大，必须建立更高保障水平的社会保障体系。一是要推进农村人口，尤其是困难户、边缘户实现养老保险、医疗保险全覆盖，通过增加保险基数，增强保障能力。建立分类瞄准的帮扶和救助政策，继续执行残疾、大病、鳏寡孤独等贫困高发群体医疗保险和养老保险代交制度，公益性岗位和就业促进政策。在政策性保障基础上，适当增加商业性养老、医疗保险，形成政策性保障、商业保险、最低生活保障和临时救助相结合的立体保障体系。创新设立反贫困基金，实施致贫保险、农村失业保险等，及时兑现返贫致贫赔付。短期内，重点做好易地扶贫搬迁的后续安置，以稳岗增收为核心保障搬迁农户基本生活，防范规模性失业和返贫，促进易地扶贫搬迁的社会稳定，确保"搬得出、稳得住、能致富"。二是要推进城乡一体化，尤其是城乡养老保险、基本医疗保险、教育和就业一体化，确保缴费比例、医药目录、报销制度一致，以及教育、就业公平。对不稳定脱贫户、边缘户、收入骤减或支出骤增户，加强动态监测预警，防止贫困的空间转移和代际转移。

(四) 扶贫体制机制创新

要保障脱贫攻坚长效机制顺利实施和目标达成，要在产业、财税、人才、土地、投融资、法制化建设和政府职能转变等方面具体实施创新。一是农村土地制度创新。合理调控农村建设用地规模、布局和供应节奏，优先保障乡村产业基础设施和民生项目用地需求；推进土地确权登记后深度开发利用，合理分配用地指标，保证小城镇和中心村发展应有的空间；优化用地结构，严格土地用途管制，坚持节约用地，促进土地集约开发和二次利用，提高土地利用水平；完善农村土地征用制度，推进农村集体建设用地和农户宅基地使用权有序合理流转。二是投融资创新。发挥财政资金对社会资金的撬动作用，理顺中央地方财政体制，明确财权和事权，提高财政对乡村振兴的支持效率。拓宽融资渠道，采取银行贷款、发行债券、信托融资等方式，多渠道筹集建设资金；鼓励民营经济参与乡村振兴，高度重视乡村振兴资金与债务的平衡和风险防控。三是推进乡村治理创新。完善相关法律法规和制度体系，推进"三治融合"和善治赋能，提高乡村治理体系和治理能力现代化水平；积极推进公共决策的社会公示、公众听证和专家咨询论证制度，确保决策民主、程序正当、结果公开；严格依法规划、建设、管理乡村。完善征地拆迁补偿机制，严格规范征地拆迁行为，切实维护行政相对人的合法权益。四是转变政府职能。目前从脱贫攻坚到乡村振兴的有效衔接与转型的障碍在于旧的体制、旧的利益格局，要确保有效衔接与转型成功，就必须要有一个根本性转变，而其中最为核心的仍然是政府职能的转变，需要深化行政管理体制改革，提高政府公共服务水平，构建一个真正的公共服务型政府。

二、扎实推进长效微观政策

长效机制的微观政策是宏观制度设计中的实践应用工具，是制度政策体系中重要的组成部分，主要解决的是脱贫攻坚长效机制中的具体问题。严格地说，脱贫攻坚长效机制中实施的微观政策类型较多，有关于组织实施、过程管理和事后监督等不同的政策措施。区域不同、对象不同、时间不同，实施的微观政策就有所不同。

（一）打造驻村帮扶工作队伍

打造好一支驻村帮扶工作队伍，关键在于发挥基层党组织的战斗堡垒作用。习近平总书记2015年6月16~18日在贵州调研期间专门主持召开集中连片特困区扶贫攻坚座谈会指出，"党的工作最坚实的力量支撑在基层，最突出的矛盾问题也在基层，必须把抓基层打基础作为长远之计和固本之策，努力使每个基层党组织都成为坚强战斗堡垒。"新阶段扶贫工作应贯彻新时代党的建设总要求和党的组织路线，进一步加强基层党组织建设，推动党的基层组织不断发展壮大，党员队伍充满生机活力，坚定不移把基层党组织建成坚强战斗堡垒，为取得新阶段扶贫工作新成就提供坚强组织保证。脱贫攻坚时期，充分发挥驻村帮扶工作队生力军作用，是打赢脱贫攻坚战的重要组织和人才保障。巩固拓展脱贫攻坚成果与乡村振兴有机衔接时期，乃至全面推进乡村振兴时期，更需要打造一支政治素质好、工作作风实、综合能力强的帮扶工作队伍。应按照中央坚持和完善驻村第一书记和工作队等制度的要求，对照中组部、国家乡村振兴局《关于向重点乡村持续选派驻村第一书记和工作队的意见》，开展好驻村第一书记和工作队员选派工作，全力打造"升级版"驻村帮扶队伍，助力新阶段驻村帮扶工作迈上新台阶。

（二）搭建系统高效大数据平台

利用大数据、云计算和区块链技术，建立包括农村所有居民和村（行政村和自然村）在内的健康、公共服务、社会保障、基础设施等在内的数据库，确保数据的真实可靠和实时调用。大数据平台按照生存能力、发展能力两大类设置 12 个指标，进行横向比对、纵向分析，对所有农村个体、群体进行动态监测，并根据预警检测结果锁定重点帮扶对象，对脱贫不稳定户和边缘易致贫户采取对应的帮扶措施。大数据平台可以分为数据录入子系统、数据处理子系统和数据查询子系统等模块，数据录入子系统采取开放式管理，检索自动录入民政、医保、教育、住房、公安等部门等提供的数据，由省、市、县三级根据权限、任务进行分布式。数据处理子系统采取处理功能内置化和自动化，算法和处理程序根据数据输出属性和类型进行固化设置，由国家相关职能部门管理。数据查询子系统的分类查询功能可以采取授权查询模式，由扶贫工作人员和监督评价人员实施。

（三）突出产业帮扶基础性作用

产业帮扶是通过发展特色种养、电子商务、乡村旅游等产业增加贫困人口收入、增强其自我发展能力的一种扶贫模式，是我国精准扶贫战略的主要组成部分，也是乡村振兴产业的主要渠道。脱贫攻坚期以来，各地在产业扶贫方面加大了力度，90% 以上的建档立卡贫困户直接参与并从产业扶贫项目中受益。但产业扶贫项目普遍存在同质化、分散化、低端化、市场化程度不高，以及产业扶贫资金使用效率低下等问题，应研究并加以解决。

习近平总书记强调："面向未来，我们要把满足国内需求作为发展的出发点和落脚点，加快构建完整的内需体系""逐步形成以国内大循环为主体、国内国际双循环相互促进的新发展格局，培育新形势下我国参与国际合作和竞争新优势"。面对复杂的新冠肺炎疫情防控和经济社会发展形势，畅通国内国际产业链、供应链、需求链循环，维护国际产业链、供应链的安全和稳定，是构建双循环新发展格局的重点。

脱贫攻坚没有产业基础是不牢固的、不持续的；乡村振兴关键是产业振兴，产业兴，则经济兴、农村旺。乡村产业是实现农民就地就近就业增收、创业增收的主要载体，是激发农业农村多种功能价值的重要媒介，产业发展是推动两大战略的关键和动力。推动贫困治理和乡村振兴，必须抓住产业发展这个关键，把促进一二三产业融合发展作为根本途径，全力推动农业全面升级、农村全面进步、农民全面发展。在构建双循环新发展格局背景下，应坚持以供给侧结构性改革为主线，聚焦重点产业，聚集资源要素，加快构建乡村产业转型的产业体系、生产体系和经营体系，提高乡村产业创新力、竞争力、全要素生产率，形成地域特色鲜明、承载乡村价值、创新创业活跃、利益联结紧密的一二三产业融合发展的现代乡村产业发展格局，实现产业扶贫与产业振兴有效衔接。

（四）培育壮大集体经济

实行家庭承包经营为基础、统分结合的双层经营体制的农村集体经济在稳定脱贫和巩固脱贫攻坚成果作用非常明显。一方面，集体经济为脱贫攻坚提供物质基础；另一方面，集体经济可以示范带动农民增收致富。目前农村中的生产、供销、信用、消费等各种形式的合作经济，是集体经济的主要形式和基础。此外，还有以新型经营主体龙头企业、家庭农场、专业合作社为核心和纽带组织成立的新型集体经济。积极培育壮大集体经济，为巩固脱贫攻坚成果和推进乡村振兴提供重要的物质和制度支撑。一是加快土地有序流转，推进适度规模经济。农民通过租赁、合资、合作等多种形式,将土地转交给能人大户经营。农民在获得租赁收入的同时,可以参与流转土地的经营管理,从而获得劳务收入。能人大户通过适度规模经营,可以获得规模集聚效应,促进农业增效、经营获利,也可以辐射带动农民经营和就业增收。二是盘活资产资源,增强集体经济实力。盘活集体资产和空闲资源,通过更新改造和规范使用,积极探索资源开发型、股份合作型、服务增收型、项目带动型等新模式,增强集体经济实力。三是实施一二三产融合,发展新产业新业态。充分利用自然资源和农业资源,发挥生态绿色优势,推进一二三产融合发展,大力发展农产品精深加工和休闲农业,拓展农业产业链,提升价值链,促进贫困人口增收脱贫,夯实乡村振兴产业基础。

(五) 加强农村基层社会治理

乡村治理是贫困治理和乡村振兴的重要基础,是国家治理的重要组成部分。中共中央《关于加强和改进乡村治理的指导意见》明确指出,加强和改进乡村治理,要建立健全党委领导、政府负责、社会协同、公众参与、法治保障的现代乡村社会治理体制,强化基层党组织建设,整顿软弱涣散的村党组织,选好配强农村党组织带头人,深化村民自治实践,发挥农民在乡村治理中的主体作用,传承发展农村优秀传统文化。

乡村振兴是一项长期系统工程,目标是实现产业、人才、文化、生态、组织五大领域的全面振兴。其中,乡村文化振兴不仅是乡村振兴的任务和价值追求,更是实施乡村振兴战略的路径和抓手,为推进乡村组织振兴、生态振兴、产业振兴、人才振兴提供重要支撑。新时代乡村治理,要注重乡风文明的培养,做好民族地区民俗、民风、民居等文化要素的保护与优良传统的继承与发扬光大。通过乡村优秀文化引领,增强贫困人口发展的内生动力,变被动的帮扶为主动的自觉自省。此外,还要遵纪守法,维护乡村稳定。贯彻落实生态文明思想,加强环境整治,自觉养成绿色生产生活方式也是乡村治理的重要内容。总之,通过"三治融合"的乡村治理,为巩固拓展脱贫攻坚成果和乡村振兴提供优良环境保障。

(六) 严格实施全过程全方位监督评价

脱贫攻坚的监督评价机制是保障党中央国务院决策部署贯彻落实、提高扶贫项目效率和切实维护贫困家庭利益的保障体系，在贫困治理的各个阶段都发挥着重要作用。脱贫攻坚的监督评价分为监督和评价两个部分。履行监督责任的主体主要包括政府、社会、群众等；评价可以按照主体、方法和开展方式等不同标准进行分类。目前脱贫攻坚的评估主要采用政府考核和社会监督相协调、定性评估和定量评价相结合模式，对脱贫攻坚的成效进行监督评价，为脱贫攻坚工作实绩考核和责任落实提供客观公正的依据。综合来看，存在政府监督为主、社会监督和群众监督为辅，符合性评价为主、效率性评价为辅，定性评估为主、定量评价为辅的典型特征，不利于完整准确全面反映脱贫攻坚成效，应加以完善。一是突出社会监督和群众监督的主体地位。习近平总书记强调"小康不小康，关键看老乡"，为监督评价指明了方向。脱贫攻坚的监督评价应以群众的日常监督和满意度为核心，经常倾听社会各界对脱贫攻坚的意见。二是加大效率评估。符合性测试只能反映脱贫攻坚任务完成情况，不具体、不细致，尤其无法反映各种扶贫模式的效率和资金利用效率，重形式不重实质。应开展扶贫项目和扶贫资金效率评估，科学反映产业扶贫、教育扶贫、就业扶贫等模式影响效果，揭示脱贫攻坚的稳定性和贫困人口返贫风险。三是注重定量评估。应借助大数据和现代信息技术，实地调查和贫困监测数据相结合，采取平衡记分卡、3E、DEA 等方法和工具，评估脱贫攻坚过程效率性，重点判断脱贫工具的真实性和长效性。四是继续推进成效考核评价。建立健全扶贫成效考核评价机制，科学评估各个阶段扶贫的目标任务、重点举措和政策落实等情况，将绩效考核评价结果作为资金政策倾斜、人事选拔任用的标准，强化正向激励。继续推进扶贫项目实施监督检查和第三方评价机制，推动监督检查日常化、常态化、规范化，综合运用纪律检查、审计监察、专项检查、专项整治等方式提高监督检查的精准性和实效性，确保监督检查落到实处。五是建立容错纠错机制。坚决杜绝扶贫工作中形式主义、官僚主义，鼓励大胆创新、先行先试，宽容探索性试验中的失误和错误，实行程序合规合法、科学决策后项目实施个人行为免责制度，最大程度保护扶贫干部积极性、主动性、创造性。坚持有错必纠、有过必改，对问题苗头早发现早纠正，对失误错误及时采取补救措施，帮助扶贫干部吸取教训、改进提高。

第三节　本 章 小 结

　　本章是新发展理念下脱贫攻坚长效机制研究总结和成果转化。在国内外理论研究和实践总结基础上，深入阐述新发展理念与脱贫攻坚长效机制的深层逻辑，结合当前脱贫攻坚和经济社会发展实际需求，进行新发展理念下脱贫攻坚长效机制的总体设计。为完成脱贫攻坚时期全面脱贫、有效衔接时期稳定脱贫和全面推进乡村振兴时期的相对贫困治理任务，本章从宏观层面提出长效宏观制度，主要包括制定实施《反贫困法》、构建扶贫大格局、健全社会保障制度和扶贫体制机制创新等；从微观层面提出微观政策，主要包括打造驻村帮扶工作队伍，搭建系统、高效大数据平台，突出产业帮扶基础性作用，培育壮大集体经济，加强农村基层社会治理和严格实施全过程全方位监督评价等。

参 考 文 献

［1］习近平. 摆脱贫困［M］. 福州：福建人民出版社，2014.

［2］习近平. 习近平谈治国理政（第三卷）［M］. 北京：外文出版社，2020.

［3］习近平. 在决战决胜脱贫攻坚座谈会上的讲话［M］. 北京：人民出版社，2020.

［4］习近平. 在深度贫困地区脱贫攻坚座谈会上的讲话［M］. 北京：人民出版社，2017.

［5］习近平. 把乡村振兴战略作为新时代"三农"工作总抓手［J］. 社会主义论坛，2019（7）：4-6.

［6］包心鉴. 推进国家治理现代化的实质是实现制度现代化——从邓小平理论到习近平论述［J］. 理论视野，2014（08）：14-16.

［7］边慧敏，张玮，徐雷. 连片特困地区脱贫攻坚与乡村振兴协同发展研究［J］. 农村经济，2019（04）：40-46.

［8］边琳丽，刘泽惠. 以人才振兴助力乡村振兴［J］. 人民论坛，2019（27）：72-73.

［9］才馨竹. 聚力跑赢脱贫攻坚的"最后一棒"［J］. 人民论坛，2020（20）：68-69.

［10］蔡静远，李礼连，张利国. 区域贫困时空演变特征及驱动因素分析——以江西罗霄山脉集中连片特困区为例［J］. 江西社会科学，2019，39（09）：70-81.

［11］常瑞，金开会，李勇. 深度贫困地区农业产业资本形成推动乡村振兴的路径探究——基于凉山州脱贫乡村产业发展视角［J］. 西南金融，

2019 (01): 44 - 54.

[12] 陈建. 乡村振兴中的农村公共文化服务功能性失灵问题 [J]. 图书馆论坛, 2019, 39 (07): 42 - 49.

[13] 陈婧杰. 商业银行消费扶贫实现路径 [J]. 中国金融, 2019 (09): 55 - 56.

[14] 陈科霖, 张力伟. 国家治理逻辑中地方政府的 "创新—法治" 张力及其后果——"系统性腐败" 的一种解释 [J]. 社会主义研究, 2019 (02): 63 - 68.

[15] 陈坤秋, 龙花楼, 马历, 等. 农村土地制度改革与乡村振兴 [J]. 地理科学进展, 2019, 38 (09): 1424—1434.

[16] 陈美球, 胡春晓. 协同推进脱贫攻坚与乡村振兴的实践与启示: 基于江西三地的调研 [J]. 农林经济管理学报, 2019, 18 (02): 266 - 272.

[17] 陈明星. 脱贫攻坚与乡村振兴有效衔接的基本逻辑与实现路径 [J]. 贵州社会科学, 2020 (05): 149 - 155.

[18] 陈前恒. 消费扶贫: 架起城乡需求的桥梁 [J]. 人民论坛, 2019 (23): 80 - 82.

[19] 陈瑞峰. 湖北省随州市: 奋力夺取疫情防控和脱贫攻坚 "双胜利" [J]. 党建, 2020 (06): 39 - 40.

[20] 陈涛, 徐其龙. 社会工作介入乡村振兴模式研究——以北京市 Z 村为例 [J]. 国家行政学院学报, 2018 (04): 73 - 77.

[21] 陈婉馨. 乡村振兴与城乡融合机制创新研究 [J]. 人民论坛·学术前沿, 2018 (03): 72 - 76.

[22] 陈文胜. 农民增收遭遇近十年最为严峻的挑战 [J]. 党政研究, 2020 (05): 1 - 7.

[23] 陈文胜. 脱贫攻坚与乡村振兴有效衔接的实现途径 [J]. 贵州社会科学, 2020 (01): 11 - 14.

[24] 陈锡文. 实施乡村振兴战略, 推进农业农村现代化 [J]. 中国农业大学学报 (社会科学版), 2018, 35 (01): 5 - 12.

[25] 陈锡文. 走中国特色社会主义乡村振兴道路 [M]. 北京：中国社会科学出版社，2019.

[26] 陈秋分，刘玉，李裕瑞. 中国乡村振兴背景下的农业发展状态与产业兴旺途径 [J]. 地理研究，2019，38（03）：632－642.

[27] 陈忠言. 产业扶贫典型模式的比较研究——基于云南深度贫困地区产业扶贫的实践 [J]. 兰州学刊，2019（05）：161－175.

[28] 陈宗胜，沈扬扬，周云波. 中国农村贫困状况的绝对与相对变动——兼论相对贫困线的设定 [J]. 管理世界，2013（01）：67－77，187－188.

[29] 程联涛. 我国贫困地区区域特征及扶贫对策 [J]. 贵州社会科学，2014（10）：114－117.

[30] 程永宏. 我国失业问题的制度性原因研究 [J]. 中国物价，2013（05）：28－30，49.

[31] 池振合，杨宜勇. 供给侧结构性改革对农民工就业的影响研究 [J]. 经济研究参考，2018（08）：19－28.

[32] 迟福林. 国家治理体系转型需过四道坎 [J]. IT 时代周刊，2014（07）：12.

[33] 储节旺，刘秉玉. 农家书屋助力乡村振兴战略实施的对策研究 [J]. 国家图书馆学刊，2019，28（03）：36－44.

[34] 崔治忠. 五大发展理念的哲学意蕴 [J]，学习论坛，2016，32（03），57－59

[35] 邓磊，罗欣. 脱贫攻坚与乡村振兴衔接理路探析 [J]. 江汉论坛，2020（02）：51－56.

[36] 邓亚楠. 浅析我国公民参与国家事务决策——以圆明园的复建与否为例 [J]. 企业导报，2012（05）：251－252.

[37] 丁长艳. 国家治理类型与中国国家治理模式的现代化转型 [J]. 社会科学论坛，2015（07）：221－227.

[38] 丁志刚. 如何理解国家治理与国家治理体系 [J]. 学术界，2014（02）：65－72，307.

［39］丁忠兵．乡村振兴战略的时代性［J］．重庆社会科学，2018（04）：25－31．

［40］董根洪．新发展理念是理解和化解新时代社会主要矛盾的"钥匙"［J］．浙江社会科学，2019（08）：10－12．

［41］董少杰．构建可持续长效机制 打好脱贫攻坚战［N］．内蒙古日报（汉），2019－04－15（005）．

［42］樊佩佩．流动的治理——城市基层社会的公共性困境探察［J］．学术研究，2016（07）：69－75＋178．

［43］范小建．中国特色扶贫开发的基本经验［J］．求是，2007（23）：48－49．

［44］范新宇，刘珈彤，常泽等．基于藏族牧民文化习俗的CIGS光伏扶贫帐篷研究［J］．建筑学报，2019（S2）：114－117．

［45］房灵敏．为决战决胜脱贫攻坚提供坚强纪律保障［J］．党建，2020（04）：16－17．

［46］费尔柴尔德（H. P. Fairchild）．社会学词典（Dictionary of Sociology）［M］．New York：Litter－field，Adams & Co.，1962．

［47］高博发，李聪，李树茁，等．生态脆弱地区易地扶贫搬迁农户福利状况及影响因素研究［J］．干旱区资源与环境，2020，34（08）：88－95．

［48］高帆．乡村振兴战略中的产业兴旺：提出逻辑与政策选择［J］．南京社会科学，2019（02）：9－18．

［49］高静，武彤，王志章．深度贫困地区脱贫攻坚与乡村振兴统筹衔接路径研究：凉山彝族自治州的数据［J］．农业经济问题，2020（03）：125－135．

［50］高培勇．理解、把握和推动经济高质量发展［J］．经济学动态，2019（08）：3－9．

［51］高强．脱贫攻坚与乡村振兴有机衔接的逻辑关系及政策安排［J］．南京农业大学学报（社会科学版），2019，19（05）：15－23．

［52］高强．脱贫攻坚与乡村振兴有效衔接的再探讨——基于政策转

移接续的视角 [J]. 南京农业大学学报（社会科学版），2020, 20 (04)：49 – 57.

[53] 高尚宾，徐志宇，靳拓，等. 乡村振兴视角下中国生态农业发展分析 [J]. 中国生态农业学报（中英文），2019, 27 (02)：163 – 168.

[54] 高翔，李静雅，毕艺苇. 精准扶贫理念下农村低保对象的认定研究——以山东省某县为例 [J]. 经济问题，2016 (05)：73 – 79.

[55] 高小平. 论我国国家治理体系的价值目标 [J]. 行政管理改革，2014 (12)：71 – 74.

[56] 高玉喜. 中国贫困地区人力资本投资与经济增长 [J]. 管理世界，1996 (05)：189 – 197.

[57] 葛建华. "一站式"消费扶贫电商平台的构建及运营研究 [J]. 广东社会科学，2019 (03)：42 – 49.

[58] 龚毓烨. 坚持用新发展理念指导社会主义现代化建设 [J]. 理论与当代，2018 (05)：7 – 9.

[59] 国务院扶贫办政策法规司，国务院扶贫办全国扶贫宣传教育中心. 人类减贫史上的中国奇迹 [M]. 北京：研究出版社，2018.

[60] 顾海良. 新发展理念的马克思主义政治经济学探讨 [J]. 马克思主义与现实，2016 (01)：1 – 7.

[61] 顾海良. 新发展理念的新时代政治经济学意义 [J]. 经济研究，2017, 52 (11)：15 – 17.

[62] 顾海良. 新发展理念与当代中国马克思主义经济学的意蕴 [J]. 中国高校社会科学，2016 (01)：4 – 7.

[63] 管永前. "五大发展理念"是当代马克思主义中国化的新篇章 [J]，晋中学院学报，2015 (06)：13 – 15.

[64] 郭冠清. 论习近平新时代中国特色社会主义经济思想 [J]. 上海经济研究，2018 (10)：5 – 18.

[65] 郭建宇，白婷. 产业扶贫的可持续性探讨——以光伏扶贫为例 [J]. 经济纵横，2018 (07)：109 – 116.

[66] 郭晓鸣. 乡村振兴战略的若干维度观察 [J]. 改革，2018 (03)：

54 - 61.

[67] 郭远智，周扬，刘彦随．贫困地区的精准扶贫与乡村振兴：内在逻辑与实现机制 [J]．地理研究，2019，38（12）：2819 - 2832.

[68] 郭珍，刘法威．内部资源整合、外部注意力竞争与乡村振兴 [J]．吉首大学学报（社会科学版），2018，39（05）：102 - 108.

[69] 韩保江．论习近平新时代中国特色社会主义经济思想 [J]．管理世界，2018，34（01）：25 - 38.

[70] 韩俊．城镇化与农民工市民化：顶层制度设计与地方实践创新 [M]．北京：工人出版社，2014.

[71] 何艳玲．"回归社会"：中国社会建设与国家治理结构调适 [J]．开放时代，2013（03）：29 - 44.

[72] 贺雪峰．城乡二元结构视野下的乡村振兴 [J]．北京工业大学学报（社会科学版），2018，18（05）：1 - 7.

[73] 贺雪峰．城乡关系视野下的乡村振兴 [J]．中南民族大学学报（人文社会科学版），2020，40（04）：99 - 104.

[74] 贺雪峰．大国之基：中国乡村振兴诸问题 [M]．北京：东方出版社，2019.

[75] 贺雪峰．关于实施乡村振兴战略的几个问题 [J]．南京农业大学学报（社会科学版），2018，18（03）：19 - 26.

[76] 贺雪峰．实施乡村振兴战略要防止的几种倾向 [J]．中国农业大学学报（社会科学版），2018，35（03）：111 - 116.

[77] 贺雪峰．谁的乡村建设——乡村振兴战略的实施前提 [J]．探索与争鸣，2017（12）：71 - 76.

[78] 贺雪峰．乡村振兴与农村集体经济 [J]．武汉大学学报（哲学社会科学版），2019，72（04）：185 - 192.

[79] 贺雪峰．乡村振兴战略要服务老人农业 [J]．河海大学学报（哲学社会科学版），2018，20（03）：1 - 5.

[80] 贺艳．如何克服疫情影响打赢脱贫攻坚战 [J]．中国党政干部论坛，2020（03）：62 - 64.

［81］侯小雨，李兴洲．"后扶贫时代"教育扶贫政策的路径选择［J］．中小学管理，2020（05）：5-8．

［82］侯秀英，邱荣祖，林玉英，等．交通可达性反贫困作用的空间分异分析——以福建省为例［J］．资源科学，2019，41（11）：2094-2106．

［83］胡富国．读懂中国脱贫攻坚［M］．北京：外文出版社，2018．

［84］胡磊，刘亚军．互联网背景下消费扶贫的商业模式创新机理［J］．管理案例研究与评论，2020，13（01）：118-131．

［85］胡联，王娜，汪三贵．精准扶贫的理论创新——基于马克思主义政治经济学视角［J］．财贸研究，2017，28（07）：1-7．

［86］胡强．筑牢持续增收脱贫长效机制［J］．行政管理改革，2018（08）：16-18．

［87］胡萧力，王锡锌．基础性权力与国家"纵向治理结构"的优化［J］．政治与法律，2016（03）：54-65．

［88］胡钰，付饶，金书秦．脱贫攻坚与乡村振兴有机衔接中的生态环境关切［J］．改革，2019（10）：141-148．

［89］胡宗义，张青，李毅．新阶段扶贫开发对经济包容性增长的影响研究［J］．华东经济管理，2019，33（09）：5-11．

［90］黄承伟．充分认识习近平总书记关于精准扶贫精准脱贫基本方略的重大意义［J］．党建，2020（06）：25-27．

［91］黄承伟．习近平扶贫思想体系及其丰富内涵［J］．中南民族大学学报（人文社会科学版），2016，36（06）：129-133．

［92］黄承伟．中国扶贫开发道路研究：评述与展望［J］．中国农业大学学报（社会科学版），2016，33（05）：5-17．

［93］黄建钢．论"中国国家海洋战略"——对一个治理未来发展问题的思考［J］．浙江海洋学院学报（人文科学版），2007（01）：1-8．

［94］黄祖辉．准确把握中国乡村振兴战略［J］．中国农村经济，2018（04）：2-12．

［95］姬咏华，王洪杰．新发展理念下的少数民族地区精准扶贫实践

路径研究 [J]. 贵州民族研究, 2018, 39 (04): 38 - 41.

[96] 贾晋, 尹业兴. 脱贫攻坚与乡村振兴有效衔接: 内在逻辑、实践路径和机制构建 [J]. 云南民族大学学报 (哲学社会科学版), 2020, 37 (03): 68 - 74.

[97] 贾玉娇. 论深度贫困地区的高质量脱贫 [J]. 人民论坛·学术前沿, 2018 (14): 26 - 33.

[98] 简新华. 发展观的演进与新发展理念 [J]. 当代经济研究, 2017 (09): 22 - 31 + 97.

[99] 江泽林. 精准方略下的稳定脱贫 [J]. 中国农村经济, 2018 (11): 17 - 31.

[100] 姜安印, 陈卫强. 论相对贫困的成因、属性及治理之策 [J]. 南京农业大学学报 (社会科学版), 2021, 21 (03): 127 - 139.

[101] 姜明安. 改革、法治与国家治理现代化 [J]. 中共中央党校学报, 2014, 18 (04): 47 - 55.

[102] 姜韦. 习近平脱贫攻坚思想探析 [J]. 中学政治教学参考, 2019 (30): 5 - 7.

[103] 姜长云. 关于编制和实施乡村振兴战略规划的思考 [J]. 中州学刊, 2018 (07): 26 - 32.

[104] 姜长云. 推进产业兴旺是实施乡村振兴战略的首要任务 [J]. 学术界, 2018 (07): 5 - 14.

[105] 姜长云. 准确把握乡村振兴战略的内涵要义和规划精髓 [J]. 东岳论丛, 2018, 39 (10): 25 - 33.

[106] 蒋成飞, 朱德全, 王凯. 生态振兴: 职业教育服务乡村振兴的生态和谐 "5G" 共生模式 [J]. 民族教育研究, 2020, 31 (03): 26 - 30.

[107] 蒋永穆. 基于社会主要矛盾变化的乡村振兴战略: 内涵及路径 [J]. 社会科学辑刊, 2018 (02): 15 - 21.

[108] 金久仁. 教育扶贫内涵指涉与路径转型 [J]. 教育与经济, 2020, 36 (02): 10 - 18.

[109] 靳涛. 国家治理现代化: 现实原则与善治向度 [J]. 天水行政

学院学报，2018，19（04）：15－19.

[110] 靳涛. 基层扶贫官员腐败的内在逻辑与治理路径［J］. 廉政文化研究，2018，9（05）：52－58.

[111] 景维民，许源丰. 俄罗斯国家治理模式的演进及其对中国的启示［J］. 俄罗斯中亚东欧研究，2009（01）：49－53，96.

[112] 景维民，张慧君. 制度转型与国家治理模式重构：进程、问题与前景［J］. 天津社会科学，2009（01）：74－84，95.

[113] 孔宪峰，周秀红. 扶志与扶智：脱贫攻坚之本——学习习近平关于脱贫攻坚的重要论述［J］. 广西社会科学，2019（10）：1－6.

[114] 孔祥智，张效榕. 从城乡一体化到乡村振兴——十八大以来中国城乡关系演变的路径及发展趋势［J］. 教学与研究，2018（08）：5－14.

[115] 孔祥智. 农民合作、土地托管与乡村振兴——山东省供销社综合改革再探索［J］. 东岳论丛，2018，39（10）：18－24.

[116] 孔祥智. 脱贫攻坚何以从决定性成就走向全面胜利［J］. 人民论坛，2020（08）：40－42.

[117] 孔祥智等. 乡村振兴的九个维度［M］：广州：广东人民出版社，2018.

[118] 匡远配，易梦丹. 产业精准扶贫的主体培育：基于治理理论［J］. 农村经济，2020（02）：40－48.

[119] 赖早兴. 精神病被告人受审能力规则探析——基于美国刑事审判实践的思考［J］. 法商研究，2014，31（05）：144－151.

[120] 蓝红星，庄天慧. 打赢疫情影响下的脱贫攻坚战靠什么［J］. 人民论坛，2020（S1）：104－106.

[121] 雷若欣. 乡村振兴战略的"五大要求"与实施路径［J］. 人民论坛·学术前沿，2018（05）：67－71.

[122] 李博. 后扶贫时代深度贫困地区脱贫成果巩固中的韧性治理［J］. 南京农业大学学报（社会科学版），2020，20（04）：172－180.

[123] 李昌平. 乡村振兴最核心的任务是增加农民收入［J］. 人民论坛，2018（21）：29.

［124］李国胜．论乡村振兴中产业兴旺的战略支撑［J］．中州学刊，2020（03）：47-52．

［125］李国英．乡村振兴战略视角下现代乡村产业体系构建路径［J］．当代经济管理，2019，41（10）：34-40．

［126］李海金，陈文华．稳定脱贫长效机制的构建策略与路径［J］．中州学刊，2019（12）：77-82．

［127］李佼瑞，何明葳，高杰．反贫困指数的开发与应用——以陕西省某贫困县为例［J］．统计与信息论坛，2019，34（08）：90-96．

［128］李金叶，陈艳．深度贫困地区农户多维返贫测度与分解研究［J］．干旱区资源与环境，2020，34（09）：60-65．

［129］李景鹏．关于推进国家治理体系和治理能力现代化——"四个现代化"之后的第五个"现代化"［J］．天津社会科学，2014（02）：57-62．

［130］李俊杰，谢宜峰．结构性失速、内向性重整与自主性发展——新冠肺炎疫情下民族地区经济社会发展研究［J］．北方民族大学学报，2020（04）：41-48．

［131］李俊生，姚东旻．重构政府与市场的关系——新市场财政学的"国家观""政府观"及其理论渊源［J］．财政研究，2018（01）：20-32．

［132］李玲，朱海雪，陈宣霖．义务教育人力资本发展评估——基于反贫困理论视角［J］．教育探究，2019，14（06）：54．

［133］李鹏，张奇林，高明．后全面小康社会中国相对贫困：内涵、识别与治理路径［J］．经济学家，2021（05）：93-101．

［134］李强．绝对贫困与相对贫困［J］．中国社会工作，1996（05）：18-19．

［135］李铜山．论乡村振兴战略的政策底蕴［J］．中州学刊，2017（12）：1-6．

［136］李文兵，谭培文．新发展理念的历史唯物主义理论逻辑溯源［J］．理论月刊，2018（02）：24-28．

［137］李武，邱国斌．少数民族贫困地区精准扶贫的困境与路径：基

于农产品供应链创新的视角 [J]. 云南民族大学学报（哲学社会科学版），2016, 33 (05): 119 – 123.

[138] 李小艺. 产业扶贫中的"行政外包制"及其影响 [J]. 华南农业大学学报（社会科学版），2020, 19 (03): 24 – 32.

[139] 李小云，许汉泽. 2020 年后扶贫工作的若干思考 [J]. 国家行政学院学报，2018 (01): 62 – 66, 149 – 150.

[140] 李玉恒，闾佳玉，刘彦随. 基于乡村弹性的乡村振兴理论认知与路径研究 [J]. 地理学报，2019, 74 (10): 2001 – 2010.

[141] 李长学. "乡村振兴"的本质内涵与逻辑成因 [J]. 社会科学家，2018 (05): 36 – 41.

[142] 李正元. 习近平教育扶贫论述的生成基础及其丰富内涵 [J]. 国家教育行政学院学报，2020 (06): 3 – 11.

[143] 廖彩荣，陈美球. 乡村振兴战略的理论逻辑、科学内涵与实现路径 [J]. 农林经济管理学报，2017, 16 (06): 795 – 802.

[144] 廖文梅，童婷，胡春晓. 脱贫攻坚与乡村振兴的协同性分析：以江西为例 [J]. 农林经济管理学报，2019, 18 (02): 255 – 265.

[145] 林闽钢. 社会保障如何能成为国家治理之"重器"？——基于国家治理能力现代化视角的研究 [J]. 社会保障评论，2017, 1 (01): 34 – 42, 134.

[146] 林毅夫. 制度、技术与中国农业发展（第三版）[M]. 上海：格致出版社，三联出版社，上海人民出版社，2008.

[147] 凌经球. 乡村振兴战略背景下中国贫困治理战略转型探析 [J]. 中央民族大学学报（哲学社会科学版），2019, 46 (03): 5 – 14.

[148] 刘合光. 激活参与主体积极性，大力实施乡村振兴战略 [J]. 农业经济问题，2018 (01): 14 – 20.

[149] 刘合光. 乡村振兴战略的关键点、发展路径与风险规避 [J]. 新疆师范大学学报（哲学社会科学版），2018, 39 (03): 25 – 33.

[150] 刘焕，秦鹏. 脱贫攻坚与乡村振兴的有机衔接：逻辑、现状和对策 [J]. 中国行政管理，2020 (01): 155 – 157.

［151］刘建武．新时代脱贫攻坚精神的深刻内涵［J］．人民论坛，2020（20）：62－64.

［152］刘林平．家政服务业如何助力纾解相对贫困问题［J］．人民论坛，2021（14）：61－63.

［153］刘伟．坚持新发展理念，推动现代化经济体系建设——学习习近平新时代中国特色社会主义思想关于新发展理念的体会［J］．管理世界，2017（12）：1－7.

［154］刘伟．新发展理念与现代化经济体系［J］．政治经济学评论，2018，9（04）：3－20.

［155］刘彦随．中国乡村振兴规划的基础理论与方法论［J］．地理学报，2020，75（06）：1120－1133.

［156］刘彦随．中国新时代城乡融合与乡村振兴［J］．地理学报，2018，73（04）：637－650.

［157］刘一明，胡卓玮，赵文吉，等．基于BP神经网络的区域贫困空间特征研究——以武陵山连片特困区为例［J］．地球信息科学学报，2015，17（01）：69－77.

［158］刘禹辰，尹响．"融媒体＋电商"在少数民族地区精准扶贫中的新作用——基于四川的案例分析［J］．西南民族大学学报（人文社科版），2019，40（05）：147－151.

［159］刘渊．光伏扶贫项目可行性评估方法及其应用［J］．北京理工大学学报（社会科学版），2017，19（05）：37－43.

［160］刘志刚，陈安国．乡村振兴视域下城乡文化的冲突、融合与互哺［J］．行政管理改革，2019（12）：60－65.

［161］刘志阳，李斌．乡村振兴视野下的农民工返乡创业模式研究［J］．福建论坛（人文社会科学版），2017（12）：17－23.

［162］刘宗飞，姚顺波，渠美．吴起农户相对贫困的动态演化：1998—2011［J］．中国人口·资源与环境，2013，23（03）：56－62.

［163］柳志，王善平．精准视角下扶贫绩效模糊综合评价——以湘西土家族苗族自治州为例［J］．云南财经大学学报，2020，36（05）：104－112.

［164］龙花楼，屠爽爽. 土地利用转型与乡村振兴［J］. 中国土地科学，2018，32（07）：1-6.

［165］龙花楼，张英男，屠爽爽. 论土地整治与乡村振兴［J］. 地理学报，2018，73（10）：1837-1849.

［166］陆春萍，杨冲. 国家治理视域下西北民族深度贫困地区精准扶贫模式研究——基于甘肃省临夏州和宁夏西海固的调查［J］. 云南民族大学学报（哲学社会科学版），2019，36（06）：66-74.

［167］陆夏."新发展理念"的马克思政治经济学解读［J］. 厦门大学学报（哲学社会科学版），2018（05）：1-8.

［168］罗必良. 明确发展思路，实施乡村振兴战略［J］. 南方经济，2017（10）：8-11.

［169］罗静. 让消费扶贫精准到"点"［J］. 人民论坛，2020（15）：102-103.

［170］罗明忠，邱海兰. 收入分配视域下相对贫困治理的逻辑思路与路径选择［J］. 求索，2021（02）：172-179.

［171］罗增斌. 在常态化疫情防控中打赢脱贫攻坚战［J］. 中国党政干部论坛，2020（05）：31-35.

［172］罗震东，项婧怡. 移动互联网时代新乡村发展与乡村振兴路径［J］. 城市规划，2019，43（10）：29-36.

［173］吕方. 脱贫攻坚与乡村振兴衔接：知识逻辑与现实路径［J］. 南京农业大学学报（社会科学版），2020，20（04）：35-41.

［174］吕逆风. 农村集体经济组织参与精准扶贫实施的路径研究［J］. 农业经济，2019（04）：34-36.

［175］吕同舟. 政府职能转变的理论逻辑与过程逻辑——基于国家治理现代化的思考［J］. 国家行政学院学报，2017（05）：54-58，145.

［176］马建堂. 认真学习贯彻习近平总书记重要讲话精神齐心协力打赢脱贫决胜攻坚战［J］. 国家行政学院学报，2016（02）：4-10.

［177］马历，龙花楼，戈大专，等. 中国农区城乡协同发展与乡村振兴途径［J］. 经济地理，2018，38（04）：37-44.

［178］马立超.教育精准扶贫政策体系建设的成效、困境与突破——基于政策设计的分析视角［J］.当代教育科学，2020（06）：92－96.

［179］马喜梅.乡村振兴与脱贫攻坚有效衔接路径研究——以滇黔桂石漠化片区为例［J］.云南师范大学学报（哲学社会科学版），2020，52（03）：84－91.

［180］马义华，曾洪萍.推进乡村振兴的科学内涵和战略重点［J］.农村经济，2018（6）：11－16.

［181］毛寿龙.中国政府和政治改革的新进展［J］.中国改革，2006（03）：42－45.

［182］牟成文，吕培亮.论建立解决2020年后中国相对贫困的长效机制——基于马克思主义主体论的视角［J］.贵州社会科学，2020（07）：154－160.

［183］牛胜强.乡村振兴背景下深度贫困地区产业扶贫困境及发展思路［J］.理论月刊，2019（10）：124－131.

［184］牛先锋.新发展理念将如何引领未来中国［J］，人民论坛·学术前沿，2016，0（03）：57－65.

［185］欧共体.向贫困开战的共同体特别行动计划的中期报告［R］.1989.

［186］欧光南.新发展理念的时代背景与实践指引［J］.当代经济，2017（36）：30－33.

［187］欧阳康.省级治理的定位与使命——在国家治理与基层治理之间［J］.华中科技大学学报（社会科学版），2015，29（04）：5－6.

［188］潘百涛.探索建立辽宁省科技助力产业脱贫的长效机制［J］.农业经济，2020（03）：17－18.

［189］潘锦云，程勇.相对贫困治理与城乡经济一体化进路［J］.江汉论坛，2021（03）：30－36.

［190］潘文轩，阎新奇.2020年后制定农村贫困新标准的前瞻性研究［J］.农业经济问题，2020（05）：17－27.

［191］潘照新.国家治理现代化中的政府责任：基本结构与保障机制［J］.上海行政学院学报，2018，19（03）：28－35.

[192] 裴自余. 国家与理性: 关于"国家理性"的思考 [J]. 开放时代, 2011 (06): 83-92.

[193] 彭中礼. 法治: 国家治理体系和治理能力现代化的实践途径 [J]. 内蒙古社会科学 (汉文版), 2014, 35 (04): 90-93.

[194] 齐峰, 由田. 新时代文化扶贫的现实困境与路径探究 [J]. 江淮论坛, 2020 (01): 146-150.

[195] 钱力, 葛安佳. 安徽省大别山连片特困区扶贫开发绩效分析 [J]. 蚌埠学院学报, 2017, 60 (4): 80-84.

[196] 钱力, 倪修凤. 贫困人口扶贫政策获得感评价与提升路径研究——以马斯洛需求层次理论为视角 [J]. 人文地理, 2020, 35 (06): 106-114.

[197] 钱力, 张陈, 宋俊秀. 安徽省大别山连片特困地区扶贫绩效评价——基于三阶段 DEA 模型和超效率 DEA 模型 [J]. 江汉大学学报 (社会科学版), 2018, 35 (05): 55-64, 125.

[198] 钱再见, 汪家焰. "人才下乡": 新乡贤助力乡村振兴的人才流入机制研究——基于江苏省 L 市 G 区的调研分析 [J]. 中国行政管理, 2019 (02): 92-97.

[199] 秦国民. 新时代夯实国家治理能力现代化的四个维度 [J]. 河南社会科学, 2018, 26 (10): 47-52.

[200] 秦晖. 当代农民研究中的"恰亚诺夫主义" [M]. 北京: 中央编译出版社, 1996.

[201] 秦宣. 新发展理念与中国改革开放的历史经验 [J]. 中国特色社会主义研究, 2018 (06): 20-25.

[202] 青连斌. 建立反相对贫困长效机制的现实基础与路径选择 [J]. 科学社会主义, 2020 (02): 120-124.

[203] 邱海平. 新发展理念的重大理论和实践价值——习近平新时代中国特色社会主义经济思想研究 [J]. 政治经济学评论, 2019, 10 (06): 42-55.

[204] 邱雨, 陶建武. 国家治理现代化的战略与协同: 一个文献综述

[J]. 重庆社会科学, 2016 (03): 11-18.

[205] 屈锡华, 左齐. 贫困与反贫困——定义、度量与目标 [J]. 社会学研究, 1997 (03): 106-117.

[206] 饶蕊, 耿达. 文化扶贫的内涵、困境与进路 [J]. 图书馆, 2017 (10): 13-17.

[207] 任保平, 宋雪纯. 以新发展理念引领中国经济高质量发展的难点及实现路径 [J]. 经济纵横, 2020 (06): 45-54, 2.

[208] 任保平, 文丰安. 新时代中国高质量发展的判断标准、决定因素与实现途径 [J], 改革, 2018, (04): 5-16.

[209] 任路. 中国国家纵横治理结构的原型与转型——基于家户制的视角 [J]. 云南社会科学, 2019 (01): 37-42.

[210] 邵鹏. 国家治理模式演进与国家治理体系构建 [J]. 学习与实践, 2014 (01): 66-71.

[211] 申丽娟, 陈跃. 社区治理现代化的结构性障碍及其内源式破解 [J]. 四川师范大学学报 (社会科学版), 2016, 43 (03): 118-123.

[212] 沈扬扬, 李实. 如何确定相对贫困标准?——兼论"城乡统筹"相对贫困的可行方案 [J]. 华南师范大学学报 (社会科学版), 2020 (02): 91-101, 191.

[213] 双传学. 论新发展理念的理论升华与实践指向 [J]. 南京社会科学, 2016 (04): 1-4, 23.

[214] 宋小霞, 王婷婷. 文化振兴是乡村振兴的"根"与"魂"——乡村文化振兴的重要性分析及现状和对策研究 [J]. 山东社会科学, 2019 (04): 176-181.

[215] 孙豪, 桂河清, 杨冬. 中国省域经济高质量发展的测度与评价 [J]. 浙江社会科学, 2020 (08): 4-14, 155.

[216] 孙景淼, 林健东, 等. 乡村振兴的浙江实践 [M]. 杭州: 浙江人民出版社, 2020.

[217] 孙景宇. 中国的经济转型与国家治理模式演变 [J]. 江苏社会科学, 2009 (01): 45-50.

[218] 孙久文，卢怡贤．习近平关于扶贫的重要论述研究 [J]．西北师大学报（社会科学版），2020，57（01）：111 –117.

[219] 孙久文，夏添．中国扶贫战略与2020年后相对贫困线划定——基于理论、政策和数据的分析 [J]．中国农村经济，2019（10）：98 –113.

[220] 世界银行．1990年世界发展报告 [M]．北京：中国财政经济出版社，1990.

[221] 世界银行．世界银行发展报告：与贫困作斗争（2000/2001年）[M]．北京：中国财政经济出版社，2001.

[222] 孙喜红，贾乐耀，陆卫明．乡村振兴的文化发展困境及路径选择 [J]．山东大学学报（哲学社会科学版），2019（05）：135 –144.

[223] 谭明方．城乡融合发展促进实施乡村振兴战略的内在机理研究 [J]．学海，2020（04）：99 –106.

[224] 唐皇凤．法治建设：转型中国社会治理现代化的战略路径 [J]．江汉论坛，2014（09）：12 –17.

[225] 唐丕跃．疫情对民族地区脱贫攻坚的影响 [J]．人民论坛，2020（14）：92 –93.

[226] 唐琼．乡村振兴战略下稳妥推进城乡融合发展研究 [J]．湖湘论坛，2020，33（02）：88 –98.

[227] 唐任伍，郭文娟．乡村振兴演进韧性及其内在治理逻辑 [J]．改革，2018（08）：64 –72.

[228] 唐任伍．五大发展理念塑造未来中国 [J]，红旗文稿，2016（01）：14 –17.

[229] 唐任伍．新时代乡村振兴战略的实施路径及策略 [J]．人民论坛·学术前沿，2018（03）：26 –33.

[230] 唐兴军，齐卫平．治理现代化中的政府职能转变：价值取向与现实路径 [J]．社会主义研究，2014（03）：83 –90.

[231] 唐亚林，郭林．从阶级统治到阶层共治——新中国国家治理模式的历史考察 [J]．学术界，2006（04）：61 –68.

[232] 汪三贵，冯紫曦．脱贫攻坚与乡村振兴有机衔接：逻辑关系、

内涵与重点内容［J］．南京农业大学学报（社会科学版），2019，19（05）：8－14．

［233］汪三贵，胡骏，徐伍达．民族地区脱贫攻坚"志智双扶"问题研究［J］．华南师范大学学报（社会科学版），2019（06）：5－11．

［234］汪三贵，刘未．以精准扶贫实现精准脱贫：中国农村反贫困的新思路［J］．华南师范大学学报（社会科学版），2016（05）：110－115．

［235］汪三贵，冯紫曦．脱贫攻坚与乡村振兴有效衔接的逻辑关系［J］．贵州社会科学，2020（01）：4－6．

［236］王波，邹洋．新时期生态补偿与民族地区乡村振兴协调发展研究［J］．农村经济，2019（10）：30－37．

［237］王超，刘俊霞．中国反贫困工作40年历史演进——基于1979—2018中国反贫困政策的量化分析［J］．中国农村经济，2018（12）：2－18．

［238］王春城，戴翊超．促进脱贫攻坚与乡村振兴有机衔接的公共政策供给［J］．地方财政研究，2019（10）：75－81．

［239］王春蕊．易地扶贫搬迁困境及破解对策［J］．河北学刊，2018，38（05）：146－151．

［240］王德福．拓展乡村振兴的想象力［J］．北京工业大学学报（社会科学版），2020，20（02）：33－40．

［241］王昉，王晓博．新中国70年反贫困思想的演进路径与逻辑架构——基于政策文件的文本对比研究［J］．经济学家，2020（02）：44－53．

［242］王刚，廖和平，洪惠坤，等．秦巴山区消费扶贫的益贫性空间分异［J］．农业工程学报，2020，36（06）：308－316．

［243］王璐瑶，廖桂蓉．贫困的区域关联与减贫潜能的溢出效应——以四川民族地区为例［J］．西北人口，2020，41（01）：83－92．

［244］王蒙．后搬迁时代易地扶贫搬迁如何实现长效减贫？——基于社区营造视角［J］．西北农林科技大学学报（社会科学版），2019，19（06）：44－51．

［245］王娜，胡联．新时代农村集体经济的内在价值思考［J］．当代经济研究，2018（10）：67－72．

[246] 王韧. 中国绿色金融治理效应评估及绿色政策选择——基于 334 家公众公司的微观数据 [J]. 宏观经济研究, 2021 (06): 133-145.

[247] 王三秀, 任淑华. 新扶贫目标下贫困农民主体能力建构策略转变 [J]. 武汉科技大学学报 (社会科学版), 2021, 23 (02): 173-181.

[248] 王仕国. 五大发展理念与马克思主义发展观的新发展 [J]. 求实, 2016 (11): 11-20.

[249] 王文静, 陈文, 李兴洲. 贫困家庭子女教育对策 [J]. 教育研究, 2018, 39 (6): 124-128.

[250] 王小林, 冯贺霞. 2020 年后中国多维相对贫困标准: 国际经验与政策取向 [J]. 中国农村经济, 2020 (03): 2-21.

[251] 王亚华, 苏毅清. 乡村振兴——中国农村发展新战略 [J]. 中央社会主义学院学报, 2017 (06): 49-55.

[252] 王志章, 杨志红. 农地流转、非农就业与易地扶贫搬迁脱贫效益 [J]. 西部论坛, 2020, 30 (04): 59-68.

[253] 魏后凯, 芦千文. 新冠肺炎疫情对"三农"的影响及对策研究 [J]. 经济纵横, 2020 (05): 36-45.

[254] 魏后凯. 如何走好新时代乡村振兴之路 [J]. 人民论坛·学术前沿, 2018 (03): 14-18.

[255] 魏有兴. 中国教育扶贫 70 年: 历程、经验和走向 [J]. 深圳大学学报 (人文社会科学版), 2019, 36 (05): 30-40.

[256] 温锐松. 互联网助力解决相对贫困的路径研究 [J]. 电子政务, 2020 (02): 86-91.

[257] 温铁军, 邱建生, 车海生. 改革开放 40 年"三农"问题的演进与乡村振兴战略的提出 [J]. 理论探讨, 2018 (05): 5-10.

[258] 温铁军, 杨洲, 张俊娜. 乡村振兴战略中产业兴旺的实现方式 [J]. 行政管理改革, 2018 (08): 26-32.

[259] 吴理财, "贫困"的经济学分析及其分析的贫困 [J]. 经济评论, 2001, 4 (01): 3-9.

[260] 吴素华. 精准扶贫背景下光伏扶贫高质量发展研究 [J]. 中国

特色社会主义研究，2018（05）：41－46.

［261］吴晓蓉，田晓苗.后扶贫时代我国农村教育反贫困的价值理性回归——基于可行能力理论视角［J］.国家教育行政学院学报，2020（06）：29－34.

［262］吴晓蓉，许见华.教育扶贫须以提升基础教育质量为保障［J］.教育与经济，2020，36（03）：3－9.

［263］吴毅.国家治理现代化的现实目标与可能路径［J］.华中科技大学学报（社会科学版），2014，28（03）：6－7.

［264］吴重庆，张慧鹏.以农民组织化重建乡村主体性：新时代乡村振兴的基础［J］.中国农业大学学报（社会科学版），2018，35（03）：74－81.

［265］武俊伟.政策试点：理解当代国家治理结构约束的新视角［J］.求实，2019（06）：28－40，108.

［266］夏振洲.深度贫困、健康人力资本与金融支持——以扶沟县为例［J］.西南金融，2018（12）：52－57.

［267］向雪琪，林曾.改革开放以来我国教育扶贫的发展趋向［J］.中南民族大学学报（人文社会科学版），2018，38（03）：74－78.

［268］项久雨.新发展理念与文化自信［J］.中国社会科学，2018（06）：4－25，204.

［269］肖巍.我们究竟需要什么样的发展——从世界眼光看《中共中央关于制定国民经济和社会发展第十三个五年规划的建议［J］，思想理论教育，2016（02）：4－10.

［270］萧放.民俗传统与乡村振兴［J］.西南民族大学学报（人文社科版），2019，40（05）：28－36.

［271］辛秋水.文化扶贫的发展过程和历史价值［J］.福建论坛（人文社会科学版），2010（03）：137－140.

［272］邢成举，李小云.相对贫困与新时代贫困治理机制的构建［J］.改革，2019（12）：16－25.

［273］熊理然，成卓.中国贫困地区的功能定位与反贫困战略调整研究［J］.农业经济问题，2008，29（02）：76－80.

[274] 熊升银，王学义. 易地扶贫搬迁政策实施效果测度及影响因素分析 [J]. 统计与决策，2019，35（13）：101－105.

[275] 徐邦友. 秩序生成模式与国家治理体系重构 [J]. 观察与思考，2014（05）：43－48.

[276] 徐建青. 恰亚诺夫《农民经济理论》简介 [J]. 中国经济史研究，1988（04）：147－156.

[277] 徐藜丹，邓祥征，姜群鸥，马丰魁. 中国县域多维贫困与相对贫困识别及扶贫路径研究 [J]. 地理学报，2021，76（06）：1455－1470.

[278] 徐顽强，王文彬. 乡村振兴的主体自觉培育：一个尝试性分析框架 [J]. 改革，2018（08）：73－79.

[279] 徐晓军，张楠楠. 乡村振兴与脱贫攻坚的对接：逻辑转换与实践路径 [J]. 湖北民族学院学报（哲学社会科学版），2019，37（06）：101－108.

[280] 徐勇，吕楠. 热话题与冷思考——关于国家治理体系和治理能力现代化的对话 [J]. 当代世界与社会主义，2014（01）：4－10.

[281] 徐月宾，刘凤芹，张秀兰. 中国农村反贫困政策的反思——从社会救助向社会保护转变 [J]. 中国社会科学，2007（03）：40－53.

[282] 许汉泽. 新中国成立70年来反贫困的历史、经验与启示 [J]. 中国农业大学学报（社会科学版），2019，36（05）：45－52.

[283] 许晓敏，张立辉. 共享经济模式下我国光伏扶贫产业的商业模式及发展路径研究 [J]. 管理世界，2018，34（08）：182－183.

[284] 闫旭. 农村集体经济助力精准扶贫的现实困境与纾解 [J]. 农业经济，2019（12）：62－63.

[285] 严贝妮，万尹菲. 我国省级公共图书馆文化扶贫的模式研究 [J]. 图书馆理论与实践，2018（09）：1－5.

[286] 杨海峰，王菲菲. 权力制衡原则：调适国家与社会关系的政治构架基础 [J]. 行政与法，2009（05）：1－4.

[287] 杨红娟，司婷. 少数民族贫困地区人口迁移与经济增长的耦合关系演进研究 [J]. 经济问题探索，2017（06）：103－110.

［288］杨华.用好"抗疫精神"打赢全面脱贫攻坚战［J］.人民论坛，2020（14）：37－39.

［289］杨明，郑晨光.区块链在精准扶贫脱贫中应用研究［J］.云南民族大学学报（哲学社会科学版），2020，37（02）：82－87.

［290］杨文杰，韦玮.如何下好消费扶贫这盘棋［J］.人民论坛，2020（15）：104－105.

［291］杨洋，马骁.移民的地理聚集、隔离与社会融合研究述评［J］.人口与发展，2012，18（06）：104－109.

［292］杨依山，王伟萍.金融制度创新实现"乡村振兴"的机制研究［J］.经济问题，2020（04）：86－94.

［293］姚松，曹远航.我国教育扶贫政策的成就、反思与展望［J］.河北师范大学学报（教育科学版），2020，22（04）：57－63.

［294］叶兴庆，殷浩栋.从消除绝对贫困到缓解相对贫困：中国减贫历程与2020年后的减贫战略［J］.改革，2019（12）：5－15.

［295］叶燕华.论"五大发展理念"的"人民性"［J］，党史文苑，2016（06）：59－61

［296］易刚.论相对贫困的意蕴、困境及其应对［J］.农村经济，2021（02）：59－67.

［297］于法稳.乡村振兴战略下农村人居环境整治［J］.中国特色社会主义研究，2019（02）：80－85.

［298］于开红，付宗平，李鑫.深度贫困地区的"两山困境"与乡村振兴［J］.农村经济，2018（09）：16－21.

［299］俞可平.走向国家治理现代化——论中国改革开放后的国家、市场与社会关系［J］.当代世界，2014（10）：24－25.

［300］虞洪，林冬生.脱贫攻坚长效机制分析——基于四川省通江县的实践［J］.农村经济，2017（09）：63－69.

［301］袁金辉.精准推进光伏扶贫可持续发展［J］.行政管理改革，2017（12）：54－57.

［302］袁利平，丁雅施.教育扶贫：中国方案及世界意义［J］.教育

研究，2020，41（07）：17-30.

[303] 袁利平，姜嘉伟. 社会资本：后扶贫时代民族地区教育扶贫的行动逻辑 [J]. 西南民族大学学报（人文社科版），2020，41（6）：219-226.

[304] 袁利平，张薇. 基于虚拟现实技术的教育扶贫及其实现 [J]. 内蒙古社会科学，2020，41（02）：189-196.

[305] 袁利平，李君筱. 我国教育扶贫话语体系的发展脉络与时代构建 [J]. 贵州师范大学学报（社会科学版），2021（04）：50-58.

[306] 岳国芳. 脱贫攻坚与乡村振兴的衔接机制构建 [J]. 经济问题，2020（08）：107-113.

[307] 曾东霞. 青年反哺与回归：破解乡村振兴短板之道 [J]. 中国青年研究，2020（08）：83-88.

[308] 曾福生，蔡保忠. 农村基础设施是实现乡村振兴战略的基础 [J]. 农业经济问题，2018（07）：88-95.

[309] 曾福生. 后扶贫时代相对贫困治理的长效机制构建 [J]. 求索，2021（01）：116-121.

[310] 曾小溪，汪三贵. 中国大规模减贫的经验：基于扶贫战略和政策的历史考察 [J]. 西北师大学报（社会科学版），2017，54（06）：11-19.

[311] 中共中央党史和文献研究院. 习近平扶贫论述摘编 [M]. 北京：中央文献出版社，2018.

[312] 中共中央党史和文献研究院. 习近平关于"三农"工作论述摘编 [M]. 北京：中央文献出版社，2019.

[313] 中共中央文献研究室. 习近平扶贫论述摘编 [M]：北京：中央文献出版社，2018.

[314] 中华人民共和国外交部. 中国落实2030年可持续发展议程进展报告（2019）[R]. 2019.

[315] 中华人民共和国外交部. 中国实施千年发展目标报告（2000—2015年）[R]. 2015.

[316] 中央文献研究室. 十八大以来重要文献选编（中）[M]. 北

京：中央文献出版社，2016.

[317] 中央文献研究室. 十八大以来重要文献选编（下）[M]. 北京：中央文献出版社，2018.

[318] 中国共产党领导脱贫攻坚的经验与启示 [M]. 北京：当代世界出版社，2020.

[319] 张邦辉. 努力克服疫情影响　坚决打赢脱贫硬仗 [J]. 红旗文稿，2020（06）：13-14.

[320] 张丙宣，任哲. 创新驱动内生发展的乡村振兴路径 [J]. 南通大学学报（社会科学版），2020，36（01）：89-96.

[321] 张峰. 新发展理念与供给侧改革内在契合的政治经济学分析 [J]. 现代经济探讨，2017（02）：8-12.

[322] 张航，邢敏慧. 脱贫能力、内生动力与教育扶贫政策满意度研究 [J]. 教育与经济，2020，36（03）：10-17.

[323] 张红宇. 乡村振兴战略与企业家责任 [J]. 中国农业大学学报（社会科学版），2018，35（01）：13-17.

[324] 张怀英. 农村创业助推乡村振兴的模式选择及其实现机制 [J]. 吉首大学学报（社会科学版），2018，39（03）：92-98.

[325] 张慧君，景维民. 转型国家的治理结构与策略选择——基于理论和经验研究的总结与反思 [J]. 当代世界与社会主义，2009（01）：4-7.

[326] 张慧君. 构建支撑高质量发展的现代化国家治理模式：中国经验与挑战 [J]. 经济学家，2019（11）：23-32.

[327] 张军. 深化改革，释放乡村振兴内生动能 [J]. 东岳论丛，2018，39（06）：133-139.

[328] 张军. 乡村价值定位与乡村振兴 [J]. 中国农村经济，2018（01）：2-10.

[329] 张俊良，闫东东. 多维禀赋条件、地理空间溢出与区域贫困治理——以龙门山断裂带区域为例 [J]. 中国人口科学，2016（05）：35-48.

[330] 张琳，杨毅. 深度贫困地区脱贫攻坚的理论与实践——以重庆为例 [M]. 北京：知识产权出版社，2020.

［331］张南．乡村振兴战略背景下民族地区深度贫困的脱贫路径研究 ［J］．兰州学刊，2020（03）：168－180．

［332］张奇．构建解决相对贫困长效机制的基本原则与实践路径 ［J］．学校党建与思想教育，2021（06）：64－67．

［333］张琦，冯丹萌．我国减贫实践探索及其理论创新：1978—2016年 ［J］．改革，2016（04）：27－42．

［334］张世贵．缓解相对贫困视角下的农村电商扶贫：机制与路径 ［J］．电子政务，2021（03）：94－102．

［335］张世花，吴春宝．民族地区脱贫攻坚施策效果研究 ［M］．北京：经济日报出版社，2020．

［336］张涛，张琦．易地扶贫搬迁后续就业减贫机制构建与路径优化 ［J］．西北师大学报（社会科学版），2020，57（04）：129－136．

［337］张翔，刘晶晶．教育扶贫瞄准偏差与治理路径探究——基于政府行为视角分析 ［J］．现代教育管理，2019（03）：51－55．

［338］张晓山．实施乡村振兴战略的几个抓手 ［J］．人民论坛，2017（33）：72－74．

［339］张新伟．扶贫政策低效性与市场化反贫困思路探寻 ［J］．中国农村经济，1999（02）：52－57．

［340］张亚玲，李雪蕾，郭忠兴．统筹推进后扶贫时代脱贫攻坚与乡村振兴的有机衔接——"脱贫攻坚与乡村振兴"学术研讨会综述 ［J］．南京农业大学学报（社会科学版），2019，19（06）：149－155．

［341］张艳娥．从嵌入吸纳走向协商治理：中国国家治理模式的一种演进逻辑 ［J］．理论月刊，2016（05）：5－10．

［342］张英男，龙花楼，马历，等．城乡关系研究进展及其对乡村振兴的启示 ［J］．地理研究，2019，38（03）：578－594．

［343］张永丽，志宇．贫困与反贫困问题研究述论 ［J］．西北民族大学学报（哲学社会科学版），2020（04）：129－140．

［344］张瑜，倪素香．乡村振兴中农村基层党组织的组织力提升路径研究 ［J］．学习与实践，2018（07）：53－59．

［345］张玉强，李祥．我国集中连片特困地区精准扶贫模式的比较研究——基于大别山区、武陵山区、秦巴山区的实践［J］．湖北社会科学，2017（02）：46-56．

［346］章文光．精准扶贫与乡村振兴战略如何有效衔接［J］．人民论坛，2019（04）：106-107．

［347］章文光．决胜脱贫攻坚背景下的"六个精准"实践分析［J］．人民论坛，2019（21）：54-55．

［348］赵然芬．京津冀农业协同发展测度暨深度推进路径研究［J］．经济论坛，2020（12）：40-47．

［349］赵新生，李雪飞．民族贫困地区如何发展特色文化产业［J］．人民论坛，2018（31）：134-135．

［350］赵艳霞．精准扶贫呼唤"精准"的人才队伍［J］．人民论坛，2017（01）：70-71．

［351］郑素侠，宋杨．空间视野下我国信息贫困的分布特征与政策启示［J］．现代传播（中国传媒大学学报），2019，41（07）：21-27．

［352］郑志龙．社会资本与政府反贫困治理策略［J］．中国人民大学学报，2007，21（06）：58-65．

［353］郑智航．当代中国国家治理能力现代化的提升路径［J］．甘肃社会科学，2019（03）：36-44．

［354］周彬彬．人民公社时期的贫困问题［J］．经济研究参考，1992（Z1）：821-837．

［355］周立．乡村振兴的核心机制与产业融合研究［J］．行政管理改革，2018（08）：33-38．

［356］周荣荣，彭鹏，周国华，等．不同地形区域的贫困特征及贫困程度影响因素分析［J］．农业工程学报，2019，35（20）：253-261．

［357］朱道才，刘锦．产业扶贫研究进展及对脱贫攻坚的启示［J］．内蒙古农业大学学报（社会科学版），2019，21（06）：65-70．

［358］朱启铭．脱贫攻坚与乡村振兴：连续性、继起性的县域实践［J］．江西财经大学学报，2019（03）：95-104．

[359] 朱启臻. 乡村振兴背景下的乡村产业——产业兴旺的一种社会学解释 [J]. 中国农业大学学报 (社会科学版), 2018, 35 (03): 89-95.

[360] 朱晓阳. 反贫困的新战略: 从"不可能完成的使命"到管理穷人 [J]. 社会学研究, 2004 (02): 98-102.

[361] 朱永甜, 余劲. 陕南易地扶贫搬迁减贫效应研究——基于分阶段的讨论 [J]. 干旱区资源与环境, 2020, 34 (05): 64-69.

[362] 庄晋财, 黄曼. 论稳定脱贫与乡村振兴的有机衔接 [J]. 农业现代化研究, 2020: 1-8.

[363] 邹乐乐, 陈佩佩, 王辉, 等. 光伏扶贫项目的问题分析与路径优化——基于安徽阜阳及山西左权的田野调查 [J]. 中国软科学, 2019 (10): 50-60.

[364] 邹力行. 乡村振兴战略研究 [J]. 科学决策, 2017 (12): 19-34.

[365] 邹世允, 黄乔丹. 精准扶贫第三方评估法治化研究 [J]. 财经问题研究, 2018 (02): 32-38.

[366] 邹英, 向德平. 易地扶贫搬迁贫困户市民化困境及其路径选择 [J]. 江苏行政学院学报, 2017 (02): 75-80.

[367] 中央文献研究室. 十八大以来重要文献选编 (下) [M]. 北京: 中央文献出版社, 2018.

[368] 左停, 苏青松. 农村组织创新: 脱贫攻坚的经验与对乡村振兴的启示 [J]. 求索, 2020 (04): 99-105.

[369] 左停. 脱贫攻坚与乡村振兴有效衔接的现实难题与应对策略 [J]. 贵州社会科学, 2020 (01): 7-10.

[370] [美] 劳埃德·雷诺兹 (Lloyd G. Reynolds). 微观经济学 [M]. 北京: 商务印书馆, 1984, P430-431.

[371] [美] 纳克斯 (Nurkse Ragnar). Capital formation in underdeveloped country, Oxford: Oxford University Press, 1953; 不发达国家的资本形成问题 (中译) [M]. 北京: 商务印书馆, 1966.

[372] [美] 沃尔夫 (Eric R. Wolf). 乡民社会 (张恭启译) [M]. 台北: 巨流图书公司, 1983.

［373］［美］西奥多·W. 舒尔茨（Theodore W. Schultz）. 论人力资本投资［M］. 北京：北京经济学院出版社，1990.

［374］［美］西奥多·W. 舒尔茨（Theodore W. Schultz）. 经济增长与农业［M］. 北京：北京经济学院出版社，1991.

［375］［苏联］恰亚诺夫. 农民经济组织［M］. 北京：中央编译出版社，1996.

［376］［日］速水佑次郎，［日］神门善久（李周译）. 发展经济学（第三版）［M］. 北京：社会科学文献出版社，2009.

［377］［日］速水佑次郎，［日］神门善久（沈金虎等译）. 农业经济论（新版）［M］. 北京：中国农业出版社，2003.

［378］［印度］阿玛蒂亚·库马尔·森（Amartya Kumar Sen），以自由看待发展［M］. 北京：中国人民大学出版社，2002.

［379］［印度］阿玛蒂亚·森（王宇，王文玉，译）贫困与饥荒［M］. 北京：商务印书馆，2001.

［380］［英］阿瑟·塞西尔·庇古（Arthur Cecil Pigou）. The Economics of Welfare，福利经济学（中译）［M］. 华夏出版社，2007.

［381］［英］凯利·奥本海默（Carey Oppenheim），Poverty：The Facts，贫困真相（中译）［M］. CPAG，1993.

［382］联合国计划开发署. 2003 年人类发展报告——千年发展目标：消除人类贫困的全球公约［M］. 北京：中国财政经济出版社，2003.

［383］联合国计划开发署. 2030 年可持续发展议程［R］. 2015.

［384］Abramson D, Qi Y. "Urban – Rural Integration" in the Earthquake Zone：Sichuan's Post – Disaster reconstruction and the expansion of the Chengdu metropole［J］. Pacific Affairs，2011，84（03）：495 – 523.

［385］Adam Y O, Pretzsch J, Pettenella D. Contribution of Non – Timber Forest Products livelihood strategies to rural development in drylands of Sudan：Potentials and failures［J］. Agricultural Systems，2013，117：90 – 97.

［386］Altieri M A, Toledo V M. The agroecological revolution in Latin America：rescuing nature，ensuring food sovereignty and empowering peasants

[J]. Journal of Peasant Studies, 2011, 38 (03): 587 -612.

[387] Angelsen A, Jagger P, Babigumira R, etc. Environmental Income and Rural Livelihoods: a Global - Comparative analysis [J]. World Development, 2014, 64: S12 - S28.

[388] Banski J, Wesolowska M. Transformations in housing construction in rural areas of Poland's Lublin region - Influence on the spatial settlement structure and landscape aesthetics [J]. Landscape and Urban Planning, 2010, 94 (02): 116 -126.

[389] Blake A. Tourism and Income Distribution in East Africa [J]. International Journal of Tourism Research, 2008, 10 (06): 511 -524.

[390] Cao M T, Xu D D, Xie F T. The influence factors analysis of households' poverty vulnerability in southwest ethnic areas of China based on the hierarchical linear model: A case study of Liangshan Yi autonomous prefecture [J]. Applied Geography, 2016, 66: 144 -152.

[391] Cruickshank J, Lysgard H K, Magnussen M L. The logic of the construction of rural politics: Political discourses on rurality in Norway [J]. Geografiska Annaler Series B - Human Geography, 2009, 91B (01): 73 - 89.

[392] Daw T, Brown K, Rosendo S, etc. Applying the ecosystem services concept to poverty alleviation: The need to disaggregate human well - being [J]. Environmental Conservation, 2011, 38 (04): 370 -379.

[393] Dawson N, Martin A, Sikor T. Green Revolution in Sub - Saharan Africa: Implications of imposed innovation for the wellbeing of rural smallholders [J]. World Development, 2016, (78): 204 -218.

[394] Diao X S, Hazell P, Thurlow J. The role of agriculture in African Development [J]. World Development, 2010, 38 (10): 1375 -1383.

[395] Djoudi H, Vergles E, Blackie R R, etc. Dry forests, livelihoods and poverty alleviation: Understanding current trends [J]. International Forestry Review, 2015, 17: 54 -69.

[396] Eriksson M. (re) Producing a "Peripheral" Region - Northern Sweden in the News [J]. Geografiska Annaler Series B - Human Geography, 2008, 90B (04): 369 -388.

[397] Fan M M, Li Y B, Li W J. Solving one problem by creating a bigger one: The consequences of ecological resettlement for grassland restoration and poverty alleviation in Northwestern China [J]. Land Use Policy, 2015, 42: 124 -130.

[398] Fang Y G, Liu J S. The modification of North China quadrangles in response to rural social and economic changes in agricultural villages: 1970— 2010s [J]. Land Use Policy, 2014, 39: 266 -280.

[399] Fang Y G, Shi K J, Niu C C. A comparison of the means and ends of rural construction land consolidation: Case studies of villagers' attitudes and behaviours in Changchun City, Jilin province, China [J]. Journal of Rural Studies, 2016, 47: 459 -473.

[400] Ferraro P J, Hanauer M M, Sims K R E. Conditions associated with protected area success in conservation and poverty reduction [J]. Proceedings of the National Academy of Sciences of the United States of America, 2011, 108 (34): 13913 -13918.

[401] Ferraro P J, Hanauer M M. Protecting ecosystems and alleviating poverty with parks and reserves: "Win - Win" or Tradeoffs? [J]. Environmental & Resource Economics, 2011, 48 (02): 269 -286.

[402] Ferraro P J, Hanauer M M. Quantifying causal mechanisms to determine how protected areas affect poverty through changes in ecosystem services and infrastructure [J]. Proceedings of the National Academy of Sciences of the United States of America, 2014, 111 (11): 4332 -4337.

[403] Ferraro P J, Hanauer M M. Quantifying causal mechanisms to determine how protected areas affect poverty through changes in ecosystem services and infrastructure [J]. Proceedings of the National Academy of Sciences of the United States of America, 2014, 111 (11): 4332 -4337.

［404］Fisher J A, Patenaude G, Giri K, etc. Understanding the relationships between ecosystem services and poverty alleviation: A conceptual framework ［J］. Ecosystem Services, 2014, 7: 34 – 45.

［405］Fisher J A, Patenaude G, Meir P, etc. Strengthening conceptual foundations: Analysing frameworks for ecosystem services and poverty alleviation research ［J］. Global Environmental Change – Human and Policy Dimensions, 2013, 23 (05): 1098 – 1111.

［406］Gascon J. Pro – Poor Tourism as a strategy to Fight Rural Poverty: A Critique ［J］. Journal of Agrarian Change, 2015, 15 (04): 499 – 518.

［407］Gilin John Lewis. Poverty and Dependency: Their relief and prevention ［M］. New York, General Book, 1926.

［408］Groom B, Grosjean P, Kontoleon A, etc. Relaxing rural constraints: A "win – win" policy for poverty and environment in China? ［J］. Oxford Economic Papers – New Series, 2010, 62 (01): 132 – 156.

［409］Gurney G G, Cinner J, Ban N C, etc. Poverty and protected areas: An evaluation of a marine integrated conservation and development project in Indonesia ［J］. Global Environmental Change – Human and Policy Dimensions, 2014, 26: 98 – 107.

［410］Harrison D. Pro – poor tourism: A critique ［J］. Third World Quarterly, 2008, 29 (05): 851 – 868.

［411］Haushofer J, Fehr E. On the psychology of poverty ［J］. Science, 2014, 344 (6186): 862 – 867.

［412］Hicks C C, Cinner J E. Social, institutional and knowledge mechanisms mediate diverse ecosystem service benefits from coral reefs ［J］. Proceedings of the National Academy of Sciences of the United States of America, 2014, 111 (50): 17791 – 17796.

［413］Hogarth N J, Belcher B, Campbell B, etc. The role of Forest – Related income in Household Economies and Rural Livelihoods in the Border – Region of Southern China ［J］. World Development, 2013, 43: 111 – 123.

［414］Huang X J, Li Y, Yu R, etc. Reconsidering the controversial land use policy of "Linking the decrease in rural construction land with the increase in urban construction land": A local government perspective ［J］. China Review – An Interdisciplinary Journal on Greater China, 2014, 14 (01): 175 –198.

［415］Jack B K, Kousky C, Sims K R E. Designing payments for ecosystem services: Lessons from previous experience with incentive – based mechanisms ［J］. Proceedings of the National Academy of Sciences of the United States of America, 2008, 105 (28): 9465 –9470.

［416］Kijima Y, Otsuka K, Sserunkuuma D. An inquiry into constraints on a Green Revolution in Sub – Saharan Africa: The case of Nerica Rice in Uganda ［J］. World Development, 2011, 39 (01): 77 –86.

［417］Kong X S, Liu Y L, Jiang P, etc. A novel framework for rural homestead land transfer under collective ownership in China ［J］. Land Use Policy, 2018, 78: 138 –146.

［418］Lagerqvist M. The importance of an old rural cottage: Media representation and the construction of a national idyll in post – war Sweden ［J］. Journal of Rural Studies, 2014, 36: 33 –41.

［419］Lakerveld R P, Lele S, Crane T A, etc. The social distribution of provisioning forest ecosystem services: Evidence and insights from Odisha, India ［J］. Ecosystem Services, 2014, 14: 56 –66.

［420］Lewis, W. Arthur, Economic Development with Unlimited Supplies of Labour ［J］. The Manchester School, 1954 (22): 139 –191.

［421］Lewis. The Culture of poverty ［J］. Scientific American, 1966, 4 (215): 19 –25.

［422］Li Y, Zhang Q, Wang G, etc. A review of photovoltaic poverty alleviation projects in China: Current status, challenge and policy recommendations ［J］. Renewable & Sustainable Energy Reviews, 2018, 94: 214 –223.

［423］Li Y H, Su B Z, Liu Y S. Realizing targeted poverty alleviation in China People's voices, implementation challenges and policy implications ［J］.

China Agricultural Economic Review, 2016, 8 (03): 443 –454.

[424] Li Y R, Liu Y S, Long H L, etc. Community – based rural residential land consolidation and allocation can help to revitalize hollowed villages in traditional agricultural areas of China: Evidence from Dancheng County, Henan Province [J]. Land Use Policy, 2014, 39: 188 – 198.

[425] Li Y R, Long H L, Liu Y S. Industrial development and land use/ cover change and their effects on local environment: A case study of Changshu in eastern coastal China [J]. Frontiers of Environmental Science & Engineering in China, 2010, 4 (04): 438 –448.

[426] Liu T, Liu H, Qi Y J. Construction land expansion and cultivated land protection in urbanizing China: Insights from national land surveys, 1996—2006 [J]. Habitat International, 2015, 46: 13 –22.

[427] Liu Y L, Luo T, Liu Z Q, etc. A comparative analysis of urban and rural construction land use change and driving forces: Implications for urban – rural coordination development in Wuhan, Central China [J]. Habitat International, 2015, 47: 113 –125.

[428] Liu Y S, Chen Y F, Long H L. Regional diversity of peasant household response to new countryside construction based on field survey in eastern coastal China [J]. Journal of Geographical Sciences, 2011, 21 (05): 869 –881.

[429] Liu Y S, Li J T, Yang Y Y. Strategic adjustment of land use policy under the economic transformation [J]. Land Use Policy, 2018, 74: 5 –14.

[430] Liu Y S, Liu J L, Zhou Y. Spatio – temporal patterns of rural poverty in China and targeted poverty alleviation strategies [J]. Journal of Rural Studies, 2017, 52: 66 –75.

[431] Liu Y S, Wang L J, Long H L. Spatio – temporal analysis of land – use conversion in the eastern coastal China during 1996—2005 [J]. Journal of Geographical Sciences, 2008, 18 (03): 274 –282.

[432] Lo K, Wang M. How voluntary is poverty alleviation resettlement in

China? [J]. Habitat International, 2018, 73: 34 –42.

[433] Lo K, Xue L Y, Wang M. Spatial restructuring through poverty alleviation resettlement in rural China [J]. Journal of Rural Studies, 2016, 47: 496 –505.

[434] Long H L, Li Y R, Liu Y S, etc. Accelerated restructuring in rural China fueled by "increasing vs. decreasing balance" land – use policy for dealing with hollowed villages [J]. Land Use Policy, 2012, 29 (01): 11 – 22.

[435] Long H L, Liu Y Q, Hou X G, etc. Effects of land use transitions due to rapid urbanization on ecosystem services: Implications for urban planning in the new developing area of China [J]. Habitat International, 2014, 44: 536 –544.

[436] Long H L, Liu Y S, Wu X Q, etc. Spatio – temporal dynamic patterns of farmland and rural settlements in Su – Xi – Chang region: Implications for building a new countryside in coastal China [J]. Land Use Policy, 2009, 26 (02): 322 –333.

[437] Ma W Q, Jiang G H, Wang D Q, etc. Rural settlements transition (RST) in a suburban area of metropolis: Internal structure perspectives [J]. Science of the Total Environment, 2018, 615: 672 –680.

[438] Manwa H, Manwa F. Poverty Alleviation through Pro – Poor Tourism: The role of Botswana forest reserves [J]. Sustainability, 2014, 6 (09): 5697 –5713.

[439] Meng L S. Evaluating China's poverty alleviation program: A regression discontinuity approach [J]. Journal of Public Economics, 2013, 101: 1.

[440] Newton P, Miller D C, Byenkya M A A, etc. Who are forest – dependent people? a taxonomy to aid livelihood and land use decision – making in forested regions [J]. Land Use Policy, 2016, 57: 388 –395.

[441] Nielsen M R, Pouliot M, Bakkegaard R K. Combining income and assets measures to include the transitory nature of poverty in assessments of forest

dependence: Evidence from the Democratic Republic of Congo [J]. Ecological Economics, 2012, 78: 37 – 46.

[442] Park A, Wang S G. Community – based development and poverty alleviation: An evaluation of China's poor village investment program [J]. Journal of Public Economics, 2010, 94 (9 – 10): 790 – 799.

[443] Paumgarten F, Shackleton C M. The role of non – timber forest products in household coping strategies in South Africa: The influence of household wealth and gender [J]. Population and Environment, 2011, 33 (01): 108 – 131.

[444] Paumgarten F, Shackleton C M. Wealth differentiation in household use and trade in non – timber forest products in South Africa [J]. Ecological Economics, 2009, 68 (12): 2950 – 2959.

[445] Peng J, Wu J S, Yin H, etc. Rural land use change during 1986—2002 in Lijiang, China, based on remote sensing and GIS data [J]. Sensors, 2008, 8 (12): 8201 – 8223.

[446] Qu Y B, Jiang G H, Zhao Q L, etc. Geographic identification, spatial differentiation, and formation mechanism of multifunction of rural settlements: A case study of 804 typical villages in Shandong Province, China [J]. Journal of Cleaner Production, 2017, 166: 1202 – 1215.

[447] Rogers S. Betting on the strong: Local government resource allocation in China's poverty counties [J]. Journal of Rural Studies, 2014, 36: 197 – 206.

[448] Saayman M, Rossouw R, Krugell W. The impact of tourism on poverty in South Africa [J]. Development Southern Africa, 2012, 29 (03): 462 – 487.

[449] Sandhu H, Sandhu S. Linking ecosystem services with the constituents of human well – being for poverty alleviation in eastern Himalayas [J]. Ecological Economics, 2014, 107: 65 – 75.

[450] Scheyvens R, Momsen JH. Tourism and poverty reduction: Issues

for small Island states [J]. Tourism Geographies, 2008, 10 (01): 22 – 41.

[451] Scheyvens R, Russell M. Tourism and poverty alleviation in Fiji: comparing the impacts of small – and large – scale tourism enterprises [J]. Journal of Sustainable Tourism, 2012, 20 (03): 417 – 436.

[452] Scheyvens R, Russell M. Tourism, Land Tenure and Poverty Alleviation in Fiji [J]. Tourism Geographies, 2012, 14 (01): 1 – 25.

[453] Schreckenberg K, Luttrell C. Participatory forest management: A route to poverty reduction? [J]. International Forestry Review, 2009, 11 (02): 221 – 238.

[454] Shackleton C M, Pandey A K. Positioning non – timber forest products on the development agenda [J]. Forest Policy and Economics, 2014, 38: 1 – 7.

[455] Shackleton S, Campbell B, Lotz – Sisitka H, etc. Links between the local trade in natural products, livelihoods and poverty alleviation in a semi – arid region of South Africa [J]. World Development, 2008, 36 (03): 505 – 526.

[456] Suich H, Howe C, Mace G. Ecosystem services and poverty alleviation: A review of the empirical links [J]. Ecosystem Services, 2015, 12: 137 – 147.

[457] Tallis H, Kareiva P, Marvier M, etc. An ecosystem services framework to support both practical conservation and economic development [J]. Proceedings of the National Academy of Sciences of the United States of America, 2008, 105 (28): 9457 – 9464.

[458] Tang Y, Mason R J, Sun P. Interest distribution in the process of coordination of urban and rural construction land in China [J]. Habitat International, 2012, 36 (03): 388 – 395.

[459] Tang Y, Mason R J, Wang Y B. Governments' functions in the process of integrated consolidation and allocation of rural – urban construction land in China [J]. Journal of Rural Studies, 2015, 42: 43 – 51.

[460] Tesfaye Y, Roos A, Campbell B M, Livelihood strategies and the role of forest income in participatory – managed forests of Dodola area in the bale highlands, southern Ethiopia [J]. Forest Policy and Economics, 2011, 13 (04): 258 – 265.

[461] Thomas Piketty. Capital in the Twenty First Century [M]. Belknap Press: An imprint of Harvard University Press, 2014 – 4 – 15.

[462] Tian L, Guo X, Yin W. From urban sprawl to land consolidation in suburban Shanghai under the backdrop of increasing versus decreasing balance policy: A perspective of property rights transfer [J]. Urban Studies, 2017, 54 (04): 878 – 896.

[463] Tian Y S, Kong X S, Liu Y L. Combining weighted daily life circles and land suitability for rural settlement reconstruction [J]. Habitat International, 2018, 76: 1 – 9.

[464] Timko J A, Waeber P O, Kozak R A. The socio – economic contribution of non – timber forest products to rural livelihoods in Sub – Saharan Africa: Knowledge gaps and new directions [J]. International Forestry Review, 2010, 12 (03): 284 – 294.

[465] Toenniessen G, Adesina A, DeVries J. Building an alliance for a Green Revolution in Africa [J]. Reducing the Impact of Poverty on Health and Human Development: Scientific Approaches, 2008, 1136: 233 – 242.

[466] Truong V D, Hall C M, Garry T. Tourism and poverty alleviation: perceptions and experiences of poor people in Sapa, Vietnam [J]. Journal of Sustainable Tourism, 2014, 22 (07): 1071 – 1089.

[467] Turner W R, Brandon K, Brooks T M, etc. Global biodiversity conservation and the alleviation of poverty [J]. Bioscience, 2012, 62 (01): 85 – 92.

[468] Volker M, Waibel H. Do rural households extract more forest products in times of crisis? Evidence from the mountainous uplands of Vietnam [J]. Forest Policy and Economics, 2010, 12 (06): 407 – 414.

［469］Wang H, Su F B, Wang L L, etc. Rural housing consumption and social stratification in transitional China: Evidence from a national survey ［J］. Housing Studies, 2012, 27（05）: 667 –684.

［470］Wang Q X, Zhang X L, Wu Y Z, etc. Collective land system in China: Congenital flaw or acquired irrational weakness? ［J］. Habitat International, 2015, 50: 226 –233.

［471］Wei Y P, Zhao M. Urban spill over vs. local urban sprawl: Entangling land – use regulations in the urban growth of China's megacities ［J］. Land Use Policy, 2009, 26（04）: 1031 –1045.

［472］Winters P, Corral L, Mora A M. Assessing the role of Tourism in Poverty Alleviation: A research agenda ［J］. Development Policy Review, 2013, 31（02）: 177 –202.

［473］Winther M B, Svendsen G L H. "The Rotten Banana" fires back: The story of a Danish discourse of inclusive rurality in the making ［J］. Journal of Rural Studies, 2012, 28（04）: 466 –477.

［474］Wu Y N, Ke Y M, Zhang T, etc. Performance efficiency assessment of photovoltaic poverty alleviation projects in China: A three – phase data envelopment analysis model ［J］. Energy, 2018, 159: 599 –610.

［475］Wunder S, Alban M. Decentralized payments for environmental services: The cases of Pimampiro and profafor in Ecuador ［J］. Ecological Economics, 2008, 65（04）: 685 –698.

［476］Wunder S, Angelsen A, Belcher B. Forests, Livelihoods and Conservation: Broadening the Empirical Base ［J］. World Development, 2014, 64: S1 –S11.

［477］Wunder S. Payments for environmental services and the poor: Concepts and preliminary evidence ［J］. Environment and Development Economics, 2008, 13: 279 –297.

［478］Xi J C, Wang X G, Kong Q Q, etc. Spatial morphology evolution of rural settlements induced by tourism a comparative study of three villages in

Yesanpo tourism area, China [J]. Journal of Geographical Sciences, 2015, 25 (04): 497 – 511.

[479] Xue L Y, Wang M Y, Xue T. "Voluntary" Poverty Alleviation Resettlement in China [J]. Development and Change, 2013, 44 (05): 1159 – 1180.

[480] Yemiru T, Roos A, Campbell B M, etc. Forest incomes and poverty alleviation under participatory forest management in the Bale Highlands, Southern Ethiopia [J]. International Forestry Review, 2010, 12 (01): 66 – 77.

[481] Yep R, Forrest R. Elevating the peasants into high – rise apartments: The land bill system in Chongqing as a solution for land conflicts in China? [J]. Journal of Rural Studies, 2016, 47: 474 – 484.

[482] Zapata M J, Hall C M, Lindo P, etc. Can community – based tourism contribute to development and poverty alleviation? Lessons from Nicaragua. [J]. Current Issues in Tourism, 2011, 14 (08): 725 – 749.

[483] Zhang H M, Xu Z D, Sun C W, etc. Targeted poverty alleviation using photovoltaic power: Review of Chinese policies [J]. Energy Policy, 2018, 120: 550 – 558.

[484] Zhang K, Dearing J A, Dawson T P, etc. Poverty alleviation strategies in eastern China lead to critical ecological dynamics [J]. Science of the Total Environment, 2015, 506: 164 – 181.

[485] Zhang L. Conceptualizing China's urbanization under reforms [J]. Habitat International, 2008, 32 (04): 452 – 470.

[486] Zhang Q F, Wu J L, Political dynamics in land commodification: Commodifying rural land development rights in Chengdu, China [J]. Geoforum, 2017, 78: 98 – 109.

[487] Zhao Q Y, Zhang Z L. Does China's 'increasing versus decreasing balance' land – restructuring policy restructure rural life? evidence from Dongfan Village, Shaanxi Province [J]. Land Use Policy, 2017, 68: 649 – 659.

［488］Zhou T, Jiang G H, Zhang R J, etc. Addressing the rural in situ urbanization (RISU) in the Beijing – Tianjin – Hebei region: Spatio – temporal pattern and driving mechanism ［J］. Cities, 2018, 75: 59 – 71.

［489］Zhou Y, Guo L Y, Liu Y S. Land consolidation boosting poverty alleviation in China: Theory and practice ［J］. Land Use Policy, 2019, 82: 339 – 348R.

［490］Zhou Y, Guo Y Z, Liu Y S, etc. Targeted poverty alleviation and land policy innovation: Some practice and policy implications from China. ［J］. Land Use Policy, 2018, 74: 53 – 65.

［491］Zou Y H, Zhao W X, Mason R. Marketization of Collective – owned rural land: A breakthrough in Shenzhen, China ［J］. Sustainability, 2014, 6 (12): 9114 – 9123.

［492］Zulu L C, Richardson R B. Charcoal, livelihood and poverty reduction: Evidence from sub – Saharan Africa ［J］. Energy for Sustainable Development, 2013, 17 (02): 127 – 137.

附录一 大别山区脱贫攻坚调查问卷

本问卷是为完成全国哲学社会科学重点项目"五大发展理念下脱贫攻坚长效机制研究"（17AJY018）所做的调查，不会向外透露任何信息。谢谢您的配合和支持，非常感谢！

1. 罹患疾病

    A. 重大疾病   B. 慢性疾病   C. 身体健康

身体患病（   ），医药费支出合计（   ）元，报销（   ）元。

2. 身体伤残

    A. 严重伤残   B. 肢体伤害   C. 肢体正常

伤残类型（   ），医药费支出合计（   ）元，报销（   ）元，能否劳动（   ）。

3. 劳动能力

    A. 不能劳动   B. 轻便劳动   C. 正常劳动

家里劳动力（   ）名，主要从事（   ）。

4. 子女教育

    A. 学历教育   B. 义务教育   C. 教育完成

孩子上学（   ），每年花费（   ）元，如何筹集（1. 亲戚借贷 2. 助学贷款）。

5. 抚养赡养

    A. 负担沉重   B. 负担较轻   C. 没有负担

家里总共（   ）口，16 岁以下或读书小孩（   ）口，65 岁以上老人（   ）口。家庭每月固定开支（   ）元，每年零星开支总共（   ）元。

6. 文化素养

　　A. 高中以上　　　　B. 初中小学　　　　C. 半文盲

家庭主要劳动力文化程度为（　　　　），对政府政策措施是否了解
（　　　　），有无创业致富的计划（　　　　），做过哪些增加收入的事情（　　　　）。

7. 专业技能

　　A. 能工巧匠　　　　B. 一般技能　　　　C. 只能务农

家庭成员有专业技能（　　　　）人，主要从事（　　　　）工作，年务工收
入（　　　　）元。

8. 收入水平

　　A. 年收入 5 万元以上

　　B. 年收入 1 万 ~ 5 万元

　　C. 年收入贫困线以下

家庭成员（　　　　）人工作，主要从事（　　　　）工作，年收入（　　　　）
元；

家庭成员（　　　　）人务工，主要从事（　　　　）工作，年务工收入
（　　　　）元；

家庭成员（　　　　）人务农，主要从事（1. 种植　2. 养殖），年收入
（　　　　）元。

9. 住房条件

　　A. 人均 30 平方米以上

　　B. 人均 10 ~ 30 平方米

　　C. 人均 10 平方米以下

住房（　　　　）年建造，（1. 砖混　2. 混凝土）结构，安全程度
（　　　　）。

10. 代际关系

　　A. 代际关系良好　　B. 代际关系一般　　C. 代际关系较差

家里父母从事（　　　　）工作，年收入（　　　　）元，每年资助（　　　　）
元；家里子女从事（　　　　）工作，年收入（　　　　）元，每年孝敬（　　　　）
元；家里兄弟姐妹从事（　　　　）工作，年收入（　　　　）元，每年接济

（　　）元。

11. 保障水平

　　A. 保障水平较高　　B. 保障水平一般　　C. 保障水平较差

家庭办理社区养老保险（　　）人，年保险收入（　　）元，年保险费用（　　）元；

家庭办理农村养老保险（　　）人，年保险收入（　　）元，年保险费用（　　）元；

家庭办理社区医疗保险（　　）人，报销比例（　　）%，年保险费用（　　）元；

家庭办理新农合保险（　　）人，报销比例（　　）%，年保险费用（　　）元；

家庭成员享受五保（　　）人，年保障收入（　　）元；家庭成员享受低保（　　）人，年保障收入（　　）元。

12. 补贴、临时救助收入

　　A. 补贴收入较高　　B. 补贴收入一般　　C. 补贴收入较低

补贴、临时救助收入项目如下：

土地休耕（牧）（　　）元，农资补贴（　　）元，退耕还林（草、水）（　　）元，其他补贴（　　）元，临时救助（　　）元。

"五大发展理念下脱贫攻坚长效机制研究"（17AJY018）课题组

年　月　日

附录二　大别山区脱贫攻坚满意度调查表

目标层	准则层	很不满意	不满意	一般	满意	很满意
精准识别（A）	贫困户建档立卡及时					
	制定贫困户识别标准公正科学					
	所有符合条件的村民都参加评选					
	贫困户申请信息公开透明					
	评选过程公正公平					
精准帮扶（B）	符合政策的现金补贴及时发放					
	基础设施便利普及					
	社会保障都能普及					
	符合条件的都能得到养老保险金					
	义务教育都能普及					
	医疗卫生便利普及					
	居住环境安全卫生					
精准管理（C）	对贫困户实时管理					
	合理运用扶贫资金					
	驻村扶贫干部认真					
公众满意（D）	当地扶贫政策宣传力度					
	当地政府提供的扶贫措施					
	当地政府的帮扶效率					
	当地政府部门的扶贫监管					

附录三　贫困风险预警指标体系

维度	指标	赋值	权重
生存能力	罹患疾病	家庭成员患有重大疾病或长期慢性病	
	身体伤残	家庭成员患有严重伤残、肢体伤害	
	住房条件	人均住房条件不足 30 平方米	
	子女教育	家庭未成年人中有未完成义务教育且辍学在家	
	抚养赡养	家庭成员劳动力占比小于 1/2	
	债务负担	家庭人均负债超过当年贫困线，且近期无法偿还	
发展能力	医疗保险	家庭成员中存在没有医疗保险的	
	养老保险	家庭老年成员中存在没有享受养老保险	
	收入水平	年人均收入低于当年贫困线上 20%	
	专业技能	家庭劳动力年收入低于 5 万元	
	文化素养	家庭劳动力没有完成义务教育	
	代际关系	年人均赡养费低于当年贫困线	

　　备注：根据指标在生存能力和发展能力中重要性赋值，赋值范围 0～1，生存能力得分与发展能力得分之和为 1。